文庫

法の概念

〔第3版〕

H.L.A.ハート
長谷部恭男 訳

筑摩書房

THE CONCEPT OF LAW

THIRD EDITION

By

H. L. A. HART

With a Postscript edited by Penelope A. Bulloch and Joseph Raz
And with an Introduction and Notes by Leslie Green

The Concept of Law was originally published in English in 1961.
This translation is published by
arrangement with Oxford University Press

目次

【凡例】

1　本書はH.L.A. Hart, *The Concept of Law*, 3rd ed.（Oxford University Press, 2012）を訳したものである。ただし、第3版編者であるレスリー・グリーン教授が新たに付した文献注は訳していない。グリーン教授による「解説」は冒頭ではなく、巻末に置いている。

2　原著では、脚注、本文中の脚注とは別に、ハートによる詳細な解説注が巻末に付されているが、本書では、脚注、巻末の解説注および訳注を通し番号とし、巻末に置いている。

3　原文でのイタリックによる強調は、傍点によって示した。

4　巻末の索引は、とくに人名に関して原著より簡略化されている。

法の概念〔第3版〕

初版はしがき

本書の目的は、法、強制、道徳という別個ではあるものの関連する社会現象の理解を促進することである。本書は主として法理学の学生向けのものであるが、私としては、法律学以外の道徳・政治哲学、社会学に主な関心を持つ人たちにとっても有益であることを望む。法律家は本書を分析的法理学の試みと考えるだろう。法や法政策の批判より、法的思考の一般的枠組みを明確化することに関心を寄せているからである。さらに本書は多くの点で、ことばの意味にかかわると言えるであろう問題を提起している。「強制される」とは「責務を負う」こととどう違うか。あるルールが妥当な法的ルールであるとの言明は、公務員の行動を予測することとどう違うか。社会集団がルールを遵守するという言明は何を意味するか。それは集団のメンバーが習慣的に一定のことを行うという言明とどこが違い、どこが似ているか。——こうした問題である。実際、本書の核心的な主張の一つは、法にせよ、他の形態の社会制度にせよ、私が「内的」および「外的」と呼んだ二種の異なる言明——いずれも社会的ルールが遵守されている場合にはなされ得る言明だが——の決定的な区別を認めることなしには、理解することができないというものである。

分析への関心にもかかわらず、本書はまた、記述的社会学の試みと見ることもできるだろう。ことばの意味の探究がことばにのみ光を当てるという想定は誤っている。異なる類型の社会状況や社会関係の間に——直ちには明瞭とは言えないものだが——存在する多くの重要な区別は、関連する表現の標準的な使用や、そうした表現の使用が明示されることのないまま社会的文脈にいかに依存しているかを検討することで、最善の形で理解することができる。J・L・オースティン教授の「ことばへの鋭敏な感覚は、現象の理解を研ぎ澄ます」ということばは、この研究分野においてとくに当てはまる。

私は他の研究者に明らかに多くを負っている。本書のかなりの部分は、ジョン・オースティンの命令理論の道筋に沿って構成された単純な法秩序のモデルの欠陥を検討している。しかし、他の文献への言及も、脚注もきわめて少数である。その代わり本書の末尾に、各章を読了した後に読むよう詳細な注を付している[1]。そこでは、本文で表明された見解が、過去・現在の他の論者の見解と関連づけられ、彼らの著作を通じて研究を続ける道筋が示唆されている。こうした手法をとった理由の一部は、本書の議論が一貫した筋立てを成しており、他の見解との比較は、議論の筋を中断するからである。しかし、こうした手法をとったことには、同時に教育的目的もある。こうした配置をすることで、法理論に関する著作は、主として他の本に書かれている内容について学ぶ手段だという通念に水を差すことを望んでいる。著者がそうした信念を抱いていれば、この主題についての進歩はほとんどないだろう。読者がそうした信念を抱いていれば、教育的価値はきわめて僅《わず》かなものにとどまらざるを得ない。

あまりにも多くの友人に長期にわたって学恩を被ったため、この場で私の恩義をすべて記すことはできない。しかし、私の思考の多くの混乱と文体の不適切さを詳細な批判により明らかにしてくれたA・M・オノレ氏には、謝意をあらわすべき特別の義務がある。指摘された欠陥を排除しようと努めたが、彼がなお是認しない多くの欠陥が残されていることを恐れる。私は、本書中の政治哲学と自然法の再解釈に関して何らか価値のあることのすべてにつき、G・A・ポール氏との会話から恩恵を受けた。同氏には、校正を読んでくれたことにも感謝しなければならない。私はまた、原稿を読んで有益な助言と批判をくれたルパート・クロス博士とP・F・ストローソン氏にも大いに感謝している。

H・L・A・ハート

第2版編者はしがき

刊行後、数年で『法の概念』は英語圏において、さらにはそれを超えて、法理学の理解と研究のあり方を変革した。その巨大な影響から、法理論のみでなく政治哲学・道徳哲学においても、本書とその理論を検討する多数の著作が生み出された。

長年にわたってハートは、『法の概念』に新たな章を付加する計画を温めていた。彼は、巨大な影響を与えた初版のテクストに手を触れることは望まなかった。彼の希望に沿い、この第2版では、瑣末な修正を除くと、初版のテクストに変更を加えていない。ただ彼は、本書への誤解に対して自身の立場を擁護し、根拠のない批判を反駁《はんばく》し、そして、彼にとっては同等に重要なことだったが、根拠のある批判には譲歩し、本書の理論をそうした点に合わせて修正することで、本書に関する多くの議論に応答することを望んだ。当初は序論として構想され、最終的には後記とされた新たな章が彼の逝去時に未完成であったのは、ただ彼の細部にわたる完全主義ゆえのことである。それはまた、新たな章を付加する企図が賢明と言えるか、当初に構想された本書の主張の力強さと洞察を公正に取り扱うことができるかについて、彼の疑念が消えなかったことにもよる。それでも、多くの中断の後、彼は後記の作業を続け、逝去時には、意図された二つの部のうち最初の部をほとんど完成させていた。

ジェニファー・ハートが、原稿を読んでそれが出版に適しているか判断するようわれわれに依頼したとき、われわれが最も肝心だと考えたのは、ハート自身が満足しなかったであろうようなものは出版しないことであった。だから、後記の第一部がほとんど完成した状態であることを発見して、われわれは喜んだ。第二部については、手書きのノートが残されているだけで、出版するにはあまりに断片的であり、整合性がなかった。他方、第一部にはいくつかのヴァージョンがあり、タイプ打ちされ、修正され、再びタイプ打ちされ、また修正されていた。最新のヴァージョンでさえ、彼は最終的なものとは明らかに考えていなかった。鉛筆やボールペンによる多くの修正が加えられていた。さらにハートは以前の諸ヴァージョンを捨てておらず、いずれのヴァージョンについても、さらに作業を続けていたようである。当然それは編集作業を困難にしたが、最後の二年の変更点はおおむね文体上のニュアンスにかかわる変更であり、それは、彼が基本的には逝去時のテクストに満足していたことを示していた。

われわれの作業は、異なるヴァージョンを比較し、一つのヴァージョンにしかあらわれない部分があったときは、それを彼が破棄したのか、すべての修正を採り入れた単一のヴァージョンを作成しなかったためかを判断することだった。ここに刊行されたテクストは、ハートが作業を続けた諸ヴァージョンにあらわれる修正箇所のうち、彼によって破棄されなかったすべての修正を含んでいる。ときにはテクスト自体が整合性を欠いていた。しばしばそれは、タイピストが原稿を誤読した結果に違いなく、そうした過誤にハートはつねに気付いたわけではなかった。またときには、文章が制作過程でいつの間にか混乱し、ハートが最終的に文章を整えることができなかったと思われる点もある。こうした場合、われわれは本来のテクストを回復しようと試みたり、最小限の介入で、ハートの思考を再現しようと試みた。第6節（裁量に関する節）は、特殊な問題を提起した。われわれは最初の段落について二つのヴァージョンを発見した。一つは段落終わりで途切れたもの、もう一つは、節の残りのテクストをも含んだものである。途中で途切れたヴァージョンは、彼の最新の修正の多くを採り入れた原稿に含まれており、後記全体の彼の論調とも整合しているため、彼が破棄したものとは考えられない。そこでわれわれは、両方を印刷に付すこととし、途切れたヴァージョンは注に掲げることとした。

ハートは注を――多くは文献注だが――タイプさせなかった。注については手書きの原稿しかないが、本文との対応関係は、最初のタイプ原稿を見ることで容易にたどることができた。後から彼は、タイプ原稿の余白部分に文献注を書き込んでいることがあるが、それらの多くは不完全で、引用先を調べる必要性を指摘するにとどまるものもある。ティモシー・エンディコットは、すべての文献注をチェックし、不完全な注を調査し、ハートが典拠を引くことなくドゥオーキンを引用したり言い直したりしている点に、文献注を加えた。エンディコットはまた、引用が不正確な場合は、テクストを修正した。広範にわたる調査と機略を要するこの作業の過程で、彼はまた、前述したガイドラインに即して本文のテクストへのいくつかの修正を示唆し、われわれはそれを進んで採り入れた。

機会さえあったなら、ハートは公刊以前にさらにテクストに磨きをかけ、改善していたであろうことに疑いはない。しかしわれわれは、公刊された後記は、ドゥオーキンの多くの議論に対する熟慮の末の応答を含んでいるものと信ずる。

ペネロープ・A・バロック
ジョゼフ・ラズ

第3版編者はしがき

『法の概念』は、ハーバート・ハートがオクスフォード大学で学生向けに行った法理学の入門講義に基づいている。一九六一年の初版刊行後直ちに、『法の概念』は英語で執筆されたものとしては、法哲学において最も影響力のある本となった。法学、哲学、政治理論の研究者は、その理論を継続的に発展させ、それをもとに議論を組み立て、批判の対象とした。同時に『法の概念』は、法理学の入門書としても広く利用され、オリジナルな形で、また、世界中でさまざまな翻訳を通じて、学生たちに読まれた。

初版刊行五〇周年が近づいて、オクスフォード大学出版局は私に、新たな版の刊行準備の可能性について訊ねてきた。ハートの逝去後、ペネロープ・バロックおよびジョゼフ・ラズ編で一九九四年に刊行された第2版は、ハートのドゥオーキンに対する未公表の応答に基づく後記を含んでいる。第2版は、ハートの理論および法理学一般に関する新たな議論のうねりをひき起こした。刷りを重ねた後、少数の誤植を修正し、装丁を改める時機が到来した。それは、新たな内容を盛り込む可能性をもたらした。

『法の概念』自体は何の弁護も必要としないが、半世紀が過ぎて、何の解説も必要としないとは言えなくなった。本書冒頭の解説[2]で、私はいくつかの主題に光を当て、いくつかの批判を紹介し、そして何よりその企図に対する誤解を予め防ごうとした。ハートはその後、文献注を加え、いくつかの説明を詳しくし、さらなる研究対象文献を示唆した。それらはそのまま採り入れられている。しかし、それらの文献の多くは過去のものとなり、新たに多くの書物や論文が彼の議論を検討対象としている。そこで、いくつかの鍵となる論点につき、学生に研究の方向性を示唆する新たな文献注を加えた[3]。最後に、初版のページ数を引用する過去の文献もあるが、なお市場を流通する初版は次第に僅かとなっている（初版のページ付けになじんだ人々の流通量も次第に僅かとなっている）ことから、第2版のページ付けを踏襲することとした。

解説は、かつて公表された私の論文「法の概念再訪」（一九九七年）94 *Michigan Law Review* 1687の内容に基づいている。第3版の刊行を最初に提案し、多くの点で有益な助言を与えてくれたオクスフォード大学出版局のアレックス・フラック氏に深く感謝する。同僚のジョン・フィニスは、ハートのテクストの修正を助けてくれた。トム・アダムズは、注のための調査を助けてくれた。両氏に厚く感謝する。そして、解説を読んでコメントをくれたデニズ・レオム氏には特に感謝する。

レスリー・グリーン
ベイリオル・コレッジ・オクスフォード
二〇一二年トリニティ学期

第Ⅰ章　執拗な問いかけ

第1節　法理論の難解さ

人間社会に関する問いのうちでも、「法とは何か」という問いほど、執拗に問い続けられ、しかも本格的な論者により、多様で、奇妙で、逆説的でさえある仕方で答えられてきた問いはない。法の「本質」に関する古代や中世の思索を除外し、ここ一五〇年ほどの法理論に関心を絞ったとしても、独立して体系的に研究されるいかなる学問分野にも、これに対比し得る状況はない。「化学とは何か」あるいは「医学とは何か」といった問いに対しては、「法とは何か」という問いに対するほど膨大な文献が費やされてはこなかった。化学や医学については、入門書の最初のページの数行が、学生が考えるよう求められることのすべてであり、その答えは、法学の学生に与えられる答えとは全く異なる。医学とは、「医者が疾病に対してすることである」あるいは「医者が何をするかについての予測である」とか、「通常、化学の特質とされ核心的な部分とされる酸の研究は、実は化学には属さない」などと主張することが、啓発的であるとか重要だと考える者はいない。ところが法の研究に関しては、これに類する一見したところ奇妙な主張がしばしばなされるし、それが法の本質をめぐる大変な誤解によって長年にわたって曖昧にされてきた、法に関する真理の啓示でもあるかのような雄弁さと情熱でもって主張される。

「紛争に関して公務員のなすことこそが……法にほかならない[1]」、「裁判所の行動に関する予測こそが……私が法によって意味するものだ[2]」、制定法規は「法源ではあっても……法そのものには属さない[3]」、「憲法とは、実定的な道徳にすぎない[4]」、「窃盗を犯してはならない。窃盗を犯した者は処罰されるべきである。……この二つの規範のうち、第二の規範こそが真の規範であり、第一の規範はかりに存在するとしても、第二の規範に含まれている。……法とは制裁について定める一次規範である[5][6]」。

これらは、少なくとも一見したところ、奇妙で逆説的に見える、法の性質に関する多くの主張や否認の例の一部である。これらのうちいくつかは、きわめて堅固な信念と衝突するもので、容易に反駁することができる。たとえば、「制定法規は明らかに法である。他の種類の法もあるだろうが、一種の法であることは間違いない」とか、「法が公務員の行動や裁判所の将来の行動に尽きるはずがない。公務員や裁判所なるものを成り立たせているのも法なのだから」と答えることができる。

とはいえ、こうした見た目に逆説的な主張をしているのは、常識の明白な帰結に疑いを差し挟む職業的な妄想家や哲学者ではない。彼らは、まずもって法の教育や実務を職業とする法律家であり、中には裁判官さえいる。彼らの長年にわたる考察の結果がこうした逆説的な主張である。しかもこうした発言は、発言されたその時その所において、法に対するわれわれの理解を実際に深めた。発言の文脈に即して見るならば、これらの言明は、啓発的であるとともに困惑させるものでもある。これらは、法の冷静な定義というよりは、不当に軽視されてきた法に関する特定の真理を大きく誇張して指摘するものである。これらの言明が当てる光のおかげで、われわれは今まで隠されてきた法の重要な特徴を理解することができる。しかし、その光があまりにもまぶしくて他の部分を見ることができないため、法の全体像を見渡すことができない。

こうして文献では終わることのない理論的論争が続く一方、奇妙なことに、多くの人は、法の例を挙げてくれと言われれば、簡単にかつ確信をもってその例を挙げることができる。殺人を禁じたり、所得税の納税を命じたり、有効な遺言をするための条件を定めたりする法があることに気付かぬイギリス人は稀である。「法law」ということばにはじめて出会った子どもや外国人でない限り、誰もが簡単にこうした例を挙げることができるだろうし、それ以上のことができる人も多いだろう。多くの人は、少なくとも大要において、イングランドの法が何かをどのようにして知るかを説明することができるはずである。相談できる専門家がいること、そうした問題のすべてについて最終的な権威をもって結論を出す裁判所があることを多くの人は知っている。それ以上のことも、広く知られている。教育を受けた人の多くは、イングランドの多様な法が一種の秩序を構成していると考えている。そして、フランスやアメリカ合衆国やソヴィエト連邦など、いや独立した「国家」と考えられる世界のほとんどすべての地域には、重要な相違点はあるものの構造の点では大体において似通った法秩序（legal system）があることを知っている。実際、こんな事実を人々が知らないとしたら教育に深刻な欠陥があることになろうし、異なる法秩序間の重要な類似点を通常人が指摘できたからといって、それが高度の知識のあらわれだと考えられることもほとんどない。教育のある人であれば法秩序の顕著な特徴を、次のような要約した形で指摘することができるはずである。すなわち、法秩序には以下のものが含まれる、(i)刑罰をもって特定の行動を禁止したり命じたりするルール、(ii)特定の仕方で損害を加えた者に対し被害者に賠償するよう要求するルール、(iii)遺言、契約その他の権利を与え、義務を創設する取決めをする際、何をなすべきかを定めるルール、(iv)何がルールであるか、どのような場合ルールへの違背がなされたかを確定し、刑罰と賠償を定める裁判所、(v)新たなルールを設定し、古いルールを廃止する議会。

もし、これらすべてが常識であるとすると、「法とは何か」という問いかけが繰り返され、数多くのさまざまで驚くべき回答が与えられてきたのはなぜだろうか。それは、法秩序であることを誰も疑わない現代国家の法秩序という標準的な事例のほかに、疑わしい事例、つまり教育のある一般人だけでなく、法律家でさえその「法的性格」を疑わしく思う事例があるからだろうか。未開社会の法や国際法は、こうした疑わしい事例の典型であり、慣例的に用いられてはいるが、「法」ということばをこれらの事例で用いることを否定すべき理由が、決定的な理由とは通常言えないまでも、存在する。これらの疑わしい事例は、確かに長年にわたる不毛な論争を引き起こしてきたが、これだけで、「法とは何か」という執拗な問いかけに示される、法の一般的な性質にかかわる困惑を説明することはできない。これらが問題の根底にあるわけではないことは、次の二つの理由からも明らかである。

第一に、これらの事例でなぜ法ということばを用いることに懸念が感じられるか、その理由は明らかである。国際法には議会が存在しないし、国家はその事前の同意なしに国際的な法廷に召喚されることはなく、制裁を加える中央集権的で実効的な仕組みもない。未開社会の法も、その中には現代の法秩序のもとになっているものもあるが、それも含めて、同様にこうした特質を欠いている。標準的な形態からのいくつかの点におけるこうした乖離が、これらを法秩序と呼ぶことに疑念をもたらしていることは、誰の目にも明らかである。不思議な点は全くない。

第二に、明確で標準的な事例と疑わしい境界的な事例との区別を認めざるを得ないのは、「法」や「法秩序」といった複雑な術語の特異性のゆえではない。(7) 人間の生活やわれわれの暮らす社会の特質を分類するために使われる一般用語のほとんどすべてについて、この区別がなされるべきことは、かつてはあまりにも軽視されてはいたが、現在では常識に属する。ある表現が用いられる明確で標準的な範例的事例と疑わしい事例との区別は、程度の問題にすぎないこともある。おつむの光り輝く人は、明らかに禿げている。鬱蒼《うっそう》と頭髪の生い茂った人は明らかに禿げていない。しかし、そこここに髪が少しずつ生えている人が禿げているかは曖昧であり、論争の的となり得る——論争することに意味があると思われるか、あるいは何か実際的な問題への回答がその点にかかっているとすればの話だが。ときには、標準的事例からの乖離は程度の問題にとどまらない。標準的事例が実際上、共存しはするが相互に独立した要素からなる複合的性格を有しており、問題とされる事例では、そのうち一つあるいはいくつかの要素が欠落している場合がそうである。飛行艇は「船 vessel」と言えるか。女王の駒抜きの対戦も「チェス」と言えるか。こうした問いかけから学ぶことが多いのは、標準的事例の構成要素は何かを考えさせ、それを明確にするよう強いるからである。とはいえ、境界的な事例と呼ばれるものは、法に関する長年にわたる論争の原因を説明するものとしては、ありふれたものであり過ぎる。さらに、「未開の法」や「国際法」という表現を用いて対象を記述することが適切か否かとかかわっているのは、有名で論争的な法理論のうちでも重要性に乏しい部分に過ぎない。

人々が一般に法の実例を認識し、それを挙示できることや、法秩序の標準的な事例についての知識が広く普及していることを考えるならば、法について周知のことを改めて思い起こさせることで、「法とは何か」という執拗な問いかけに簡単に終止符を打つことができるようにも見える。24頁で教育のある人に、いささか楽観気味にわれわれが語らせた国内法秩序の顕著な特徴の要約を再び述べれば、それで済むことではないか。そして次のように言えばよいだろう。「これが『法』とか『法秩序』によって意味される標準的な事例だ。こうした標準的な事例に加えて、社会生活においてはそのうちいくつかの特徴が欠けている事例もあることに留意すべきだ。こうした論争の的になる事例を法として性格づけてよいか否かについて決定的な論拠はない」。

こうした答え方は、確かに気持ちが良いくらい簡潔である。しかし、それ以外に推奨すべき点はない。第一に、「法とは何か」という問いかけに大いに頭を悩ませている連中は、こうした要約的な回答の示すありふれた事実を忘れた訳ではなく、思い起こさせてもらう必要もないことは明白である。この問いかけを生き長らえさせている深刻な困惑は、質問者が「法」ということばで通常言及される現象を知らないとか、忘れたとか認識できないといったことから生じているわけではない。さらに、前述の法秩序の要約的な説明の内容を見るならば、それが言っているのは、標準的な事例においては多様な法が共存し、互いに関連しているということに過ぎないことが分かる。というのも、この種の標準的な法秩序の要約的な説明にあらわれる裁判所や議会は、それ自体、法の制作物だからである。

人々に紛争を審理する管轄権を与え、法を創設する権限を与える法があって、はじめて裁判所や議会なるものが存在し得る。

この短い答え方――それは質問者に対して、「法」や「法秩序」ということばの使用法に関する現在の慣例を思い起こさせるだけのものだが――は、したがって役に立たない。明らかに最上の途は、法を熟知し、その実例を疑いなく認識しているにもかかわらず、「法とは何か」と問いかけ、それに回答しようと試みる人々を困惑させてきたものは何かを発見するまで、回答を先送りすることであろう。法に関する通常の知識以上に、彼らは何を知ろうとし、なぜそれを知りたいと思ったのか。この疑問には、一般的な回答らしきものを与えることができる。というのもこの疑問をめぐっては繰り返し提起される主要なテーマ群があり、それらが法の性質に関する議論や反論の恒常的な焦点を形成し、そして、すでに見たような法に関する誇張された、逆説的主張を誘発してきたからである。法の性質に関する思索には長く複雑な歴史があるが、今から遡って見るなら、それがいくつかの主要な論点をめぐって続いてきたことは明白である。これらは、意味もなく選ばれたものでもなければ、アカデミックな論議の楽しみのために拵《こしら》えたものでもない。それらは、法の諸側面の中でも自然と、しかもつねに、誤解を導くため、法に関する確固たる熟練と知識を備えた思慮深い人々の心にさえ、それらに関する混乱とさらなる明確化の必要性とを二つながらもたらしかねないものである。

第2節　繰り返される三つの論点

ここでは繰り返し議論される三つの主要な論点を区別することとし、後に、なぜこれらが一緒になって法の定義を要求したり、「法とは何か」とか、あるいはさらに曖昧に定式化された「法の性質ないし本質とは何か」という問いかけへの回答を要求することへと結び付いたかを見ることとしよう。

このうち二つの論点は次のような形で現れる。いつ、どこでも、法に一般的に当てはまる最も顕著な特質は、法のあるところ、特定の人間の行動がもはや自由に選択可能なものではなく、何らかの意味で義務的（obligatory）なものになることである。しかも、この見たところ単純な法の特質は、実は単純なものではない。なぜなら、自由ではない義務的な行為の領域においても、いくつかの形態を区別することができるからである。第一に、行為がもはや自由に選択可能でないことの最も単純な意味は、ある人が別の人に言われたことをしなければならない場合で、しかも本人の身体が押したり引いたりといった形で物理的に強制されているからではなく、そうすることを拒否すれば不快な帰結が待っていると別の人が威嚇するために、そうしなければならない場合である。銃を持った強盗が被害者に対して財布を渡すよう要求し、そうしなければ撃つぞと脅すとする。もし被害者が命令に従うなら、彼がそうするよう強いられたことについて、彼はそうするよう強制された(obliged)とわれわれは言うだろう。ある者が他の者に威嚇を支えに命令し、そういう意味で服従するよう「強制」するこうした状況にこそ、法の本質が、あるいは少なくとも「法の哲学への鍵」[8]があることは明らかだと主張する人々もいる。これが、イングランドの法哲学がこれまで大いに影響を受けてきたオースティンの分析の出発点である。[9]

もちろん、法秩序がしばしばこうした側面を示すことは確かである。ある行為が犯罪であると宣言し、違反者に科される刑罰を規定する刑事法規は、銃を持った強盗を大掛かりにした類型のように見えるかも知れない。両者の違いは些細なもので、刑事法規の場合、命令はそれに服従する習慣のある集団に対して一般的に与えられているだけだというわけである。もっとも、複雑な法事象を単純な要素に還元して見せる仕方は魅惑的ではあるものの、仔細に分析すると、この説明は最も説得力のありそうな刑事法規の場合でさえ、物事を歪曲し混乱の元となることが判明している。もしこの説明が正しいとすると、法や法的義務は、威嚇を支えとする命令と違うと言えるのだろうか、また、どのようにそれと関係しているのか。これこそが、「法とは何か」という問いかけの背後につねに隠れている核心的論点である。

第二の論点は、行為が自由に選択できず、義務的である第二の仕方から生起する。道徳のルールは義務を課し、個人が自由な選択によって行動できる範囲の中から特定領域の行為を取り去る。法秩序が威嚇に支えられた命令と密接に関連する要素を明らかに含むのと同様、法秩序は道徳と密接に関連する要素も明らかに含んでいる。いずれの場合も、その関連性を正確に見定めることは困難で、明白な関連性を同一性と混同したくなる誘惑にかられる。法と道徳とは、責務、義務、権利等の概念を共有するし、すべての国内法秩序は、基本的な道徳の要求と同じ内容の要求をするものだ。殺人や暴行の禁止は、法と道徳との最も顕著な一致の例である。さらに、二つの領域を結び付けるかに見える正義という観念もある。それは法にとくに相応しい徳であり、徳の中でも最も法的なものである。われわれは「法による正義」について考え、語るとともに、法の正義や不正義についても考え、語る。

　こうした事実からは、法は道徳や正義の一分肢として理解されるべきであり、法の「本質」は命令や威嚇を含むことにではなく、それが道徳や正義の諸原理に適合していることにあるという見方が生まれる。こうした学説は、自然法に関するスコラ的諸理論だけでなく、オースティン由来の法「実証主義」に批判的な現代の法理論にも共通する。しかしここでも、こうした法と道徳との密接な類似性を強調する理論は、しばしばある種の義務的行為を別種のそれと混同し、法的ルールと道徳的ルールとの違いやそれらの要求の差異に十分な配慮をしていないように思われる。[10] 法と道徳のこうした差異は、それらの類似性や一致と少なくとも同程度に重要である。「不正な法は法ではない[11]」という主張には、「制定法規は法ではない」とか「憲法は法ではない」といった主張と同様、虚偽とまでは言えないものの、誇張と逆説の趣がある。法理論の歴史を形作っている両極端の揺り返しの一例であるが、法と道徳とを同一視する議論が法と道徳とが権利、義務等の語彙を共有するという事実からの誤った推論にすぎないことを見て取った人々は、同程度に誇張された、逆説的反応を示した。「裁判所が実際に行うことの予測、そしてそれ以上の何の見せかけもしないものが、私が法によって意味するものだ(12)」がそれである。

「法とは何か」と問いかけるよう止むことなく促す第三の論点は、より一般的なレベルのものである。一見したところ、法秩序は、いずれにせよ一般論として言えば、ルールから構成されているという言明は、疑う余地の乏しい、容易に理解可能なもののように見える。法を理解する鍵を威嚇に支えられた命令に見出した者も、また、道徳や正義との関連性に見出した人々も、法はルールによって構成されるもの——その大部分がルールだというわけではないとしても——として語っている。ところが、この見た目には問題のなさそうな考え方にかかわる不満、混乱、そして不確定性が、法の性質に関する困惑の多くを生み出している。ルールとはそもそも何か。ルールが存在するとは何を意味するか。裁判所は、ルールを適用しているのか、それともそう装っているだけか。二〇世紀に入ってからとくに、これらの疑問が提起されると、見解の大きな差異が明らかになってきた。ここでは、その概要を述べるにとどめる。

当たり前だが、世の中には多種多様なルールがある。法的ルールの他にエチケットのルール、言語のルール、ゲームやクラブのルールがあるという分かりきった意味だけではなく、これらのうちどれをとっても、さまざまな仕方で生まれてきたものがあり、対象となる行為との関係もいろいろである。法的ルールの中にも、立法によって制定されるものもあれば、意図的な行為によって生まれるわけではないものもある。さらに重要なことに、人々に対して本人が望むと否とにかかわらず、一定の行動をとるよう要求する指令的ルール（mandatory rule）——暴力を振るわないようにとか、税金を払うようにとか——もあれば、婚姻や遺言や契約をする際に守るべき手続、形式、条件を規定するルールのように、人々が望むような効果をもたらすためになすべき行為を規定するものもある。これら二つの類型のルールの対比は、ゲームのルールのうち、一定の行為（反則や審判への暴言）をペナルティでもって禁止するルールと、得点したり勝利したりするために何をなすべきかを定めるルールとの間にも見られる。こうした複雑さに目をつぶり、第一の類型のルールのみを見たとしても（その典型は刑事法だが）、こうした単純な指令的な類型のルールが存在するという主張の意味について、同時代の論者の間にも、大きな見解の隔たりがあることが分かる。なかには、指令的なルールという観念が全く不可解だと考える者もいる。

一見したところ単純な指令的ルールという観念に対してわれわれが最初におそらく自然に与えがちな説明は、すぐに放棄しなければならないことが分かる。それは、ルールが存在するとは、一群の人々、あるいはその大部分が、規則的に（as a rule）行動すること、つまり、通常は、一定の状況では特定の仕方で行動することを意味するという説明である。たとえば、イングランドでは、男は教会内で帽子をかぶってはならないとか、「ゴッド・セイヴ・ザ・クィーン」が演奏されるときは起立しなければならない、とかいうルールがあるのは、この説明の仕方からすると、大部分の人々は通常そう行動することを意味するというわけである。明らかにこれは、意味されていることの一部を伝えてはいるものの、不十分な説明である。ある社会集団のメンバー間における行動の一致だけがあり（みんなが朝食時によくお茶を飲むとか、毎週映画を見に行くとか）、それを要求するルールは存在しないことはあり得る。単なる行動の一致が見られる状況と社会的ルールが存在する状況との違いは、しばしばことばの上でも明らかである。後者の状況を描くとき、われわれは、前者のみを指しているとすればミスリーディングになるようなことば遣いをすることがある――必ずそうするわけではないが。「そうすべきだ、そうすべきでない（must, should, ought to）」等のことばは、特定の行動を要求するルールの存在を示す点で共通の役割を果たす。イングランドには、みんなが毎週映画を見に行くべきだというルールはない。みんなが毎週映画を見に行くことはよくあるということだけが真実である。他方、男性は教会で帽子をかぶるべきでない、というルールは存在する。

それでは、ある社会集団における行動の習慣的一致と、そうすべきだ、そうすべきでない、といったことばでしばしば示されるルールの存在との間の決定的な相違点は何だろうか。この点について法理論家たちは対立している。それはこの論点がいくつかの理由で活発に議論されるようになった現在、とくにそうである。法的ルールに関しては、しばしば決定的な相違（そうすべきだ、そうすべきでないというその要因）は、特定の類型の行為からの逸脱が敵対的な仕打ちに会うこと、そして法的ルールについていえば、公務員によって罰せられることにあるとしばしば主張される。毎週映画を見に行く例のような社会集団の習慣であれば、逸脱は罰せられることも、非難されることさえない。しかし、特定の行動を要求するルールがある場合、それが男性に対して教会では帽子をとるよう要求するような法外のルールであっても、この種のことが逸脱から帰結する。法的ルールの場合、この予測される帰結は確定的であり、公的に設営されているが、法外のルールの場合は、同様の敵対的な仕打ちが逸脱に対して加えられることが予想されるとしても、それは組織されてはおらず、確定的でもない。

刑罰の予測可能性が法的ルールの重要な一側面を示していることは確かである。しかし、社会的ルールが存在するという言明によって意味されていることとの説明や、ルールにおける「そうすべきだ、そうすべきでない」という要因の説明が、これで尽くされていると言われても納得はできない。予測に基づくこうした説明には多くの批判がある。ここではとくに、スカンジナヴィアの法学派を特徴づけるある批判を検討しよう。[13] それは、法的ルールからの逸脱に刑罰を科す裁判官や公務員の行動（あるいは法外のルールからの逸脱を非難し批判する私人の行動）を注意深く見るならば、こうした予測に基づく説明が全く説明を加えていないような形でも、ルールがこうした行動にかかわっていることが分かるというものである。裁判官は刑罰を科すとき、当該ルールを彼の指針（guide）として、また、違反者を罰する理由（reason）ないし正当化根拠（justification）としてとらえている。彼は、そのルールを、彼ら裁判官がおそらく逸脱を罰するであろうという言明としてはとらえていない。もちろん、観察者はそのルールをまさにそのように見ているかも知れないが。ルールの予測的な側面は（それは十分に現実的なものではあるが）、裁判官の目的にとっては意味がなく、指針ないし正当化根拠としての性格こそが本質的である。同じことは、法外のルールの違背に対して向けられる非公式な非難についても当てはまる。これらもまた、違反に対する予測可能な反応であるにはとどまらず、ルールの存在が指針として方向づけ、正当化するものである。だからこそ、われわれは、ある者がルールに違反したから彼を非難し、あるいは罰すると言うのであり、われわれが彼を非難したり罰したりする確率が高いとだけ言っているわけではない。

とはいえ、予測に基づく説明に対してこうした批判を加える論者の中には、そこに何か曖昧な点が残ると認める者もいる。明確で確固とした、事実に基づく分析を拒む何かである。通常の行動パターンから逸脱した者に対する規則的で予測可能な刑罰や非難という単なる集団の習慣から区別する特徴以外に、ルールに一体何があり得るだろうか。こうした明確で検証可能な事実のほかに、裁判官を方向づけ、刑罰の正当化根拠となり、裁判官にその理由を与えるものが、本当に存在し得るのか。その余分な要素が何かを言い当てることの難しさが、予測理論の批判者をして、「そうすべきだ、そうすべきでない」といった物言いは混乱に満ちており、それが人々の目にさも重要であるかのような印象を与えているが、合理的な根拠は何もないと主張させるに至っている。これらの批判者たちは、ルールにはわれわれが何かをするよう拘束し、そうするよう方向づけ、それを正当化する何かがあると思い込んでいるだけで、それは幻想なのだ、有用な幻想ではあるが、と主張する。集団行動と逸脱に対する予測可能な反応に関する明確で検証可能な事実を超えてあるものは、ルールに従って行動しようとし、そうしない人間に敵対しようとする強迫的な「感覚 feelings」に過ぎない。この感覚が何かは分からないが、われわれをそう行動するよう方向づけ、コントロールする何か外的で目に見えないものがこの世界を形作っていると想定できる。これは、もはやフィクションの世界であり、法はこのフィクションとつねに結び付いているというわけである。こうしたフィクションを想定するからこそ、われわれは「人ではなく法による」統治について厳粛に語ることができる。こうした類型の批判は——その積極的な主張の長所が何であれ——少なくとも、社会的ルールと行動の習慣的一致との区別に関するさらなる解明が必要であることを示す。この区別は法を理解する上で決定的に重要であり、本書の前半部分の多くはこの問題とかかわっている。

しかし、法的ルールに関する懐疑的立場は、拘束力を持つルールという観念そのものが混乱していたりフィクションに過ぎないと批判する極端な形をつねにとるわけではない。むしろ、イングランドやアメリカ合衆国において最も流布している懐疑主義は、法秩序はそのすべてが、あるいは主としては、ルールによって構成されているとの立場を考え直すよう促している[14]。疑いなく裁判所は、その結論が前もって確定された明確な意味を持つルールの必然的な帰結だとの印象を与えるべく、判決文を作り上げる。きわめて単純な事案では、その通りなのであろう。しかし、裁判所を困らせるような事案の大部分では、ルールが含まれていると主張される制定法規も判例も、ただ一つの結論を導きはしない。重要な事件の大部分では、つねに選択の余地がある。裁判官は、制定法規の文言に与えられ得る複数の意味の中から、あるいは判例が意味するところに関する対立する解釈の中から、選択しなければならない。裁判官は法を「発見する」のであって「創設する」わけではないという伝統のみがこのことを覆い隠し、裁判所の結論が、明確で先行するルールから、裁判官の恣意を入れる余地もなく、スムーズに推論されるかのように見せかける。法的ルールには、論議の余地のない意味の核心があるかも知れない。そして、あるルールの意味について論争が巻き起こること自体、想像しがたいこともあるだろう。イングランドで一八三七年に制定された遺言法の第九条は、遺言の作成には二人の証人が必要だと規定するが、この条文が解釈問題を引き起こすことは容易には想像できない。しかし、あらゆるルールには、不確定で曖昧な周縁部(penumbra)があり、そこでは裁判官には可能な複数の意味からの選択が要求される。遺言者は遺言に署名しなければならないという、一見して何の不明瞭な点もない遺言法の規定でさえ、特定の状況下では、その意味が不確定となる。遺言者が偽名を使った場合はどうなるのか。もし他の人が署名をするのを助けたらどうか。イニシャルだけを書いた場合は。あるいは、完全で正確な署名を誰の助けも借りずにしたが、遺言書の末尾ではなく、冒頭にした場合はどうか。こうした場合、当該法的ルールの意味における「署名」がなされたと言えるだろうか[15]。

こんなチマチマした私法の領域においてさえこれだけの不確定性が発生するのであれば、何人も「法の適正な手続を経ずして、生命、自由または財産を奪われることはない」とする合衆国憲法第五および第一四修正の雄弁なる言い回しからは、どれほどさらに多くの不確定性が生み出されるであろうか。この問題についてある論者は[16]、この言い回しの本当の意味はきわめて明確で、その意味は、「いかなるwもzなくしてはxまたはyであることはない。ここに言うw、z、x、yは、広範な領域内でのいかなる値をもとりうる」というものだと指摘している。挙げ句の果てに懐疑主義者たちは、ルールが不確定であるだけでなく、裁判所によるルールの解釈は、有権的であるのみならず、最終的でもあることにわれわれの注意を向ける。こうした議論を概観するならば、法を本質的にルールにかかわるものとする見方は、誤りとは言えないまでも、相当な誇張だということになるのではないか。こうした考え方が、すでに引用した「制定法規は法源ではあっても、法そのものには属さない[17]」という逆説的な主張につながることになる。

第3節　定義[18]

つまり、次の三つが、繰り返される論点である。法は、威嚇に支えられた命令とはどのように異なり、それとどう関連するのか。法的義務は、道徳的義務とはどのように異なり、それとどう関連するのか。ルールとは何であり、どの程度まで法はルールにかかわる問題だと言えるか。これら三つの論点にかかわる疑問と困惑を片付けることが、法の「本質nature」に関する多くの考察の主たる目的であった。今や、こうした考察がなぜしばしば、法の定義を求める考察だと考えられてきたか、そしてなぜ少なくともよく知られた法の定義が執拗な困難や疑問を解決するためにほとんど役立たなかったかを理解することができる。定義とは、この［定義という］ことばが示唆するように、第一義的には、ことばによって指定されるある種のものとその他のものとを区別し、線引きをすることである。そうした線引きの必要を感じる人々は、日常的には当のことばを使うことに何の不便も感じていないのだが、そのことばによって指し示されるある種のものとその他のものとを分かつ

——と思われる——特徴をはっきりと述べ、説明することに困難を感じている。われわれはみな、ときおりこうした困難に陥る。「象を見たときにはそれと分かるのだが、それを定義することができないのだ」と言う人と基本的には同じ困難である。聖アウグスティヌスの有名な言明も、同じ困難を表現している。「時間とは何だろう。誰もそう質問しないとき、私はそれを知っている。質問する人にそれを説明しようとすると、私は分からなくなる」[19]。熟練した法律家でさえ、法を熟知してはいるものの、法について、あるいは法と他の物事との関係について説明できないことや十分に理解できないことがあると感ずるのも、同じである。見知った町である地点から別の地点へ訳なく行き着けるにもかかわらず、他の人にどう行けばよいか説明できない人のように、法の定義を求める人々は、彼らが知る法とそれ以外の物事との間にあると漠然と感じられる関係を明確に描く地図が欲しいのだ。

こうした場合、ことばの定義がそうした地図を提供できることがある。定義はあることばの使い方を示す隠された原理を明らかにするとともに、そのことばが当てはまる類型の事象とそれ以外の事象との関係をも明示することができるかも知れない。ときに定義は「単にことばの上のこと」とか「ことばについてだけ」とか言われることがあるが、こうした地図を提供できるのであれば、こんな言い方はミスリーディングである。三角形に関する「三辺からなる直線で囲まれた図形」とか、象に関する「厚い皮膚、牙と長い鼻を持つことで他から区別される四足獣」という定義も、これらのことばの標準的な使用法やこれらのことばが当てはまる対象について、何がしか教えるところがある。こうしたよく知られた類型の定義は、二つのことを同時にやってのける。それは、定義されたことばを他のよく知られた術語に翻訳するための規約ないし定式を提供するとともに、そのことばによって指示された対象を確定するのに役立つよう、それが属するより広い集合のメンバーの共通性と、当該集合の他のメンバーからその対象を区別するものが何であるかを示す。こうした定義を探し求め、発見する際、われわれは「単にことばを探し求めているのではなく……われわれがことばを使って話している当の現実をも探し求めている。ことばへの研ぎ澄まされた意識を通じて、われわれはその事象の理解を研ぎ澄ましている[20]」。

三角形や象の単純な例に見られるこうした類と種差による(per genus et differentium)定義は、きわめて単純で、定義されたことばにいつでも置き換え得る定式を提供するのであるから大変に満足のいくものと思われるかも知れない。しかし、こうした定義はつねに手に入るわけではなく、手に入ったとしてもつねに啓発的だとは限らない。この定義を成功に導く条件は、満たされないこともしばしばある。その中でも主要な条件は、対象が属するより広い集合、つまり類(genus)があり、その属性が明らかであるとともに、定義によって対象をその集合内に位置づけることができることである。あるものがある集合に属するという定義は、その集合の属性が曖昧であったり混乱したものであれば、役に立たない。法に関して類と種差による定義が役に立たないのも、法をメンバーとするよく知られたより一般的なカテゴリーが存在しないからである。法についてこうした定義に使えそうな第一の候補としては行為のルール (rules of behaviour) という集合があるが、ルールという概念はすでに見た通り、法の概念そのものと同程度に人を困惑させるものであり、法をルールの一種とする定義はわれわれの法に関する理解を一歩も先に進ませそうにない。そのためには、何らかのよく知られた一般的な種類のものの下位概念として対象を位置づける定義とは根本的に異なる何かが必要である。

しかし、この単純な類型の定義を法について有効に用いるには、さらに大きな困難が待ち構えている。何か一般的なことばがこうした仕方で定義できるという想定は、三角形とか象として定義されたもののすべての具体的事例には共通した特徴があって、それが定義されたことばにより意味されるのだという暗黙の前提に依拠している。[21] もちろん、かなり初歩的な段階においても、境界線上の事例が目にとまるであろうし、そのことは、一般的なことばの具体的な事例がすべて同一の特徴を帯びるとの前提が独断的なものに過ぎないことを示している。しばしば、あることばの日常的な、あるいは技術的な使い方でさえ、通常は共存する特徴のうちいくつかのみが存在する事例に、そのことばを拡張して用いることを禁じはしないという意味で、相当に「開かれて open」いる。このことは、すでに見たように、国際法についても、いくつかの未開の法についても当てはまることで、法ということばのこうした拡張的な使い方については、それなりの説得力を持って賛成も反対もできる。より重要なことは、こうした境界的事例は別として、ある一般的な用語の具体的事例は、しばしば単純な定義が想定するのとはきわめて異なった仕方で結び付いていることである。われわれが人の「足 foot」について語るとともに、山の「麓 foot」についても語るように、具体的事例は類比によって結び付いているかも知れない。また具体的事例は核心的な要素にそれぞれ異なる仕方で結び付いているかも知れない。たとえば「健康的な healthy」ということばが、人について用いられるだけでなく、彼の顔色や彼の朝の運動について用いられるときのように。核心的な特質は人が健康であることであり、顔色はその徴候、運動はその原因である。また、法秩序を構成するさまざまな類型のルールを統合する原理について見たように、具体的事例は複雑な活動を構成する異なる要素であるかも知れない。列車、線路、駅、ポーター、株式会社について「鉄道 railway」が形容詞的に用いられるときは、こうした統一的な原理が機能している。

もちろん、われわれが検討したきわめて単純な伝統的定義のほかにも多くの種類の定義が存在するが、「法とは何か」という繰り返される問いかけの根本にあると見定められた三つの主要な論点の特徴を想起するならば、定義として認識できるような簡潔なものでは十分な答えにならないことは明白であろう。根本にある論点は、こうした仕方で解決されるにしては、お互いにきわめて異質であり、根本的でありすぎる。簡潔な定義を与える努力の歴史はこのことを示している。とはいえ、これら三つの問題を繰り返し単一の問いかけへと、あるいは定義の探究へと結び付けてきたその直感は間違っていない。本書で明らかにするように、これら三つの問いへの回答を構成する、共通の諸要素を切り分け、特徴づけることができるからである。これらの諸要素が何か、そしてなぜこれらの要素が本書で与えられている重要な地位を占めるべきかは、まずは、オースティンがそれを説いて以来、イングランドの法哲学をこれほどまでに支配してきた欠陥のある理論を詳細に検討することで明らかになる。それは、法の理解の鍵は、威嚇に支えられた命令という単純な観念にあるという主張であり、それをオースティンは「指令 command」と名付けた。次章以降の三つの章では、この理論の欠陥を検討する。この理論をまず批判し、その主要なライヴァルを本書の後の章に先送りすることは、現代の法理論が発展してきた歴史的順序を意図的に無視することになる。法は道徳との「必然的な」関係によってこそ良く理解できるという対立する主張は、オースティンや彼に先立つベンサムが主要な攻撃目標とした、より古い学説だからである。この非歴史的な取り扱いをすることについての私の言い訳は——そんなものが必要であればだが——単純な指令理論の誤りは、より複雑な競争相手の理論よりも真理へのより良い指針となる、ということである。

本書の各所において「法」とか「法秩序」ということばの適用に法理論家たちが躊躇を覚えた境界線上の事例が議論されるが、こうした疑念に回答することは、本書にとっては二次的関心事にとどまる。本書の目的は、法ということばの使用法が正しいか否かを判定するための基準という意味での法の定義を提供することではなく、国内法秩序の特徴的な構造に関するより良い分析と、社会事象の類型としての法、強制、道徳相互の類似性と差異に関するより良い理解を提供し、法理論を進歩させることにあるからである。続く三章の批判的検討の中で指摘し、第Ⅴ章および第Ⅵ章で詳細に記述する一連の諸要素は、本書の残りの部分で示されるように、この目的に貢献することになる。これらの諸要素が法の概念の核心的要素として、また、その解明にあたって第一次的重要性を持つ要素として扱われるのも、こうした理由からである。

第Ⅱ章　法、指令、命令

第1節　命令法の各種

指令（commands）と習慣（habits）という見たところ単純な要素によって法の概念を分析しようとする最も明快で徹底した試みは、オースティンにより『法理学の確定された領域 *The Province of Jurisprudence Determined*』においてなされたものである。本章および続く二章で記述され、批判される立場は、オースティンの学説と本質的に同一ではあるが、いくつかの点でそれと異なっているだろう。われわれの主たる関心はオースティン自身にはなく、その欠陥がどのようなものであれ、絶えることなく人を魅惑し続けるある類型の理論がどこまで信頼に足るものかにあるからである。オースティンの言わんとすることが不明瞭であったり、不整合を示したりするときは、それを無視して、明快で整合的な理論を描くことにする。さらに、オースティンが批判に対する応答の方向性を示すにとどまる際も、(部分的にはケルゼンのような後世の学者がたどった途に沿って)その応答を詳細に展開し、われわれが検討し批判する学説をその最も強力な姿において描く。

社会生活のいろいろな局面において、ある人が、別の人物があることをしてくれれば、あるいはしないでくれればという願望を示すことはよくある。こうした願望の表出が何か興味深い情報としてとか、意図的な自己開示にとどまらず、願望の相手である人物が実際に表出された願望通りに行動すべきだとの意図をもってなされるとき、英語やその他の言語においては——必ずしもそうとは言えないものの——命令法(imperative mode)という特殊な表現形態、たとえば「家に帰れ」「ここに来い」「止まれ」「彼を殺すな」という形をとることが通常である。[1] われわれが他者に対して命令法で呼びかける社会状況は、きわめて多様だが、いくつかの主要な類型は繰り返し発生するし、それぞれの重要性はおなじみの分類ごとに見分けることができる。「塩を回して下さい」は普通、単なる依頼(request)であり、通常は話し手のためにそうしてくれそうな人に対して、大した緊急性もなく、また塩を回してくれなかったときに何が起こるかをも明らかにしないままなされる。「殺さないでくれ」は、通常、話し手が相手の慈悲を懇願しているか、相手が話し手をそこから解放する力を持つような苦境における嘆願(plea)として発せられる。他方、「動くな」は相手に降りかかりかねないものの、じっとしていることで避けることができそうな危険(草むらの中の蛇)に話し手が気付いたときになされる警告(warning)である。[2]

こうした命令法の使用を特徴とする――いつもそうだという訳ではないにしろ――さまざまな社会状況は数が多いだけでなく、互いの違いも微妙である。「嘆願」「依頼」「警告」といったことばも、大雑把な区別に役立つに過ぎない。これらの状況のうち最も重要なのは、「命令的 imperative」ということばがとくに相応しく見える状況である。具体的に言えば、銃を持った男が銀行の窓口掛に、「その金をよこせ、さもないと撃つぞ」と言う例に示される。[3] ここではギャングが命令しているのであって、金を渡すよう窓口掛に依頼しているだけでもなければ嘆願しているはずもさらさらない。そのことは、彼の表出された願望通りに行動するよう、話し手が、通常人であれば害を被り、不快に感じることであって、窓口掛にとって金を渡さないことがかなりしづらい選択となるようなことを実行すると威嚇していることに特徴的に示されている。もしギャングがうまく事を成し遂げたならば、彼は窓口掛を強制したことになるし、窓口掛はその限りでギャングの権力下に置かれたことになる。こうした状況では、多くの微妙な言語上の問題が発生する。われわれは、ギャングが窓口掛に金を渡せと命令し、それに窓口掛が従ったと言うことはできるだろう。しかし、ギャングが窓口掛に対して命令を発したと言うのは何かミスリーディングである。というのも、こうした軍隊口調の言い回しは、命令を発する何らかの権利または権限があることを示唆するが、それはこの状況には存在しないからである。これに対して、ギャングがその手下に、出入り口を見張っているよう命令を発したと言えば、はるかにしつくりくる。

いま、こうした微細な点にかかずらう必要はないだろう。「命令 order」や「服従 obedience」ということばは、権威や権威への敬譲の含みが伴うが、ここからは「威嚇に支えられた命令」や「強制的命令」という表現をギャングのそれのように、「事実上の」威嚇のみによって支えられる命令を指すために用い、そうした命令に従うことを含めて「服従」とか「服従する」ということばを用いることにする。しかしながら、オースティンによる指令の定義が法律家に対して及ぼした大きな影響に鑑みてということだけからしても、害悪を加える威嚇だけが服従を強いるために利用されている単純な状況は、われわれが「指令 commands」について語る自然な状況ではないことに留意する必要がある。軍事的文脈以外ではあまりお目にかからないこのことばは、指令者がきわめて優位な地位を占める軍隊や使徒の集団といった比較的安定した階層的組織の存在を強く含意している。典型的には、司令官として指令を発するのは（軍曹ではなく）将軍である。もっとも、新約聖書でキリストがその使徒たちに命じたと言われているように、他の種類の特別な優位が語られることもあるが。より重要な点は――なぜなら、これが多様な「命令法 imperative」の形態を特徴づけているからだが――指令が発せられるとき、その不服従に対して害悪を加えるという潜在的威嚇がなされる必要はないことである。指令の特性は、人々に対して権威（authority）を行使する点にあり、害悪を加える力を行使する点にあるわけではない。

指令に害悪の威嚇が伴うこともあるが、指令は第一次的には権威の尊重を要求するものであり、恐怖に訴えかけているわけではない。

権威と密接に結び付いた指令という観念が威嚇に支えられたギャングの命令よりはるかに法の観念に親近性を持つことは明らかだが、オースティンが、直前の段落で説明した区別を無視して、ミスリーディングにも指令と呼んだのは、威嚇に支えられた命令の方である。しかし、われわれの目的にとって、指令は法に近すぎる。法にかかわる権威という要素こそ法とは何かを説明しようとする際、つねにその障碍となるものの一つである。そのため、法の解明にあたって権威を伴う指令という観念を使うことは有用ではない。実際、オースティンの分析の利点は――その欠点が何であれ――ギャングの状況が権威のそれと異なり、それ自体としては不明瞭でなく、さらなる説明を全く必要としないことにある。そこで、それをもとに法の観念を構築しようとしたオースティンの足取りをたどってみることにする。ただし、われわれは、オースティンがそうしたように成功を望むわけではなく、その失敗から学ぶことを期待しよう。

第2節　強制的命令としての法(4)

現代国家のような複雑で大規模な社会においてさえ、公務員が個人に一対一で何かをするよう命ずることはある。警察官が特定のドライバーに対して停止するよう命じたり、乞食に対して移動するよう命ずるように。しかし、こうした単純な状況は、法が機能する標準的な仕方ではないし、そうではあり得ない。社会のすべてのメンバーに対してなすべきすべての行為を個別かつ公式に伝えるのに必要な公務員を調達することはおよそ不可能だからである。そこで、個々人を名宛人とすることも、なすべき個別の行為を示すこともなく一般的な形で指示を与え、個別の指示は例外的にするか、あるいは一般的指示に付随する形で行うかすることになる。かくして、刑事法規でさえ(それは威嚇に支えられた命令に最も近似する法類型であるが)標準的形態においては、二つの点で一般的である。それは行為の一般的類型を指定し、適用対象となり服従すべきであることを理解するよう期待されている人々の集団に一般的に適用される。特定個人に対する個別の公的指示の役割は二次的である。一次的な一般的指示に従わない個人が現れたとき、税務調査員がそうするように、公務員は彼の注意を一般的指示に対して向け、服従するよう要求するか、あるいは、不服従は公的に確定・記録され、警告されていた刑罰が裁判所によって科されることになる。

したがって、法的規制は一次的には——それだけというわけではないが——こうした二重の意味で一般的な指示による規制である。法の特徴を正確に描こうとするのであれば、これがまずギャングの単純なモデルに対して付加すべき最初の特徴である。法の規制対象となる人の範囲、そしてその範囲を示す仕方は法秩序によって異なるし、法の種類によっても異なるであろう。現代国家では、規制対象をとくに拡張したり狭めたりしない限りは、支配領域のすべての人を対象とするものと通常理解されている。教会法においても、とくに狭い集団が指定されるのでない限りは、当該教会のすべてのメンバーが適用対象となると通常理解されている。いずれにせよ、法の適用対象が何かは、こうした一般的な理解に基づく個別の法の解釈問題である。ここで注意すべき点は、オースティンを含めて、法律家は法が人々の集団を名宛人とする（addressed）[5]という言い方をすることがあるが、これは一対一の状況とパラレルであることを示唆する点でミスリーディングだということである。そんな状況は存在しないし、こうした言い回しを用いる者もそんな状況だと言おうとしているわけではない。人々にあることをするように命ずることは、情報伝達の一種であり、彼らに向けて現に「呼びかける」こと、つまり彼らの注意を惹くか、注意を惹くための手順を踏むことを含意するが、人々のために法を制定することはそうではない。ギャングは「その札束をよこせ」と言うことで、窓口掛が何かをすべきだとの彼の願望を表出するとともに、窓口掛に現に呼びかけてもいる。つまり、窓口掛の注意を惹くのに十分なことをしている。彼が誰もいない部屋で同じことばを発したとしたら、彼は窓口掛に全く呼びかけてはおらず、彼に何かをするよう命じてはいない。そうした状況は、単にギャングは「その札束をよこせ」ということばを発した、と描写されることになるだろう。こうした点で法を制定することは人々に何かをするよう命ずることとは異なっており、命令という単純な観念を法のモデルとして使う際には、この違いに留意する必要がある。もちろん、法が制定されたからには、できるだけ早く、適用対象となる人々がその法に気付くことが望ましいと言える。そうしたことが一般に実現しないとしたら、法を制定する立法者の意図は挫折することになるであろう。また、法秩序はしばしば法の公布に関する特別のルールに基づいて、制定された法を人々に知らせるようにしている。しかし公布がなされる以前であっても、また、たとえ公布がなされないとしても、法は完全に成立し得る。たとえ法の適用対象となる人々が何が法であり、誰が適用対象かを自力で探求しなければならないとしても、反対の結論を示すルールがとくにない限りは、法は有効に成立する。法が誰かを「名宛人とする」という言い方をする人たちが通常、意図しているのは、そうした人々が特定の法の適用対象であり、彼らがある仕方で行動するよう要求されている、ということにとどまる。「名宛人とする」ということばを用いることには、法を制定することと一対一で命令を発することとの違いを見落としたり、「その法が誰に適用されるか」と「誰に向けて公表されたか」という二つの異なる問題を混同したりする危険が伴う。法が存在する状況を説得力をもって描くためには、一般性という特質の他に、もう一つのさらに根本的な修正をギャングの状況に加える必要がある。確かにギャングは銀行の窓口掛に対してある種の優位性を持っている。それは、窓口掛に言われた通りのことをさせるのに十分な威嚇をする一時的な能力を彼が持ち合わせていることに由来する。二人の間には、この一時的な強制的関係を除くと、いかなる上下関係も存在しない。しかし、ギャングにとってはそれで十分である。「その札束をよこせ、さもないと撃つぞ」という単純な一対一の命令は、その場限りのものである。ギャングは窓口掛に対して、時を超えて一定の人々によって従われるべき継続的命令（standing order）を発しているわけではない。しかし、法はすぐれてこの「継続的」または持続的な特性を有する。このため、威嚇に支えられた命令という観念で法とは何かを説明しようとするときも、法が有するこの持続的性格を盛り込むよう努める必要がある。

つまり、一般的命令の適用対象となる人々は、服従しない場合には、その命令が公布された時点においてだけでなく、当該命令が撤回されたり取り消されたりしない限り、引き続き威嚇が実行されると信じているものと想定する必要がある。不服従からの帰結に関するこうした継続的信念が当初の命令の命脈を保ち、「継続的」なものとすると言うこともできるかも知れない。もっとも、法の持続的性格をこうした単純な概念で分析することには、後で見るように困難があるのだが。もちろん、威嚇が継続的に実行される蓋然性に対する一般的な信念が行き渡っているためには、ギャングの単純な状況では再現し得ない多様な要素が同時に必要となる。こうしたきわめて多数の人々に適用される継続的命令に付随する威嚇を実行する権力は、人民のうちの大多数の側に、威嚇への恐れとは別に自発的に服従する用意があり、服従しない者への威嚇の実行に協力するとき、はじめて現実に存在し得るし、また、存在すると想定し得るものであろう。

威嚇が実行される蓋然性に関するこうした一般的な信念の基礎が何であれ、法が存在するおなじみの状況に近似したモデルを描くためには、ギャングの状況にさらなる特性を付け加える必要がある。つまり、動機が何であれ、命令の大部分はたいていの場合、適用対象となる人々によって服従されると想定する必要がある。オースティンに従って、このことを「一般的な服従の習慣 a general habit of obedience」と呼ぶこととし、かつ、法の多くの側面がそうであるように、それが曖昧で不明確な観念であることに注意することにしよう。法が存在すると言えるために、どれほど多くの人々がどれほど多くの一般的命令に対してどれほど長く服従する必要があるかという問いには、禿げていると言えるためには髪の毛の数がどれほど少なくなければならないかという問いと同様、明確な答えはあり得ない。しかし、この一般的な服従という事実にこそ、法とギャングの命令という当初の単純な状況との決定的な違いがある。ある人が他の人に対して単に一時的に優位に立つことは、相対的に見て持続的で安定的な性格を有する法とは対極的だと考えるのが自然である。実際のところ、多くの法秩序では、ギャングのように一時的に強制的な力を行使することは、犯罪を構成すると考えられてきた。威嚇に支えられた一般的命令に対する一般的服従の習慣という単純ではあるが漠然ともしているこの観念が、本当に法秩序が有する安定的かつ持続的性格を正確に再現するのに十分かについては、さらなる検討が必要である。

威嚇に支えられた一般的に服従されている一般的命令という概念――それは単純なギャングの状況にいくつかの要素を付加することで構成されたものだが――それは他のどの種類の法よりも、現代国家の立法府の制定する刑事法規に明らかに似通っている。見たところは、こうした刑事法規とは全く異なる種類の法も存在するし、後には、こうした他の種類の法もまた、見かけとは異なり、より複雑で分かりにくくはあるが同じ類型の法に過ぎないという主張を検討する。ただ、現代の刑事法規だけの特徴を正確に描こうとする場合でさえ、一般的に服従されている一般的命令というわれわれの構成したモデルには、命令を発する者に関してさらに付言すべきことがある。現代国家の法秩序は、当該領域内におけるある種の最高性（supremacy）と他の法秩序からの独立性（independence）という、われわれの単純なモデルにはまだ盛り込まれていない特性を帯びている。これら二つの観念は、見かけほど単純なものではないが、常識的な見解からすると（十分説得力のある見解とは言えないかも知れないが）これらの観念の本質は、次のように説明することができるだろう。イングランド法であれ、フランス法であれ、現代国家の法は、地理的にかなり明確に区切られた領域に住む人々の行動を規制する。各国の領土内には、威嚇に支えられた一般的命令を下し、習慣的な服従の対象となっている人々やその団体が数多く存在するかも知れない。しかし、その中では、地方議会とか委任された立法権限を行使する大臣のような下位の（subordinate）立法者と最高の立法者である国会（the Queen in Parliament）とを区別する必要がある。単純な習慣ということばを使って両者の関係を説明するなら、国会は誰に対しても服従する習慣がないが、下位の立法者は規定された法律上の権限の限界を遵守する必要があり、したがって、国会の代理人（agent）として法を制定していると言うことができる。もしそうでないとすると、イングランドには一つの法秩序ではなく、複数の法秩序が存在することとなる。実際上、国会が領域内のすべての者に対してこうした意味で最高であり、他にそうした者がいないからこそ、イングランドには単一の法秩序があり、その中で最高および下位の要素からなる階層を見分けることができる。

　他の者の命令に従う習慣がないという同じ国会の消極的特徴が、異なる国々の別々の法秩序について語るときの独立性という観念を大雑把に定義する。ソ連の最高立法機関には、イギリス国会に服従する習慣はなく、後者がソ連について何を制定しようと（制定された法はイングランド法の一部にはなるが）ソ連の法秩序の構成要素とはならないだろう。そうした事態が実現するのは、ソ連の立法機関が習慣としてイギリス国会に服従する場合だけであろう。

　この単純な説明の仕方からすると——後でそれを批判的に検討することになるが——法秩序が存在する以上は、そこに威嚇に支えられた一般的に服従される一般的命令を発する人あるいは人々が存在しなければならず、かつ、不服従の場合にはその威嚇が実行される蓋然性が高いと一般に信じられている必要がある。この人あるいは人々は、国内的には最高で、対外的には独立していなければならない。オースティンに従って、そうした最高独立した人あるいは人々を主権者（sovereign）と呼ぶならば、いかなる国家の法も、主権者あるいは主権者に服従する習慣のある下位の立法者によって発せられた、威嚇に支えられた一般的命令だということになる。

第Ⅲ章 法の多様性[1]

イングランド法のような現代の法秩序に見られるさまざまな種類の法を、前章で扱った強制的命令の単純なモデルと比較するならば、このモデルへの数多くの反論が思い浮かぶ。明らかにすべての法が人々に何かをするよう、あるいはしないよう命令しているわけではない。遺言、契約、婚姻をする権限を私人に与える法や、事件を審判する裁判官や規則を制定する大臣、条例を制定する県議会のような、公務員に権限を与える法を命令として分類することはミスリーディングではないか。すべての法が前章でモデルとされた一般的命令のように、制定されたわけでもないし、誰かの願望の表出だというわけでもない。そのことは、多くの法秩序において二次的ではあるが確固たる地位を占めている慣習（custom）について言える。そして、意図的に創設された制定法でさえ、そのすべてが他者に対する命令ではない。制定法はしばしば立法者自身をも拘束するのではないか。さらに、制定法が法であるためには、本当に誰か立法者の現実の希望、意図あるいは願望を示していなければならないのか。イングランドの財政法規の多くがそうであるに違いないように、当該法案に賛成票を投じた者がその意味を分かっていないとしても、手続通りに制定されたのであればやはり法となるのではないか。

多くのあり得る反論の中でもこれらは最も重要な例である。これらの反論に応答するためには、明らかに当初の単純なモデルに修正を加える必要があるし、必要な修正をすべて行えば、もはや威嚇に支えられた一般的命令という観念はそれと見分けがつかないほど変化を被るかも知れない。

言及された反論は大きく三つのグループに分けることができる。第一に法の内容(content)にかかわるもの、第二に法の成立様式(mode of origin)にかかわるもの、第三に法の適用範囲(range of application)にかかわるものである。法秩序のすべては、これらのいずれかの点でわれわれが構成した一般的命令のモデルから逸脱した法を含んでいるように見える。本章では、これら三つの反論をそれぞれ検討する。次章では、さらに根源的な批判、つまり、習慣的に服従されている最高かつ独立の主権者という、このモデルが依拠している観念自体、現実の法秩序とほとんど対応していないという意味でミスリーディングだという批判を取り扱う。

第1節　法の内容

刑事法は、服従されたりされなかったりするものであり、その諸ルールが要求しているものは「義務 duty」として語られる。不服従は法に「違背する break」ことだと言われ、そうした行為は法的に見て「違法 wrong」であり、「義務違反 breach of duty」あるいは「犯罪 offense」と言われる。刑事法規の遂行する社会的機能は、一定種類の行為を法の適用対象となる人々に対して、本人の願望とはかかわりなく、回避すべきこととまたはなすべきこととして定め、確定することにある。刑事法の違反に対して法が与える刑罰または「制裁」は、(他のいかなる目的に刑罰が役立つものであろうと) こうした行動をやめる動機を与えるよう意図されている。こうしたすべての点において、刑事法およびその制裁とわれわれのモデルにおける威嚇に支えられた一般的命令との間には、少なくとも強い類似性がある。こうした一般的命令と、他者の行為の結果として被った損害に対する賠償を被害者に与えることを一次的任務とする不法行為法との間にも (多くの重要な相違点があるとはいえ) 類似性がある。そこでも、訴訟提起が可能な不法行為を構成する行為類型が何かを定めるルールは、人々に対し、その願望いかんにかかわらず、そうした行為を回避する「義務 duties」を (より稀な言い方ではあるが「責務 obligation」を) 課すと言われる。(2)

こうした行為はそれ自体「義務違反」と言われるし、賠償その他の法的救済は「制裁」と言われる。[3] しかし、きわめて異なる社会的機能を果たすため、威嚇に支えられた命令との類比が全く効かない一群の法が存在する。有効な契約、遺言または婚姻を行うための方式を定める法的ルールは、本人の願望にかかわらず一定の仕方で行動するよう要求してはいない。こうした法は義務も責務も課していない。その代わりこれらの法は、特定の手続および条件の下、法の強制的な枠組み内で権利や義務の組み合わせを創設する権限を人々に与えることで、本人の願望を実現するための便宜（facilities）を供与している。

契約、遺言、婚姻等により他者との法的関係を形成するべく個人に付与される権限は、法が社会生活になし得る大きな貢献の一つである。すべての法を威嚇に支えられた命令として描くことはこの重要な法の特質を分かりにくくする。こうした権限を付与する法と刑事法規との根本的な機能の違いは、これらの種類の法について通常われわれが語るときの仕方にあらわれる。[4] われわれは、遺言の際の証人の数について、一八三七年遺言法第九条の定めに「適合して comply」行動することもあれば、そうしないこともある。適合していない場合、われわれが作成した文書は権利や義務を作り出す「有効な valid」遺言ではない。それは法的な「効力 force」や「効果 effect」を有しない「無効 nullity」の遺言となる。しかし、法律の規定に適合しない遺言作成は無効を帰結しはするが、それはいかなる責務または義務の「違背」でも「違反」でもなく、「犯罪」でもない。これらの概念を使うことは思考を混乱させるもとである。

私人に法的権限を付与する多様な法的ルールを観察すると、いくつかの種類に区別できることが分かる。たとえば、遺言や契約をする権限の背景にはこうした権限を行使する者が持つべき能力（capacity）や本人の最低限の資質（たとえば成人しているとか正気であるとか）に関するルールがある。あるいは遺言や契約は口頭でも行えるか、または書面でなされるべきか、書面によるべきだとすればその執行や検認の方式は何かを決めるような、権限の行使にかかわる方法や形式を具体的に定めるルールもある。さらに、そうした法律行為（acts-in-the-law）によって作り出すことのできる権利や義務の組み合わせの種類を限定したり、存続期間を定めたりするルールもある。契約と公序（public policy）の関係を定めるルールや、遺言や不動産権設定における永久積立禁止則（rules against accumulations）はその例である。

「これこれをしたいのなら、こうすべきだ」という便宜や権限を供与する法を「君がどうしたいかはともかく、こうするんだ」等の、威嚇に裏付けられた命令に似た刑事法規に近づけて理解しようとする法学者の試みについては、後で検討する。ここでは、今まで取り扱ってきたものとは異なり、権限を付与する法ではあるが、その権限が私的ではなく公的なものである法について考えよう。そうした法の例は、伝統的に不明瞭ながら区分されている司法、立法、行政の各統治部門のすべてで見ることができる。

まず裁判所の運営の背景にある法を考えよう。裁判所については、裁判官の権限の対象および内容を定めるルール、別の言い方をするなら、特定類型の事件を「審判する権限」を彼に与えるルールがある。他に、裁判官の任命の方式、資格、身分保障に関するルールもある。さらに、裁判官の適正な行動を定める規律や法廷で遵守すべき手続を定めるルールもある。裁判法とも言い得るものを形作るこうしたルールの例は、一九五九年の県裁判所法（County Courts Act）、一九〇七年の刑事控訴裁判所法、あるいはアメリカ合衆国法典第二八篇などに見ることができる。裁判所の組織とその正常な運営に関するこうした制定法規のさまざまな条項を読むことは有益である。これらのうち、裁判官に対して何かをするよう、あるいは何かをしないよう指示する命令はほとんどない。もちろん、権限を踰《ゆ》越《えつ》することや自身の金銭的利益と関係する事件を扱うことを法が罰則をもって裁判官に禁止する特別のルールを作ってはいけない理由はないのだが、こうした法的義務を課すルールは、彼に司法上の権限を与え、その管轄権を設定するルールとの関係では、あくまで付随的なものである[5]。こうした権限を付与するルールの主要な関心事は、裁判官の不正行為の抑止ではなく、裁判所による裁判を有効とする条件とその限界を確定することにあるからである。

　裁判所の管轄権を定める典型的な規定を詳細に調べると得るところがある。単純な例として、土地回復訴訟を県裁判所の権限とする改正後の一九五九年県裁判所法の規定を見てみよう。「命令」とはほど遠いこの規定の文言は、次の通りである。

県裁判所は、地方税賦課額が年一〇〇ポンドを超えない土地の回復訴訟を審理し、裁判する権限を有する。[6]

県裁判所の裁判官が、地方税賦課額が年一〇〇ポンドを超える土地の回復訴訟を審理し、当該土地について命令を発してその権限を超えたとしても、彼も当事者も、犯罪を犯したわけではない。しかし、私人が法的権限を有効に行使するために必要な条件を遵守しなかったために「無効」な行為をした場合と同視はできない。もし遺言をしようとする者が署名し忘れたり、二人の証人を用意できなかったときは、彼が作成した書面には法としての身分も効果もない。これに対して裁判所の裁判は、たとえ裁判所の権限を明らかに超えていたとしても、こうした仕方で扱われることはない。たとえ裁判所が法的にはすべきでなかった裁判でも、上位の裁判所が無効と確定するまでは、その裁判には法的権威があるものとして扱うのが、明らかに社会の利益に適う。このため、上訴されて権限を逸脱した裁判として取り消されるまでは、当事者間で執行可能な、法的に有効な裁判として扱われる。しかし、その裁判には法的な瑕疵がある。そのため、上訴されれば無権限を理由として取り消され、「破毀《はき》される quashed」ことを免れない (is liable)。イングランドでは、下位の裁判所の裁判が上位裁判所によって「覆される reversal」ことと、権限の欠如によって「破毀される」ことの間には重要な相違があることに留意する必要がある。もし命令が覆されるのであれば、それは下位の裁判所の言ったことが、当該事件に適用される法について、あるいは事実について、誤りとされたからである。しかし、権限欠如のゆえに破毀された裁判は、これらいずれの点でも全く誤りを含んでいないかも知れない。下位裁判所の裁判官が言ったこと、命じたことが間違っていたのではなく、彼がそう言い、命じたことが誤っている。彼は法的に権限を与えられていないこと——その権限は他の裁判所には与えられているかも知れないが——をしようとした。とはいえ、権限を超えた裁判も上位裁判所によって破毀されるまでは公益上の観点から有効とされるという点を除けば、権限に関するルールの遵守・不遵守は、私人による法的権限の有効な行使の条件を定めるルールの遵守・不遵守と変わるところはない。こうしたルールとそれに適合する行為との関係を、命令に類似した刑事法規の事例に適切な「服従する」「服従しない」ということばで言いあらわすことは不適切である。

立法権限を下位の立法機関に授権する規定も同様に、歪曲を施さない限り、一般的命令として理解することのできない法的ルールの例である。ここでも、私人の権限の行使の場合と同様、立法権限を付与するルールの定める条件を遵守することは、チェスのようなゲームの「手 move」と同様の特質を持つ。当該秩序内で人々が達成可能な帰結が、ルールを通じて定められている。立法とは、「実際に機能するoperative」、つまり実効的な形で法的権利・義務を創設する権限の行使である。権限を付与するルールの定める条件を遵守しなければ、行われたことに効果はなく、立法は無効となる。

立法権限の行使の背景にあるルールは、裁判所の権限の背景にあるものよりさらに多種多様である。立法の多種多様な局面に対応したルール設定が必要だからである。たとえば、立法の対象を特定するルールがある。また、立法機関のメンバーの資格や身許を定めるルールもある。さらに、立法の方法や形式、立法機関が遵守すべき手続を定めるルールもある。これらは関連する事項のうちほんの僅かに過ぎない。下位の立法機関に権限を付与し、限界づける一八八二年地方公共団体法のような制定法を一瞥《いちべつ》しただけでも、さらに多くの種類のルールを見出すことができるだろう。こうしたルールを遵守しなかったときの帰結は、つねに同じとは言えないが、中には必ず、立法行為であるはずのものが遵守しないと無効となったり、あるいは下位裁判所の裁判のように無効であると宣言されかねないルールがある。内部手続に関する限りは、要求される手続が遵守された旨の認証（certificate）の存否が結論を決めると法が定めていることもあるし、ルール上、無資格の者が立法手続に参与したとき、それを犯罪とする特別な刑事上のルールによってその者が罰せられることもある。しかし、こうした付随的な論点によって見えにくくなってはいるものの、立法権限を付与し、その行使の仕方を定めるルールと威嚇に裏付けられた命令に少なくとも似てはいる刑事法のルールとの間には、根本的な違いがある。

これら二つの類型のルールを同一視することがグロテスクとなる場合もある。立法議会への提案が必要な数の賛成票を得て手続通りに可決されたとき、当該提案に賛成票を投じた者が、多数決を要求する法に「服従した obeyed」わけではないし、反対票を投じた者が、それに服従したりしなかったりしたわけでもない。同じことはもちろん、提案が必要な票数を獲得できず、法律が成立しなかった場合でも当てはまる。こうした機能の根本的な違いのゆえに、刑事法のルールとの関係での行為には適切なことば遣いが、この場では不適切となる。

すべての法はある単一の単純な類型に還元されなければならないという偏見を離れて、多種多様な法を詳細かつ完全に分類する作業は、なお未完成である。権限を付与する法を、威嚇に支えられた命令に類比可能な義務を課す法から大雑把に区別することは、こうした作業のほんの最初の一歩である。とはいえ、法秩序の特徴のいくつかが、この種のルールにより私的・公的な法的権限の行使を可能とするための規定を設けることにあることは明らかにすることができたであろう。こうした特徴的なルールが存在しなかったとしたら、社会生活のきわめてなじみ深い諸概念が失われることになるだろう。なぜなら、それらは論理的にこうしたルールの存在を前提としているからである。威嚇に支えられた命令に似た指令的な種類の刑事法が存在しなかったとしたら、殺人も窃盗も、いかなる犯罪も存在し得ないのと同様、権限を付与する法がなかったとしたら、売買も贈与も遺言も婚姻もあり得ない。これらの活動は、裁判所の裁判や立法機関の立法と同様、法的権限の有効な行使に他ならないからである。

それにもかかわらず、法理論における統一性への渇望は強力である。そしてそれは不名誉なこととは到底言えないので、法の統一的把握に向けて偉大な法学者たちによって提案された二つの議論を検討することにしよう。これらの議論は、今まで見てきた各種の法の区別は、非現実的とは言えないものの、表面的なものに過ぎず、「究極的には」威嚇に支えられた命令という観念が刑事法のルールだけでなく、権限を付与するルールの分析にとっても十分であることを示そうとする。長年にわたって法理論で生き残ってきた多くの理論と同様、これらの議論にも一面の真理はある。われわれが区別してきた二種類の法的ルールの間には確かに似ている点もある。いずれの場合も、ルールに照らしつつ、問題の行為が法的に「適切だ right」とか「不適切だ wrong」等と批判され、評価されることがある。遺言の作成に関する権限付与ルールも、罰則をもって暴行を禁止する刑事法のルールも、特定の行為が批判的に評価される際の規準（standard）となる。両方がともにルールと呼ばれることにも、そうした意味合いが含まれているのだろう。さらに、権限付与ルールは、義務を課し、その意味で威嚇に支えられた命令と類比し得るルールとは確かに異なってはいるが、つねにそうしたルールと関連づけられてはいる。ルールが付与する権限は、義務を課す一般的なルールを制定する権限であったり、特定の人々にとくに義務を課す権限であったりするからである。このことは、立法権限と通常言われる権限が付与される場合にはきわめて明白である。しかし、後で見るように、このことは他の法的権限の場合にも当てはまる。多少の不正確さを承知の上で言うなら、刑事法のルールはそれ自体が義務を課すルールであるのに対し、権限を付与するルールは義務を創設するためのレシピだと言い得るかも知れない。

制裁としての無効性

二種類のルールが根本的には同一であり、いずれも強制的命令として理解できることを示す第一の議論は、権限行使の重要な条件が満たされないときに帰結する「無効性 nullity」に着目する。それは、刑事法に結びつけられた刑罰と同様、ルール違背に対して法が科す警告された害悪もしくは制裁だと主張される。(7) この制裁なるものが、多少の不都合にとどまる場合もあることは承知の上での主張であるが。拘束力ある契約としてある約束を法的に強行しようとした者が、悔しいことに、捺印証書上（under seal）の契約でもないし、その約束に対応する約因（consideration）を与えてもいないので、その書面上の約束は法的に無効だと言われた場合は、このような観点から理解すべきだと主張される。同様に、二人の証人を欠く遺言を無効とするルールは、収監の可能性を考えて刑事法に従うよう動機づけられるのと同様、遺言法第九条の規定に従うよう遺言者を動機づけると考えるべきだというわけである。

法的取引が有効であろうという希望が叶わなかったという心理的な要素と無効性との間にこうした関連があることは誰も否定し得ないであろう。それにもかかわらず、制裁の観念を無効性にまで拡大することは混乱の元で（あらわれでも）ある。瑣末な反論はよく知られている。多くの場合、法的に有効であるための条件を満たし損なった者にとって、無効は「害悪」とは言えない。裁判官は、彼の下す裁判の有効性にさしたる関心を持たず、無関心であるかも知れない。契約の履行を求められる被告は、彼が未成年であるから、あるいは特定の契約のために要求される覚書への署名をしていなかったから、彼はその契約に拘束されないと判断されたとき、「警告された害悪」や「制裁」をそこに認めはしないだろう。しかし、何かの創意工夫によって処理可能かも知れないこうした瑣末な論点を別として、無効はより重要な理由からして、ルールが禁止する行為を回避するべく動機づけるためにルールに付加される刑罰と同視するわけにはいかない。刑事法のルールの場合、二つのことがらを同定し、区別することができる。当該ルールが禁止する特定類型の行為、そしてそれを回避するよう動機づける制裁である。しかし、法の要求する条件を満たしていない約束を互いにしようとする複数人の社会的行動をこうした視点から把握することができるはたして可能だろうか。それは、刑事法が妨げようとしている行為と同視はできないし、契約の方式を定める法的ルールが抑圧しようとしているものだとも言えない。契約法のルールは、それらを法的に承認しないというだけである。立法の提案が必要な票数を得られず、法としての身分を獲得できない事実をもって制裁とみなすことはさらに馬鹿げている。この事実を刑事法の制裁と同視することは、スポーツの得点にかかわるルールが、ラグビーのゴールキックのような直接得点にかかわる行為以外のプレイを抑圧しようとしていると考えるようなものである。そうなったら、試合はすべておしまいである。権限付与ルールは、人々を特定の行動をとるよう仕向けており、服従を動機づけるために「無効」を付加しているのだと無理やり考えない限り、こうしたルールを威嚇を支えとする命令と同視することはできない。

　無効を刑事法における警告された害悪ないし制裁と同視する考え方に内在する混乱は、別の形で明らかにすることもできる。刑事法のルールの場合、罰則その他いかなる害悪の威嚇も付加されていないとしても、やはりそうしたルールが存在することは論理的には可能だし、望ましいことであろう。そうした場合、それは法的ルールではないと主張されるかも知れない。それでも、特定の行動を禁止するルールとそのルールが違背されたときに科される罰則の規定とは明確に区別できるであろうし、前者は後者がなくとも存在し得ると考えることができる。ある意味では、制裁を取り去ってもなお、それが支えようとしていた理解し得る行動の基準は維持することができる。しかし、こうした区別を、特定の条件を遵守するよう要求するルール——たとえば有効な遺言であるために検認を要求するルール——と制裁だとされる「無効性」との間で行うわけにはいかない。ここでは、必要な条件を遵守しないことが無効を帰結しないとすると、法外のルールとしてさえ、そうしたルールが制裁なしにおよそ理解し得る形で存在するとは言い難い。無効となるとの規定はこの種のルールの本質的要素であり、義務を課すルールに付加された罰則とはそこが違う。ゴールポストの間をボールが通過しなかったことが無得点という「無効」を意味しないとしたら、得点に関するルールが存在するとはおよそ言い難いのと同じである。

ここで批判の対象とされた議論は、権限付与ルールの不遵守という瑕疵《かし》を帯びる法的行為を無効とすることをも含むように、制裁ないし威嚇された害悪の意味を拡張することで、権限付与ルールと強制的命令との本質的同一性を示そうとするものであった。これから検討する第二の議論は、これとは異なる、対極的とも言い得る道筋をとる。第二の議論は、権限付与ルールが強制的命令の一種であることを論証しようとするのではなく、それが「法」としての独立した身分を持つことを否定する。「法」ということばの意味を狭めることで、権限付与ルールを法から排除しようというのである。法学者により、より過激なまたは穏和な形をとって現れるこの議論のおおまかな筋道は、粗雑なまたは通俗的な言い回しで完全な法的ルールと言われているものは、実はそれのみが「真の」法的ルールである強制的ルールの不完全な断片に過ぎないと主張するものである。

法の断片としての権限付与ルール

過激な形態では、この議論は刑事法のルールでさえ、しばしばそれが記述される形においては、真の法ではないとする。「法とは制裁を定める一次規範（primary norm）である」というケルゼンの議論は、そうした類型のものである。[8] 殺人を禁止する法は存在しない。存在するのは、一定の状況において殺人を犯した者に制裁を科すよう公務員に指令する法のみである。この見解からすると、一般市民の行動を方向づけるよう企図された法の内容と通常思われているものは、市民ではなく、もし一定の条件が満たされるなら特定の制裁を科すよう公務員に命ずるルールに含まれる前件、つまり「条件節 if-clause」に過ぎない。この見解からすると、真の法はすべて、公務員に向けられた条件付きの制裁命令である。それらはすべて、「もしXがなされ、なされず、または発生したなら、制裁Yを科せ」という形をとる。[9]

前件、つまり条件節をきわめて詳細に展開するなら、あらゆる類型の法的ルールは、権限を付与し、私的・公的な権限を行使する方法を規定するルールを含めて、この条件付きの形態で記述し直すことが可能である。二人の証人を要求する遺言法の規定も、「もし適式に証人に立ち会われたしかじかの内容の遺言が存在し、かつ……であれば、彼にはしかじかの制裁が科されねばならない」との形で、遺言の内容に反して遺産の分配を拒む遺言執行者に対して制裁を科すよう裁判所に命ずるさまざまな指令の前件のうちの共通要素（の一つ）として理解されることになる。同様に、裁判所の管轄権の範囲を定めるルールも、裁判所が制裁を科す前に満たされるべき諸条件の共通要素として理解される。さらに、立法権を付与し、立法の方法と形式を定めるルールも（最高の立法権に関する憲法の規定を含めて）、裁判所が制定法の言及する制裁を科すにあたって満たされるべき条件のうちの共通要素（の一つ）を定めるものとして、再定式化され得る。この理論は、こうして不明瞭な表現形式から実質を抽出するよう勧める。「国会の制定したものが法である」とか連邦議会の立法権限に関するアメリカ憲法の諸規定のような憲法上の表現形式は、裁判所が制裁を科すにあたって満たすべき一般的諸条件を明らかにしているに過ぎないわけである。これらの表現形式は本質的には「条件節」であり、完全な法を示してはいない。「もし国会が以下のように制定するならば……」とか「もし連邦議会が憲法の定める限界内において以下のように制定するならば……」等は、裁判所に対して制裁を科すよう、特定の類型の行為を罰するよう命ずる膨大な数の指令に共通する条件を示している。

これは真に統一的な法の本性——それを不明瞭にする多様な形式や表現でそれは覆い隠されているのだが——を明らかにしようとする侮りがたい、かつ興味深い理論である。その欠点を検討する前に、過激な形態をとるこの理論は、不服従の場合に科される制裁の威嚇によって支えられた命令として法を把握するもともとの理解から逸脱していることに留意する必要がある。この見方からすると、あらゆる法の違背に対して制裁が規定される必要はない。必要なのは、あらゆる「真の」法が何らかの制裁の適用を命じていることである。したがって、法を無視した公務員が罰せられないことは十分あり得るし、多くの法秩序では、しばしばそうしたことが起こる。

この一般理論は、過激でない形態をとることもある。穏和な形態では、一般市民に向けられた、威嚇に裏付けられた命令というもともとの法の観念（多くの人々にとって、直感的により受容可能な理解だが）は、少なくとも、常識的に見て公務員に対してだけではなく、第一次的には一般市民の行動に向けられたルールについては維持される。この穏当な見方からすると、刑事法の諸ルールは、それだけで法としての身分を持ち、別の完全なルールの断片として再定式化される必要はない。というのも、刑事法の諸ルールは、すでに威嚇に支えられた命令だからである。しかし、再定式化が必要な場合もある。私人に権限を付与するルールは、過激な形態の理論と同様、この理論にとっても、真の完全な法——威嚇に支えられた命令——の一部分にとどまる。真の完全な法は、次のように問いかけることで発見可能である。「その法は、違背したとき刑罰を科すことを条件に、いかなる者に何事かをなすよう命じているか」。このことを心得ていれば、証人に関する一八三七年遺言法の規定のように個人に権限を付与し、その有効な行使の条件を定めるルールは、究極的にはこうした法的義務が発生する条件を定めるルールとして再定式化することができる。つまり、それらは法的義務を課す、威嚇に支えられた条件付きの命令の前件、つまり「条件節」として理解される。「もし遺言が、特定の仕方で二人の証人に立ち会われた上で遺言者に署名され、かつ……ならば、遺言執行者（その他の法的代理人）は、当該遺言に記された諸条項を有効なものとして扱わなければならない」といった具合である。契約の締結に関するルールも同様に、人に命令を下すルールの単なる断片として理解される。もし、何事かをなすべき原因となる特定の事柄が発生したり、それをなすべきことが発話されたり、なされたりしたら（そして、当事者が成年に達しており、捺印証書上で約束を交わし、または約因につき約定を交わしたなら）、それは契約に基づいて履行されねばならない、という具合である。

最高の立法権に関する憲法の規定を含む立法権限を付与するルールを「真の」ルールの断片としてあらわす再定式化は、75〜76頁で説明された過激な形態の理論の筋道に沿って行うことができる。穏和な形態の理論が異なるのは、権限付与ルールは、公務員に対して制裁を科すよう求める指令の条件節としてだけではなく、一般市民に対して何事かをなすよう、制裁の威嚇を背景に命令するルールの前件、つまり条件節としても理解される点である。

この理論のいずれの形態も、見た目には多様な法的ルールを、法の真髄を示すと主張される単一の形式へと還元しようとする。いずれの形態も、異なる仕方ではあるが、制裁を核心的要素とみなしているため、制裁なしの法が完璧に想定可能だとすれば、いずれの形態も反駁されることになる。この包括的な反論は、しかし後の機会にとっておくことにしたい。ここで展開する批判は、これらの理論がすべての法を単一のパターンに還元するという望ましい結果を得るために、あまりにも高い代償を支払っているというものである。多様な法的ルールが遂行する多様な機能を歪曲するという代償である。このことはいずれの類型の理論にも当てはまるが、過激な形態の理論が要求する刑事法の再定式化において最も顕著となる。

単一化の代償としての歪曲

この再定式化がもたらす歪曲は、それが法のさまざまな側面を明らかにするがゆえに、検討する価値がある。社会を統御するための多くの手法の中でも、刑事法に特徴的な手法は、特定の行為を、社会の全成員にとって、あるいはその中の特定の集団の成員にとっての規準として設定するところにある。彼らは、公務員による援助や干渉がなくとも、そうしたルールを了解し、それが彼らに当てはまることを理解した上で遵守することが期待されている。法が違背された場合、つまり法の一次的機能が挫折したときはじめて、関係する公務員が違背の事実を認定し、警告されていた制裁を科すことになる。交通整理にあたる警官がドライバーに与えるような一対一の命令と比べたときの、この手法の特質は、社会の成員が自らルールを発見し、それに合わせて行動するよう期待されていることである。その意味で、彼らはルールを自らに「適用」している。もちろん、ルールに付加された制裁によりルールを守るよう動機づけられてはいるが。不服従の際に制裁を科すよう裁判所に要求するルールにまずもって焦点を当てることは、こうしたルールの特徴的な機能を明らかに覆い隠すことになる。制裁を科すよう裁判所に要求するルールは、法秩序の第一次的な目的が挫折し、失敗したときに備える規定だからである。それらは確かに不可欠ではあるが、しかし副次的なルールである。

刑事法のルールの核心的な機能が（そして、広い意味におけるその存在意義が）刑罰秩序を運用する公務員だけではなく、私的な活動にたずさわる一般市民の行動をも方向づける点にあることは無視し得ない。それを無視することは、社会統御の手法としての法に特有の性格を不明瞭にし、その枢要な特徴を否定することである。同じく金銭を徴収するよう公務員に命ずるものとはいえ、犯罪への刑罰としての罰金は、特定行為に課される税金とは違う(10)。罰金は、一般市民の行動の指針となるルールへの違反という形での義務違背にかかわるものであるが、税金はそうではない。確かに、一般的には明確なこの区別が、ときに不明瞭となることもある。税金は歳入目的ではなく、課税対象となる行為の抑止のために課されることもある——もっとも、「犯罪化される」ときのように、その行為をやめるよう明示されることはないが。他方で、犯罪に関して支払われるべき罰金が、インフレのために実質価額が低下したため、当該行為を実行した上で進んで支払われることもあり得る。こうした場合、罰金は「単なる税金」とみなされ、「違反行為」はしばしば実行されるだろう。刑事法の大部分がそうであるような、行為の指針として受け取られるべき意味合いを、当該ルールが失っているからである。

今、批判の対象としている理論に好意的な主張として、法を制裁を科す指令として再定式化することには法の明瞭な理解という点で強みがある、なぜなら、こうすることで「悪人bad man」が法について知りたいと思うことのすべてが明らかになるからだと言われることがある。それはそうかも知れないが、この理論の擁護としては、これは不十分である。どのように行動するよう要求されているのか、教えてくれさえすればそうしたいと考えている「困惑している人」や「無知な人」にとっても、「悪人」以上にとは言えないまでも、法は同様に大事ではないだろうか。あるいは、教えてくれさえすれば、自分のすべき「仕事を法の定めに即して遂行したいと思う人」にとっても。もちろん、法を理解するためには、制裁を科す場面で裁判所が法をどのように運用するかを知ることは、とても重要である。しかし、そのことと、理解すべきことは裁判所で起こることに尽きるとするのとは別である。社会統御の手法としての法の主要な機能は、法秩序が一般市民の行動の方向づけに挫折したときのための不可欠ではあるが副次的な備えである民事訴訟や刑事訴訟で発揮されるわけではない。それは、法が法廷外での生活を統御し、方向づけ、計画するために利用されるさまざまな仕方において観察できるものである。

この理論の極端な類型が行っている主要な機能と副次的機能の逆転を、ゲームのルールの再定式化に関する次のような提案と比べることができるかも知れない。クリケットまたは野球のルールを研究するある理論家が、ルールの中には、主としてプレイヤーに向けられているもの、主として主審や記録員のような審判員（officials）に向けられているもの、あるいは両者に向けられているものがあるという、よくある言い回しやことば遣いの背後に隠された統一性を発見したと主張したとしよう。この理論家によると、「すべてのルールは本当は、特定状況下において、審判員に特定のことをするよう命ずるルールである」。ボールを打った後に特定の行動をとることが「得点」になるというルール、捕球されることがプレイヤーを「アウト」にするというルールは、実際には審判員に対する複雑な指令にすぎない。前者は、得点表に得点を記入するよう記録員に命ずるルールであり、後者は主審に対し、プレイヤーをフィールドから退かせるよう命ずるルールである。こうした主張に対する自然な反論は、こうした変型によってルールに押しつけられた統一性は、ゲームのルールが機能する多様な方法やプレイヤーが各自の目的に即して自分の行動を統御するためにルールを用いる仕方を覆い隠し、ゲームという競争的ではあるが協力的な社会活動におけるルールの機能を分かりにくくするというものである。

穏和な形態の理論は、刑事法やその他の義務を課す法には手をつけない。これらはすでに強制的命令の単純なモデルに合致しているからである。しかし、この形態の理論は、法的権限を付与し、その行使の仕方を定めるルールのすべてを、この単純な形式に押し込めようとする点で、過激な形態の理論と同様の批判にさらされることになる。すべての法を義務を課される者の立場からのみ見ること、法のその他のすべての側面を義務が課される詳細な条件に還元してしまうことで、少なくとも義務と同程度には法の特質であり、社会にとって有用な要素を付随的に過ぎないものとして扱うことになる。私的な権限を付与するルールを理解するためには、それを行使する者の視点から理解する必要がある。こうしたルールは法が社会生活に対して与えた、強制的統御を超える、それ以上の要素である。こうしたルールがなければ単なる義務の負担者にとどまっていたはずの私人が、法的権限を与えられることで、私的な立法者となり得るからである(11)。契約、信託、遺言その他の彼が組み立てることのできる権利・義務の組み合わせの枠内で、彼は法の働きを自ら決めることができる。こうした特別な仕方で利用され、膨大な目を見張るような生活の便宜を与えるルールをなぜ、義務を課すルールと同視しなければならないのか。義務の賦課自体、部分的にはこうした権限の行使の帰結と言えるのに。こうした権限付与ルールは、社会生活においては、義務を課すルールとは異なるものとして考えられ、語られており、異なる理由によって重宝されている。これ以上に、本性の違いを示すテストがあり得るだろうか。

立法的・司法的権限を付与し、確定するルールを公的領域において義務が発生する条件を述べる言明に還元することにも、同様に現実を隠蔽する欠陥がある。これらの権限を行使して有権的に立法や裁判を行う者は、義務の遂行や強制的な統制への服従とは全く異なる、各自の目的に即した活動のためにこれらのルールを利用している。こうしたルールを義務を賦課するルールの単なる部分あるいは断片として理解することは、私的な領域でそうである以上に、法および法の枠内で可能な活動の特質を曖昧にすることになる。なぜなら、立法者に、義務に関するルールを変更させ、新たに追加する権限を与えるルール、裁判官に義務に関するルールの違反の有無を確定する権限を与えるルールを社会に導入することは、車輪の発明と同程度に重要な社会の進展を意味するからである。それは重要な一歩であるばかりではなく、第V章で詳述するように、法前（pre-legal）の社会から法的社会へと踏み出す一歩と考えることも十分可能である。

第2節　適用範囲

刑事法規は、あらゆる法の中でも、強制的命令の単純なモデルに最も近いものである。しかし、こうした法でさえ、本節で見るように、単純なモデルでは把握し得ず、その影響から逃れない限り理解し得ない特徴を持っている。威嚇に裏付けられた命令は、本質的には、他者が何かをすべきだ、あるいは何かをすべきでない、という願望の表明である。もちろん、立法がこうした他者に向けられた形態のみをとることはあり得る。立法権を行使する絶対君主が、彼の制定する法の適用対象から除外される法秩序も存在し得る。民主体制の下でさえ、立法者には適用されず、当該法規の言及する特定の人々のみを適用対象とする法が制定されることがある。しかし、法の適用対象は、つねに解釈にかかわる問題である。解釈の結果、立法者が適用対象となることもあれば、そうでないこともある。当然、立法者自身に法的義務を課す法も少なくない。威嚇を背景に他者に向けられた命令と異なり、制定法がこうした自己拘束力を持つことは、全く筋の通ったことである。制定法自体には、他者に向けられる性格が内在してはいない。これは、上述の単純なモデルの影響のため、法を超越する者が服従する者に対して下すものとして法を捉えるときにのみ、不思議に見える現象である[12]。

立法に関するこの垂直的な、つまり「上から下へ」というイメージは——単純さにおいて魅力的ではあるが——公的身分にある立法者と私的身分にある立法者という二つの人格を観念的に区別することによってのみ、現実と折り合いを付けることができる。公的身分で行動する立法者は、「私的身分」にある彼自身をも含めた他者に義務を課す法を制定するというわけである。こうした言い方にとくに批判すべき点はないが、第Ⅳ章で見るように、異なる身分という観念自体、強制的命令には還元し得ない権限付与ルールを介してのみ理解し得るものである。他方、こうした複雑な図式は、実際は不要である。立法の自己拘束的性格は、この図式なしで説明できる。それをはるかに良く理解できる仕掛けを、われわれは日常生活でも法の世界でも、手にしている。それは約束の働きであり、多くの点で強制的命令よりも法の特質の多くを、すべてではないにしろ、理解する上ではるかにすぐれたモデルとなる。

約束することは、発話することで、約束した者（promisor）にとっての義務を作り出すことである。ことばがそうした効果を持つためには、適切な者が適切な状況でことばを発したときは――たとえば、自分の立場を弁《わきま》えた正気の人間がいろいろな圧迫から自由にことばを発したときは――発話者はそのことばで指定された事柄を実行すべきであるとするルールの存在が前提となる。つまり、約束するとき、われわれは一定の手順を踏むことで、自分自身の道徳的地位を変更し、自らに義務を課し他者に権利を付与する。法律家の言い回しを使うなら、われわれはルールによって付与された「権限」を行使している。約束する者の「内に」二つの人格を区別すること――義務の創設者と義務を負う者を区別し、前者が後者に命令していると考えること――は、確かに可能ではあろうが、事態の解明の役には立たない。

同じく、立法の自己拘束力を理解する上でも、二つの人格を区別する必要はない。法の制定は約束することと同様、手続を統御するルールの存在を前提とする。当該ルールによって資格を付与された者が指定された手続を踏んで語り、または書き込んだことばが、そのことばによって明示・黙示に指定された範囲のすべての者にとっての義務を作り出す。その中には、立法手続に関与した者も含まれ得る。

もちろん、立法の自己拘束力を説明するこうした類比は成り立つものの、約束と立法との間には多くの相違点もある。立法を統御するルールははるかに複雑だし、二者間の関係という約束の特質は存在しない。約束される相手（promisee）という、約束の実行を要求し得る特別の（彼だけのとは言えないまでも）身分を持つ者に当たる者は、立法には存在しない。これらの点では、自分自身を他者の財産の受託者（trustee）として宣言する者のように、イングランド法で知られている義務を自身に課す他の形態の方が、立法の自己拘束性により近い。とはいえ一般に、法の制定は、法的義務の私的な創設の方法を検討することでより良く理解することのできるものだとは言える。

強制的命令ないしルールというモデルに加えられるべき修正としてとくに必要なのは、社会全体で従われるべき行動の一般的規準を創設し、または変更する立法という観念である。立法者は必ずしも、他者に命令を下す者、自分の命令の対象から当然に排除される者ではない。約束する者と同様、彼はルールによって付与された権限を行使する。そして、約束する者が必ずそうであるように、しばしば自己の創設した義務に拘束される者でもある。

第3節　成立様式

これまで検討してきた制定法には、強調したような差異はあるものの、強制的命令ときわめて類似する点がある。法の制定は、命令を下すことと同様、意図的であり、行われた期日を特定できる行為である。立法に参与する者が立法手続に意識的にかかわることは、命令を下す者がその意図を認識させ、それに服従するよう意識してことばを用いることと同様である。そのため、法の分析にあたって強制的命令をモデルとする理論は、すべての法は、うわべのお化粧を取り去れば、制定法と似ており、意図的な立法行為のゆえに法としての身分を獲得すると主張する。こうした主張と最も顕著な形で衝突するのは慣習(custom)である。しかし、慣習が「本当に」法か否かにかかわる議論は、しばしば二つの異なる論点を混同することで混乱をもたらしてきた。第一の論点は、「慣習それ自体」が法か否かである。慣習それ自体は法ではないとの主張の説得力は、どんな社会にも、法とは言えない慣習が数多く存在するという単純な真理に存する。女性に対して帽子をとらないことは、いかなる法の違背でもない。法によって許容されているという以外の法的意味合いは、それにはない。つまり、慣習が法となるのは、それが特定の法秩序により、法として「認定される recognized」ことによってのみである。第二の論点は、「法的認定

legal recognition」の意味にかかわる。慣習が法として認定されるとは何を意味するか。それは、強制的命令のモデルが要求するように、誰か、おそらくは「主権者」、またはその役人が当該慣習は遵守されるべきだと命令したことを意味し、したがって慣習の法としての身分は、立法行為に似通った点に由来することになるのだろうか。

慣習は、現代社会では、きわめて重要な法「源」ではない。それは、立法者が制定法を通じて、慣習法から法としての地位を剝奪することができるという意味で、通常は従属的な法である。多くの法秩序では、慣習を法として認定するに相応しいかを裁判所が判断する際の基準には「合理性 reasonableness」といった漠然とした観念が取り込まれており、そのため、裁判所が慣習を受け入れるか否かについて、実際上、歯止めのない裁量を行使しているとの見方に多少とも、根拠を与えている。とはいえ、慣習の法としての地位を裁判所、議会または主権者がそう「命令した」からという事実に帰せしめることは、「命令」という観念の意義を失わせるほどの広範な意味合いをそれに与えない限り、なし得ないことである。

この法的認定という法理を理解するには、強制的命令としての法の観念において主権者が果たした役割を思い出す必要がある。この理論によれば、法とは主権者か、または主権者が彼の代わりに命令を下すよう選んだ役人の下した命令である。主権者自身の命令の場合、法は文字通りの意味で「命令」として創設される。それ以外の場合、つまり役人の命令は主権者の発した何らかの命令に従ってなされる限りで法となる。役人は、主権者の代わりに命令を発する権限を主権者から授権される必要がある。この授権は、大臣に対して特定事項につき「命令を発する」よう明示的に指示することで行われることもある。これだけでは、明らかにこの理論は現実を説明することはできない。そこで、主権者はその意思を、明示的・直接的でない形で示すこともあると主張されることになる。彼の命令は「黙示」的かも知れない[13]。明示の命令を下すことなく、主権者は、役人が臣民に命令を下し、命令への違背を罰したときに、それに口を差し挟まないことによって臣民が特定のことをなすべきだとの彼の意思を示すことがあり得るというわけである。

　軍隊の例で「黙示の命令」という観念をきわめて明確に示すことができる。日頃、上官に服従している軍曹が、部下に労役を行うことを命じ、従わなかった者を罰したとする。それを知った将軍は、彼が軍曹に労役の命令をやめるよう指示すれば軍曹がそれに従うであろうことを承知した上で、そのまま放置したとする。こうした状況では、将軍は部下たちが労役に服すべきだとの意思を黙示的に表明したことになるだろう。介入できるのに介入しなかったことが、労役を命ずる彼のことばの代わりになっている。

　法秩序における法としての地位を持つ慣習的ルールを理解する際も、こうした見方をするよう促されているわけである。裁判所が個別の事件で適用するまでは、慣習は単なる慣習であり、いかなる意味でも法ではない。裁判所が慣習を適用し、それに基づいて判決を下し、強行（enforce）したとき、はじめて慣習上のルールは法として認定される。介入し得たはずの主権者は、臣民に対して、既存の慣習に「合わせて」下された裁判官の命令に従うよう、黙示的に命じている。

慣習の法としての地位に関するこうした説明は、二つの異なる批判にさらされる。第一に、裁判において適用されない限り慣習は法としての身分を持たないとは、必ずしも言えない。必ずそうだという主張は、教条的にそう言い張っているだけか、または必然の事態と特定の法秩序でたまたまそうかも知れない事態との区別をし損なっている。特定の仕方で立法された制定法が裁判所によって個別の事件で適用される以前においても法なのだとすれば、特定の種類の慣習もやはりそうだとなぜ言えないのか。立法府が制定したものは法であるとの一般原理を裁判所が認めるのであれば、なぜ裁判所は、特定の種類の慣習も法だという別の一般原理を認めることができないのか。裁判所が個別の事件に慣習を、それが制定法と同様すでに法であるからという理由で適用することに、いかなる不条理があると言うのか。もちろん、ある法秩序が、いかなる慣習も、裁判所が無統制な裁量判断に基づいてそれが法であると宣言するまでは、法ではないと定めることは可能ではある。しかしそれは一つの可能性に過ぎず、裁判所がそうした裁量を有しない法秩序の可能性を排除することはできない。慣習上のルールは裁判所で適用されるまでは法としての身分を持ち得ないとの一般的な主張はいかにして論証可能であろうか。

こうした批判への回答は、いかなるものも何者かによって法として命令されるまでは法ではあり得ないという教条的主張にとどまることがある。裁判所にとって制定法と慣習とは同じ身分にあるという考え方は、裁判所によって適用される以前も、制定法はすでに「命令されて」いるが慣習はそうではない、という理由で拒絶される。より教条的でない回答は、特定の法秩序の特定の仕組みに寄り掛かり過ぎることとなるため、不十分である。イングランド法において慣習が「合理性」の基準をクリアしない限り裁判所によって適用を拒否されることが、裁判所が適用するまでは慣習は法ではないことを示すと言われることがある。これもまた、せいぜいのところ、イングランド法における慣習について何事かを示しているに過ぎない。また、この議論が成り立つのは——ときにそう主張されるように——合理的な慣習については裁判所がそれを適用するよう拘束される法秩序と、裁判所が慣習の適用について無統制な裁量を有する法秩序とは区別し得ない、とは言えない場合のみである。

慣習は法としての身分を主権者の黙示の命令に負っているとの理論に対する第二の批判は、より根本的である。かりに個別の事件で裁判所が強行しない限り、慣習は法ではないとしても、主権者の不介入をもってルールが服従されるべきだとの黙示の意思の表明として受け取ることは可能であろうか。90頁でのきわめて単純な軍隊の例でさえ、将軍が軍曹の命令に介入しなかったことは、必ずしも当該命令が服従されるべきだとの彼の意思を示していないはずである。将軍は単に有能な軍曹の顔を立て、反面、兵士たちが労役を回避する手管を見つけるよう望んでいるだけかも知れない。確かに、労役がなされるべきだとの将軍の意思を確認できる場合もあるだろうが、それは将軍が命令があった事実を知り、それについて検討する暇があり、かつ何もしないと決めたとの証拠がそろったときである。主権者の意思の黙示の表明という観念を用いることへの主要な反論は、およそ現代国家では、「主権者」にこうした知識、検討および決定を帰せしめることがほぼ不可能だという点にある——そこで言う主権者が最高の立法権者であれ、有権者であれ。もちろん大部分の法秩序において、慣習は法源として制定法より下位にある。つまり立法府はそうしようと思えば、慣習から法としての身分を剝奪することができる。しかし、そうしなかったからと言って、それを立法府の意思のあらわれと見ることは必ずしもできない。裁判所で適用される慣習上のルールに立法府の注意が向けられることは——有権者の注意が向けられることはさらに——稀である。たとえ将軍について、部下たちが労役命令に従うべきだとの彼の意思を確認できたとしても、立法府や選挙民の不介入を将軍の不介入に類比して考えることは、したがってできない。

そうだとすると、慣習の法としての認定をどこに求めることになるのか。慣習を個別の事件に適用する裁判所の判決や最高の立法権の黙示の命令に求めることができないとすると、慣習が法である根拠はどこにあるのか。いかにして、制定法と同様、裁判所による適用前に法となることができるのか。これらの質問に十分に回答するには、次章でそうするように、法のあるところ必ず主権者たる人ないし人々が存在し、その明示・黙示の一般的命令のみが法であるとの学説を詳細に検討する必要がある。一方、本章の結論は以下のようにまとめることができる。

法は強制的命令であるとの理論は、そもそも、あらゆる法秩序において法の種類はさまざまであり、それらは三つの主要な点で、強制的命令という性格づけとは合致しないとの反論に出会う。第一に、強制的命令に最も近い刑事法規でさえ、他者に向けられた命令とは適用範囲をしばしば異にする。こうした法規は、他者のみならず立法者にも義務を課すことがある。第二に、その他の法令は、人々に何事かをなすことを要求してはおらず、人々に権限を付与する点で、命令とは異なる。それは、義務を課すのではなく、法の強制的な枠組みの中で自由に法的権利・義務を作り出すための便宜を供与している。第三に、法令の制定はいくつかの点で命令を発することに似てはいるが、法的ルールの中には慣習に由来するものがあり、それは意識的な立法行為のゆえに法となったわけではない。

法が強制的命令であるとの理論をこうした反論から擁護するためには、次のような種々の方便を利用する必要がある。単純な観念であったはずの害悪あるいは「制裁」の警告を、法的行為の無効をも含む形で拡張する。法的ルールの観念を縮小して、権限付与ルールを法の単なる断片として除外する。自己拘束的な法の制定者の中に二つの異なる人格を見出す。命令の観念をことばによる明示のものから、部下の発した命令への不介入という「黙示」の意思表明まで拡張する等である。これらの仕掛けの巧妙さにもかかわらず、威嚇に支えられた命令というモデルは、法を解明するよりははるかにそれを不明瞭にする。多様な法をこの単純で単一の形式に還元することは、見せかけの統一性を押しつけることに終わる。実際、統一性を探究しようとすること自体が誤りかも知れない。なぜなら、第V章で見るように、法の一つの特性は（唯一特段の特性ではないにしろ）、異なる類型のルールが組み合わされている点に見出されるからである。(14)

第Ⅳ章　主権者と臣民

強制的命令という法の単純なモデルを批判的に検討するにあたって、この議論からするといかなる社会においても法となるはずの一般的命令を発する「主権者 sovereign」なる人または人々については、ここまでは検討を加えないできた。多様な法を威嚇に支えられた命令として把握する議論の説得力を吟味するにあたって、いかなる社会にも実際に、服従の習慣との関係で肯定的かつ否定的に性格づけることのできる主権者が存在すると仮定してきた。つまり、主権者とは、当該社会の大多数の人々が服従する習慣があるとともに、それ自身は他の誰に対しても服従する習慣のない人または人々である(1)。

今や、すべての法秩序の基礎にかかわるこの一般理論を詳細に検討しなければならない。きわめて単純であるにもかかわらず、主権の学説はまさにすべての法秩序の基礎である。この理論によれば、あらゆる人間社会には、そこに法がある限り、民主政や絶対君主政など多様な政治形態の背後に、服従する習慣のある臣民と誰にも服従しない主権者との単純な関係を究極的には見出すことができる。この理論によれば、主権者と臣民で構成されるこの垂直的構造は、人間の背骨がそうであるように、法を備える社会の不可欠な要素である。この構造が存在するなら、そこには主権者とともに単一の独立国家が存在すると言い得るし、その法についても語ることができる。もし存在しないなら、こうした事柄について語ることはできない。なぜなら、この理論によると、主権者と臣民の関係はこれらの事柄の意味そのものを形作るからである。

この学説の二つの点がとくに重要である。本章で詳細に述べる批判の道筋を示すために、それらを一般的な形で強調しておこう。第一は、主権者の法が適用される人々すべてに要求される服従の習慣(habit)という観念である。本章では、この習慣が大部分の法秩序の二つの顕著な特質——一連の立法者が有する立法権の継続性(continuity)および立法者とそれへの習慣的服従者が死滅した後も生き残る法の持続性(persistence)——を説明するに十分であるかを検討する。第二点は、法を超越する主権者の地位にかかわる。主権者は他者に対して法を創設し、法的義務を課し、「制限 limitations」を加える一方、彼自身は法的に制限されず、制限され得ない。本章では、この法的に制限されない最高の立法者の地位が法の存在を説明する上で必要か、また、立法権への法的制限の有無を、この理論が用いる習慣とか服従といった単純な概念で理解し得るのかを検討する。

第1節　服従の習慣と法の継続性

服従という観念は、検討されることなく用いられる見た目に単純な他の多くの観念と同じく、複雑さがないわけではない。すでに言及した問題[2]、つまり「服従」ということばはしばしば、威嚇に支えられた命令の通りに行動するだけでなく、権威への敬譲をも示唆することは、ここでは触れないことにする。それでも、面と向かってある者が他の者に命令を下した場合でさえ、命令の発出と指示された行動の遂行との間にどのような関係があれば、その遂行が服従だと言えるかを正確に述べることは容易ではない。たとえば、命令されなくとも、その者は命令されたことをしていたはずだという事実——それが事実だとして——は、何か意味があるだろうか。これは法についてとくに顕著な問題となる。法の中には多くの人々がやろうとも思っていないことを禁止するものもあるからである。こうした問題が決着しないままでは、法に対する社会の「服従の一般的習慣」という観念全体が、何かしら不分明なままとならざるを得ない。しかし、ここでは議論を進めるためには、「習慣」および「服従」ということばが明白に当てはまるきわめて単純な事例を考えよう。

長年にわたり君臨する絶対君主レックス王の支配領域に住む人々がいるとしよう。彼は威嚇に支えられた一般的命令を下して人民を統制しており、命令されなければしないであろうさまざまなことをするよう人民に命じたり、したであろうことをしないよう命じているとしよう。治世のはじめこそ混乱があったが、それもはるか以前に収束し、人民はたいてい王に従うものと当てにすることができる。レックス王が命ずることはしばしばつらいもので、不服従への誘惑と処罰のリスクはかなりなものであり、一般にそうされているとはいえ、王の命令に対する人民の服従はことばの十全なあるいは普通の意味で「習慣」であるとか「習慣的」であるとは想定できないとしよう。人が法に対する服従の習慣を文字通りの意味で獲得することはあり得る。イギリス人にとって道路の左側を運転することは、獲得された習慣の典型例であろう。しかし、法が本来の強い嗜好に反するような場合、たとえば納税を求める法の場合は、結局はその通りにいつも行動するとしても、無意識に、努力もなく身につく習慣としての性格はないものである。レックス王に対する服従には、こうした意味での習慣の要素は欠けているものの、他の重要な性格が備わっている。ある人が朝食時に新聞を読む習慣があると言われるとき、彼は過去かなりの期間そうしてきたし、その行動を今後も続けるであろうことが含意されている。だとすると、この想定された社会の大部分の人々についても、治世当初の混乱期はともかく、その後はレックス王の命令にたいてい服従してきたし、今後もそうするだろうと言える。

レックス王の下でのこの社会状況の理解からすると、服従の習慣は一人一人の臣民とレックス王との個人的関係であることに注意する必要がある。レックス王が命ずることを各人がいつもする。人々（population）に「そうした習慣がある」と言うとき、それは人々が土曜の夕刻はパブに行くと言われるときと同様、多くの人々の習慣が一致することのみを意味する。つまり、人民の一人一人がレックス王にいつも従っているわけである。土曜の夜、一人一人がいつもパブに行くように。

このきわめて単純な事例では、レックス王が主権者であるために社会に求められているのは、人々が個人的に服従することに尽きる。人民の一人一人が従う必要があるだけで、いつも服従されている限り、レックス王に対する個々人の服従が正しいか、適切か、正当に要求されているかについて、誰も意見を持つ必要も、見解を披瀝《ひれき》する必要もない。今、服従の習慣という観念を文字通りに示すべく描かれている社会は、明らかにきわめて単純な社会である。それはおそらく今まで存在したことがないほど単純な社会である。それは未開社会というわけではない。未開社会にはレックス王のような絶対君主はまずいないし、そのメンバーはただいつも服従するわけではなく、自分たちが服従することが適切か否かについて意見を明らかにするものである。それでも、レックス王治下の社会は、少なくとも彼の存命中は、たしかに法によって治められた社会の重要な特性を有している。それはある統一性を持っており、「国家 state」と呼ぶこともできるだろう。この統一性は、そのメンバーが同一人に従っているという事実——そうすることの適切さについては何の見解も有していないとしても——に存する。

さて、いともめでたき治世の末レックス王が逝去し、彼の息子レックスII世が一般的命令の発出を開始したとしよう。先代のレックスI世の存命中、人民が彼に対して服従する習慣が一般にあったという事実だけでは、レックスII世が習慣的に従われるだろう保証はない。レックスI世が服従されていたという事実と、彼は服従され続けたであろうという蓋然性だけでは、レックスII世の最初の命令について、レックスI世の最後の命令と同様、主権者の命令だから法であるとは言えない。レックスII世に対する服従の習慣はなお確立していない。この理論に基づいてレックスII世が主権者であり、彼の命令が法であると言えるかを判断するには、レックスII世が彼の父親に対してと同様の服従を獲得するか、見守る必要がある。治世当初からレックスII世を主権者とするものは何もない。彼の命令が服従されるようになってしばらく経てば、服従の習慣が確立したと言えるだろう。そのときはじめて、その後に発せられる命令は直ちに法となると言うことができる。この段階に至るまでは、いかなる法も制定されない政府の中断状態（interregnum）である。

こうした事態はもちろんあり得ることだし、混乱した状況ではときに発生する。しかし、政権中断の危険は明白であって、通常、望まれはしない。むしろ、絶対君主政の下でさえ、ある立法者から別の立法者への移行について定めるルール——立法者の資格と決定方法を一般的に特定したり個別に後継の立法者を指定したりすることで継承を予め統御するルール——により立法権の継続性を確保することが法秩序の特徴である。現代民主政では、立法者の資格はきわめて複雑であり、頻繁に入れ替わる立法府の構成と関連しているが、継続性のために要求されるルールの本質は、われわれの想像上の君主政に相応しい単純なルールと同じである。もし長子が継承するというルールであれば、レックスⅡ世は父親を継ぐ権原（title）を持つ。彼は父親が死んだ途端、法を制定する権利を有することとなり、最初の命令が発せられれば、彼と臣民との間に服従の習慣が個別に形成される以前に、その命令はすでに法だと言うべき十分な理由がある。実際のところ、彼と臣民の間に服従関係が確立することはないかも知れない。それでも、彼のことばは法となる。レックスⅡ世が最初の命令を発するや否や、服従される暇もなく死去したとしても、彼には法を制定する権利があり、彼の命令は法となり得る。(3)

個々の立法者の継承を通じて立法権が継続することを説明するにあたっては、「継承のルール」「権原」「継承の権利」「立法権」等のことばを用いることが普通である。しかし、これらのことばを用いると、単純なレックスⅠ世の世界を拵えるのに用いた一般的命令への服従の習慣を通じては説明し得ない新たな諸要素が導入されることになる。レックスⅠ世の世界には、いかなるルールも、権利も権原もなく、いわんや継承のための権利や権原もなかった。あったのはレックスⅠ世が命令を下し、人々がそれに従う習慣があったという事実のみである。彼をその存命中、主権者とし、彼の命令を法とするためにそれ以上の何も必要ではなかった。しかし、これだけでは、彼の後継者の権利を説明するには不十分である。実際、服従の習慣という観念は、別個ではあるが相互に関連する二つの点で、標準的なあらゆる法秩序において立法者が継承される際に見られる継続性を説明することができない。第一に、ある立法者の発した命令への服従の習慣だけでは、新たな立法者に旧立法者を継承し、その代わりに命令を発する権利を付与することができない。第二に、旧立法者に対する服従の習慣は、それだけでは、新たな立法者の命令が服従されることを蓋然的なものとはしないし、それへの推定を与えることもできない。継承時点でこうした権利や推定があるとすれば、旧立法者の治世下において、社会のどこかに服従の習慣として記述され得る以上の複雑で一般的な社会慣行（social practice）があったはずである。つまり、新たな立法者が当然継承する権利があるとのルールが受容されていたに違いない。

何がこのより複雑な慣行であろうか。ルールの受容とは何か。第I章ですでにおおよそを描いた詮議をここで再開しなければならない。それに回答するには、しばらくの間、法的ルールという特殊な事例を離れる必要がある。習慣はルールとどのように異なるか。あるく人々について、土曜の夜、映画を見に行く習慣があるということと、教会に入るにあたって男性は帽子をとらねばならないというルールがあることとは、どう違うのか。第I章では、この種のルールの分析にあたって導入すべき要素に触れたが、ここでその分析をさらに押し進めよう。

社会のルールと習慣との間に、類似点はある。いずれの場合も、問題となっている行動

（教会で帽子をとる）はたいていは、例外がなくはないにしろ、変わることなく遂行される。当該集団の多くの人が、機会が来るごとに、同じ行動を繰り返す。「いつも通りに（as a rule）そうする」と言われる通りである。しかし、この類似性にもかかわらず、顕著な違いが三点ある。

第一に、人々の間に習慣（habit）があるというときは、彼らの行動が事実上、一致しているだけで十分である。いつもの行動から逸脱したからといって、いかなる批判の対象にもならない。しかし、こうした大体の合致や、さらには完全な一致でさえ、当該行動を要求するルールが存在することを帰結しない。ルールがあるところ、それからの逸脱は通常、批判を招く失策とか失態とみなされ、逸脱が予期されれば同調への圧力がかかる。ルールによって、批判や圧力の形態は異なるが。

第二に、ルールがあるところ、こうした批判が実際になされるだけでなく、規準となる行動からの逸脱は通常、批判すべき十分な理由（good reason）となる。逸脱への批判は、そうした意味で正当で理由のあるものとみなされる。逸脱が予期されたときの、規準となる行動への合致の要求もそうである。さらに、少数の頑固な違反者を除くと、こうした批判や要求は通常、それを行う者ばかりでなく、される者にとっても正当で十分な理由のあるものとみなされる。人々の間にルールがあると言い得るために、規準となる行動様式を批判の尺度として扱う人がどれほど多数でなければならないか、どれほど頻繁に、またどれほどの期間にわたって、そうしなければならないかについて、明確な答えはない。それは、髪の毛の数がどの程度のとき、やはり禿げていると言い得るかという問いと同程度の重要性しかない。留意すべきことは、ある人々がルールを共有しているとしても、少数の者がそのルールに違背するだけでなく、自分たちを含めて誰にとっての行動規準としてもそれを受け入れないことはあり得ることである。

社会生活のルールと習慣とを区別する第三の特徴は、今まで述べたところにすでに含まれているのだが、きわめて重要であると同時に、法哲学でこれまでしばしば無視されるか誤解されてきたものなので、改めて詳述したい。それは本書を通じて、ルールの内的側面(internal aspect) と呼ばれる。(4) 習慣がある社会集団一般に広まるとき、それは単に、当該集団の多くのメンバーの行動について観察可能な事実にとどまる。そうした習慣が存在するために、いかなるメンバーもそうした一般的行動について考察する必要も、その行動が一般に広まっていることに気付く必要さえない。その行動を教えたり、維持しようと努める必要はさらにない。他のメンバーと同じように、各自が行動するだけで十分である。これに対して、社会生活のルールがあると言い得るためには、少なくとも当該行動を集団全体が従うべき一般的規準だとみなす者がいなければならない。社会生活の習慣と同様、いつも通りの統一的な行動が観察され記録できるという外的側面 (external aspect) を備えるだけでなく、社会的ルールは、「内的」側面を備える必要がある。

ルールの内的側面は、ゲームのルールを例として説明することができる。チェスのプレイヤーたちは、指される手についての彼らの考えについて何も知らない外的な観察者でも記録できる形で、クィーンを同じように動かすだけではない。それに加えて、プレイヤーはそのプレイのパターンについて、意識的かつ批判的な態度をとる。それはチェスをする者すべてにとっての規準とみなされる。各プレイヤーは、クィーンを自身で一定の仕方で動かすだけでなく、すべてのプレイヤーがクィーンをそう動かすことが適切であるとの「見方を抱く」。こうした見方は、逸脱した手が指されたり、予期されるとき、それに対する批判として、あるいは同調するよう相手に行う要求として、さらには、他者によるその種の批判や要求が正当であるとの承認としてあらわれる。そうした批判、要求および承認に際しては、「私(君)は、クィーンをそう動かしてはならない(ought not)」とか、「私(君)はそうすべきだ(must)」とか、「それは正しい」「それは間違っている」といった、「規範的 normative」言い回しがなされる。

ルールの内的側面は、しばしば、外的に観察可能な物理的行動との対比で、「感じ方 feelings」の問題として誤って説明されることがある。確かに、ルールがある社会集団に広く受け入れられ、社会的な批判や同調への圧力によって広く支えられているとき、しばしば個々のメンバーは、制限とか強制といったものに近い心理的経験をするかも知れない。一定の仕方で行動するよう「拘束されていると感じる」と言われるときは、こうした心理的経験を指しているのだろう。しかし、こうした感じ方は、「拘束力ある」ルールの存在にとって必要でも十分でもない。人々が特定のルールを受け入れてはいるが、そうした心理的強制を誰も感じないとしても、そこには何の矛盾もない。必要なのは、特定の行動のパターンを共通の規準とする批判的・意識的な態度であり、この態度は、自己批判を含む批判や同調の要求、およびこうした批判や要求を正当とする承認としてあらわれるし、こうした批判、要求、承認は、そう「すべきだ」「しなければならない」「正しい」「誤りだ」といった規範的用語を使って表明される点に特徴がある。

これらが社会生活のルールと単なる人々の習慣とを区別する肝心な特質であり、これらを念頭に置きつつ、法に話を戻すことにしよう。ある社会集団が、教会では帽子をとるといった特定の行動を直接に規準とするルールだけでなく、所与の者の口頭ないし文書にされたことばによる、つまりより間接的な形で行動の規準を同定するルールを持つとしよう。最も単純な形態では、このルールは、およそレックス王が（おそらくは何らかの形式を通じて）定めたことは遂行されなければならないというものであろう。われわれが当初レックス王への服従の習慣のみを通じて描いた状況は変容をこうむる。こうしたルールが受容されている以上、レックス王はなされるべきことを事実として定めるだけでなく、そうする権利（right）を持つ。彼の命令に社会一般が従うだけでなく、彼に服従することは正しい（right）ことだと考えられるようになる。レックス王は実際、立法する権限（authority）、つまり当該社会に新たな行動規準を導入する権限を持つ立法者となる。そして、もはや「命令」ではなく規準が問題なのであるから、レックス王自身がその立法によって拘束されないと考えるべき理由もない。

こうした立法権限を支える社会慣行は、本質的には、教会で帽子をとるような単純明快な行動のルールを支えるものと同じであろう。そして、後者のようなルール、つまり単なる慣習上のルールも、外的側面のみを持つ一般的習慣とは区別することができる。レックス王のことばは、今や行動の規準であり、彼が指定した行動からの逸脱は批判の対象となる。彼のことばは、批判および服従の要求を正当化するものとして言及され、受け入れられる。

こうしたルールが立法権限の継続性を説明することを理解するには、新たな立法者が立法を開始する以前に、そうする権利を持つ集団（class）の（あるいは家系の）一員として、彼にその権利を付与するルールが確立していることが明確であり得ることに気付けば足りる。レックスI世の存命中から、服従の対象はレックスI世個人には限られず、当面は、一定の仕方で資格づけられた者——たとえばある先祖の直系で、存命中の最年長の子孫——が服従されるべきである旨が、当該社会において一般に受容されていることが判明するかも知れない。レックス王は、単に特定時点でそう資格づけられているというだけである。こうしたルールは、レックスI世への服従の習慣と異なり、現時点の現実の立法者のみならず、将来の可能な立法者にも言及する点で、将来を志向してもいる。

こうしたルールの受容、つまり存在は、レックスI世の存命中は、彼への服従によっても示されるであろうが、この一般ルールの下で彼が持つ資格のゆえに、そうした服従に対して彼が権利を持つことの承認によっても示される。一定時点で受容されたルールの射程がこうした仕方で立法者の地位に就く後継者を一般的な形で予期するがゆえに、このルールが受容されていることは、後継者は、立法の開始以前から立法する権利を持つとの法的言明だけでなく、彼は前任者と同様に服従されるだろうとの事実上の言明の両方の根拠となる。

もちろん、一定時点での社会によるルールの受容は、そのルールの存続を保証はしない。革命が起こって、社会はそのルールの受容をやめるかも知れない。革命は立法者レックスI世の存命中に起こるかも知れないし、新たな立法者レックスII世への移行期に起こるかも知れない。そうなれば、レックスI世は立法権を失い、レックスII世はそれを得られない。事態はさほど明確ではないかも知れない。中間時点では、単に反乱が起きただけか、旧来のルールが一時停止したのか、あるいは旧来のルールが全面的に廃棄されたのか判明せず、混乱が発生するかも知れない。しかし、原則的には、問題は明確である。新たな立法者が立法の権利を持つとの言明は、彼がその権利を持つとのルールが当該社会集団に存在することを前提とする。新たな立法者をそう資格づけるルールが、前任者の任期中に受け入れられ、前任者をも資格づけていたのであれば、反証がない限り、それは廃棄されず今も存在すると推定すべきことは明らかである。同様の継続性は、得点の記録員が、前のイニング以降ルールが変更されたとの証拠がない限り、新たなイニングでの打者の得点を従前通りに判定し、記録することにも見られる。

　レックスI世とII世の単純な法的世界を検討することで、多くの法秩序を特徴づける立法権の継続性がルールの受容という社会慣行の形態に依存しており、今まで述べてきたように、単なる服従の習慣という事実とは異なることは十分に説明できたように思われる。次のように議論を要約できるだろう。かりに、レックス王のような者がいて、その一般的命令がいつも服従されており、彼を立法者と呼び、彼の命令を法と呼ぶことができるとしても、こうした立法者が交代するときの、後継者が立法者の地位を承継する権利およびそれに由来する立法権の継続性は、各立法者への服従の習慣で説明することはできない。第一に、習慣は「規範的」ではないために権利や権限を何者にも付与し得ない。第二に、ある個人への服従の習慣は、現在の立法者だけでなく、一定の集団ないし家系に属する将来の立法者をも指定して彼らへの服従を確保することができない（ルールにはそれができるが）。そのため、ある立法者へ服従する習慣があるとの事実は、彼の後継者が立法の権利を持つとの言明も、また彼が服従されるであろうとの事実上の言明をも支えることができない。

しかしここで、後の章で詳細に展開するはずの重要な点に留意する必要がある。それはオースティン理論の長所の一つである。受容されたルールと習慣との本質的な違いを解明するにあたって、われわれはきわめて単純な社会を例として取り上げた。この主権の議論を終える前に、立法権を付与するルールの受容という今までの説明が、どこまで現代国家に当てはまり得るかを検討する必要がある。単純な社会を描くにあたって、一般市民の大部分が、法に従うだけではなく、一連の立法者に立法権を付与するルールを理解し、それを受容するかのように語ってきた。単純な社会ではそうかも知れない。しかし、現代国家で人民の大部分が、たとえいかに遵法的であろうと、立法を行う移り変わる人々を継続的に立法者として資格づけるルールについて明確に認識しているとは到底考えられない。小規模な部族のメンバーが代々の族長に権限を付与するルールを受容するのと同じように、現代国家の一般市民がこうしたルールを「受容している」かのように語るのは、彼らが持つはずのない憲法上の知識を無理やり頭に詰め込むようなものである。(5) こうした知識は、何が法かを決定する職責を持つ裁判官や、一般市民が知りたいことについて相談する弁護士のような、法秩序内で働く公務員や専門家に対してのみ期待すべきであろう。

単純な部族社会と現代国家の違いは注意を惹く。代々の構成員の変化にもかかわらず維持される国会の立法権限の継続性は、いかなる意味において根本的なルールとか社会一般に受容されたルールに依存すると考えられるだろうか。明らかに、ここでの一般的受容なるものは、複雑な現象であって、公務員と一般市民との間では何かしら区別されることになる。両者はいずれも異なる仕方でこの現象に、つまり法秩序の存立に寄与している。法秩序で働く公務員は、立法権を付与する根本的ルールを明確に認めていると言い得るだろう。国会議員たちは、彼らに権限を付与するルールに従って法を制定することでそうする。裁判官は、立法権を付与された者の作った法を適用されるべき法として判定する際にそうする。そして弁護士は、そうして作られた法に沿って一般市民に助言する際にそうする。一般市民はこれら公的な作用の結論にただ黙従することで、根本的ルールを受容していることを示す。彼はこうして作られ、同定された法を守り、そうした法の付与する権限を主張し、行使する。しかし、一般市民は法の成立過程やその制作者についてはほとんど知らないだろう。「法 the law」はそうなっていることだけ知っていて、それを構成する個別の法規については何も知らないこともあり得る。法は一般市民のしたいことを禁じており、それに従わないと警官に逮捕され裁判官の判決で刑務所送りになるかも知れないことは知っているという程度である。威嚇に支えられた命令への習慣的な服従が法秩序の基礎だという学説の強みは、法秩序の存立と言われる複雑な現象に関するこのどちらかと言うと受動的な側面を現実に即して考えるよう強いる点にある。他方、この学説の弱みは、法秩序で働く公務員や法律家による立法、法の認定、法の適用といった作用に（それだけではないが）顕著に見られるどちらかと言うと能動的な側面を覆い隠し歪曲する点にある。法という複雑な社会現象をありのままに見ようとするなら、両方の側面に着目する必要がある。

第2節　法の持続性

一九四四年のイングランドで、占いをした女性が、一七三五年魔女法違反で起訴され有罪とされた[6]。これはごくおなじみの法事象の目立った例、つまり何世紀も前に制定された法が今もなお法だというだけの話である。しかし、おなじみのこととはいえ、こうした法の持続性は、習慣的に服従される者の下した命令という法の単純な把握によっては理解しがたい。これは、前節で見た立法権限の継続性という問題の逆の現象である。前節で扱ったのは、服従の習慣という単純な図式で、新たに立法者の地位に就いた者が自身、習慣的服従を獲得する前に発した法が、すでに法であるといかにして言い得るかであった。ここでの問題は、とっくの昔に死んでしまったかつての立法者の作った法が、もはや彼に服従する習慣があるとは言えない社会にとっていまだに法だとなぜ言い得るかである。当の立法者の存命中に話を限るなら、ここでも単純な図式にとって何の問題もない。実際、一七三五年魔女法が、文言上は占いをするフランス市民にも適用されるはずであるのに、イングランドでは法だがフランスでは法ではないのはなぜか――もちろん不幸にもイングランドの裁判所に拘引されたフランス人には適用されたであろうが――をこの単純な図式は見事に説明するかに見える。イングランドにはこの法を制定した者へ服従する習慣があったが、フランスにはなかったと説明できそうである。このため、それはイングランドの法ではあったが、フランスの法ではなかった。

しかし、法をその制定者の存命中に限定することはできない。というのも、説明すべきことは、法がその創設者や、彼に習慣的に服従していた者たちを超えて生きのびる頑ななる特質を持つことだからである。なぜ魔女法は、われわれイギリス人にとってはなお法であるが、現代のフランス人にとっては法ではないのか。確かに二〇世紀のイギリス人が今でも、ジョージⅡ世とその議会に服従する習慣があると言うことは、ことばのいかなる意味においても無理である。この点で、現代のイギリス人と当時のフランス人は同じである。いずれもこの法の制定者に従う習慣がなく、過去にもなかった。魔女法はジョージⅡ世治下から生きのびた唯一の法かも知れないが、それでも今のイングランドの法である。「なぜまだ法か」というこの質問への答えは、「なぜすでに法か」という最初の質問への答えと原理的には同じであり、主権者個人に対する服従の習慣という単純に過ぎる観念を、当該社会の行動の規準となることばを発する者（つまり立法権者）の集団ないし家系を特定する現に受容された根本的ルールという観念に置き換えることによってなされる。こうしたルールは、今現に存在している必要はあるが、ある意味では対象に関して時間で限定されていない。それは将来を志向し、将来の立法者の立法作用を射程に収めるだけでなく、過去を振り返り、過去の立法者の作用にも及ぶことがあり得る。

レックス王朝の単純な事例で示すなら、事態は次のようになる。この家系に属する各立法者、レックスⅠ世、Ⅱ世およびⅢ世は、直系の長子に立法権を付与するという同じ一般的ルールの下で資格づけられているとしよう。ある君主が死んでも、彼の立法は生き続ける。当該社会の後の世代も各立法者が存命中に行った立法は尊重し続けるという一般的ルールがその根拠である。レックスⅠ世、Ⅱ世、Ⅲ世の単純な事例では、それぞれが同じ一般的ルールの下で立法により行動の規準を導入する権限を持つ。ほとんどの法秩序では、ことはさほど単純ではない。過去の立法を法として認定する現在受容されているルールは、現在の立法に関するルールとは異なるかも知れない。しかし、現在受容されている依拠し得るルールがあるのなら、法の持続性に神秘性はもはやない。それは、複数チームのトーナメントの一回戦で主審の行った判定が、その後の各チームのメンバーの変動にかかわらず、三回戦で別の主審の行った判定と同等の意味を最終結果にとって持つはずだという事実に神秘性がないのと同様である。それでもなお、神秘的ではないとはいえ、現在の立法者と同様、過去や将来の立法者の命令にも権限を付与する受容されたルールという観念は、現在の立法者に対する服従の習慣という観念よりは、確かにより複雑で念が入ってはいる。こうした複雑さに訴えることなく、威嚇に支えられた命令という単純な観念を巧妙に拡張することで、法の持続性は結局のところ、現在の主権者に対する服従の習慣という、より単純な事実に依拠することを示すことはできるだろうか。

一つの巧妙な試みがなされている。ホッブズは、後にベンサムやオースティンによっても受け継がれているが、「立法者とは、最初に法を作った者ではなく、その権威（authority）によって法が法であり続けている者のことだ」と述べた。[7] ルールの観念を捨てより単純な習慣の観念を採用したとしても、立法者の「権限」と異なる「権威」が何であり得るかは、直ちに明らかとは言えない。しかし、この引用文が言わんとしている一般的議論は明快である。[8] 歴史的に見れば、魔女法のような法の起源ないし出所は過去の主権者の立法作用にあるが、現在、二〇世紀のイングランドでそれが法としての地位を持つのは、現在の主権者がそれを法として認定していることによるというわけである。この認定は、現に存命中の立法者の制定した法のような明示の命令の形はとらず、主権者の意思の黙示の表明という形をとる。つまり、主権者はそうしようと思えばできるにもかかわらず、彼の指揮下にある裁判所や場合によっては行政機関が、ずっと以前に制定された法を強行することを止めないことに存する。

当然これは、誰によってもいかなる時にも命令されてはいないように見える慣習上のルールが法としての身分を持つことを説明するために引き合いに出された黙示の命令という、すでに検討した理論と同じものである。第Ⅲ章でこの理論に対してなされた批判は、過去の立法が法として認定され続けることを説明しようとするとき、より明確な形で当てはまる。不合理な慣習的ルールを拒絶するよう裁判所に与えられた広範な裁量のゆえに、裁判所が所与の事件に慣習的ルールを実際に適用するまでは、それは法としての身分を持たないと言うことには多少の説得力があるが、過去の「主権者」が制定した法は、個別の事件に裁判所が実際に適用・強行し、それを現在の主権者が黙って見過ごすまでは法ではないという見方には、ほとんど説得力がない。もしこの理論が正しいとすると、裁判所はすでに法であるからという理由でそれを適用・強行するわけではないことになる。しかしこれは、現在の立法者は過去の制定法を廃止することができるが、まだその権限を行使していないという事実から引き出すにしては、不条理な結論である。ヴィクトリア時代の制定法も、現国会の制定法も、現在のイングランドにおいては、確かに同一の法としての身分を持つ。いずれも裁判所が適用すべき事件が発生する以前から法であり、裁判所はヴィクトリア時代の制定法も現在のものも、それらがすでに法であるからという理由で適用する。いずれも裁判所によって適用された後に法となるのではない。いずれの場合も、法としての身分は、それが現在受容されているルールの下で立法権を認められた者によって制定されたという事実に、その者が存命中か否かによらず、依存している。

過去の制定法が現在、法としての身分を持つことを、裁判所によるその適用を現在の立法府が黙認していることに依存させる理論の筋の通らなさは、この理論では、ヴィクトリア時代の制定法でまだ廃止されていないものをなお法として、その後のエドワードⅦ世時代に廃止されたものをもはや法ではないものとして、現在の裁判所が区別して扱うべき理由を説明できないことに最も明確にあらわれる。明らかに、こうした区別をすることで裁判所は（そして法律家や法秩序を理解する一般市民も）現在のみならず過去の立法作用を含めて、何を法として認めるべきかの規準となる根本的なルールないしルール群を用いている。裁判所は、二つの制定法の間のそうした区別を、現在の主権者が黙示的に一方についてはそう命じ（つまり、強行されることを許し）、他方についてはそうしなかったという認識に依存して行っているわけではない。

ここでも、否定された理論の唯一の長所は、不明瞭な仕方ながらも、現実世界を思い起こさせる点にある。思い起こさせているのは、法秩序で働く公務員、とりわけ裁判官が、過去および現在の、特定の立法作用を権威あるものとして扱うルールを受容しない限り、それらの作用の産物には法としての身分に必須なものが欠けることになるという点である。しかし、こうした月並みな現実観察をときにリーガル・リアリズムと呼ばれる理論——その特質は後に詳細に検討するが[9]、極端な形態はいかなる規定も実際に裁判所により適用されるまでは法ではないと主張する——にまで過剰に膨らませるべきではない。法の理解にとっては肝要な区別であるが、制定された規定が法であるためには、特定の立法作用が法を生み出すというルールを裁判所が受容する必要があるという真理と、個別の事件で裁判所によって適用されるまではいかなるものも法ではないという誤解をもたらす理論とは区別する必要がある。リーガル・リアリズム理論の中には、ここで批判の対象とした法の持続性の説明をはるかに超え出る議論を展開するものもある。過去の主権者に限らず現在の主権者の制定したものであっても、裁判所が実際に適用するまでは、いかなる規定も法ではないと主張するのだから。とはいえ、法の持続性について、過去の主権者のものと異なり、現在の主権者の制定した規定は裁判所による適用前に法としての身分を持つとする、リアリズム理論までは徹底しない説明は、過去・現在にわたって最悪の弱点を兼ね備えるもので、きわめて馬鹿げている。現在の主権者の制定した規定とまだ廃止されていない過去の主権者の制定した規定との間に、法としての身分の点で区別すべき違いは全くないため、このどちらつかずの議論はおよそ支持しがたい。現在の裁判所が個別の事件に適用する前は、通常の法律家がそう認めるように両方が法であるか、あるいは過激なリアリズム理論家が主張するように両方とも法でないかのどちらかである。

第3節　立法権の法的制限

主権理論において、臣民の一般的な服従の習慣と対応するのは、主権者には何らそうした服従の習慣がないことである。主権者は臣民のために法を創設するが、あらゆる法の外側の位置から創設する。彼の立法権限には何らの法的制限も存在せず、存在し得ない。主権者の権限に制約がないことは、定義からしてそうであることを理解することが重要である。立法権に法的制限があるとすれば、それはその立法者が服従する習慣のある他の立法者の命令による制限であると、この理論は単純に主張する。その場合、法的に制限された立法者は主権者ではあり得ない。主権者であれば、彼は他のいかなる立法者にも服従せず、したがって、彼の立法権限に法的制限はあり得ない。この理論の重要性は、もちろんこうした定義や、事実については何も伝えることのない定義の論理的帰結にあるのではない。重要なのは、法の存するあらゆる社会にはこうした性質を備えた主権者が存在するという主張にある。あらゆる法的権限は制限されており、何者も主権者に帰せられる法外の地位を持つことはないと示唆する法的・政治的装飾の背後を探求すべきなのだろう。根気強く探求するならば、この理論が主張するような現実（無制限の主権者）が装飾の背後に存在することが判明するというわけである[10]。

この理論が現に行っている主張を、より弱い主張または強い主張として、誤って理解してはならない。同理論は、主権者がいかなる法的制限にも服しない社会も存在すると主張しているのではなく、法の存する社会には、そうした主権者が必ず存在すると言っている。他方、この理論は主権者の権限には何の制限もないと主張しているわけではなく、法的制限はないと主張するのみである。主権者は、事実上、立法権の行使に際して世論を尊重するかも知れない。世論を無視したときの帰結を恐れたり、世論の尊重は道徳的義務だと考えるために。多様な要素が立法権の行使に影響を及ぼすであろうし、人民の反乱や道徳的確信が立法権の行使を一定の方向に向かわせるなら、主権者はこれらの要素が彼の権限の「制限」だと考えたり、そう語ったりするかも知れない。しかし、それらは法的制限ではない。そうした「制限」を遵守する法的義務は彼にはないし、裁判所も、面前にあるものが主権者の法であるかを判断する際、世論や道徳的要求からの逸脱のゆえにそれは法ではないという議論には耳を貸さないだろう——裁判所がそうすべきだと主権者が命令すれば別であるが。

法の一般的な説明として、こうした理論が持つ魅力は明白である。それは二つの主要な問題に対する単一の回答を、単純な形で与えているように見える。習慣として服従されながらも、自らは誰にも服従する習慣を持たない主権者を発見したとすれば、二つのことが可能となる。第一に、彼の一般的命令は当該社会の法であると判断できる。つまり、それは当該社会の成員の生活を統御するその他のさまざまな道徳的ないし単なる慣習上のルール、原理、規準とは、法である点で区別できる。第二に、法的に言って、独立した法秩序がそこにあるのか、それともより包括的な秩序に含まれる下位秩序があるに過ぎないのかを判定することができる（主権者がいるのであれば、独立した法秩序である）。

単一の継続的な立法体としてのイギリスの国会は、この理論の要求を満たすもので、その事実にこそ国会の主権性が存するとよく言われる。この信念の正確さがどの程度のものであれ（そのいくつかの側面については第Ⅵ章で検討する）、この理論の主張はレックスⅠ世の単純な架空の世界の中で、一貫した形で再現することが確かに可能である。現代国家のより複雑な事例を検討する前にそうすることは有益である。この理論の諸帰結は、こうした形でこそ十分に吟味することができるからだ。服従の習慣に関する本章第1節での批判を考慮して、習慣ではなくルールを使ってこの事例を検討することにしよう。そうすると、レックス王が何ごとかを命じたなら、そのすべてが当該社会の行動の規準となるというルールが裁判所、公務員、市民により一般的に受容された社会を想定することになる。命令の中でも、王が「公的」な身分を持たないことを望む「私的」な願望を表明する命令を識別するために、「王として」立法する際に彼が使う――彼の夫人や恋人に対する私的命令に際しては使わない――特別の形式を特定する付加的ルールが採用されることがあるだろう。こうした立法の方法や形式に関するルールがその目的を果たすためには、真剣に受け取られる必要があり、ときにはレックス王にとって不便を感じさせるかも知れない。それでも、それは法的ルールではあるかも知れないが、王の立法権限に対する「制限」と考える必要はない。というのも要求された形式を守る限り、王が自らの願望に即して立法できない事柄はないからである。立法権限の「形式」はともかく、「範囲」は法によっては制限されていない[11]。

法の一般理論としてのこの理論への反論は、この想定された社会でのレックス王のような（いかなる法的制限にも服さない）主権者の存在は、法の存在のために必須の条件でも前提でもないということである。それを論証するために、論争の余地のある類型の法を例に挙げる必要はない。慣習法とか国際法とかいった、立法府が存在しないがゆえに法としての身分を否定する者もいる秩序を例に挙げる必要は全くない。というのも、法的に制限されない主権者という観念は、法が存在することを誰も疑わない多くの現代国家における法の性質を誤って描くことになるからである。現代国家にも立法府は存在するが、そこでの最高の立法権はときに、無制限とはほど遠いものである。成文憲法が立法の形式や方法を特定するばかりでなく（それは制限ではないと言い得るかも知れないが）、立法権限の範囲から一定の事項を端的に除外することで内容上の制限を立法権に課すこともある。

ここでも、現代国家の複雑な事例を検討する前に、レックス王が最高の立法権者である単純な世界において「彼の立法権限への法的制限」なるものが実際に何を意味するか、そしてそれが完璧に筋の通った観念であるとなぜ言えるかを検討することが有益である。

レックス王の単純な社会では、（成文憲法に書き込まれているか否かはともかく）当地で生まれ育った住民を国外に追放したり、裁判によらずに収監したりするよう定める法は無効であり、そうした制定法はすべての者によって無効なものとして扱われるべきだとのルールが受容されているとしよう。この場合、レックス王の立法権限は、確かに法的な制限に服していることになる（たとえそうした憲法上のルールを断片ではなく「一つの法 a law」と呼ぶことに躊躇を覚えるとしても)。自身の心持ちに反してしばしば尊重する世論や社会の道徳的確信を無視した場合と異なり、こうして特定された制限を無視すれば、王の立法は無効となる。裁判所がこうした制限とかかわる仕方は、立法権の行使に対する単に道徳的な、あるいは事実上の制限とかかわる仕方とは異なるだろう。しかし、こうした法的制限にもかかわらず、制限内でレックス王が制定する法は確かに法であり、彼の社会には独立した法秩序が存在する。

この種の法的制限が正確なところ何なのかを、この仮定の単純な事例でさらに検討することにしよう。レックス王の置かれた立場を指して、彼は、裁判なしに収監するよう定める法を制定することが「できない cannot」と表現することがしばしばある。ここでの「できない」の意味を、ある者が何かをしないよう法的な義務ないし責務を課されている場面での「できない」と比較することが問題の解明に役立つ。後者は「歩道を自転車で走行することはできない」と言われるときの「できない」である。法秩序の最高の立法権を実効的に制限する憲法は、立法権者に一定の仕方で立法しないよう義務を課すことで制限しているわけではない(し課す必要もない)。代わりに憲法は、そうしたことを定める立法は無効だとする。憲法は法的義務を課すのではなく、法的無権限 (legal disabilities) を課している。ここでの「制限」は義務を主張するのではなく、法的権限の不在を意味している。レックス王の立法権に対するこうした制限は、憲法上の制限と呼ぶことができるだろう。

しかしそれは、裁判所がかかわることのない単なる慣例上または道徳上の問題だというわけではない。それは立法権限を付与するルールの一部であり、重要な形で裁判所にかかわる。裁判所は面前の制定されたとされる規定の妥当性（validity）の判定規準として、こうしたルールを使うからである。しかし、法的であり、単に道徳上または慣例上のものではないとはいえ、こうした制限の有無は、レックス王が他者に対して服従する習慣の有無によって表現することはできない。レックス王はこうした制限に服しており、それを逸脱しようとは決してしないかも知れない。それでも、彼が習慣的に服従する相手はいないかも知れない。彼は単に妥当な法を作るための条件を満足しているだけである。あるいは、彼は制限に反する命令を発することで制限をかいくぐろうとするかも知れない。しかし、そうしたとしても、彼は誰にも不服従を示してはいないし、上級の立法者の法に違背したわけでも、法的義務に違反したわけでもない。彼は確かに、有効妥当な法を作ることに失敗することになる（有効妥当な法に違背してはいないが）。反面、レックス王に立法権を付与する憲法上のルールが何らの法的制限も加えていないとすれば、彼が隣国の暴君ティラーヌスの命令に服従する習慣があるという事実があったとしても、レックス王の制定法が法としての身分を失うことも、また、ティラーヌスを最高の権威とする法秩序の下位法規だということになるわけでもない。

ここまでのきわめて分かりやすい検討結果により、単純な主権の学説によって大いに不明瞭にされていたが、法秩序の基礎を理解する上で重要な多くの点が明らかになる。次のようにそれを要約することができるだろう。第一に、立法権限に対する法的制限は、立法権者が誰かより上位の立法者に服従する義務からなるわけではなく、彼に立法権を付与するルールの含意する無権限からなる。

第二に、制定された条文が法であると結論づけるために、その源を（立法権が法的に制限されていない、または、他の誰にも服従する習慣がないという意味で）「主権的」または「無制限の」立法者の制定行為にまでたどる必要はない。そのためには、その条文が現存のルールによって立法権を付与された立法者が制定したものであること、そして、そのルールに何らの制限も含まれていないか、または当該条文に関係するような制限が含まれていないことを確かめる必要がある。

第三に、独立した法秩序が存在することを示すために、その最高の立法者が法的に無制限であったり、他の誰にも服従する習慣がないことを示す必要はない。そのためには、立法者に立法権を付与するルールが、他の領域を支配する者に彼より上位の立法権限を付与していないことを示せば足りる。逆に、最高の立法者が他国の権威に服従していないという事実は、彼が自身の領土において無制限の立法権を有していることを意味しない。

第四に、法的に制限されない立法権と、法的に制限されてはいるが当該法秩序で最高の立法権とは区別する必要がある。レックス王は、その立法権が憲法により制限されているとしても、当該領域内の他のいかなる立法をも廃止することができるという意味で、最高の立法権者であり得る。

最後に第五点だが、立法権者の立法権を制限するルールの有無は肝要だが、立法者の他者に対する服従の習慣の有無は、せいぜいのところ何かの証拠としての意味を持つにとどまる。立法者が他者に服従する習慣がないという事実――それが事実だとして――の持つ唯一の意味は、彼の立法権が憲法的ないし法的ルールにより、他者の下に置かれてはいないことの証拠に――決して決定的証拠ではないが――なり得るという程度である。同様に、立法者が他者に服従する習慣があるという事実の唯一の意味は、そうしたルールにより、彼の立法権が他者の立法権に従属している証拠となり得ることである。

第4節　立法府の背後の主権者

現代社会の多くの法秩序には、最高の立法府と通常みなされていながら、立法権の行使について法的制限を受ける機関が存在する。それでも、制限された権限の範囲内で立法府が制定した規定は、法律家も法理論家も、明らかに法だと考える。こうした事例に直面しつつ、法のあるところ法的制限を受けることのない主権者が存在するとの理論をなお維持しようとすれば、法的制限を受けた立法府の背後にそうした主権者がいると考える必要がある。そうした主権者が存在するか、それをこれから検討する。

ここでは、あらゆる法秩序で見かける——成文憲法に規定されているとは限らないが——立法の方法や形式に関する立法者への制限については無視することにしよう。これらは、立法府の構成を特定し、立法する際に守らなければならない条件を定めるもので、立法権の範囲を法的に制限してはいないと考えることもできる。もっとも、実際、南アフリカの経験が示すように[12]、立法の単なる「方法と形式」や立法府自体を特定する定めと、「内容上の」制限とを明確に区別する一般的な規準を示すことは容易ではないが。

内容上の制限の顕著な例は、アメリカ合衆国やオーストラリアのような連邦国家の憲法に見ることができる。そこでは、連邦政府と州政府の権限配分やいくつかの個人の権利は通常の立法過程を通じては、変更することができない。こうした場合、連邦上の権限配分や保障された個人の権利を変更したり、それと衝突したりする州または連邦の法は、権限踰越（ultra vires）として扱われ、憲法の規定と衝突する限度で裁判所により法的に無効だと宣言されかねない。立法権に対するこの種の法的制限として最も有名なのは、合衆国憲法の第五修正で、とくに何人も「法の適正手続を経ることなく、生命および財産を」奪われることはないと定めており、連邦議会の制定法が、これをはじめとする立法権に対する憲法上の制限に反するとされたときは、裁判所によって無効と宣言される。

もちろん、立法府の活動から憲法の規定を守るための仕組みは多様である。たとえばスイスのように、州の権利に関する規定は、指令的な文体をとってはいるが、「単に政治的な」あるいは勧告的なものとして扱われることがある。こうした場合、連邦法の規定が連邦議会の活動に関する憲法の規定と明白に衝突するときでさえ、裁判所に連邦法の規定を「審査」し無効と宣言する権限はない。[13]合衆国憲法のいくつかの規定は「政治問題」を提起するとされており、この問題に属する事件について、裁判所は制定法規が憲法に違反するか否かを判断しない。[14]

最高の立法府の活動に対する法的制限が憲法によるものである場合、そうした制限自体が一定の手続により、法的に変更されることもあれば、されないこともある。それは憲法がその修正について定める条項の性質に依存する。多くの憲法では、通常の立法府とは異なる機関により、または通常の立法府が特別の手続を用いることで行使される、広範な修正権限が規定されている。合衆国憲法第五篇の定める四分の三の州の議会により、または四分の三の州の特別会議により承認されることで憲法が修正されるとの規定は前者の例であり、一九〇九年南アフリカ法第一五二条の定めは後者の例である。しかし、すべての憲法に修正権限に関する規定があるわけではないし、そうした規定がある場合でも、立法府に制限を課す憲法条項のいくつかは、そうした権限の範囲外に置かれることがある。そうした場合、改正権限自体が限界づけられていることになる。それは合衆国憲法についても(制限のいくつかは今や実際上の意義を失ってはいるが)見られる。同憲法第五篇は、「一八〇八年前に行われる修正によって、第一篇九節一項および四項の規定に変更をもたらすことはできない。いかなる州も、その同意なしに、上院における平等な投票権を奪われることはない」と定めている。

南アフリカ憲法のように立法府に課された制限が、特別の手続を経て立法府のメンバーにより廃止され得る場合、この議会は例の理論が主張する法的制限を受けることのない主権者と同一視できると言われるかも知れない。この理論にとって困難な事例は、合衆国のように、特別の機関に付与された修正権限の行使によってしか立法府への制限が廃止できない場合、または特定の制限がおよそ修正権の対象範囲外に置かれる場合である。

この理論がこうした事例をも一貫して説明できるとの主張を検討するにあたって想起すべきことは――しばしば見過ごされていることだが――オースティン自身、彼の理論を詳しく展開するにあたって、イングランドにおける国会と主権者とを同視してはいないことである。通説によると国会は立法権に関して法的制限を受けないとされ、そのためしばしば、「硬性」憲法によって制限されたアメリカ連邦議会等の立法機関とは区別される「主権的立法府」の典型として引き合いに出されるにもかかわらず、国会と主権者は同一ではないというのが彼の見解である。オースティンの立場は、いかなる民主体制においても、主権者を構成するのは選挙された代表ではなく、有権者だというものであった。したがってイングランドでは「正確に言うなら、庶民院のメンバーは彼らを選出し任命した人々の受託者にすぎない。このため、主権は常に王、貴族団および庶民院の選挙人団に存する」[15]。同様に合衆国では、各州の主権および「連合から生ずるより大規模な国家の主権は、一つの集合体を構成する諸州の政府にある。ここで言う州政府とは、各州の通常の立法議会のことではなく、それを選出する有権者団のことである[16]」。

こうした観点からすれば、通常の立法府が法的制限を受けない法秩序と制限を受ける法秩序との違いは、主権的な選挙民がその主権を行使する仕方の違いに過ぎないこととなる。この理論からすれば、イングランドでは有権者による彼らの主権の分け前の直接の行使は、国会に議席を持つ代表の選挙、および代表への主権の委任にとどまる。この委任は、ある意味では全面的である。なぜなら、委任された権限は濫用されないとの前提でなされてはいるものの、こうした信託の条件は道徳的制裁に服するだけであり、立法権への法的制限と同じく、裁判所がかかわることはないからである。これに対して合衆国では、通常の立法機関が法的に制限されているすべての民主国家と同様、有権者団はその主権の行使を受託者の選挙には限定せず、受託者を法的制限の下に置いている。そこでは、有権者団は、憲法上の制限に法的に「拘束される」通常の立法機関の上位に位置する「非常時の、そして潜在的な立法機関」であり、紛争が生じたときは、裁判所が通常の立法機関の制定法を無効と宣言する。そこでは、有権者団こそがこの理論の主張する、あらゆる法的制限から自由な主権者である[17]。

明らかに、ここまで来るとなると、当初の主権の単純な観念は、根底的に変容されたとは言わないまでも、一定程度、改竄《かいざん》されている。「社会の大部分が服従する習慣のある人または人々」という主権者の描写は、本章第1節で示したように、レックス王が絶対君主であって立法者としての彼の後継者について何の定めもない最も単純な社会でほとんど文字通りに当てはまる。そうした定めがあるとき、現代の法秩序の顕著な特質である立法権の継続性は、服従の習慣という単純な概念を使ってあらわすことはできず、後継の立法者が実際に立法し、服従される以前に立法権を持つとの受容されたルールという観念が、それをあらわすために必要となる。しかし、ここで問題となる民主国家の有権者団を主権者だとする主張は、「服従の習慣」とか「人または人々」といった鍵となることばに単純な事例における意味とはきわめて異なる意味を与えない限り、全く説得力を持たない。しかも受容されたルールという観念をこっそり導入しない限り、その意味を明らかにすることもできない。服従の習慣と命令という単純な図式では、用をなさない。

このことはさまざまな仕方で説明することができる。子どもや精神疾患者を除く者が有権者団を構成し、人口の「大部分」を構成している民主政社会、つまり投票権を持つ正常な大人だけで構成される単純な社会集団を想定したとき、最も明快な説明が可能である。こうした有権者団を主権者として捉え、当初の理論の単純な定義を当てはめようとすると、ここでは社会の「大部分」が彼ら自身に習慣的に服従していると言っていることになる。

かくして、法的制限なく命令を下す主権者と、習慣的に服従する臣民という二つに区分された当初の明確な社会のイメージは、大部分の人々が大部分ないしすべての人々の下す命令に従う社会というぼやけたイメージにとって代わられる。確かに、ここには当初の意味での「命令」（他者が特定の仕方で行動すべきだとの意図の表明）も、また「服従」もない。

この批判に答えるために、個人としての私的身分における社会のメンバーと、有権者または立法者としての公的身分における同じメンバーとを区別することもできよう。こうした区別は完璧に理解可能であるし、多くの法的・政治的事象は、こうした形で自然に表現される。しかし、たとえ公的身分における諸個人は習慣として服従される別個の人格(another person) だとさらに言いつのったとしても、この区別は主権理論を救済できない。というのも、代表を選挙したり命令を発したりする際には人々は「個人として」ではなく「公的身分において」行動していると言うとき、意味されているのは、彼らが特定のルールの下で権限を付与され、有効な選挙や立法を行う上で遵守されるべき事項を定めるルールに従って行動しているというまさにそのことだからである。こうしたルールを引き合いに出すことではじめて、何ごとかを、彼らによる選挙とか、立法だとかと言うことができる。ある人の言ったり書いたりしたことが彼のしたことだとするのと同じ単純な規準に基づいて、選挙や立法をある人々の「したこと」だとするわけにはいかない[18]。

こうしたルールが存在するとは何を意味するのか。それは社会のメンバーが有権者団として（つまりこの理論からすると主権者として）の役割を果たすために遂行すべきことを定めるルールであるから、それ自体は主権者の発した命令という身分を持ち得ない。こうしたルールがまず存在し、それが遵守されない限り、主権者の発する命令なるものがそもそもあり得ないからである。

では、これらのルールは、人々の服従の習慣として描写されるべきものの一部だと言い得るだろうか。主権者が一人の個人であり、彼が特定の仕方で――たとえば証人の立ち会いを得て署名された書面で――命令を下した場合に（そして、その場合にのみ）、社会の大部分の人々が従っているという単純な事例では、（第1節で習慣の観念の使用法についてなされた批判の留保の下で）こうした仕方で立法すべきだとのルールは、社会の服従の習慣として描写されるべきものの一部だと言い得るだろう。人々は、主権者がこうした仕方で命令を下すとき、習慣的に服従する。しかし、主権者がそもそもこうしたルールと独立には特定し得ない場合、そのルールを社会が習慣的に主権者に従う際の単なる条件として表現することはできない。そうしたルールは主権者を構成する要素そのものであり、主権者への服従の習慣を記述する際に言及すべき付加的事柄にすぎないものではない。したがって、ここでの事例では、有権者として行動すべき手続を定めるルールを、多くの個人からなる社会が有権者団たる自分自身に服従する条件として描くことはできない。「有権者団たる自分自身」は、そのルールと独立に特定し得る人格ではないからである。それは、有権者団が代表を選挙するに際してルールを遵守したという事実の短縮した言い方に他ならない。せいぜいのところ言い得るのは（第1節での批判を留保した上ではあるが）、そのルールは選挙された人々が習慣的に服従されるための条件を定めていることである。しかし、そうなると、有権者ではなく立法府が主権者である理論モデルに逆戻りすることになり、そうした立法府が立法権限への法的制限に服している事実に由来するあらゆる問題が、なお未解決のままだということになる。

主権理論に対するこうした批判は、本章のこれまでの議論と同様、この理論がそこかしこで間違っているのみならず、命令、習慣、服従という単純な観念では法の分析にとって十分ではないとの結論を導く意味で根底的である。必要なのは、特定の手続を遵守しつつ特定の仕方で立法するよう資格づけられた人々に権限を――制限の有無にかかわらず――付与するルールという観念である。

主権理論の一般的な概念上の欠陥と言うべきものは別として、最高の立法者と通常みなされている機関が法的に制限されている事実をこの理論の中に組み込もうとする試みには、多くの困難が付け加わる。こうした事例で主権者を有権者団と同視するとなると、有権者団が通常の立法府に課された制限をすべて廃棄し得る無限定の憲法修正権限を持つ場合でさえ、こうした制限は、通常の立法府が習慣的に従う命令を有権者団が発したがゆえに法的なのかと問われることになる。通常の立法権への法的制限が命令として、つまり義務として誤って表現されているという反論はおくとしよう。だとしても、こうした義務は、有権者団が立法府に対して遂行するよう黙示的にも命じたものだと言い得るだろうか。黙示の命令という観念に対して本章でここまでなされたすべての批判が、さらに強力な形で、このことばの用法に当てはまる。合衆国憲法の定めるような複雑な修正権限を行使しなかったことは、有権者団がその点について無知であるとか無関心であることの証拠としてはしばしば頼りになり得るかも知れないが、有権者団の願望の証拠として確かなものとは言えないだろう。軍曹が部下に命じたことを黙示的に命じたと考えても納得がいくかも知れない将軍と、われわれ民主国家の有権者団とは、随分とかけ離れた立場にある。

　さらに、かりに立法府に課された憲法上の制約が有権者団に与えられた修正権限の対象から外されているとすると、この理屈からはどう説明されることになるだろうか[19]。これは、想定し得るだけでなく、現に存在することでもある。ここでも有権者団は、非常時の立法者となお言い得るかも知れないが、法的制限から免れてはいない以上、主権者ではない。社会全体が主権者であり、その社会がこうした制限に対して反乱を起こしていない以上、こうした法的制限も社会によって黙示的に命令されているのだろうか。こんなことを言い出せば、反乱と立法との区別ができなくなるというだけで、おそらくこうした議論を斥《しりぞ》けるのに十分だろう。

最後に、有権者団を主権者として扱う理論は、せいぜいのところ、有権者団の存在する民主政体での制限された立法府を説明できるだけである。レックス王のような世襲君主が、当該法秩序において制限されながらも最高の立法権者であるという想定には、何らおかしなところはない。

第Ⅴ章　一次ルール、二次ルールの組み合わせとしての法

第1節　新たなスタート

前三章では、主権者の強制的命令という法の単純なモデルでは、多くの肝要な点で、法秩序の顕著な特質を描き出すことができないことを見てきた。その論証のため、（これまでの批判者がそうしてきたように）国際法や未開社会の法のように、法であるか否か争いがあり得るような境界的な事例に訴えかける必要はなかった。われわれは現代国家の国内法のなじみ深い特質を取り上げ、これらが、この単純に過ぎる理論では歪曲されるか、または全く説明できないことを示した。

単純な理論が失敗した主な点は教訓に満ちており、再び要約するに値する。第一に、多様な法の中でも刑罰により一定の行為を禁止したり命令したりする刑事法規は、ある者により他者に下される威嚇を背景とする命令に最も似通っているが、それでも、それは他者

のみでなく制定者自身にも適用されるという重要な点で異なっている。第二に、裁判や立法を行う法的権限（公的権限）や法的関係を創設したり変更したりする法的権限（私的権限）を付与する法がとくにそうであるように、威嚇を背景とする命令としてはおよそ理解し得ないような別の種類の法が存在する。第三に、慣習的ルールのように、明示の命令とは全く異なる仕方で成立するため、成立の様式において命令とは異なる法的ルールが存在する。最後に、習慣的に服従され、必然的にあらゆる法的制限から免れている主権者に基づく法の分析は、現代の法秩序の特質である立法権の継続性を説明することができないし、この理論の言う主権的な人または人々は、現代国家の有権者団とも議会とも同視することができない。

主権者の強制的命令という法の観念を検討するにあたって、この観念が直面する困難からの救済のため、当初の単純素朴さを犠牲にして導入された付加的な工夫をも検討した。しかし、これらもまた失敗した。黙示的命令という工夫は、現代の法秩序の複雑な現実に当てはまる余地はなく、部下の下した命令に干渉することを意図的に控えている将軍のような、はるかに単純な事例にしか当てはまらない。権限付与ルールを、義務を賦課するルールの一部としてのみ扱ったり、すべてのルールを公務員に向けられたルールとして扱う等の他の工夫は、これらの法が語られ、考察され、社会生活で現に用いられているそのあり方を歪曲している。これでは、ゲームのルールのすべては、「本当は」主審や記録員に向けられた指令だという理論と同程度の説得力しかない。制定法の自己拘束的性格と、それが他者に向けられた命令だという主張とを調和させるための工夫、つまり私的な身分においては、命令する立法者も他者に含まれるという創案は、それ自体としては文句のつけようがないが、当初の理論に含まれていないはずの要素を持ち込んでいる。つまり、立法するために遂行すべき事柄を定めるルールという観念である。こうしたルールを遵守することによってのみ、立法者は公的身分、すなわち私的個人と対比される別の人格を獲得する。

これまでの三章は、したがって失敗の記録であり、明らかに新たなスタートを切る必要がある。しかし、その失敗は教訓に満ちたもので、実際になされた詳細な検討に値するものであった。この理論が現実と対応しない各論点で、なぜそれが失敗し、より良い説明が必要とされるかを、少なくともおおまかに知ることができたからである。失敗の根本の原因は、この理論を構成している諸要素、つまり命令、服従、習慣、威嚇が、ルールという、それなしには法の最も初歩的な形態をも解明し得ない観念を含んでおらず、またその組み合わせによっても生み出し得ない点にある。ルールという観念は決して単純なものではない。第Ⅲ章ですでに、法秩序の複雑さをありのままに捉えるには、二つの異なる、しかし関連するルールの類型を区別すべきことが指摘された。より基本的な一次ルールは、人に何ごとかをするよう、あるいはしないよう要求する。別の類型のルールは、第一のルールにある意味で寄生する二次ルールである。それは、人が行為や発話により、新たに一次ルールを導入し、廃止・変更し、あるいは多様な仕方でその適用範囲を確定し、その作用を統御することができるよう定める。一次ルールは義務を課す。二次ルールは、公私の権限を付与する。一次ルールは、物理的な動きや変化を伴う行為にかかわる。二次ルールは、物理的な動きや変化だけでなく、義務や責務の創設や変容をもたらす作用について定める。

これら二類型のルールが所与の社会集団に存在するとの主張にかかわる予備的分析は本書ですでになされている。本章ではその分析をさらに進めるだけでなく、これら二類型のルールの組み合わせにこそ、オースティンが強制的命令の観念にあると誤って主張したもの、つまり「法理学という学問への鍵」があるとの一般的主張を行う。とはいえ、「法」ということばが「適切に」使われるところでは、必ずこれら一次および二次ルールの組み合わせが発見できると主張するわけではない。「法」ということばが使われるさまざまな事例の多くは、核心的な事例と同一性という単純な形で結び付いているわけではなく、より間接的な仕方で——しばしば形式ないし内容の類比を通じて——結び付いているからである。本章および続く各章が示そうとするのは、人を最も困惑させ、定義の探究へと駆り立てるとともに捕捉されることなく逃げおおせてきた法の特質の多くは、これら二類型のルールとその相互関係の理解を通じて、最善の形で解明し得ることである。これら二つの要素の組み合わせに核心的地位を与えるのは、法的思考の枠組みを構成する諸概念を解明するその説明力のゆえである。見た目に雑多で広範な事例に「法」ということばを当てはめることがなぜ正当化できるかは、核心的要素を把握した後に取り組むべき副次的問題である。

第2節　責務の観念

前述したように、強制的命令として法を捉える理論は、その誤りにもかかわらず、法があるところでは、人の行為が何らかの意味で選択をなし得ない、義務づけられたものとなるという事実の完璧に正確な把握から出発していた。出発点の選択において、この理論は的確であり、一次ルールと二次ルールの相互作用をもとに法の新たな解明を行う上で、われわれも同じ考え方から出発する。とはいえ、この最初の大事な一歩にこそ、この理論の誤りから学ぶべきおそらく最も重要な点がある。

銃を持ったギャングの事例を思い起こそう。AがBに金を渡すよう命じ、従わなければ撃つと威嚇する。強制的命令の理論からすると、この事例は責務（obligation）ないし義務（duty）の観念を一般的に説明する。法的責務は、この事例を大文字で［大規模に］表現していることになる。Aは服従の習慣を得ている主権者であり、命令は一般的であって、個々の行為を命ずるものであってはならない。ギャングの事例が責務の意味をあらわしているとの主張の説得力は、もしBが従うなら、彼は金を渡すよう「強制されている obliged」という事実にある。しかし、この事例について、Bは金を渡す「責務」または「義務」を負っていると述べるなら、誤って事態を描写することになるのも同程度に確実である。つまり、最初から、義務の観念を理解するためには、何か別のものが明らかに必要である。誰かが何かをするよう強制されたことと、彼がそうする責務を負っていたこととの間には、説明されるべき相違がある。前者は、しばしば、ある行為がなされた際の信念または動機に関する説明である。Bが金を渡すよう強いられたことは、ギャングの事例のように、彼がそうしなければ何か善からぬ結果が彼に降りかかったであろうと彼が信じており、それを回避するために金を渡したことを示しているだけかも知れない。そうした状況では、従わなかったときに本人に起こるであろうことの予想が、そうでなければ彼がしたかったこと（金を渡さないこと）の選択を困難にしたわけである。

二つのさらなる点が、何かをするよう強制されるという観念の解明を少しばかり込み入ったものにする。もし警告された害悪が、常識的に見て、命令に服従したときの不利益や重大な結果に比べて瑣末なものであれば――AがBをつねるぞと言った場合とか――Bが金を渡すよう強制されたとは明らかに考えないであろう。また、相当に深刻な害悪の威嚇であっても、Aがおそらくは実行しないか実行できないと考えるべき十分な理由があれば、やはりBが強制されたとは言わないだろう。しかし、こうした害悪の程度に関する常識的判断や蓋然性の合理的予測がこの観念に暗黙のうちに含まれているとしても、誰かが何者かに従うよう強制されたという言明は、主として、ある行為がなされた際の信念や動機に言及する心理学的な言明である。他方、誰かが何かをする義務を負っていたという言明はきわめて異なる類型に属するもので、その相違は多くの点にあらわれる。ギャングの事例におけるBの行為、信念および動機は、Bが財布を渡すよう強制されたとの言明を支えるに十分であるが、彼にそうする責務があったとの言明を支えるには十分でない。また、信念や動機に関する事実は、誰かに何かをする責務があったとの言明の真実性 (warrant) を支えるのに必要でもない。誰かに責務があった、たとえば真実を語る責務や軍務に就くべく出頭する責務があったとの言明は、たとえ発覚のおそれがなく不服従の際に恐れるべきことが全くないと (合理的根拠の有無にかかわらず) 彼が信じたとしても、やはり真かも知れない。さらに、彼にそうした責務があったとの言明は、彼が実際に軍務に就くために出頭したか否かとは別個の話であるが、誰かが何かをするよう強制されたとの言明は、通常は、彼が実際にそうしたことを含意する。

オースティンを含む何人かの理論家はおそらく、ある者の信念、恐れ、動機が、彼が何かをする責務を持つか否かと一般に無関係であることにかんがみて、責務の観念をこうした主観的事実によってではなく、責務を負う者が服従しない場合に他者の手で刑罰ないし「害悪」を被るリスクあるいは蓋然性によって説明した[1]。つまり、責務に関する言明を心理学的言明としてではなく、刑罰または「害悪」を被るリスクの予測または評価として扱ったことになる。後の多くの理論家にとって、これは啓発的であり、曖昧な観念を地に足のついた、科学と同様に明快で、堅固で経験的な形に言い直したもののように見えた。実際それは、責務や義務を観察可能な通常の世界の「上」や「背後」に神秘的な形で存在する目に見えないものだとする形而上学的観念に対する唯一の代替案として認められたこともある。しかし、責務に関する言明を予測として扱う解釈を斥けるべき多くの理由があるし、それは曖昧な形而上学に対する唯一の代替案というわけでもない。

予測としての解釈に対する根本的反論は、ルールがあるならば、それからの逸脱に対しては敵対的反応がもたらされるとか、違反者に対して裁判所が制裁を科すだろうという予測の根拠となるばかりでなく、そうした反応や制裁の適用を理由づけ、正当化するという事実を不分明にするというものである。第Ⅳ章ですでに、ルールのこうした内的側面が無視されることに注意を向けたが、本章では後にこの点を詳述する。

責務を予測に還元する解釈には、第二の、より単純な反論がある。ある者が責務を負っているとの言明が、服従しなかったとき彼が害悪を被るだろうことを意味するのだとすると、彼が、たとえば軍務に就くべく出頭する責務を負っていたが、彼はその領域から逃亡したから、あるいは首尾よく警察や裁判所を買収したので、彼が捕まって害悪を被る確率はほとんどないということは矛盾していることになる。実際は、この言明には何の矛盾もないし、こうした言明はしばしばなされ、理解も容易である。

もちろん、違反行為に対して高い蓋然性で制裁が科される正常な法秩序では、違反者は普通、刑罰を受けるリスクがある。したがって、普通、ある者が責務を負っているという言明と、彼がその通りにしなければ害悪を被る蓋然性が高いという言明は、同時に真であろう。実際、これら二つの言明の関連性はより密接である。少なくとも国内法秩序では、一般に違反者に対して制裁が科されるのでない限り、誰かの責務について語ること自体、意味をなさない。その意味で、これらの言明は制裁のシステムが正常に運用される事態への信念を前提とすると言い得る。それはクリケットでの「彼はアウトだ」という言明が、明言はされないとしても、選手や主審や記録員が、おそらく通常の行動をとるだろうことを前提とするのと同様である。それでも、責務の観念を理解するには、個別の事例で、ある者が何らかのルールに基づいて責務を負っているとの言明と、不服従の折りに彼は害悪を被るだろうとの予測が乖離し得ることに注意を払うことが肝心である。

銃を持ったギャングの事例で、責務がないことは明らかである。より単純な、何かをするよう強制されるという観念が、そこに見られる諸要素で説明できることは確かだが。法的形態の責務を理解する予備作業としてより広い責務一般の観念を理解するには、ギャングの事例と異なる、社会生活のルールの存在がかかわる社会状況を検討する必要がある。こうした状況は二通りの仕方で、誰かが責務を持つという言明の意味合いに貢献するからである。第一に、特定の行動類型を規準とするこうしたルールが存在することが、この種の言明の（明言されはしないが）標準的な背景となり、適切な文脈を構成する。第二に、この種の言明の特徴的な役割は、ある人が一般的ルールの適用対象となるという事実に注意を向けることで、その一般的ルールをその人に適用することにある。第Ⅳ章ですでに、いかなる社会生活のルールにも、人々がたいていそう行動するという側面と、その行動を規準とみなす特徴的な態度とが備わることを見た。また、ルールが単なる社会習慣と異なる主要なあり方を指摘したし、さまざまな規範的用語（「すべきだ」「しなければならない」等）が、そうした規準やそれからの逸脱に注意を惹くために、またそうした規準に基づく要求、批判、承認をあらわすために用いられることも指摘した。こうした規範的用語の中でも、「責務」や「義務」は、他の規範的用語には通常見られない特殊な含意を伴う重要な部分集合を構成する。つまり、社会的ルールを単なる習慣と一般的に区別する諸要素は、責務や義務という観念を理解する上で確かに必須ではあるが、それだけで十分ではない。

誰かが責務を負うという言明は、実際、あるルールの存在を含意する。しかし、ルールが要求する行動の規準が、つねに責務として理解されるわけではない。「彼はそうすべきだった」と「彼にはそうする責務があった」とは、つねに互換可能な表現ではない。両方とも、暗黙のうちに現存する行動の規準を勘案していたり、一般的ルールから個別の事例について結論を引き出すために用いられたりはするが。エチケットや適切な文法のルールは確かにルールである。それらは、習慣の一致とか、いつもみんなそうするといったもの以上のものである。そうするよう教えられ、そうする努力もされる。規範的なことば遣いで、自分たちや他者の行動を批判したりもする。「君は帽子をとるべきだった」とか「『You was』という言い方は間違いだ」と言われたりする。しかし、そうしたルールに関して「責務」や「義務」といったことばを使うのはミスリーディングで、ことば遣いとして変だというだけではない。それは社会生活の状況を誤って描くことになる。責務に関するルールを他のルールと区別する境界は、ときに不明瞭ではあるが、区別の主な根拠はかなり明確である。

ルールに関して、同調への一般的要求が強固で、それから逸脱したり、逸脱が予期される者にかかる社会的圧力が大きいとき、そうしたルールは責務を課すと考えられ、そう言われる。こうしたルールの起源は慣習的なものかも知れないし、ルール違背に刑罰を科す集権的統一組織は存在しないかも知れない。社会的圧力と言っても、物理的制裁ではなく、敵対的ないし批判的な反応が広く見られるだけかも知れない。ことばで非難が表明され、破られたルールを尊重すべきだと主張されるだけかも知れない。恥辱、後悔、罪悪感などの感情にもっぱら依存するものかも知れない。圧力が最後に述べた種類のものであれば、当該ルールは、その社会集団の道徳として、その責務は道徳的責務として分類されることになりそうである。逆に、圧力の中でも物理的制裁が中心的であったり、普通に用いられる場合は、それが厳密に定義されたり、公務員によって執行されたりせず、社会一般に委ねられている場合でも、当該ルールは法の原初的ないし初歩的形態として分類されるだろう。明らかに、同じ行動のルールの背景に、両方の類型の社会的圧力を見出すことも、もちろんあり得る。ときには、一方の圧力がとりわけ主として用いられるべきで他方が副次的だということもなく、そのため当該ルールが道徳的なものか、原初的な法か回答が困難なこともあるだろう。ただし、当面は、法と道徳との間に境界線を引くことが可能か否かは問わないこととしよう。重要なのは、ルールの背景にある社会的圧力の重要性ないし真剣さ（seriousness）が、そのルールが責務を産み出すか否かを判断するにあたって主要な要素となることである。

責務の他の二つの特質は、最初の特質に自然に伴う。真剣な圧力に支えられたルールは、社会生活の維持、または、社会生活の貴重な側面の維持に必要だと考えられるため、重要だと思われている。気儘《きまま》に暴力を振るうことを制約する、社会生活にとって明らかに必要不可欠なルールが、責務を産み出すと考えられているのは、その顕著な例である。正直であること、真実を語ること、約束を守ることを要求するルール、集団の中で特別な役割を果たす者が遂行すべきことを特定するルールは、「責務」を、あるいはよりしばしば「義務」を定めると考えられている。第二に、これらのルールの求める行動は、他者の利益にはなるものの、義務を負う本人が欲する行動とは、ときに衝突することが認められている。かくして、責務と義務とは、とくに犠牲や自己放棄にかかわるものと考えられるし、責務・義務と本人の利益とがつねに衝突し得ることは、あらゆる社会で、法律家および倫理学者にとって当然のことである。

「責務 obligation」ということばに埋め込まれた、責務を負う者を拘束する鎖(bond)の比喩、そして「義務 duty」ということばに隠されている借財(debt)という類似の観念は、責務・義務のルールと他のルールとを区別するこれら三つの要素で説明することができる。(2) 法的思考に広く影響を及ぼすこの比喩において、社会的圧力は、責務を負う者が自身の欲することができないよう拘束する鎖として示される。鎖の他方の端は、責務の履行を要求し、刑罰を科す社会集団またはその公的代表者によって握られる。ときに鎖は、社会集団から、責務の履行または同価値の代替物の履行をあくまで要求するか否かを選択し得る私人に委託される。前者は刑事法の義務または責務を示し、後者は、責務に対応する権利を私人が持つ私法上の義務・責務を示す。

こうした比喩は自然でおそらくは啓発的でもあるが、それに引きずられて、責務の本質が、責務を負う者の感ずる心理的な圧力や強制にあると考え違いをしないようにする必要がある。(3) 責務に関するルールが一般に真剣な社会的圧力に支えられている事実から、そうしたルールの下で責務を負うことは、強制や圧力を感ずることだという結論が導かれるわけではない。筋金入りの詐欺師について、彼には賃料を払う責務があったが、支払い期日にそれを履行しなかったとき、何の心理的圧力も感じていなかったと言うことは矛盾ではないし、往々にして真実であろう。強制を感ずることと責務を負うことは、しばしば同時に起こるが、やはり別のことである。両者を同視すると、第Ⅳ章で注意を向けた重要な、ルールの内的側面を心理的感情の問題として誤って描くことになる。

実際、ルールの内的側面は、予測理論を最終的に処理する前に再び扱わねばならない。責務を予測に還元する理論の提唱者は、社会的圧力が責務に関するルールのそこまで重要な特徴ならば、予測理論の欠陥をさほど強調する必要はないと反論するかも知れない。というのも、この理論は、一定の行動からの逸脱に対して警告されていた刑罰や敵対的反応が生起する蓋然性によって責務を定義する点で、社会的圧力に核心的な地位を与えているからである。責務に関する言明を、逸脱への敵対的反応の予測ないしリスクの評価として分析することと、責務に関する言明は、確かに逸脱に対して一般に敵対的反応が起こることを前提としているが、それを予測するためでなく、ある者の事例がそうしたルールの適用対象であることを指摘するためにこそ使用されるという主張の相違は、わずかではないか。しかし、実際にはこの相違はわずかではない。この相違の重要性を把握してはじめて、ルールの存在にかかわり、社会の規範的構造を構成する、人の思考、発話、行為の特徴的な形態を適切に理解することが可能となる。

次のようなルールの「内的」および「外的」側面の対比によって、法のみならずあらゆる社会のあり方を理解する上でこの相違が持つ大きな重要性を明らかにすることができるだろう。ある社会集団が一定の行動のルールを備えるとき、この事実は多くの、密接に関連しながらも異なる種類の主張を可能とする。というのも、ルールとのかかわりは、それを自身は受容しない単なる観察者の立場からも、また、それを受容し行動の指針として用いる集団のメンバーの立場からも、あり得るからである。前者を「外的観点」、後者を「内的観点」とそれぞれ呼ぶことにしよう。(4) 外的観点からなされる言明自体にも、さまざまな種類があり得る。観察者は、自身はルールを受容することなく、当該集団がルールを受容していると述べ、さらに、集団の外側から、メンバーがその内的観点からルールとどのようにかかわっているかを記述することがあり得る。しかし、チェスやクリケットのようなゲームのルールであれ、道徳的または法的ルールであれ、いかなるルールについても、集団の内的観点を勘案することなく観察する者の立場をとることもできる。そうした観察者は、規則的ないつも通りの行動や、さらにはルールからの逸脱が出会う敵対的反応、非難、刑罰等の形態の規則的行動を観察し記録するにとどまる。しばらくすると、その外的観察者は、観察された行動の規則性に基づき、逸脱を敵対的反応と対応させ、かなりの成功率で集団の正常な行動からの逸脱が敵対的反応や刑罰に直面する確率を予測し得るようになるかも知れない。こうした知識はその集団に関して多くのことを明らかにするだけでなく、そうした知識を持ち合わせない者が経験するであろう不愉快な目に会うことなく、集団内で暮らすことを可能とするだろう。

しかし、観察者がこうした外的観点に厳格にこだわり、ルールを受容する集団のメンバーが彼ら自身の規則的行動を理解する仕方を勘案しないとすると、彼らの生活に関する観察者の記述は、ルールに基づくものとは言い得ず、したがって、ルールによる責務や義務の観念に基づくものではあり得ない。その記述は、観察可能な行動の規則性、予測、蓋然性、徴候（sign）に基づくものである。こうした観察者にとって、集団のメンバーの正常な行動からの逸脱は敵対的反応が発生するであろうことの徴候であり、それ以上のものではない。彼の見方は、交通量の多い道路での信号の役割を観察しながら、赤いランプが点くときは車が停止する確率が高いと述べるにとどまる者のそれである。厚い雲が雨の降る徴候であるのと同様、彼はランプを、人々が一定の仕方で行動する単なる自然の徴候として扱っている。そうすることで彼は、観察対象である人々の社会生活のある局面全体を見落とすことになる。彼らにとって赤いランプは他者が停止するというただの徴候ではない。彼らは赤いランプを、彼らにとっての停止すべき信号とみなしている。つまり、赤いランプが点くときは停止することを行動の規準とし、責務とするルールに従って、停止すべき理由とみなす。それに言及することは、彼らが自身の行動をいかに理解しているか、その仕方を明らかにすることである。彼らの内的観点から理解されるルールの内的側面を勘案していることになる。

外的観点は、集団の特定のメンバーの生活でルールが果たす役割をほぼそのまま再現するものかも知れない。つまり、ルールを拒否し、違反に不愉快な結果が伴いそうなとき、そしてそれを理由としてのみルールに関心を抱くメンバーのことである。彼らの観点を表現するなら、「私はそうするよう強いられた」「もし……なら私は害悪を被るだろう」「もし……なら君はおそらく害悪を被ることになる」「もし……なら彼らはそうするだろう」ということになる。しかし、彼らの観点は「私は責務を負う」「君は責務を負う」といった形で表現する必要はない。こうした表現は、自身や他者の行動を内的観点から見る者にとってのみ必要な表現である。行動の観察可能な規則性に限定された外的観点から描き得ないのは、普通、社会の大多数であるメンバーの生活でルールがどのような役割を果たすかである。それは社会の諸局面において、ルールを社会生活における行動指針として、主張、要求、承認、批判、刑罰の根拠として――つまり、ルールに基づいて行われるおなじみの生活関係のすべてにおいて――用いる公務員、法律家そして私人のことである。彼らにとってルール違背は敵対的反応が生起するとの予測の根拠にはとどまらず、敵対的反応をする理由でもある。

法的であるか否かはともかく、ルールに即した社会生活にはいつも、ルールを受容し自発的にそれを支えるべく協力し、自身や他者の行動をルールに基づいて理解する人々と、ルールを拒否し、外的観点からのあり得る刑罰の徴候としてのみルールを理解する人々との緊張関係が存在する。事実の複雑さをありのままに受け止めるべき法理論が直面する困難の一つは、これら二つの観点の両方を心得て、一方を除外してしまわないことである。予測理論に対するわれわれの批判のすべては、おそらく、責務に関するルールの内的側面を、この理論が除外してしまっているという点に要約できるだろう。

第3節　法の基本要素

立法府も裁判所も、およそいかなる公務員も存在しない社会を想定することは可能である。実際、未開社会の多くの研究は、こうした可能性が現実のものであると主張するにとどまらず、社会統御の唯一の手段が、われわれが責務のルールを分析する際に用いた、規準とされる行動に対する集団に広く行き渡った態度に限られた社会生活を詳細に記述する。(5) この種の社会のあり方はしばしば、「慣習」的社会と言われるが、この用語は使わないことにしよう。慣習的ルールがきわめて古くからのもので、他のルールより社会的圧力に依存する程度の低いことをこの用語は含意するからである。こうした含意を避けるため、この種の社会のあり方を、責務の一次ルールからなる社会と言うことにしよう。一次ルールのみによって社会生活が成り立つには、人間の本性およびわれわれの住むこの世界に関するきわめて自明な事柄からなる若干の前提からして、いくつかの条件が満たされる必要が明らかにある。第一に、何らかの形で、人がその誘惑にかられるものの、人々が互いに隣接して生活する以上は一般に抑圧されるべき暴力、窃盗、詐欺を制約するルールがなければならない。こうしたルールは実際、未開社会においてつねに――共同生活に奉仕したり貢献したりするようさまざまな積極的義務を人々に課す他のルールとともに――見られるものである。第二に、こうした社会にも、すでに見たような、ルールを受容するメンバーと、同調を促す社会的圧力の威嚇がない限りルールを拒否するメンバーとの緊張関係が存在するだろうが、腕力においてほぼ同等の人々が緩やかにまとまって生活する社会が持続するためには、後者は明らかに少数でなければならない。この点も、未開社会の知識によって確認される。そこには反対勢力や犯罪者もいるが、大部分の人々は内的観点からルールに従って生きている。

現下の目的にとってより重要なのは、次の点である。親族間の緊密な繋がり、共通の感情と信念、安定した環境を備えた小規模な共同体のみで、こうした非公的な（unofficial）ルールのみによる生活が可能となる。こうした条件が備わらないなら、こんな単純な社会統御の形態は必ず挫折するし、いろいろな態様での補足が必要とされるだろう。この単純な社会では、第一に、メンバーが生活上、従っているルールは秩序を成しておらず、メンバーが現に受容しているという以外は、同定のための共通の標識のない、雑多な規準の単なる寄せ集めである。この点で、こうしたルールは、現代社会のエチケットのルールと似ている。何がルールであるか、またはあるルールの厳密な射程について疑いが生じたとき、権威ある法文や有権的に争点を解決する公務員に頼ることで、疑問に決着をつける手続は存在しない。というのも、こうした手続や権威ある法文や人がいるとすれば、明らかに、責務や義務を定めるルールとは異なる類型のルールが存在することになるが、この集団にあるのは、前提からして、責務や義務を定めるルールだけだからである。一次ルールのみからなる単純な社会のこの弱点を、不確定性（uncertainty）と呼ぶことにしよう。

第二の弱点は、この社会のルールの静態的（static）性質である。こうした社会に知られたルールの唯一の変化の仕方は、緩やかな成長のプロセスで始まる。かつては自由に選択可能だと思われていた行動類型が、まず習慣的ないし普通のものとなり、ついで義務的となり、その後は衰退のプロセスにはいって、かつては厳しく処断されていた逸脱がまずは大目に見られ、さらには気付かれもしなくなる。こうした社会では、古いルールを廃止して新たなルールを導入することで、移り変わる状況にルールを意図的に適応させる手段はない。なぜなら、その可能性はやはり、このルールにある唯一の類型である責務に関する一次ルールとは異なる類型のルールの存在を前提とするからである。極端な場合、ルールはより根底的な意味で静態的かも知れない。いかなる共同体でも現実にこの通りのことが起こったことはないかも知れないが、それへの対処がまさに法を特徴づけるので、検討する意味はある。この極端な事例では、一般的ルールを意図的に変化させる手段がないばかりでなく、ルールの下での個別の事例について生まれる責務をいかなる個人の判断によっても変化させることは許されない。各人は単に、一定のことを行う、または行わない確定した責務または義務を負う。こうした責務の遂行により他者が利益を得ることはしばしばあるかも知れないが、一次ルールしか存在しないとすれば、責務を負った者をその履行から解放したり、履行のもたらす利益を第三者に移転したりすることは、受益者にもできない。なぜなら、こうした解放や移転という操作は、責務に関する一次ルールに基づく当初の各人の地位に変化をもたらすもので、そうした操作が可能となるためには、一次ルールとは異なる類型のルールが必要となるからである。

この単純な社会生活の第三の弱点は、ルールを維持するための圧力が社会全体に分散していることがもたらす非効率性（inefficiency）である。受容されたルールへの違背の有無に関する紛争はつねに発生し得るし、きわめて小規模な社会を除けば、違背の事実を最終的かつ有権的に確定する権限を特別に付与された機関が存在しない限り、途切れることなく継続する。こうした最終的かつ有権的な確定手続がないことは、それと関連する別の弱点とは区別する必要がある。それは、ルール違背に対する刑罰その他の物理的活動や実力の行使を伴う社会的圧力が特別の機関によって執行されず、被害者や集団全体に委ねられていることである。「制裁」が公的に独占されていないことから、違反者を捕捉し刑罰を科す集団の行動の非組織性や、自救行為による鬱屈した復讐がもたらす時間の無駄は深刻であろう。[6]しかし、法の歴史は、ルール違背という事実を有権的に確定する公的機関の不在の方がはるかに深刻な欠陥であることを強く示唆する。他方の欠陥のはるか以前に、この欠陥へ対処した社会が多いからである。

単純な社会構造の主要な三つの欠陥への対処法は、責務を定める一次ルールに、異なる類型のルールである二次ルールを補足することである。各欠陥に対する対処の導入は、それぞれ、法前の社会から法的社会への一歩と考えることができる。[7]それぞれの対処は、法に広く行き渡る多くの要素をもたらすことになる。確かに、三つの対処がそろえば、一次ルールの体制を異論の余地なく法秩序へと転換するに十分である。これからそれぞれの対処を検討し、法を責務に関する一次ルールとこうした二次ルールの結合体として捉えることがなぜきわめて啓発的であるかを示すことにする。しかし、その前に、次のような一般的論点に注意を払う必要がある。これらの対処法の内容は、責務に関する一次ルールと異なるとともに、相互にも異なる諸ルールを導入することであるが、これらのルールは、重要な点で共通しており、さまざまな仕方で相互に関連している。これらはすべて、一次ルールとは異なるレベルのルールである。というのも、これらはすべて、一次ルールに関するルールだから。つまり、一次ルールは個々人がなすべき、またはなさざるべき行動を定めているが、これらの二次ルールはみな、一次ルールについてのルールである。これらは、一次ルールが最終的に認定され、導入され、廃止され、変更される仕方および一次ルールの違背を最終的に確定する仕方を定める。

一次ルールの世界での不確定性に対する最も単純な対処は、「認定のルール rule of recognition」と呼ばれるものを導入することである。[8] これは、一次ルールだと主張されるものが、たしかに集団が社会的圧力をかけることで支える当該集団のルールであることを最終的に認定するために使われる、そのルールが持つべき特徴を定めるルールである。認定のルールの存在は、単純なまたは複雑な、きわめて多様な形態をとり得る。それは、多くの社会の初期の法がそうであったように、法の権威あるリストや、その条文が文書に記されたり、公の記念碑に刻まれたりするようなものに過ぎないかも知れない。確かに歴史的には、法前の社会から法的社会へのこの一歩は、いくつかの段階に細分できるかも知れず、その最初の段階は、単に不文のルールを成文化したにとどまるかも知れない。それ自体は、重要な一歩ではあっても、肝心かなめの一歩とは言えない。かなめとなる一歩は、そうした文書や碑文を有権的(authoritative)なものとして、つまりルールの存否に関する疑いを解決する適切な手段として言及し、勘案することが認められることである。[9] これが認められるとき、そこにはきわめて単純な形態の二次ルールが存在することになる。責務に関する一次ルールを最終的に同定するためのルールである。

より発展した法秩序では、認定のルールは、もちろんより複雑である。ある条文やリストのみに照らして一次ルールを同定する代わりに、一次ルールが保有すべき一般的特質を指摘することになる。それは、当該ルールが特別の機関により制定されたという事実だったり、慣習として長く実践されたこと、さらには司法的決定との関係かも知れない。また、ルールを同定するためのこうした一般的特質が複数あるとされる場合は、それらが互いに衝突するときに備えて、優劣の順位の定めがなされるだろう。たとえば、制定法はより「上位の法源」であって、慣習や判例に優越する等である。こうした複雑さのため、現代の法秩序の認定のルールは、権威ある条文の単純な受容とは大いに異なるように見えるかも知れない。しかし、こうした最も単純な形態でさえ、認定のルールは、法に特有の多くの要素を持ち込むことになる。それが導入する法的ルールの権威ある徴表によって、未発達のものとはいえ、法秩序の観念が成立する。ルールはもはや雑多な相互に無関係の寄せ集めではなく、簡潔な形で、統一される。さらに、ルールが必要な特徴を備えていることを理由に、権威あるリストに含まれるルールとして扱う単純な操作の中に、法的妥当性(legal validity)の観念の萌芽を見ることができる。

一次ルールのみの社会の静態性への対処は「変更のルール」と呼ばれるものの導入である。こうしたルールの最も単純な形態は、ある人または人々に集団全体の(または集団の一部の)行動に関する新たな一次ルールを導入したり、古いルールを廃止したりする権限を付与することである。すでに第Ⅳ章で議論したように、立法による法の制定や廃止は、威嚇に裏付けられた命令ではなく、こうしたルールの観念を通じて理解されるべきものである。変更のルールは、きわめて単純でも、複雑でもあり得る。付与された権限は、無制約でも、さまざまな形で制約されることもあり得る。そうしたルールは、立法者を指定するだけでなく、立法の従うべき手続を厳格に、あるいは緩やかに定めるだろう。明らかに、変更のルールと認定のルールの間には、密接な関連性がある。変更のルールがあるならば、認定のルールは必然的に、当該法秩序の一次ルールが備えるべき特質の一つとして、立法に言及することになる。立法手続の詳細のすべてに言及する必要はないが。通常、認定のルールは、公的証明や公的印刷物を、適式な法制定の十分な証拠とする。もちろん、「法源」が制定法に限定された単純な社会では、認定のルールは単に法が制定された事実をルールの妥当性を示す徴表ないし標識として指定するだろう。第Ⅳ章で描かれたレックスⅠ世の想像上の王国がそうした例である。そこでの認定のルールは、何であれレックスⅠ世が制定したものが法だというものである。

私人に、一次ルールの下での彼らの法的立場を変更する権限を付与するルールについては、すでに詳しく述べた。こうした私的権限を付与するルールがない社会では、法が社会に与える主要な便益が欠けることになるだろう。こうしたルールが可能とする遺言の作成、契約の締結、財産の譲与その他の権利・義務の組み合わせの自発的な創設は、法の下での生活を典型的に示している。もっとも、初歩的な権限付与ルールは、道徳上の約束という制度をも支えているが。こうしたルールと立法という観念に含まれる変更のルールとの類似性は明白で、ケルゼンをはじめとする近年の理論は、契約や財産の制度に含まれる謎めいた特質の多くは、契約の作成や財産の譲与を人々による限定された立法権の行使として理解することで解明し得ることを示している⑽。

社会的圧力の拡散がもたらす非効率性に対処するために、一次ルールのみの単純な社会に導入される第三の補足物は、個別の事件において一次ルールの違背が起こったか否かを有権的に確定する権限を付与する二次ルールである。裁判の最低限の形態はこの種の確定にある。この種の権限を付与するルールを「裁判のルール」と呼ぶことにしよう。裁判を行う人々を指定するだけでなく、裁判にあたって従うべき手続も、こうしたルールは定める。他の二次ルールと同様、これらは一次ルールとは異なるレベルのものである。裁判官に裁判をする義務を課すさらなるルールで補強されることはあるにしろ、裁判のルールは義務を課すのではなく、司法権限を付与し、責務違背に関する司法的決定に特別の地位を与える。他の二次ルールと同様、このルールは、裁判官、裁判所、管轄権、判決といった重要な一群の法概念を定める。こうした類似点を持つばかりでなく、裁判のルールは他の二次ルールと緊密に関連している。実際、裁判のルールを備えた社会は必然的に、初歩的で不完全なものかも知れないが、認定のルールをも備えることになる。裁判所が、ルールの違背が起こったか否かを有権的に決定する権限を持つとすれば、そうした決定は必然的に、いかなるルールが存在するかの有権的決定でもあるはずである。したがって、裁判権限を付与するルールは、裁判所の判決を通じて一次ルールを同定する認定のルール（の一つ）であり、そうした判決は法「源」の一つとなる。最低限の裁判の形態と不可分なこうした認定のルールがきわめて不完全な形態のものであることは確かである。権威ある条文や法規集と異なり、判決の内容は一般的な形で表現することができず、それをルールの有権的な指針とすることは個別の決定からの不確実な推論に頼ることになるかも知れず、その信頼性は、解釈者の伎倆《ぎりょう》と裁判官たちの一貫性の有無次第で揺れ動くことになる。

一次ルールの違背の事実を有権的に確定することに司法権限が限定される法秩序がごく少数であることは言うまでもない。大部分の法秩序は、しばらく経てば、社会的圧力のさらなる集権化の利便性を理解し、私人による物理的制裁や実力による自救行為の禁止に向かうようになる。責務に関する一次ルールを補足する二次ルールとして、さらに、違背に対する制裁を特定ないし限定し、違背の事実を認定した裁判官に、制裁の執行を他の公務員に指令する独占的権限を付与するにいたる。こうした二次ルールは、当該法秩序の集権化された公的「制裁」について定める。

責務に関する一次ルールと、認定、変更、裁判に関する二次ルールの組み合わせから生まれる構造をここで改めて吟味するならば、そこに法秩序の核心を見ることができるだけでなく、法学者や政治理論家を困惑させてきた問題の多くを解明する強力な手段を手に入れたことが明らかとなる。

　法律家が専門に扱う責務、権利、妥当性、法源、立法と司法権、制裁といった法律学特有の概念がこうした要素の組み合わせを用いて最も良く分析できるばかりではない。国家、権威、公務員といった法と政治にまたがる諸概念についても、これらを覆う曖昧さを解消するには、同様の分析が必要となる。一次ルールおよび二次ルールに基づく分析がなぜこうした説明力を持つか、その理由を知ることは難しくない。法的・政治的概念の曖昧さや歪曲された理解は、これらが内的観点にかかわることから生ずる。ルールを遵守する行動を記録し予測するにとどまらず、自身や他者の行動の評価の規準としてルールを使う（use）人々の観点である。従来よりも法的・政治的概念をより詳細に分析することが求められる。一次ルールのみからなる単純な社会では、内的観点は最も単純な形で、批判の根拠として、同調への要求、社会的圧力、制裁の正当化根拠として、あらわれる。こうした内的観点の最も基本的なあらわれを考察することが、責務や義務といった基本的概念の分析のために求められる。二次ルールが社会秩序に付加されることで、内的観点から語られ、なされることは大きく拡張され、多様化される。この付加とともに、新たな一群の概念が導入されるが、その分析のためにも内的観点を勘案することが必要である。立法、裁判権限、妥当性、そして一般的に、公私の法的権限がこうした新たな概念である。こうした概念の分析にあたっては、通常の、「科学的な」、事実記述型の、あるいは予測型の分析に引きずられる傾向がつねにある。しかし、これでは外的な側面しか再現し得ない。こうした概念に特徴的な内的側面をありのままに理解するには、立法者の立法作用が、裁判所の裁判が、公私の権限の行使が、そして他の「法律行為」が二次ルールに関連する多様なあり方を検討する必要がある。

次章では、法の妥当性、そして法源の観念、さらに主権の学説の誤りに覆い隠されてきた真実が、認定のルールを通じて言い換えられ、解明され得ることを示す。ただ、本章を警告で終えることとしたい。一次ルールと二次ルールの組み合わせは、法の多くの側面を説明し、それが核心に位置することを示す点に長所がある。しかし、これだけですべての問題を解明することはできない。一次ルールと二次ルールの組み合わせは法秩序の核心に位置する。しかし、それはすべてではなく、中心から離れるに従って、後の各章で指摘されるように、異なる性格を持つ諸要素を取り入れる必要がある。

第Ⅵ章　法秩序の基礎

第１節　認定のルールと法的妥当性

第Ⅳ章で批判の対象とされた理論によると、法秩序の基礎は、主権者たる人または人々の下す威嚇に支えられた命令に従う習慣が社会集団の大多数にあり、かつ、主権者たる人または人々は誰にも従う習慣がない状況にある。この理論によると、こうした社会状況は、法の存在の必要にして十分な条件である。この理論が現代の国内法秩序の顕著ないくつかの特徴を説明し得ないことはすでに示した。それにもかかわらず、多くの理論家の心を捉えたことからしても、曖昧でミスリーディングな形ではあれ、この理論には、法の重要な側面に関する幾ばくかの真理が含まれている。しかし、こうした真理は、認定に関する二次ルールが受容され、責務に関する一次ルールの識別のために使用される、より複雑な社会状況においてはじめて明確に表現され、その重要性も適切に評価される。この状況こそ、法秩序の基礎と呼ばれるに値する。本章では、主権理論その他で不十分にしか、またはミスリーディングにしか描かれてこなかった、この状況のさまざまな要素を検討することとする[1]。

認定のルールが受容されていればどこであれ、私人も公務員も、責務に関する一次ルールを識別するための権威ある標識を手にすることになる。すでに見たように、こうした標識はさまざまな形をとる。権威ある条文への言及でもあり得るし、立法機関による制定行為、慣習的慣行、特定の人物による一般的宣言、個別の事件での過去の裁判への言及でもあり得る。第Ⅳ章で描かれたレックスⅠ世の世界のような単純な社会では、彼の制定したもののみが法であり、慣習的ルールも憲法典も彼の立法権に制限を加えておらず、法を識別するための唯一の標識は、レックスⅠ世による制定行為という事実である。こうした単純な識別のルールの存在は、公務員や私人がこの標識によってルールを識別する広く行き渡った慣行において示される。各種の法「源」が存在する現代の法秩序では、認定のルールも、それに応じてより複雑となる。法を識別するための標識は複数で、通常、憲法典、立法府の制定行為、裁判所の判例を含む。たいていは、こうした標識の優劣の順位を示すことで、起こりうる衝突に備える定めが置かれる。われわれイングランドの法秩序では「判例法」は「制定法」に劣位する[2]。

この種の、ある標識の他の標識に対する従属（subordination）と導出（derivation）とを区別する必要がある。というのも、すべての法は本当は、あるいは「本当は」（「黙示的」ではあれ）立法行為の産物だという誤った主張は、この二つの観念の混同に由来するからである。イングランドの法秩序では、慣習および判例に基づくルールは制定法によって法としての地位を剝奪され得るので、慣習と判例は制定法に従属する。しかし、両者とも、あやふやなものではあれ、その法としての身分は、立法権の「黙示的」行使に由来するのではなく、それらに、法としての従属的ではあれ独立した身分を認める認定のルールが受容されている事実に由来する。単純な事例と同様、優劣関係を示す特別の標識を備えた複雑な認定のルールの存在も、こうした標識によってルールを識別する一般的慣行により実証される。

法秩序では通常、認定のルールは、滅多にルールとして明確に定式化されることはない。たまに、イングランドの裁判所が国会制定法の他の法源に対する最高性を宣言するときのように、ある法の標識と別の標識との相対的関係が一般的な形で表明されることがあるが。たいていは、認定のルールが明言されることはなく、その存在は、裁判官等の公務員、私人またはその助言者により、個々のルールが識別される仕方において示される（shown）。認定のルールが与える標識を裁判所が使う仕方と、その他の者の使い方とは、もちろん異なる。裁判官が、あるルールが適正に法と同定されるとの前提からある結論に達したとき、彼の言明には、別のルールによって付与される特殊な権威ある身分が備わる。他の点と同様この点でも、法秩序の認定のルールは、得点に関するゲームのルールに似ている。ベース一周やゴール等、得点となる行動を特定するゲームの一般的ルールは、滅多に定式化されることはない。むしろ、勝負の結末に至る各局面で、そうしたルールは審判やプレイヤーによって使用される（used）。ここでも、主審や記録員等の審判員の宣言には、別のルールにより付与された特殊な権威ある身分が備わる。さらに、いずれの場合でも、こうした権威あるルールの適用と、ルールの明文上の要求に関する一般人の理解とが衝突することがあり得る。後に見るように、この種のルールの秩序が存在し得るためには、こうした困難に対処する必要がある。

言明されることのない認定のルールを、法秩序の個別のルールを識別するために裁判所等が用いる際は、内的観点の特徴が典型的に示される。こうした形で認定のルールを使用する者は、そのことを通じて、指針たるルールとして自らそれを受容することを表明しており、こうした態度には、外的観点に自然に伴う表現とは異なる特徴ある用語が伴う。そのうち、最も簡明な表現は、裁判官だけでなく法秩序の下で暮らす一般市民もが、当該秩序のルールを識別する際に用いる「これこれが法だ」というものであろう。これは、「アウト」とか「ゴール」等の表現と同様に、ルール——発話者が他者とともに目的に相応しいと認めるルール——に照らしつつ状況を評価するために用いられる表現である。ルールを他者とともに受容するこうした態度は、社会集団がそうしたルールを受容する事実を外部から（ab extra）記録しつつも自身は受容しない観察者の態度と対比できる。外的観点に自然に伴う表現は「これこれは法だ」ではなく、「イングランドでは、国会が制定したことは何であれ、法として認められる」というものである。前者は内的観点を示すもので、認定のルールを受容し、それが受容されている事実に言及することなく、ある個別のルールを当該秩序の妥当なルールとして認定する際、普通使用されるので、内的言明（internal statement）と呼ぶことにしよう。後者を外的言明（external statement）と呼ぶことにする。それは、自身では認定のルールを受容することなく、他者がそれを受容している事実を記述する法秩序の外的観察者が通常、用いるものだからである。

　内的言明を行う際の、受容された認定のルールの役割が理解され、認定のルールが受容されているという事実の外的言明から注意深く区別されるならば、法的「妥当性 validity」に関する多くの曖昧さは解消される。というのも、「妥当な valid」ということばは、きわめて頻繁に（いつもとは言えないが）、法秩序の個別のルールについて、定式化されることなく受容された認定のルールを適用する際の、内的言明でこそ用いられるからである。あるルールが妥当していると言うことは、それが認定のルールが定めるすべてのテストをパスし、したがって、当該法秩序のルールであると認めることである。あるルールが妥当しているとの言明は、それが認定のルールの示す標識をすべて満足することを意味する、と簡潔に言うこともできるだろう。そこに含まれる不正確さは、そう言ったのではこの種の言明の内的性格が不明瞭となることである。「アウト」というクリケット選手の叫びと同様、こうした妥当性に関する言明は、通常、発話者その他の者が受容する認定のルールを個別の事例に適用するもので、認定のルールの定める条件が満足されることを明示的に述べてはいないからである。

法的妥当性の観念にまつわる難問のいくつかは、法の妥当性と「実効性 efficacy」の関係にかかわると言われる。(3)「実効性」によって意味されるのが、一定の行動を要求する法的ルールが、たいていは従われているという事実であれば、あるルールの妥当性と、その実効性との間に何の必然的関係もないことは明らかである。当該法秩序の認定のルールが、標識の一つとして——ときに廃用のルール(rule of obsolescence)と言われるが——長年にわたり実効的に従われていないルールは当該秩序のルールではないと定めていれば別であるが。

個々のルールの実効性の有無と——それはその妥当性を否定することもしないこともあるが——ある法秩序のルール全般に対する無視とは区別されなければならない。そうした無視が社会全体に広がり、長期間続けば、新たな法秩序であれば当該集団の法秩序としては成立しなかったと言うべきであり、一度は成立した法秩序であれば、当該集団の法秩序ではもはやなくなったと言うべきであろう。いずれの場合も、当該秩序のルールについて内的言明を行う際の通常の文脈や背景とされるものが存在しないことになる。こうした状況では、当該秩序の一次ルールに照らして個人の権利・義務を判定したり、認定のルールに照らして個別のルールの妥当性を判定したりすることが一般に意味をなさない。実効性を得ることの全くない、あるいはすでに廃棄された、一群のルールを適用すると言い張ることは、以下で述べる特殊な状況でない限り、受容されたことのない、またはすでに廃棄されてしまった得点のルールに照らして、ゲームの進行を評価するのと同じくらい意味のないことであろう。

あるルールの妥当性について内的言明を行う者は、当該法秩序が全体として実効的であるとの外的言明が真であることを前提していると言い得るだろう。内的言明は通常、こうした一般的実効性が備わった状況でなされるからである。しかし、妥当性に関する言明が、当該法秩序が全体として実効的であることを「意味する」と言えば、間違いである。成立したことのない、あるいは廃棄された法秩序のルールの妥当性について語ることは通常、意味をなさないが、それでも、つねに意味をなさないとか、そもそも何の意味もないとは言えない。ローマ法を印象深く教える仕方は、それがなお実効性を持つかのように語り、個別のルールの妥当性を議論し、それに照らして問題を解決することである。革命によって崩壊した旧体制を復興し、新体制を排除する希望を養うには、旧体制の法的妥当性の標識にこだわり続けることである。帝政ロシアの下で妥当した継承のルールに基づく財産権をなお主張する白系ロシア人が暗にやっていることはそれである。

あるルールが妥当であるとの内的言明と、当該法秩序が全体として実効的であるとの事実の外的言明の間にあるこうした通常の関連性を把握することは、あるルールの妥当性を主張するとは、それが裁判所によって強行されたり、他の公的行動がとられることの予測であるとのよくある議論を適切に理解する上で役立つ(4)。多くの点で、この議論は前章で検討され否定された、責務を予測に還元する分析と似ている。いずれの場合も、こうした予測理論を提案する動機となるのは、こうすることによってのみ、形而上学的理解を避けることができるという信念である。ルールが妥当であるとの言明は、経験的方法によっては検証し得ない神秘的特性を付与されるか、あるいは、公務員の将来の行動の予測であるか、どちらかでしかないというわけである。いずれについても、こうした理論の説得力は、同一の事実に起因する。当該秩序が全体として実効的であり、今後もそうであろうという事実——観察者が記録し得る事実——の外的言明の真実性が、通常は、当該秩序のルールを受容し、責務や妥当性に関する内的言明を行う者により前提されているという事実である。確かに二つの理論は、緊密に関連し合っている。だが、結局のところ、いずれも同一の点で——内的言明の特殊な性格を無視し、それを公務員の行動に関する外的言明であるかのように扱う点で——誤りを犯している。

裁判官自身による、あるルールが妥当しているとの言明が、判決でどのような役割を果たすかを検討すれば、この誤りは直ちに明らかとなる。ここでも、こうした言明を行うことで、裁判官は、当該法秩序全体の実効性を明言はしないものの前提とはしているが、彼は明らかに、自身や他者の公的行動を予測してはいないからである。ルールが妥当しているとの彼の言明は、当該ルールが裁判所において法として識別されるためのテストをパスしたことを認める内的言明であり、彼の結論の予測ではなく、その理由である。あるルールが妥当しているとの言明が私人によってなされたときは、それが予測だとするより説得力ある根拠がある。妥当性に関する私的な言明と事件を裁く裁判所による言明とが衝突するとき、前者は撤回されなければならないと言うべき十分な理由がしばしばあるからである。しかしここでも、公的表明とルールの明文上の要求とが引き起こす衝突の意義を第Ⅶ章で検討する際に指摘するように、裁判所の行動を誤って予測したがゆえに、偽であることが示された言明としてそれは撤回されるべきだと考えるのは独断に過ぎる。偽であるという事実以外にも言明を撤回すべき理由はあるし、こうした理由以外で誤っていることもあり得るからである。

当該法秩序内において、それ自身以外のルールの妥当性を判定する標識を与える認定のルールは、これから解明する重要な意味において、究極の（ultimate）ルールである。その秩序内部には、通常、相互の優劣関係が——そのうち一つが最高（supreme）とされる形で——整序される複数の標識が存在する。こうした認定のルールの究極性と、そのうち一つの標識の最高性とは、若干の検討に値する。こうした事柄を、すでに否定された理論、つまりあらゆる法秩序には、法的装飾の陰に隠れているかも知れないものの、必ず法的制限のない主権的立法権が存在するという理論から区別することが重要である。最高の標識と究極のルールという二つの観念のうち、簡単に定義できるのは前者である。法的標識ないし法源が最高であると言えるのは、それに照らして同定されるルールが、他の標識に照らして同定されるルールと衝突したときも、なお当該法秩序のルールとして認定されるとともに、他の標識に照らして同定されるルールが最高とされる標識で同定されるルールと衝突すれば、それは当該法秩序のルールとして認められない場合である。同様の比較に基づく説明を、すでに使われた「上位」および「下位」という観念について行うこともできる。上位および最高の標識という観念が、ある尺度の中での相対的な地位に言及するに過ぎないもので、法的に無制限の立法権という観念を含意しないことは明らかである。それでも、「最高」と「無制限」とは——少なくとも法理論では——混同されがちである。その一つの理由は、単純な法秩序では、究極の認定のルールと、最高の標識と、法的に無制限の立法者が、重なり合うように見えることにある。いかなる憲法の制約に服することもなく、自身の制定した法により他の法源に由来するあらゆる法的ルールから法としての身分を剝奪し得る立法者がいるとすれば、そうした法秩序での認定のルールは、その立法者の制定法であることが妥当性の最高の標識だと定めていることになる。これが、憲法学によれば、連合王国の状況である。しかし、アメリカ合衆国のように法的に無制限の立法者が存在しない法秩序においてさえ、最高のものを含めて法的妥当性の標識を定める究極の認定のルールは存在し得る。通常の立法権を制限する憲法に改正規定がない場合[5]や、特定の条項が改正の対象外に置かれた憲法である場合がそうである[6]。こうした場合、法的に無制限の立法者は、「立法者」の意味をどれほど拡張的に解釈したとしても、存在しない。しかし、その法秩序には究極の認定のルールがあり、憲法典の中に最高の妥当性の標識を見出すことができる。

　認定のルールが法秩序の究極のルールであることの意味は、大変なじみ深い法的推論の筋道をたどることでより良く理解することができる。あるルールが法的に妥当しているかという問いが提起されると、それに答えるため、他のルールの提供する妥当性の標識が利用される。このオクスフォードシャー州議会の制定した条例は妥当しているか。妥当している。なぜなら、それは厚生大臣が定めた省令の付与する権限の行使として、そこで定められた手続に従って制定されたものだから。この最初の段階で省令は条例の妥当性を判定する標識を提供している。実際は、これ以上話を進める必要はないかも知れない。しかし、その必要はつねに存在し得る。その省令の妥当性が問われることもあり得るし、その際は、大臣に当該省令の制定を授権する国会制定法に照らして、妥当性が判定される。最後に、その国会制定法の妥当性が問われ、国会が制定したものは法であるというルールに照らしてその妥当性が判定されたならば、妥当性の探究は終点に行き着くことになる。というのも、われわれがたどり着いたのは、中間段階の省令や国会制定法と同じく、他のルールの妥当性を判定するための標識を与えるルールではあるが、それ自身の法的妥当性を判定するための標識は他のいかなるルールによっても与えられることのないルールだからである。

この究極のルールについて、実際、数多くの問題を提起することができる。このルールを究極の認定のルールとして現実に使うことは、イングランドの裁判所、立法府、公務員あるいは私人の慣行なのかと訊ねることができる。すでに廃棄された妥当性の標識を使う法的推論は無用だろうか。こうしたルールを基礎に据えた法秩序は満足のいく法秩序なのか。それは、害悪よりは便益をより多くもたらすのか。そうした法秩序を支えることは各自にとって得になるか。そうする道徳的責務はあるのか。これらは明らかに、大変に重要な質問である。しかし、同程度に明白なことは、認定のルールについてこうした問いかけをするとき、われわれは、他のルールについて、認定のルールの助けを借りつつ同じ質問に答えようとするときと、同じ種類の質問に答えようとしてはいないことである。ある制定法が妥当している、なぜならそれは国会の制定したものは法だというルールに適合しているから、という言明から、イングランドではこのルールが裁判所、公務員、私人によって究極の認定のルールとして用いられているという言明に移行するとき、われわれは、当該法秩序の認定のルールの妥当性を主張する内的言明から、そのルールを受容していないかも知れない当該秩序の観察者が行う、事実についての外的言明へと移行している。また、ある制定法が妥当しているという言明から、当該秩序の認定のルールはすばらしいものなので、それを基礎とする秩序には支えるべき価値があるという言明に移行するとき、われわれは法的妥当性に関する言明から価値に関する言明へと移行している。

認定のルールの究極性を強調する学者の中には、当該秩序の他のルールの法的妥当性は認定のルールに照らして論証できるが、認定のルール自体の妥当性は論証不能で、それは「想定される」か「措定される」か、あるいは「仮説だ」と主張する者もいる。この主張は、しかし、きわめてミスリーディングである。法秩序の通常の運用における個々のルールの法的妥当性に関する言明は、それを行うのが裁判官であれ、法律家であれ、一般市民であれ、一定の前提を伴う。それは当該法秩序の認定のルールを受容した者の内的観点を表明する内的言明で、そうである以上、当該法秩序についての外的言明で記述される多くの事柄を表明しないままなされる。そうした表明されない事柄が法的妥当性に関する通常の背景および文脈を構成し、その「前提となる」。しかし、そこで前提された事柄が何かを的確に理解し、その性格を不明瞭なままにしないことが肝要である。それは二つの要素からなる。第一に、ある法的ルール、たとえば制定法、の妥当性を真剣に主張する者は、彼自身、法の識別に相応しいものとして彼が受容する認定のルールを使用していること。第二に、彼が個別の制定法の妥当性を判定するために使う認定のルールは、彼が受容するだけでなく、当該法秩序全般の運用において、現実に受容され利用されていること。これらの前提の真実性に疑いがかけられるときは、現実の慣行に照らして決着がつけられるだろう――裁判所がいかにして何が法かを判定しているか、そしてそうした判定の仕方が一般に黙認されているかに照らして。

これら二つの前提のいずれも、論証し得ない「妥当性」の「想定」とは表現し得ないものである。「妥当性」ということばが用いられる必要があり、現に広く用いられるのは、法秩序の構成要素としてのルールの身分が、認定のルールの提供する一定の標識を満足するか否かに依存する、ルールの秩序の内部においてのみである。そうした標識を提供する認定のルール自体の妥当性について、こうした疑問が提起されることはあり得ない。それは妥当でも妥当でないわけでもなく、単にそうした仕方での使用が適切なものとして受容されるだけである。この単純な事実を表現するについて、その妥当性は「想定されてはいるが、論証は不可能だ」と意味ありげに言うことは、メートル単位の計測の正確性の究極の規準であるパリのメートル原器について、それ自体の正確性は想定されてはいるが、論証はされ得ないと言うようなものである。

より深刻な批判は、究極の認定のルールの妥当性の「想定」について語ることは、妥当性に関する法律家の言明の背後にある第二の前提が、事実であるという性格を曖昧にするというものである。裁判官、公務員その他の者の慣行から成る認定のルールの現実の存在は、疑いなく、複雑な事柄である。後で見るように、この種のルールの正確な内容や射程、そしてその存在についてさえ、明確で確定的な答えを与えることができない状況は確かに存在する。それでも、そうしたルールの「妥当性を想定する」ことと「存在を前提する」こととを区別することは重要である。この区別をしないと、認定のルールが存在するという主張が何を意味するか自体が不分明となる。

前章で描かれた責務の一次ルールのみからなる単純な秩序では、あるルールが存在するという主張は、ルールを受容しない観察者でも行い得る事実の外的言明のみであり得た――事実上、一定の行動が一般に規準として受容され、社会的ルールを単なる個人の習慣の合致から区別する特質を備えているか否かを確認することで検証し得るような事実の外的言明であった。こうした仕方で、イングランドには、法的ルールではないにしろ、教会に入るには帽子をとらねばならないというルールがあるという主張を理解し、検証することができる。こうしたルールがある社会集団の現実の慣行として観察されるならば、その妥当性が改めて問題とされることはない。もちろん、ルールの価値とか望ましさを問題にすることはあり得るが。ルールの存在が事実として確定されたなら、その妥当性を肯定したり否定したり、あるいはその妥当性は「想定される」が論証され得ないと言ったりすることは、事態を混乱させるだけである。他方、発達した法秩序は認定のルールを備えており、あるルールが当該秩序の構成要素としての身分を持つか否かは、認定のルールの与える一定の標識を満足するか否かに依存することになるが、そこでは「存在する」ということばは、新たな使用法を得る。ルールが存在するという言明は、単純な慣習的ルールの事例と同様の、一定の行動様式が慣行上の規準として一般に受容されているという事実に関する外的言明では、もはやないだろう。それは今や、受容されてはいるが明言されない認定のルールを適用した結果、大まかに言えば「当該法秩序の妥当性の標識に照らして妥当」していることを意味するにとどまる内的言明となる。この点で、認定のルールは法秩序内の他のルールとは異なる。認定のルールが存在するという主張は、事実に関する外的言明としてのみなし得る。当該秩序の下位のルールは、それが一般に無視されたとしても妥当し、その意味で「存在」し得るが、認定のルールは、一定の標識に照らして法を同定する裁判所、公務員、私人の、通常は合致する複雑な慣行としてのみ成り立つ。その存在は事実問題である。

第2節　新たな問題

法秩序の基礎が法的に制限されない主権者への服従の習慣にあるという見解を否定し、代わりに、ルールの秩序に妥当性の標識を与える究極の認定のルールを置くと、多くの魅惑的で重要な問題に直面することになる。それらは比較的新しく、法理学と政治理論とが古い思考様式にこだわっていたために長く隠されてきた諸問題である。それらは、難しい問題でもあり、十分に回答するには、憲法上の基本的論点の理解が必要であるとともに、法体制が暗黙のうちに移行したり変動したりする際の特徴的な態様を把握する必要もある。そういったわけで、これらの問題を、今までそうしてきたように、法の概念を解明する上で一次ルールと二次ルールの組み合わせに核心的位置を与えるべきだとの主張の当否にかかわる限りで、検討することにしよう。

第一の困難は分類にかかわる。法を識別するために最終的に用いられる認定のルールは、法秩序を記述する際に使用される通常の範疇のいずれにも属さない――これらはしばしば、すべてを覆う相互に排他的分類だとされているにもかかわらず。ダイシー以来のイングランドの憲法学者は、連合王国の憲法体制は、制定法、枢密院令、判例等の厳密に法（law）と呼ばれるものと、単なる先例、了解、慣習からなる習律（conventions）とによって構成されると繰り返し主張してきた。(7) 後者には、国王は貴族院および庶民院によって適式に可決された法案を拒否すべきでないといった重要なルールも含まれるが、国王が裁可を与えるべき法的義務はなく、法的義務を課すルールであると裁判所が認めることはないからこそ、こうしたルールは習律と呼ばれるとされる。国会が制定したものは法であるというルールは明らかに、いずれの範疇にも入らない。それは習律ではない。裁判所は最も親しくこのルールとかかわるし、裁判所は法の識別にあたってこのルールを用いる。しかし、それは「厳密に法と呼ばれるもの」と同じレベルのルールでもない。かりにこうしたルールが国会によって制定されたとしても、このルールが制定法になるわけではない。この種の制定行為の法的地位は、制定に先立ち、それと独立して、このルールが存在することに依存するからである。さらに前節で見たように、制定法と異なり、このルールの存在は、実際の慣行（実際に使われていること）から成り立つ。

事柄のこうした側面を見て、絶望の叫び声を上げる者もいるだろう。確かに法であるはずの憲法の基本原則が本当に法であると、いかにして論証できるだろうか。他の者は、法秩序の基礎には、それ自体は「法ではない」、「法前の」「メタリーガルな」あるいは単なる「政治的事実」が存在すると言い張ることで応答するだろう。この心許なさから確かに判明するのは、あらゆる法秩序の最も重要な特質を記述するために使われる範疇が粗雑に過ぎることである。認定のルールを法と呼ぶ根拠は、当該法秩序の他のルールを識別するための標識を提供するルールは、法秩序を定義づける特徴的要素と考えることができるはずで、それ自体「法」と呼ばれるに値するというものである。それを「事実」と呼ぶ根拠は、こうしたルールが存在するという主張は、「実効的」秩序を構成するルールの識別方法についての現実の事実にかかわる外的言明だというものである。[8] いずれの側面も注意に値するが、「法」か「事実」かいずれかを選択したのでは、両方を適切に把握することはできない。その代わりに、究極の認定のルールは、二つの観点から見ることができることを想起する必要がある。一方は、認定のルールは当該法秩序の現実の慣行として存在するという外的言明として表現される。他方は、法を識別する際に認定のルールを使用する者が発する妥当性に関する内的言明で表現される。

第二の問題群は、所与の国または社会集団に法秩序が存在するという主張に隠された複雑さと曖昧さから生ずる。こうした主張が行われるとき、実際には、圧縮され詰め込まれた形で、多くの雑多な、たいていは相伴って発生する社会的事実が言及されている。ミスリーディングな理論の影響の下で発達した法思想・政治思想の標準的な用語では、こうした事実は過度に単純化され、曖昧にされがちである。しかし、こうした用語で構成された眼鏡を外して事実を直視するなら、法秩序は人間と同じように、ある時点ではまだ生まれておらず、次の段階では、なお母親から完全には独立しておらず、ついで健全な独立した状態となり、その後衰退し、ついには死に至ることが明らかとなる。誕生と健全な独立した状態の中間段階、そして健全な状態と死の中間段階は、法的現象を記述するためのなじみ深い方法を混乱させてしまう。困惑させはするが、これらは検討に値する。われわれが通常の状況で、所与の国に法秩序が存在すると自信たっぷりに真実に合致した主張をするときに当然だと考える事態の複雑な全体像を浮き彫りにするからである。

この複雑さに気付く一つの仕方は、命令に対する一般的な服従の習慣というオースティンの単純な図式が、社会が法秩序を持つと言い得るために満たすべき最低限の条件を構成する複雑な事実の再現にどこで失敗し、歪曲して描いているかを見ることである。この図式はある必要条件を示していると言ってもよいだろう。つまり、法が責務や義務を課すには、法は一般的に服従されていなければならず、少なくとも一般的に遵守されていないわけではないという条件である。しかし、不可欠ではあるものの、これでは、法秩序が私人に影響を与える際の言わば「最終結果 end product」を描いているだけである。(9)法秩序が日々存在するということは、法が公的に創設され、同定され、公的に使用され、適用されることである。こうした法との関係を「服従」と呼ぶことは、このことばの通常の意味を大きく超えており、これらの作用を的確に描写することにはもはやならない。「服従する」の通常の意味では、立法者が、彼らに立法権限を付与するルールを遵守して法を制定する際、彼らはルールに「服従」してはいない(もちろん、こうした権限付与ルールが、それを遵守するよう義務づけるルールによって補強されていれば別だが)。また、こうしたルールを遵守しなかったとき、彼らは法の制定には失敗するかも知れないが、法への「不服従」を犯したとは言えない。「服従する」ということばは、裁判官が当該法秩序の認定のルールを適用してある成文規定を妥当な法として認定し、紛争の解決にあたってそれを使用したとき、彼がしたことを適切に描写してはいない。もちろん、そうしたければいろいろな工夫をこらして、「服従」という単純な用語を、これらの事実を描くために使うこともできる。一つの工夫は、成文規定を法として認定するにあたり裁判官が一般的標識を用いたことをもって、「憲法制定者」の下した命令への服従だとしたり、あるいは「制定者」が存在しない場合を、「脱心理化された命令」つまり、命令者なき命令への服従と表現することである。しかし、後者の工夫はおそらく、叔父なき甥という観念と同じ程度の真剣な注意しか獲得できないだろう。あるいは、法の公的側面をすべて押しやって、立法や裁判でのルールの使用を記述することをあきらめ、公的部門の全体を、多様な代理人や使者を通じて命令を発し、市民から習慣的な服従を得ている一人の人物（「主権者」）だと想定することもできる。しかしこれは、さらなる記述を要する複雑な事象の都合の良い略記か、あるいは悲惨きわまりなく混乱したおとぎ話に過ぎない。

一般市民と法との関係に特徴的な、とても分かりやすい服従の習慣を通じて（いつもすべてを描写するというわけではないにしろ）法秩序の存在を説明する試みの失敗は、逆の誤りを引き起こしがちである。それは、法に関する公的活動の特徴、とりわけ裁判官の法に対する関係や態度を採り上げて、法秩序のある社会集団に存在すべき事柄の十分な説明として取り扱うというものである。これは、社会の大多数が習慣として法に服従するという単純な観念を、法の妥当性を最終的に判定するための標識を特定する究極の認定のルールを社会の大多数の人々が共有し、受容し、拘束力あるものとみなさなければならないという観念に置き換えるものである。もちろん、第Ⅲ章でそうしたように、法源に関する知識と理解が社会に広く行き渡っている単純な社会を想像することはできる。そこでの「憲法」はきわめて単純なので、公務員や法律家のみならず、一般市民もその知識や理解を備えていると言っても、フィクションの介入する余地はない。レックスI世の単純な世界でも、人民の大多数による彼のことばへの単なる習慣的服従以上のものがあると言うことができるだろう。レックスI世のことばを社会全体にとって妥当な法として指定する認定のルールが、同じく明示的かつ意識的に、一般臣民と公務員の両方に「受容されて」いるだろう（もっとも、臣民と公務員とでは役割が異なるし、この標識によって識別された法的ルールとの関係も異なるであろうが）。単純な社会で想定し得るこうした事態が、つねにあるいはたいてい、複雑な現代国家にも存在すると言い張れば、フィクションに訴えることになる。そこでは実際、一般市民の多くは——おそらく多数派は——法秩序の構造や妥当性の標識について何らの一般的知識も持たない。彼が服従する法は、「法はそうなっているはず」と考えているものである。彼はさまざまな理由でそれに従うだろうし、その中にはしばしば、いつもとは言えないまでも、そうする方が身のためだという理由も入るだろう。服従しないと起こりそうなことはだいたい分かっている。法を破った罪で役人が彼を捕まえ、別の役人が裁判にかけて監獄に送る。当該法秩序の妥当性の標識によって妥当とされる法が住民の大多数に服従されていれば、それが法秩序が存在すると確かに言い得るために必要なすべてだ、ということに確かになるはずである。

しかし、法秩序が一次ルールと二次ルールの複雑な組み合わせであることからして、これだけの証拠では、法秩序が存在するなら必ずあるはずの法との関係を十分に描いていることにはならない。さらに、当該秩序の公務員が、公務員としてかかわる二次ルールに対して持つ関係を描く必要がある。ここで肝要なのは、当該秩序の妥当性の標識を含む認定のルールが、公務員全体で統一的に受容されていなければならないことである。まさにここでは、一般市民については本質的かつ最低限の要素の記述として十分であった単なる一般的服従の観念が、不十分となる。ポイントとなるのは、二次ルールが裁判官その他の公務員によってルールとして尊重されるその仕方が「服従 obedience」ということばで普通言及される仕方ではないという「言語的な」ものではない（少なくともそれだけではない）。必要とあれば、もっと意味の広い「その通りにする follow」とか「遵守する comply」とか「適合する conform to」等の、一般市民が軍務に就くため出頭するときにも、裁判官が国会の制定したものは法だとの理由からある制定法規を裁判に際して法として同定するときも使用可能なことばを見つけることはできるだろう。しかし、こうした意味の広い用語は、われわれが法秩序と呼ぶ複雑な社会現象が存在するための最低限の条件を理解するために、把握されるべき肝心な相違点を覆い隠すだけだろう。「服従」が、立法者たちが彼らに権限を付与するルールを遵守する際にしていること、裁判官が受容された究極の認定のルールを適用する際にしていること、を記述する上で不適切なことばであるのは、ルールや命令に服従するときは、服従者のしていることが彼自身にとっても他者にとっても、正しい、なすべきことだと服従者自身が考える必要がないからである。彼は、ルール通りの彼の行動が「正しい」「適切だ」とか「そうする責務がある」と考える必要はない。言い換えると、彼の態度は社会生活のルールが受容され、一定の行為が一般的規準とされる場合に必ず見られる評価的性格（critical character）のものである必要がない。彼は適用対象となる人々すべてにとっての規準としてルールを受容する内的観点をとる必要はない（そうしても構わないが）。むしろ彼は、そのルールが、制裁の威嚇の下で、彼からある行動を要求するものとしてのみ考えることもできる。彼は、そうする責務が彼や他者にあると考えることも、逸脱した場合に自身や他者を批判しようともせず、不服従の結果への恐れから、または無気力から、服従するだけかも知れない。しかし、一般市民が服従する際にはそれしかないかも知れないが、ルールへのこうした単なる個人的関心は、裁判官が裁判官としての役割を果たす際のルールに対する態度を性格づけるものではあり得ない。これが最も明白なのは、法秩序を構成するルールの妥当性を判定する究極の認定のルールについてである。この認定のルールがかりにも存在するならば、内的観点から、正しい裁判のための公でかつ共通の規準としてみなされねばならず、各裁判官がただ各自で従えば足りるといったものとして扱われるべきではない。法秩序の個々の法廷は、ときにこのルールから逸脱することもあり得るが、一般には、そうした逸脱を本質的に共通かつ公の規準に関する誤り（lapse）として批判的に関心を寄せる。これは法秩序の単なる効率性や健全性の問題ではなく、ある法秩序が存在すると言い得るための論理的な必要条件である。かりに裁判官たちが、「彼ら自身にとってのみ」国会の制定する規定は法であるとの前提で行動し、その認定のルールを尊重しなかった他の裁判官を批判しなかったとすれば、法秩序を特徴づける統一性と継続性とは失われるだろう。法秩序の存在は、この肝要な点において、法的妥当性の共通の規準の受容に依存するからである。一般市民が相互に衝突する裁判に直面したとき、気まぐれな司法の数々といずれは到来する完全な混沌状態との中間状況をどう描写すべきか、ことばを失うことになる。そこにあるのは奇形物（lusus naturae）とでも言うべきもので、当然であり過ぎるために普段は気付かないものに気付くためだけに、考えるに値する。

したがって、法秩序が存在するために最低限の必要十分条件は二つある。第一に、当該秩序の究極の妥当性の標識によって妥当とされる行動のルールは、一般に服従されなければならない。他方、法的妥当性の標識を定める認定のルール、変更のルール、裁判のルールは、公務員の公務員としての行動の、共通で公の規準として実効的に受容されていなければならない。私人が満たす必要のあるのは、第一の条件のみである。彼ら各自は、「自分自身としてのみ」動機が何であれ、服従すれば足りる——健全な社会では、一般市民は実際、しばしば、服従するルールを行動の共通の規準として受容し、服従する責務を認めるし、この責務の根拠を、憲法を尊重するより一般的な責務に求めさえするではあろうが。第二の条件は、法秩序の公務員が満たさなければならない。彼らは二次ルールを公務員としての行動の共通の規準とみなし、自身や他者の逸脱を誤りとして批判的に評価しなければならない。もちろんその他に、単なる私人としての身分において公務員たちに当てはまる多くの一次ルールもあるし、それらについては、彼らは単に服従すれば足りる。

法秩序が存在するという主張は、したがって、ヤヌスのような両面性を持つ言明であり、一般市民が服従することと、公務員の行動の共通の評価規準として二次ルールが公務員に受容されることの両方を含意する。この二面性に驚く必要はない。それは一次ルールのみからなる、法前の単純な、分散化した社会のあり方と比べた際の、法秩序の複合的な性格の反映である。単純な社会では、公務員がいないため、ルールは、当該集団にとっての行動の評価規準として広く受容されなければならない。そうした社会で、内的観点が広く共有されていなければ、いかなるルールも論理的にあり得ない。しかし、一次ルールと二次ルールの組み合わせという、法秩序の最も実り豊かな視点が当てはまる状況では、集団の共通の規準としてのルールの受容は、一般市民がルールに個別に服従するというどちらかと言えば受動的な問題と切り離される。極端な場合「これは妥当なルールだ」といった法的言語の特徴ある規範的使用を伴う内的観点は、公務員の世界に限定されるかも知れない。このより複雑な秩序では、公務員のみが秩序の法的妥当性の標識を受容し、使用することがあり得る。そうした社会は、嘆かわしくも羊の群れに似ているだろう。羊は屠畜場にひかれる運命だ。しかし、そんな社会はあり得ないとか、それが法秩序の名に値しないと考えるべき理由はほとんどない。

第3節　法秩序の病理学

法秩序の存在の証拠は、したがって、社会生活の二つの異なる領域から集められる必要がある。法秩序が存在すると自信をもって言い得る通常の、問題ない事例では、二つの領域それぞれの典型的な法とのかかわりは、相互に調和している。おおまかに言えば、そこでの状況は、公的なレベルで妥当と認定されたルールが一般に服従されている、というものである。しかしときには、裁判所で使われる妥当性の標識に従えば妥当なルールが一般に服従されていないという意味で、公的領域と私的領域が乖離することもあり得る。これが発生し得る多様な経路は、法秩序の病理学に属する課題である。それらは、法秩序が存在するという外的言明がなされる際に言及される複雑で調和のとれた慣行の崩壊を示すからである。そこでは、ある法秩序の内部で法に関する内的言明がなされるとき、必ず前提とされる諸条件が部分的に満たされない。こうした崩壊は、多様な破壊的要因のもたらすものかも知れない。統治への対立する要求が集団内部からなされる「革命」はその一例に過ぎず、それは既存の秩序の一部の法への違背を必ず伴うものの、法的権限を付与されない人々を新たに政府の構成員とするだけで、新たな憲法や法秩序の創設を伴わないかも知れない。既存の秩序内での権限を伴わない統治要求が秩序の外部からなされる敵国の占領は、別の例である。無政府状態や統治への政治的要求を伴わない略奪行為による秩序ある法的統御の単なる崩壊は、さらに別の例である。

これらいずれの事例でも、裁判所が領域内や亡命先で機能し、かつて確立していた法秩序の法的妥当性の標識をなお利用する中間段階があり得る。しかし、そうした裁判は当領域内において実効性がないというわけである。この種の事例で、どの段階で法秩序が最終的に存在しなくなったと言えるかは、厳密な判定の不可能な事柄である。明らかに、再建の見込みがかなりあったり、確立した秩序の動揺の帰趨がいまだ決しない戦争中での出来事であったりすれば、法秩序が存在しなくなったと断言することは正当化できないだろう。というのも、法秩序が存在するとの言明は、多少の中断の余地を認める大雑把で一般的な言明で、短時日中に起こったことで反証されるわけではないからである。(10)

もちろん、こうした中断の後に裁判所と人民との間に通常の関係が回復したときも、困難な問題が発生し得る。占領軍の放逐または反乱軍の敗北の後、亡命先から政府が帰還する。すると中断期間中、その領域で何が「法」であり、何がそうでなかったか、という問題が発生する。最も重要なのは、この問題は事実問題ではないかも知れないことに注意することである。事実問題であれば、中断があまりに長くかつ広範囲で継続したために、旧秩序が消滅し、旧秩序と似た新秩序が亡命政府の帰還により建設されたと言えるかを訊ねることで解決できる。この問題は、国際法の問題として、あるいは逆説的ながら、再建以降存在する当の法秩序内の法律問題として提起されるかも知れない。最後の事例であれば、復活した法秩序には、当秩序がその領域の法であり続けていた(あるいはより率直に、そう「みなされる」)と宣言する遡及法が含まれていることが十分あり得る。そうした宣言を行うことが、中断期間があまりに長く、事実問題として見たときの結論と齟齬《そご》をきたすような場合でさえ可能である。その場合も、中断期間中に起こった事件や取引に対して適用される法を復活した法秩序の裁判所が判定するにあたって、その宣言を判定の標識となるルールとすべきでないとは言えない。

ここに逆説があるかのように見えるのは、法秩序が、自身の過去、現在、将来の存在の各局面にかかわって行う法言明を、外的観点から行われる法秩序の存在にかかわる事実言明の競争相手と考えるからである。見かけ上の自己言及の謎を除けば、現存する法秩序がどの期間、存在したと考えるべきかを定める当該法秩序内の法規定の身分は、一定の法秩序が他国においてなお存在すると定める別の法秩序内の法規定と変わるところはない――後者のような規定が実際上、多くの帰結を生むことは考えにくいが。現在、ソ連の領域に存在する法秩序が帝政ロシアの法秩序でないことは実際、きわめて明白である。しかし、もしイギリスの国会制定法が、帝政ロシアの法はなおロシア領域内の法であると宣言したとすれば、それは確かにソ連に関連するイングランド法の一部としての意味と法的効果を持つだろうが、それは、「現在、ソ連の領域に存在する法秩序は帝政ロシアの法秩序ではない」という事実言明の真偽に影響を及ぼすことはない。その制定法の効力と意味は、イングランドの裁判所で、つまりイングランドで、ロシアと関係する事件に適用されるべき法を決めることだけである。

今描いた状況と逆の事例は、新たな法秩序が旧秩序の母胎から——ときには帝王切開に頼って——生まれる興味津々の移行期間に見られる。近年のイギリス連邦諸国の歴史は、この種の法秩序の発生学の褒め称えるべき研究現場である。こうした経緯の、単純化された図式的概要は、次のようになる。当初は、その地域の議会、裁判所、政府を備えた植民地が存在する。この憲法構造は英国国会の制定法によって創設されたもので、同国会は当該植民地のために立法する権限を完全に掌握している。その権限は、当地の憲法を定めるものを含めて、当地の法および制定法規を改正し、廃止する権限を含む。この段階で、植民地の法秩序は明らかに、英国国会が制定するものは当植民地にとって（も）法であるとの究極の認定のルールによって特徴づけられる、より広い法秩序の下位秩序である。発達の最終段階では、ウェストミンスター議会が従前の植民地のために立法する法的権限をもはや植民地の裁判所が認めなくなり、究極の認定のルールが変動する。旧植民地の憲法構造の多くは、なお元々のウェストミンスター議会制定法の法文中に記されている。しかし、それは今や歴史的事実に過ぎない。旧植民地の憲法構造は、その領域内での法的地位をもはやウェストミンスター議会の権威に負ってはいない。旧植民地の法秩序は、今や、究極の法的妥当性の標識を定める認定のルールが、もはや他国の立法府の制定法に言及しない点で、「当地に根」を下ろした。新たなルールは、一般にそのルールが服従されている当地の法秩序を運用する裁判官その他の公務員により認定のルールとして受容され、使用されている事実のみに依拠する。かくして、当地の立法府の構成、制定手続、構造はなお元の憲法で規定された通りであるが、この立法府の制定した法規が現在、妥当しているのは、それがウェストミンスター議会の妥当な制定法によって付与された立法権限の行使の結果だからではない[11]。それが妥当しているのは、当地で受容された認定のルールによると、当地の立法府による制定行為が究極の妥当性の標識とされるからである。

こうした展開は、さまざまな経路を通じて達成され得る。母国の議会は、植民地に対して持つ形式的立法権限を、実際には植民地の同意なしには行使しない期間を経て、最後は旧植民地に対する立法権限を放棄するかも知れない[12]。この点で、ウェストミンスター議会に自身の権限を不可逆的に放棄する権限があると連合王国の裁判所が認めるかについて理論上の疑念があることに注意すべきである。他方、離脱は、暴力的にのみ達成されるかも知れない。いずれの場合も、発展の終着点では、二つの独立した法秩序が存在する。これは事実言明であり、法秩序の存在に関するものだからと言って、事実言明である度合いが薄れるわけではない。その主要な根拠は、旧植民地において現在受容され使用されている究極の認定のルールが、もはや妥当性の標識として、他の領域の立法府の活動に言及しない点にある。

しかし――この点でもイギリス連邦の歴史は興味深い例を提供するが――植民地の法秩序が今や事実上、母国の法秩序から独立しているにもかかわらず、母国の法秩序がその事実を認めないことがあり得る。(13) 当該植民地のために、ウェストミンスター議会がなお立法権限を保有し、あるいは法的に再取得し得ることが、なおイングランド法の一部として成り立ち得る。そして、イングランドの国内裁判所は、ウェストミンスター議会制定法と当地の立法府の制定法規とが衝突する事案で、こうした見解を有効とするかも知れない。この事例では、イングランド法の命題が事実と衝突している。当該植民地の法は、イングランドの裁判所によっては独自の究極の認定のルールを備えた独立した法秩序としては――事実としてはそうだが――認定されない。イングランド法は一つの法秩序しか存在しないと言い張るが、事実問題としては、二つの法秩序が存在する。しかし、一つは事実言明で、他方は（イングランドの）法命題であるため、両者は論理的には衝突しない。事情を明快に述べるには、事実言明は真であり、イングランド法の命題は、「イングランド法としては正しい」と言うこともできるだろう。(14) 二つの独立した法秩序が存在するという事実の主張（または否定）と法秩序の存在に関する法命題の区別と同様の区別は、国際公法と国内法との関係を検討する際にも、念頭に置く必要がある。奇妙奇天烈ないくつかの理論は、この区別を無視することのみからその説得力を得ている。

法秩序の病理学および発生学のこの大まかな概観を終えるにあたって、法秩序が存在するという無限定な主張が含意する、通常の調和した諸条件の存在が、部分的に欠けている他の形態にも注意する必要がある。法秩序内部で法に関する内的言明がなされるとき、通常その存在が前提とされる公務員間の統一性は、部分的に壊れるかも知れない。特定の憲法上の論点につき、そしてそれについてのみ、公的部門の中に亀裂が生じ、その裂け目が司法内部をも貫くことがあり得る。法の認定に使われる究極の標識に関するこうした亀裂の発生は、*Harris v. Dönges* 事件[15]で裁判所に提起された、南アフリカで一九五四年に起こった憲法上の紛争に見ることができる[16]。そこでは、立法府が自身の権限につき裁判所とは異なる見解に依拠して立法し、それを裁判所が無効だと宣言した。それへの応答として、立法府は当該立法を無効とした通常裁判所の判断への上訴を受理すべき特別の上訴「裁判所」を創設した。この裁判所は、しかるべき手続を経てその上訴を審理し、通常裁判所の判断を覆した。他方、通常裁判所は、特別裁判所を創設する立法を無効とし、その判決も法的に無効だと宣言した。(政府がこうした手段で自論を押し通すことが賢明でないと悟って)この紛争が停止しなかったとすれば、立法府の権限に関する――つまり妥当な法の標識に関する――二つの見解の間で、無限に続く振子運動が発生していただろう。当該法秩序の認定のルールを同定するために不可欠な公的部門の、とくに司法部の調和という通常の条件が存在しなくなっていただろう。それでも、この憲法問題にかかわらない大部分の法的活動は、以前と同様になされていたはずである。人民が分裂し、「法と秩序」が崩壊しない限り、法秩序が存在しなくなったと言うことはミスリーディングである。当該法秩序が「同一」であるための必要条件として、法的妥当性のすべての標識について公的部門の共通了解があることを要求するには、「同一の法秩序」という表現は、あまりにも大雑把で伸縮性があり過ぎる。われわれにせいぜいできることは、問題となる状況を実際したように記述し、それが、当該法秩序を崩壊させかねない危険を含む点で、標準的でない、異常な事例であることに注意を促すことである。

この最後の事例は、次章で、法秩序の究極の妥当性の標識にかかわる憲法上の事項にも、また、「通常の」法にも関係する、より広範な論点の境界線へとわれわれを導いている。あらゆるルールは、個別の事例を一般的概念の具体例として認識するし、およそルールと呼ぶに足りるあらゆるものについて、確実にそのルールが適用される明らかな核心的事例と、適用される理由とそれを否定する理由とがともに主張され得る事例とを、区別することができる。一般的ルールを個別の事例に当てはめるとき、この明確な核心と疑いある周縁部分との二面性を排除することは不可能である。このため、あらゆるルールには曖昧な周縁、ないし「綻び open texture」があることとなる。そして、そのことは、個別の制定法規のみならず、法の識別に際して使用される究極の標識を指定する認定のルールにも当てはまる。こうした法の性質は、しばしば、法の概念をルールに即して解明することが必然的にミスリーディングであることを示すと言われてきた。こうした現実に直面しながらもルールにこだわることは、しばしば「概念主義」とか「形式主義」だなどと酷評されてきた。これから扱うのは、この批判の評価である。

第Ⅶ章　形式主義とルール懐疑主義

第1節　法の綻び

　大規模な集団ではいずれも、各個人に別々に下される個別の命令ではなく、一般的なルール、規準、原理が社会統御の主要な手段である。大多数の人々が、一定の場合にある行動をとるよう命じているものとして、それ以上の指示がなくとも理解し得る一般的な行動規準を伝達し得ないとすれば、現在、法として認められているものも存在し得ないであろう。法は主として――必ずそうだとは言えないが――人々の集合（classes）に、そして行為、事物、状況の集合（classes）に言及する。法が社会生活の広範な領域でうまく作用するのも、個別の行為、事物、状況を法の利用する一般的分類の具体的事例として認識する能力が社会に広く行き渡っているからである。

　こうした一般的な行動規準が個別場面での適用に先行して伝達される際は、見た目には全く異なる二つの主要な手段が用いられる。第一は一般的な分類用語を最大限に、第二は最小限に、用いる。前者は立法と呼ばれ、後者は判例と呼ばれる。これらを区別する特徴は、次のような単純な、法とかかわらない事例で理解することができる。ある父親が息子に、教会に出掛ける前に「男は大人も子どももみな、教会に入るとき帽子をとるべきだ」と言う。別の父親は、教会に入る際に帽子を脱いで、「ほら、こういうときはこうしなさい」と言う。

例示によって行動規準を伝達したり教えたりするには、こうした事例よりはるかに込み入った、さまざまなやり方があり得る。この事例を判例の法的使用により近づけるには、教会に入るに際して父親のすることを、正しい行動の例とみなすよう言われる代わりに、子どもがその父親を適切な行動に関する権威とみなし、正しい行動を学ぶために父親を注視していると、父親が想定していると考えればよいだろう。判例の法的使用にさらに近づくには、父親は自身によっても他者によっても、伝統的な行動規準に賛同しており、新たな行動規準を導入することはないと考えられる必要がある。

例示による伝達法はすべて、「私がするようにしなさい」といった口頭の一般的指示を伴うにしても、一定範囲の選択の余地を残し、そのため、伝達者自身何を明確な伝達対象として想定しているかについてさえ疑いの余地を残し得る。その行動はどこまで真似るべきなのか。帽子をとるのに、右手ではなく左手が用いられたことに意味はあるのか。ゆっくりと、あるいは素早くしたことには。帽子が椅子の下に置かれたことはどうだろう。教会の中で再び帽子をかぶらなかったことは。これらはみな、子どもが自問するかも知れない次のような一般的問いかけを具体化したものである。「ぼくが正しく行動するには、どの点でパパと同じでないといけないのか」「ぼくが指針とするべきなのは、パパの行動のどこか」。例示を理解するために、子どもは例示の多様な側面の一部に着目するだろう。そうする際、彼は良識やものごとの一般的な知識、大人が大事だと思う目的、（教会に行く）その機会の全般的な性格と、それに相応しい行動を勘案するだろう。[1]

例示の不確定性に対して、「教会に入るとき男性はすべて帽子をとるべきだ」といった、明示の一般的言語表現による一般的規準の伝達は、明確で頼りになり、確実であるように見える。行動の一般的指針とされるべき点は、ここではことばで同定されている。それはことばで識別されており、他の点とともに具体例に埋め込まれたままではない。他の機会でどうすべきかを知るために、子どもは、意図されていることや、何が肯定されるかについて推測する必要はない。彼は、自身の行為が正しくあるためにその例とどの点で似ているべきか、思いめぐらす必要はない。将来、彼が何をいつすべきかを知るために使えることばによる表現を持ち合わせている。明確な言語表現の下、個別の事実が一般的な分類に包摂されることを認識し、単純な三段論法で結論を引き出せば足りる。彼は、自分のリスク負担で行動するか、さらなる権威ある指示を求めるかの選択にもはや直面していない。

彼は自分で自身に適用できるルールを持ち合わせている。

二〇世紀の法理学研究の多くは、権威ある例（判例）による伝達の不確定性と、権威ある一般的言語（立法）による伝達の確定性の区別は、こうした単純素朴な対比が示唆するよりはるかに不明瞭であるという重要な事実の発見（ときには誇張）で占められてきた。ことばで定式化された一般的ルールが使用される場合でさえ、個別具体の場合にそれが求める行動についての不確定性は起こり得る。個別の事実状況は、互いに区別され、その適用が問題とされる当の一般的ルールの適用対象として目印を付けられてわれわれを待ち構えているわけではない。ルールに限らずすべての経験にかえりみても、言語の本性からして、一般的用語が指針として提供し得るものには限界がある。確かに、同様の文脈で変わらず繰り返されるため、一般的表現が明確に当てはまり得る分かりやすい事例はあるが（「自動車が乗り物（vehicle）なのは当然だ」）、一般的表現が当てはまるか否か明確でない事例もある（「自転車、飛行機、ローラースケートは乗り物に含まれるだろうか」）。そうした事実状況は、自然によってでも人為によってもつねに引き起こされるもので、明確な事例のいくつかの特徴は備えているが、その他は備えていない。「解釈」の指針も、こうした不確定性を減らすことはできるがなくすことはできない。解釈指針もそれ自体、ことばを使用する際の一般的ルールであり、一般用語を用いているため、それ自体、解釈が必要となるからだ。それは、他のルールと同様、自身の解釈の仕方を定めることはできない。

一般用語が解釈を必要とせず、適用対象の認識が問題なく、「自動的」で明確であるかに見える事例は、単に、同様の文脈で変わらず繰り返されるため、分類用語の適用について一般に判断の一致が見られる事例だというだけである。

そうしたなじみ深い、およそ反論が起きそうもない事例がなかったら、一般用語は伝達の手段として無用となろう。しかしなじみ深い事例が変異した事例もやはり、われわれの言語をその時々で構成する一般用語の下で分類される必要がある。そこでは、コミュニケーションの危機と言い得るものが起こる。ある一般用語を使ってよい根拠と悪い根拠とが併存するため、その使用（あるいは使用の拒絶）に関する確かな慣例も一般的合意もない状況である。こうした状況で疑念を解決するには――その解決にあたる者であればせざるを得ないが――複数の選択肢の間で選択をする必要がある。

この点では、ルールを表現する権威ある一般用語は、権威ある例示と同様に、不確定な仕方でのみ指針として機能するだろう。ルールの言語表現が、容易に認識し得る適用対象の把握を可能とするという感覚は、ここでは霧消する。なすべき正しいことは何かを判断する際の理由づけの中枢となるのは、もはや包摂と三段論法による結論の導出ではない。ルールの言語表現は、今や権威ある例示、つまり明白な事例を示すに過ぎなくなるかに見える。ルールは判例と同様に機能することになる――ルールの言語表現が判例より、恒常的にかつ細かく、注意の必要な点を限定することは確かだが。公園での乗り物の使用を禁ずるルールが、不確定に見える状況に適用されるかという問いに直面した者はみな（判例を利用する者がそうであるように）、目前の事例が「関連性のある relevant」点において、明白な事例に「十分に sufficiently」に似ているかを判断することになる。言語が彼に委ねる裁量はきわめて広いかも知れない。だとすると、彼がルールを適用した結果は、恣意的だとか非合理だとは言えないとしても、実際は選択である。彼は一連の事例に新たな事例を加えることを選択する。新たな事例が一連の事例と法的に見て関連しており、十分に近接していると合理的に言い得る程度にそれが似ているから。法的ルールの場合、関連性および類似の近接性の標識は、当該法秩序を貫く多くの複雑な要素と、当該ルールのものとされる目的や意義に依存する。これらの性格を述べることは、法的理由づけに特徴的な事柄の性格を述べることである。

　行動規準の伝達のために、判例・立法のいずれの手段が用いられるときも、通常の事例の大部分についていくら円滑に伝達がなされても、その適用が問題とされ、不確定となる場面は必ず発生する。綻び（open texture）と言われるものである。ここまでは、立法を例にして、そのことを人間の言語の一般的特徴として説明してきた。境界的事例での不確定性は、事実に関連する伝達に一般的な分類用語を用いることに伴う代償である。英語のような自然言語は、このように使用されるとき、宿命的に綻びを伴う[2]。しかし、現に綻びを免れない言語に依存していることとは別に、次の問いを考えることは重要である——なぜわれわれは、きわめて詳細に規定されているがゆえに、現実の適用場面で選択肢の間の選択がかかわる余地がなく、具体の事例への適用の可否がつねに事前に確定しているようなルールへの愛着を、理念としてさえ、持たないのだろうか。簡単に言うなら、その理由は、われわれは人間であって神ではない以上、そうした選択をせざるを得ないということである。われわれが異論の余地なく事前に、個別の事例でさらに公的指示を与える必要もなく、一般的規準で一定領域の行動を規制しようとするとき、必ず二つの関連する困難に苦しむことになるのは、人間の宿命（つまり立法の宿命）である。第一の困難は、われわれが事実について全知でないことであり、第二は、われわれの目的の不確定性である。われわれの生きる世界が、限定された数の要素のみによって成り立ち、結合の仕方を含めてそのすべてが知られていれば、あらゆる可能性について事前に定めを置くことができるだろう。個別の事例への適用がさらなる選択を必要とするようなことの決してないルールを作ることもできるだろう。すべては知られており、すべてについて（知られている以上は）ルールによって事前に何かをし、何かを定めることができる。これは「機械的」法理学に相応しい世界である。

明らかに、われわれの世界はそうではない。人間の立法者は、未来に生ずるであろうあらゆる可能な状況の組み合わせを知ってはいない。すべてを予期する能力の欠如は、目的の不確定性を伴うことになる。われわれが大胆にも一般的な行動のルールを作るとき

（「いかなる乗り物も公園に持ち込んではならない」等）、そのとき使用される言語は、適用の射程に収まるために満たされるべき必要条件を定め、確実にその射程に入る明確な事例がわれわれに思い浮かぶことだろう。それらは範例（paradigm）であり、明確な事例である（自動車、バス、モーターバイク等）。立法の目的は、これらについて確定的である。われわれは確かな選択をしたのだから。公園の平穏と静けさはいかなる犠牲においても、いずれにせよこうした物を排除してでも、維持されねばならないと、まず決定された。他方で、公園における平穏という一般的な目的が当初は想定しなかった、おそらくはなし得なかった事例（おもちゃの電気自動車）と対比されるまでは、われわれの目的は、この方向では、確定してはいない。想定されなかった事例によって提起される問題は、それが予期されていなかったがゆえに、確定していない。公園の平穏の幾分かは、おもちゃの電気自動車で遊ぶ子どもたちの快楽や利益のために犠牲にされるべきか、それともそれに対しても守られるべきか。想定されなかった事例が起こったとき、われわれは事態に向き合い、最善の形でわれわれを満足させるよう、対立する諸利益の間の選択をすることで、問題を解決する。そうすることで、われわれの当初の目的はさらに確定的となり、このルールの意義に照らして、ある一般用語（乗り物）の意味にかかわる問題をも付随的に解決したことになる。

異なる法秩序、異なる時点での同一の法秩序は、一般的ルールを個別の事例に適用する際のこうした選択の行使の必要性を、程度の違いはあれ、明確に無視したり、承認したりするだろう。形式主義とか概念主義と呼ばれる法理論の欠陥は、一般的ルールが定立された以上は、こうした選択の余地を否定したり隠蔽したりするという、ことばで定式化されたルールへの態度にある。(3) そうするやり方の一つは、ルールの意味を凍結することで、そこに含まれる一般用語の意味は、適用が問題となるあらゆる事例で同一の意味を持つべきだとすることである。そのため、明確な事例にあらわれるいくつかの特徴にこだわって、これらが、ルールの射程に収まるための必要十分条件であると言い張り、問題となる事例がその他にいかなる特徴を持つか(持たないか)、そのルールをそうした仕方で適用したとき、いかなる社会的帰結がもたらされるかを全く顧慮しない。それで、一定の確定性や予測可能性は確保できるが、その代わり、われわれがまだ内容を知らない将来の多くの事例ですべきことを盲目的に予断してしまう。かくして、実際に起こり、認識されてはじめて合理的に確定できる論点について、暗闇の中で、予め確定することに成功することになる。こうした手法に頼ると、ルールの射程内に、合理的な社会目標を達成するには射程から除外したいと考える事例を含めざるを得なくなる。われわれの言語の綻びのある用語は、厳格過ぎる規定をしない限り、除外を認めるだろう。分類の厳格性は、ルールを定め、それを維持するというわれわれの目的と齟齬をきたすことになる。

こうしたやり方の到達点は法律家の「概念の天国」である。そこでは、あるルールのすべての適用場面において同一の意味が一つの一般用語に与えられるだけでなく、当該法秩序のいかなるルールに関しても、同一の意味が与えられる。多様な形で生起する異なる諸論点に照らして、その用語を解釈しようとする努力は求められず、なされもしない。

事実、すべての法秩序で、異なる方法で二つの社会的必要の妥協が行われている。一つは、私人が自身で、新たな公的指示を受けたり社会的問題を衡量したりする必要もなく、広範な行動領域にわたって一定のルールを問題なく適用する必要性。いま一つは、具体的な事例が生起したときにはじめて適切に評価し解決できる論点を、情報の裏付けの下で公的な選択を通じて解決するよう、未解決のまま残す必要性である。一定時点での法秩序の中には、確定性のためにあまりにも多くが犠牲とされ、制定法や判例の司法的解釈は形式的であり過ぎ、社会的目的に照らして検討されてはじめて判明する事例間の類似性や相違点に対応できないこともあるだろう。他の時点での他の法秩序では、あまりに多くのものが裁判所によって、永続的に未解決とされるか、判例を通じて修正可能とされ、制定法上の用語が、綻びの存在にもかかわらず、結局は提示している限界に払われる敬意が過少であることもあるだろう。法理論は、この問題については、奇妙な歴史を経ている。法理論は、法的ルールの不確定性を無視したり誇張したりしがちである。こうした両極端の間の振子運動を回避するには、この不確定性の根幹にある、未来を予期し得ない人間の能力のあり方は、さまざまな行動の局面で程度が異なること、そして、法秩序はこの能力の欠如に、多様な手法で対応していることに留意する必要がある。

ときには、法的に規制されるべき領域において、個別の事例ごとの特徴が、社会的に重要でかつ予測不能な形で大きく変化し得るため、さらなる公的指示なしにすべての事例を通じて当てはまる統一的ルールを事前に立法府が設定することがそもそも不可能なこともあり得る。そこで、こうした領域を規制するには、立法府はきわめて原則的な規準のみを定め、種類ごとの事例の変化をよく弁えた行政上の規則制定機関に、事例ごとの必要に適応したルールを作るよう授権することになる。[4] かくして立法府は、産業に対して一定の規準を遵守するよう求めるだろう――適正料金（fair rate）を徴収するとか、安全な労働環境を維持するとか。さまざまな企業に、これら曖昧な規準を自身で適用するに任せて、事後的に（ex post facto）それらが規準に違背したと判定する代わりに、産業ごとに、何が「適正料金」か、何が「安全な環境」かを定める規則を行政機関が制定するまでは、制裁を科すのを控える方が得策だとされることもあるだろう。こうした規則制定権限は、特定の産業での事実について裁判官を主査とする調査（judicial inquiry）が行われ、所与の規制方式の長短が審理された後に、はじめて行使可能となることもある。[5]

きわめて原則的な規準についてさえ、それを満足するか否かが争う余地なく明らかな事例は存在するだろう。「適正料金」や「安全な環境」であるか否かが、最初から（ab initio）同定される極端な事例もある。かくして、際限なく変化を続ける事例の幅の一方の端には、不可欠なサービスを人質に大衆から身代金をとるも同様の高い料金で、企業主に巨万の利益を与えることもあるだろう。他方では、企業を経営するインセンティヴを失わせるほど低い料金もあるだろう。いずれも異なる仕方で、料金規制の目的にそもそも反している。これらは異なる要素からなる広がりの極端な例に過ぎず、実際にお目にかかることはありそうもない。両者の間に、注意を向けるべき多様な現実の事例が存在する。予期可能な関連する要素の組み合わせは少数にとどまり、このため適正料金や安全な環境を設定する目的には不確定性がもたらされ、さらなる公的選択が必要となる。こうした場合、規則制定機関が裁量を行使せざるを得ないことは明らかで、多様な事例によって提起される問題を、発見されるべき唯一の正解——多くの衝突する諸利益の合理的な妥協としての答えではない正解——がある問題であるかのように扱うことは不可能である。

問題解決の第二の手法は、規制されるべき領域においてなすべき作為・不作為を統一的に同定することができず、そのため単純なルールの対象とすることはできないが、それでも、当該領域が、変化に富んではいるものの、共通の経験のなじみ深い特徴で覆われている場合に採用される。ここでは、何が「合理的 reasonable」かに関する共有された判断が法によって利用される。この手法では、裁判所による事後の是正はあり得るが、予期せざる多様な形で生起するさまざまな社会的要求の間で合理的なバランスをとる任務は、個人に委ねられる。こうした場合、人々は変化し得る規準に、それが公的に確定される以前に、適合するよう求められ、個別の作為・不作為に関して彼らに要求されている規準が何かは、事後的に、彼らが違背したときにのみ、裁判所に教えられる事態も生じ得る。こうした事柄に関する裁判所の裁判が判例とみなされる場面で、内容の変化する規準に関する判例の具体化は——明らかな相違はあるにせよ——行政機関による委任された規則制定権の行使によく似ている。

英米法におけるこの手法の利用で最も顕著な例は、過失に関する相当の注意（due care）という規準である。[6]他者に身体的損害を与えないよう合理的な注意を払わなかった者は、私法上の、稀には刑法上の、制裁を科される。しかし、具体の状況における合理的な、または相当な注意とは何なのか。もちろん、相当な注意の典型的な事例を援用することはできる。運転の際に、停止し、見回し、聞き耳を立てること等。だが、注意が要求される場面はきわめて多様で、「停止し、見回し、聞き耳を立てる」ほかに、数多くの他の行動が要求されもする。もし見回しても危険を避けることができないのであれば、それでは全く不十分で無用となる。合理的注意という規準を適用する上で求められるのは、(1)大きな害悪を避けるべく警戒がなされること、しかも、(2)適切な警戒の負担が、他の重要な利益を過剰に犠牲とするものでないことである。停止し、見回し、聞き耳を立てることは、もし失血で死にかけている人を病院に運んでいる場面でなければ、多くを犠牲とするわけではない。しかし、注意が要求される事例の膨大な多様性のため、当初から（ab initio）、どのような状況の組み合わせが発生するか、あるいはどんな利益がどの程度、犠牲となるかを予見できない。このため、個別の事例が発生する以前に、害悪のリスクを低下させるために、厳密にいかなる利益や価値の犠牲や妥協の用意があるか判断することはできない。また、人々を危険から守るという目的は、経験のみが教えてくれる可能性と併せて考え、それに照らして検討しなければ、不確定なままである。経験に触れたときはじめて、われわれは、目指すべき目的を確定する決定をすべきことになる——あくまで決定された程度まで（pro tanto）であるが。

　これら二つの手法の検討は、特定の行動を要求するルールによって、当初からうまく統御される広範な行動の領域の特徴を浮き彫りにする——そうしたルールは、内容に変化の余地のある規準ではなく、周縁的な綻びのみを伴う。[7] そこでは、特定の行為、出来事、事態が、回避すべきか生起すべきこととして実際上、重要であるため、発生し得る状況のうち少数のもののみが、異なる判断を促す。その最も素朴な例は、殺人である。人が他人を殺す状況はきわめて多様であるにもかかわらず、「人命に対する適切な尊重」といった可変的な規準を設定することなく、われわれは殺人を禁ずるルールを設定する。生命保護の重要性に対する評価を上回るほど、あるいはその修正を迫るほどの考慮要素は少ないであろうからである。ほとんどつねに、殺人は、それに付随する他の要素をいわば圧倒する（dominates）ので、予め「殺人」としてそうした行為を禁止しても、互いに衡量されるべき諸論点を盲目的に予断することにはならない。もちろん、この通常は圧倒的な要素を上回る諸要素は、例外的にはある。自衛のための殺人、その他の正当化される殺人である。しかし、これらは少数で比較的単純な条件の下に同定できる。一般的ルールの例外として許容可能である。

いくつかの同定可能な行為、出来事、事態の圧倒的な地位は、ある意味で、慣例的ないし人為的なもので、われわれ人間にとって「自然に」あるいは「本来的に intrinsic」重要だというわけではないことに注意する必要がある。交通規則で道路のどちらの側を通行すべきか、(一定の範囲内で)不動産譲渡についてどのような形式を整えるべきかは、さして重要ではない。しかし、これらの事項について、簡単に同定しうる統一的な手順があり、正誤がはっきりしていることはきわめて重要である。法によって導入された以上は、それを遵守することは、少数の例外を除き、圧倒的に重要となる。同時に発生し得る状況のうち、それを上回る重要性を持つものは少数であり、かつ容易に例外として同定できるので、ルールに盛り込むことができる。イングランドの不動産法は、ルールのこうした側面を明確に示している。

権威ある例示による一般的ルールの伝達は、すでに見たように、より複雑な不確定性を伴う。判例を法的妥当性の標識として認めることは、異なる法秩序ごとに異なる意味を持つし、同じ秩序内でも異なる時点ごとに意味が異なる。イングランドの判例「理論」の記述には、きわめて論争的な点がいくつか含まれる。実際、この理論で使われる「決定的理由 ratio decidendi」「主要事実 material facts」「解釈」といったキーワード自体にも、それぞれ不確定性の影が伴う。ここで新たにその全体を記述するつもりはなく、制定法規の場合と同様、綻びが見られる領域と、そこでの司法の創造的活動を簡単に描くに留めたい。

イングランド法における判例の使用についての率直な記述であれば、次のような対比し得る事実を含むはずである。第一に、所与の権威ある判例について、権威の有無を判定する単一の方法はない。それにもかかわらず、大部分の判決に関しては、疑いが起こる余地はほとんどない。第二に、判決から引き出し得るルールについて、権威あるまたは唯一正しい定式の仕方はない。他方で、ある先例の後の事案への意義が問題となったとき、所与の定式の適切さについては、しばしばきわめて広範な合意が得られる。第三に、判例から引き出されたルールにいかに権威ある地位が与えられるとしても、それに拘束される裁判所が次の二類型の創造的ないし立法的活動を行うことと、その地位は両立する。一方で、後の事案を裁く裁判所は、先例から引き出されたルールの射程を狭め、これまで検討されなかったり、あるいは検討されたが未決定のまま残された例外を承認することで、先例と異なる結論に達することがあり得る(8)。先例と面前の事案を「区別する distinguishing」この手法は、両事件の間に法的に関連性のある相違点を見出すもので、こうした相違点の全体像は決して最終的に確定することはない。他方、先例に従う際、裁判所は、先例をもとに定式化されたルールに含まれる射程の制約を、その制約が制定法または判例が確定したルールにより要求されないという理由で、排除することがある。これは、ルールの射程の拡大である。こうした、判例の拘束力が許容する二種類の立法的活動にもかかわらず、イングランドの判例の体系は判例の使用の結果として、制定法上のルールに劣らない確定性を有し、重要性の程度の異なる、大量のルールを産み出してきた。これらのルールは制定法によってのみ変更できる——しばしば裁判所自身が、「事の実質 merits」からすれば、確定した判例の要求に反する結論が正当化されるはずだと宣言するように、裁判所自身は判例を変更することができない。

法の綻びが意味するのは、裁判所や公務員が、事案ごとに重要性の変化する対立する諸利益を、状況に照らしつつ衡量することで発展させるべき行動領域が、広く残されていることである。それでも、法の生命の大半は、変化し得る規準の適用と異なり、事案ごとの新たな判断を要求しない確定的なルールによって、公務員と私人の行動を方向づける点に存する。この社会生活の顕著な事実は、成文であれ判例で伝達されるものであれ、いかなるルールの具体的事案への適用にも不確定性が生起し得るにもかかわらず、変わることはない。ルールの周縁で、判例理論が制約しないまま残した領域で、行政機関が主として多様な規準を策定する際に果たすのと同様のルール制定機能を、裁判所は果たしている。先例拘束性（stare decisis）が確固として認められた法秩序で、裁判所のこの機能は、行政機関が行使する授権された規則制定権と同様の機能を果たす。イングランドでは、この事実はしばしば、うわべの装飾で不明瞭にされている。裁判所はしばしば、こうした創造的機能を果たすことを否定し、制定法の解釈と判例の利用はそれぞれ、「立法者意思」の探求、およびすでに存在する法の探求だと言い張るからである。

第2節 多様なルール懐疑主義(9)

ここまでしばらく法の綻びについて議論してきたのは、法のこの特徴を適切な視点から見ることが重要だからである。正当に取り扱わないと、法の他の特徴を不明瞭とする誇張を導くことになる。あらゆる法秩序で、広範で重要な領域において、裁判官その他の公務員の裁量を通じて、制定法の不確定性を解決したり、権威ある判例が大まかにのみ伝達するルールを発展させ、限界づけることで、曖昧であった規準をより確定的なものとする余地が残されている。こうした活動は重要であるにもかかわらず、それに相応しくは十分に研究されていないが、それでも、その枠組みと、その最終生産物とが一般的ルールであるという事実を偽るものではない。こうしたルールの適用については、私人が自身で事例ごとに知ることができ、そのために、さらなる公的指示や裁量に訴える必要はない。ルールが法秩序の構造において核心的地位を占めるという主張が真剣に疑われ得ることは、奇妙に見えるかも知れない。しかし「ルール懐疑主義」、つまり、ルールについての議論は、法が裁判所の裁判およびその予測に過ぎないという真実を覆い隠す神話だという主張は、法律家の率直さに強く訴えかける力を持つ。一次ルール、二次ルールの両方に当てはまるよう、限定を付けない一般的な形で述べると、この主張はかなりの程度、辻褄が合わない。裁判所による裁判が存在するという主張は、何らのルールも存在しないという主張と、一貫した形では、両立不能だからである。すでに見たように、裁判所の存在は、次々に入れ代わる諸個人に裁判を行う権限を与える二次ルールの存在を含意するというのがその理由である。裁判および裁判の予測という観念を理解するものの、ルールという観念を理解しない人々には、権限に基づく（authoritative）裁判という観念が欠けており、したがって裁判所という観念もない。私人の決定と裁判所の裁判を区別するものは何もないだろう。「習慣的服従」という観念で、裁判所に求められる有権的管轄権の基礎としては、裁判の予測可能性では足らないものを補おうとするかも知れない。しかし、そうすると、第Ⅳ章で立法権限を付与するルールの代替物としてわれわれが検討した際に、この習慣の観念に発見されたすべての欠陥が、この用途についても見出されることになる。

より穏健な形態の理論では、裁判所がある以上、それを構成するルールもあるはずで、それは裁判所の裁判の予測に過ぎないものではないことが承認される。しかし、この譲歩で得られるものは、実際、さほど多くない。というのも、制定法規は裁判所によって適用されるまでは法ではなく、法源に過ぎないというのがこの類型の理論に特徴的な主張であり、この主張は、必要なルールは、裁判所を構成するために必要なルールだけだという主張と両立しないからである。次々と交代する諸個人に立法権限を付与する二次ルールも必要となるはずである。というのも、この理論は制定法規の存在を否定せず、それを単なる法「源」として援用しさえする。制定法規は裁判所が適用するまでは法ではないとされるだけである。

こうした批判は重要であり、この理論の不用意な類型に対して有効だが、あらゆる形態について当てはまるわけではない。より注意深いルール懐疑主義は、司法権や立法権を付与する二次ルールの存在を決して否定するつもりはなく、それらが裁判や裁判の予測に過ぎないとの主張に決して加担しないかも知れない。たしかに、この類型の理論が最も頻繁に依拠する事例は、義務を賦課したり、権利や権限を私人に付与したりするルールから引かれる。しかし、かりにルールの存在の否定やルールと呼ばれるのは裁判所の裁判の予測に過ぎないという主張をこうした仕方で限定したとしても、少なくともある点において、この理論は明白に虚偽であると言い得る。なぜなら、いずれにせよ現代国家における一定の行動領域との関係では、人々は、われわれが内的観点と呼ぶ行動および態度を、広い範囲で示すからである。人々の生活で法は、単なる習慣でも、裁判官の裁判や他の公務員の活動の予測の基礎に過ぎないものでもなく、行動に関する受容された法的規準として機能する。つまり、彼らは、十分な規則性をもって法が要求することを行うだけでなく、法を行動の法的規準とみなし、それに照らして、他者を批判したり、要求を正当化したり、他者による批判や要求を承認したりする。法的ルールをこのように規範的に用いるとき、彼らは疑いなく、裁判官その他の公務員が当該秩序のルールに従い、規則的に、したがって予測可能な仕方で決定し、行動することを想定している。しかし、人々がこうした外的観点にとどまり、裁判所の裁判やありそうな制裁の事例を記録したり予測したりしているわけでないことは、確実に観察可能な社会生活上の事実である。人々は、規範的な用語で、共通の行動の規準として法を受容していることを、継続的に示している。第Ⅲ章で、「責務」といった規範的用語で示されているのは公務員の行動の予測に過ぎないという主張を詳細に検討した。われわれが論証したようにこの主張が虚偽であれば、法的ルールは法的ルールとして社会生活で機能している。つまり、法的ルールは、習慣の記述や予測としてではなく、ルールとして使用されている。疑いなく、こうしたルールには綻びがあり、綻んでいる点では、人々は裁判所による裁判を予測し、それに合わせて行動を調整するしかないかも知れない。

ルール懐疑主義が、注意を向けるに足りる真剣な主張となるのは、もっぱら裁判におけるルールの機能に関する理論としてである。この形態は、ここまで注意を向けてきた反論をすべて受け入れたとすると、次のような主張に帰着する。裁判所に関する限り、綻びた部分での活動を制約するものは何もない。したがって、裁判官がルールに従っているとか、事件の裁判にあたって「拘束されている」というのは、無意味とは言わないまでも、虚偽である。裁判官たちは、長い目で見れば他の人々が判例をルールとみなして生活できる程度に、十分な予測可能性と統一性をもって活動するかも知れない。裁判官たちは、裁判するにあたって、拘束されているという感覚を抱くことさえあり、こうした感覚も予測可能かも知れない。しかし、それを超えて、遵守されるルールとして性格づけられるようなものは何もない。裁判所が正しい司法活動の規準として扱うようなものは存在せず、ルールの受容に伴う内的観点をあらわすようなものは、裁判所の活動には存在しない。

この形態でのルール懐疑主義は、重要性も大いに異なる多様な考慮によって支えられる。ルール懐疑論者は、落胆した絶対主義者であることもある。彼は、ルールのすべてが形式主義者の天国、つまり、人類が神のごとくにあらゆる可能な事実の組み合わせを予測でき、綻びがルールに必然的に伴うことのない世界におけるようなルールではないことを悟った。ルールが存在すると言えるのはどのような場合かについての懐疑論者の考えは、かくして、到達不能な理想かも知れない。それが到達不能であることを悟ったとき、彼はその落胆を、ルールは存在せず、存在し得ないとの主張であらわす。(10) 裁判官が事件を裁くにあたって拘束されていると主張するルールには綻びがある、あるいは、事前には特定し尽くすことのできない例外があるという事実、ルールから逸脱しても裁判官に刑罰が科されるわけではないという事実が、懐疑論者の根拠として、しばしば援用される。「ルールは、裁判官の行動を予測する上で役立つ限りで重要だ。かわいいおもちゃとして以外のルールの効用は、それだけである」(11)ことを示すために、これらの事実が強調される。

こうした議論は、ルールが現実生活のいかなる領域においても現に果たしていることを無視している。それが示唆するのは、次のようなディレンマである――「ルールは、形式主義者の天国でそうであるようなもので、足枷のように拘束するか、あるいは、裁判の予測か行動のパターンとして以外はルールは存在しないか、どちらかである」。しかし、これは明らかに偽りのディレンマである。明日、友人を訪問する約束をしたとしよう。翌日になって、その約束を果たすと、重病にかかった者を放置することになることが分かったとしよう。それが約束を守らない十分な理由として受け入れられる事実が、約束を守ることを求めるルールが存在せず、約束を守るというある程度の規則性しか存在しないことを意味するはずがない。この種のルールの例外を隈なく記述することができないからといって、いかなる状況でもわれわれには裁量があり、約束を守るよう拘束されることはあり得ないことにはならない。「……という場合を除けば」とのことばで終わるルールは、それでもルールである。

裁判所を拘束するルールの存在が否定される背景には、ある仕方で行動する人が、それを通じて、そう行動するよう求めるルールを受容しているかどうかという問題と、その行動の前後における彼の思考の過程に関する心理的問題との混同があることがある。しばしば、ある人がルールを拘束力あるものとして、彼や他者が自由に変更し得ないものとして受容するとき、彼は当該ルールが所与の状況で要求することを直感的に悟り、ルールのことを考えるまでもなく、それが求める通りのことをする。チェスの駒をルール通りに動かすときや、赤信号で止まるとき、ルールを遵守するわれわれの行動は、しばしば、状況への直接の対応であり、ルールを勘案した判断を介していない。こうした行動もルールを適用した結果である証拠は、特定の状況にその行動を置いてみるとあらわれる。証拠のいくつかは、ある特定の行為の前やその後に見出される。一般的・仮定的な形でしか記述できない証拠もある。行動に際してルールを適用していることを示す諸要素の中でも最も重要なものは、仮に行動が見咎《みとが》められたら、われわれはルールに言及しつつ、それを正当化しようとすることである。ルールを本当に受容していることは、われわれがそれに先立ち、あるいはその後で、それを一般的に承認し、遵守することにだけでなく、自身や他者がそれから逸脱したときの批判にも示される。こうした証拠に基づいて、われわれは、「意識することもなく」ルールを遵守するに先立って、するべき正しいことは何か、それはなぜかともし訊かれていたら、素直に、そのルールを援用していたはずだと結論づけるだろう。こうした特定の状況に当該行動を置くことで——ルールを明示的に考慮することによってではなく——ルールを真に遵守する行為と、たまたまそれと合致した行為を区別することができる。大人のチェス・プレイヤーの指した手を受容されたルールの遵守として、赤ん坊がたまたま駒を正しい場所に置くことと区別できるのは、そのためである。

これは、みせかけとか、「ごまかし window dressing」とかが不可能だとか、ときにはうまくいくということを否定するものではない。ある人がルールに従ったのだと事後的に見せかけただけかどうかを判別することは、すべての経験的テストと同様、本質的に誤り得るものではあるが、必ずそうだというわけではない。所与の社会で、裁判官たちがまずはその結論に、直感的に、または「勘で by hunch」到達し、手持ちのルール群の中から、面前の事案と似ていると彼らが見せかけるための法的ルールを選んでいるだけ、ということもあり得る。[12] 彼らはそこで、これが彼らの出した結論を要求していると考えられるルールであると主張するかも知れない——彼らの行動やことばの中に、彼らがそれを拘束力あるルールだとみなしたことを示唆するものは、他に何もないかも知れないが。裁判の中には、そうしたものもあるかも知れない。しかし、チェス・プレイヤーの手と同じく、裁判の大部分が、裁判の指針となる規準として意識されたルールを心から遵守しようとした結果であるか、あるいは直感的に到達した結論ではあっても、当該裁判官が事前に遵守するはずで、かつ、当該事案との関連性が広く認められたはずのルールによって正当化されるものであることは明白である。

最後の、そして最も興味深い形態のルール懐疑主義は、法的ルールの綻びや、多くの裁判の直感的性格には依存せず、裁判所の裁判が有権的である点で特殊であり、特に最上級審の場合は、最終的（final）であるという事実に依存する。次節で取り扱うこの形態のルール懐疑主義は、グレイが『法の性質と源 *The Nature and Sources of the Law*』で頻繁に採り上げたホードリー主教のことば、「成文ないし口頭の法を解釈する絶対的権限を持つ者こそが、あらゆる意図および目的において、立法者である——最初にそれを制定し、述べた者が立法者なのではない」の含意するものである。

第3節　裁判の最終性と不可謬性

最上級裁判所は、最終的に何が法かを語り、語られた以上は、最上級裁判所が「誤っている」という言明は、当該法秩序内では何の効果も持たない。誰の権利も義務もこの言明で変更されることはない。最上級裁判所の裁判は、もちろん、立法によって法的効果を剝奪されることはあり得る。しかし、こうした手段に訴えることが必要であるという事実自体、法に関する限り、最上級裁判所の裁判が誤っているという言明が空虚であることを示している。こうした事実を勘案すると、最上級裁判所の裁判について、その最終性と不可謬性とを区別することは、衒学趣味のように見えるかも知れない。それが、裁判をする裁判所はルールによって拘束されてはいないという主張の、いま一つの形態を導く。「法は

（憲法は）裁判所が、これがそうだと言うものだ[13]」というわけである。

こうした形態のルール懐疑主義の最も興味深く、有益な特徴は、「法（憲法）とは、裁判所が、これがそうだと言うものだ」という言明の曖昧さの利用の仕方、そして、この理論が一貫するために提供すべき、公的でない法言明と裁判所による公的な法言明の関係についての説明にある。この曖昧さを理解するために、脇道にそれるが、ゲームにおける類似する事象に話を移すことにしよう。多くの競技ゲームは、公式の審判員なしで行われる。プレイヤーたちの関心は競争することにあるが、彼らは、得点に関するルールを個別の事例に適用するについて、まずはうまくやるものだ。普通は、彼らの判断は一致し、解決不能の紛争は稀である。公式の審判員がいなくとも、プレイヤー自身による得点表が、彼が正直であったとすればだが、当該ゲームで受容された得点のルールに照らして、ゲームの進行を判定する努力の成果とみなされる。こうした得点に関する言明は、得点に関するルールを適用する内的言明であり、プレイヤーたちが全般的に見て、ルールを遵守し、その違反に異議を唱えることを前提としてはいるが、こうした事実の記述や予測ではない。

　慣習の社会から成熟した法秩序への移行に伴う変化と同様、最終的な判定を下す得点記録員について定める二次ルールがゲームに付加されると、ゲームには新たな種類の内的言明が導入される。プレイヤー自身の得点に関する言明と異なり、記録員の判定には、二次ルールにより異議申立ての不可能な地位が与えられるからである。この意味において、このゲームに関する限り、「得点とは、記録員がそうだと言うものだ」との言明は真実である。しかし、得点に関するルールはそれ以前と変わることはなく、記録員の義務は、そのルールを可能な限り誠実に適用することである。「得点とは、記録員がそうだと言うものだ」という言明は、記録員がその裁量で適用したもの以外には、得点に関するルールはないという意味だとすれば、虚偽である。そうしたルールも存在するかも知れないし、記録員の裁量が、ある程度の規則性をもって行使されるなら、そうしたゲームをすることも楽しいかも知れない。しかし、それは別のゲームである。そうしたゲームは、「記録員の裁量」ゲームと呼ばれるべきだろう。

記録員を置くことで紛争を迅速かつ最終的に解決するという利点は、コストも伴うことは明らかである。記録員がいることは、プレイヤーにとってディレンマをもたらすかも知れない。ゲームが、得点に関するルールによって、以前と同様に統御されるべきだとの願望と、そのルールの適用について、たとえ疑念があるとしても、最終的な有権的結論が下されることへの願望は、目的として相互に衝突し得る。記録員は、誠実に、しかし誤りを犯すかも知れない。あるいは、酔っぱらって、あるいは得点に関するルールを能力の限りを尽くして適用する義務に恣意的に違背するかも知れない。彼は、こうした理由のいずれかで、打者が全く動きを示さなかったにもかかわらず、「得点」を記録するかも知れない。上級機関への不服申立てにより、彼の判定を修正する規定が設けられることもあり得る。

それでも、どこかで最終的な有権的判定がなされねばならず、それも、過ちを犯し得る人間がすることであって、やはり、誠実な過ち、濫用、ルール違反の同様のリスクをはらんでいる。ルールによって、あらゆるルールの違背が修正されるべく規定することは不可能である。

ルールの最終的な有権的適用を行う機関を設営することにつねに潜む危険は、あらゆる場面で顕在化し得る。ありきたりのゲームの世界で顕在化し得る危険を検討することにしよう。この世界での危険は、ルール懐疑論者の引き出す結論が、こうした形態の権威を理解する上で必要な一定の区別を無視していることを、とりわけ明確な形で明らかにするからである。公式の記録員が任命され、彼の得点の判定が最終的なものとされると、プレイヤーやその他、公的な立場にない者による得点に関する言明は、当該ゲームでは意味を持たなくなる。そうした言明は、ゲームの結果とは無関係である。その種の言明が記録員の言明とたまたま一致すれば、大変結構である。もし衝突すれば、それらは結果の判定に関しては無視されるべきである。しかし、こうした誰にも明白な事実は、プレイヤーによる言明が記録員の判定の予測だとみなされるとしたら、歪曲されていることになるだろうし、記録員の言明と衝突するときに、それが無視されることをもって、判定の予測として誤っていたからだと説明するのは、馬鹿げている。プレイヤーは、得点に関する自身の言明を行うにあたって、公式の記録員が導入される以前と同様のことをしている——つまり、彼の能力を尽くし、ゲームの進行を得点に関するルールに照らして評価している。これは、記録員が、その地位に相応しく義務を果たす限りは、やっていることと同じである。両者の違いは、一方が他方を予測している点にあるのではなく、プレイヤーの言明は得点に関するルールの非公式の適用であり、したがって結果を判定する上では意味を持たないのに対し、記録員の言明は有権的であり、最終的である点にある。もし行われているのが「記録員の裁量ゲーム」であれば、非公式な言明と公式の言明の関係は必然的に異なってくるだろう。プレイヤーの言明は、記録員の判定の予測となるであろうばかりでなく、それ以外の何ものでもあり得なくなる。そこでは、「得点は、記録員がそうだと言うものだ」が、得点に関するルールそのものだからである。プレイヤーの言明が、記録員が公式にすることを非公式に行うだけである余地は、そこにはない。記録員の判定は最終的であるとともに、不可謬である。というより、それが可謬か不可謬かという問いかけが無意味となるだろう。記録員にとって、「正しい」とか「間違っている」ということがあり得ないからである。しかし、通常のゲームでは、「得点は、記録員がそうだと言うものだ」は、得点に関するルールそのものではない。それは記録員による個別の事例への得点に関するルールの適用を有権的かつ最終的なものと定めるルールである。

　この有権的決定の例から学び得る第二の教訓は、より根本的な事柄にかかわる。通常のゲームを「記録員の裁量ゲーム」から区別できるのは、得点に関するルールにも、他のルールと同様、記録員が選択を行い得る綻びが周縁にあるものの、それでも意味の確定した核心部分があるからである。記録員は、そこから逸脱することは許されず、プレイヤーが非公式な得点に関する言明を行うに際しても、また、記録員による公式の判定に際しても、正しい判断と誤った判断の規準となる。この核心部分があるからこそ、記録員の判定は最終的ではあるが、不可謬ではない。法においても同じである。

ある程度までは、記録員によるいくつかの判定が明白に誤っていても、ゲームの継続と両立不能とは言えない。明白に正しい判定と同様、そうした判定も判定とされる。しかし、ゲームの進行と両立し得る誤った判定には限度があり、法の世界にも類比し得る重要な事例がある。個々の、例外的な公的逸脱が許容されるからと言って、もはやクリケットや野球がそこでプレイされているわけではないことを意味するわけではない。他方、こうした逸脱が頻繁であったり、記録員が得点に関するルールを否認したりしたとしたら、プレイヤーがもはや記録員のおかしな判定を受け入れなくなるか、あるいは判定を受け入れたとしても、ゲーム自体の性格が変容してしまう限界点を迎えることになるだろう。それはもはやクリケットや野球ではなく、「記録員の裁量ゲーム」である。クリケットや野球では、一般的に言って、結果はルールの明確な意味に即して判定されるべきことが、その確かな特徴である——ルールの周縁に、記録員に裁量を認める綻びがどれほどあろうと。プレイされているのは実は「記録員の裁量ゲーム」だと言うべき状況も想定可能ではある。しかし、すべてのゲームで記録員の判定が最終的であることは、すべてのゲームが「記録員の裁量ゲーム」であることを意味しない。

裁判所による裁判が、何が当該事案における法であるかに関する最終的で有権的な言明である、というそのユニークな身分に依拠するルール懐疑主義の形態を評価するについては、これらの区別を念頭に置くことが必要である。法の綻びは、記録員に認められるより、はるかに広範でより重要な立法権限を裁判所に委ねる。記録員の判定は、判例として法を創設するわけでもない。裁判所の決定は、ルールのうち、すべての者にとって明確な意味を持つ部分に関するものであれ、論議の余地のある周縁部分に関するものであれ、制定法によって変更されるまでは、妥当性を保持する。そして、立法の解釈についても、裁判所は同じ最終的な有権判断権を持つ。それでも、裁判所秩序を設営した上で、最高裁が適当だと考えるものは何であれ法だと規定する憲法と、現実の合衆国憲法――あるいは他のどの近代国家の憲法――との間には違いがある。「憲法（または法）とは、裁判官がそうだと言うものだ」という言明は、この区別を否定するものとして理解されるなら、誤りである。いかなる時点においても――最高裁の裁判官でさえ――裁判官は、核心部分において正しい裁判の規準を提供するに十分な確定性を備えたルールの秩序の一部を構成している。この核心部分は、当該法秩序内においてそれ以上、異議を申し立てられることのない裁判を下す権限の行使にあたって、気儘に無視することはできないと、裁判所によってみなされている。記録員と同様、職に補された裁判官は誰でも、たとえば国会の制定した規定は法であるというルールのようなルールが、伝統によって確立し、裁判官職の遂行にあたっての規準として受容されていることを見出す。それは、在職者の創造的な活動を許容しつつも、限定する。こうした規準は、その時々の裁判官の大部分が遵守するのでない限りは存続し得ない。その存在は、つねに、正しい裁判の規準としてそれを受容し使うことに存するからである。しかし、だからと言って、それを使う裁判所が規準の創設者だということになるわけではないし、ホードリー主教のことばを使うなら、自身の好むように決定する権限のある「立法者 lawgiver」でもない。裁判官による遵守は規準の維持に必要であるが、裁判官が規準を作るわけではない。

もちろん、裁判を最終的かつ有権的なものとするルールの陰で、裁判官たちが既存のルールを否認し、きわめて明確な国会制定法をも、彼らの裁判権限に制限を加えるものとみなさなくなることはあり得る。もし裁判の大多数がこうした性格のもので、それらが受け入れられたとすれば、当該法秩序は、クリケットのゲームが「記録員の裁量ゲーム」へと変容するのと同様の、変容を被ったことになる。しかし、こうした変容の可能性があることは、現在の法秩序がそうした変容後の秩序であることを意味しない。いかなるルールといえども、違背や否認から絶対に守られることはない。人間にとってルールに違背し、否認することは、心理的にも物理的にも、不可能ではないからである。十分多くの者が十分長期にわたってそうするなら、ルールは存在することをやめるだろう。しかし、ルールの存在は常に、破壊に対抗する実現不可能な保障があることを前提としない。所与の時点で、国会制定法を（あるいは連邦議会制定法を）法として受容するよう裁判官に要求するルールが存在することは、第一に、この要求がたいていは遵守され、個々の裁判官が違背したり否認したりすることは稀であること、第二に、それが起こったときは、圧倒的多数の裁判官による真剣な批判の対象となり、誤りとみなされることを意味する――個別事案での裁判は、裁判の最終性に関するルールのために、その妥当性を認めつつも正当性を否認する立法によって以外は破毀されないとしても。人類がその約束のすべてを破ることも、論理的には可能である。最初のうちはそれが悪いことだと知りつつ、そのうち、そうした意識さえなく。そうなれば、約束は守られるべきだというルールは存在することをやめる。これは、しかし、そうしたルールは現在も存在しないし、約束に実は拘束力はないという見解の支えとはならない。裁判官に関して、彼らが現法秩序を破壊することもあり得ることを根拠になされる同様の議論にも、同じ程度の説得力しかない。

ルール懐疑主義のテーマを離れる前に、ルールは裁判所の裁判の予測だというその積極的な主張について、最後に一言述べよう。この主張にどれほどの真実味があろうとも、それが私人やその助言者の行う法言明についてのみ当てはまることは明白であり、しばしばそう指摘されてもきた。それが、裁判所自身が行う法言明について当てはまる余地はない。

裁判所による法言明は、過激な「リアリスト」が主張するように、歯止めなき裁量行使を覆い隠すことばであるか、あるいは、裁判所が内的観点から、正しい裁判の規準と真摯にみなすルールの定式であるか、いずれかである。他方、裁判の予測は、確かに法において重要な地位を占める。ルールの綻びに直面したとき、「この点に関する法は何か」という問いに対してわれわれが意味ある形で応答しうるのは、きわめてしばしば、裁判所がどう行動するかに関する慎重な予測である。さらに、ルールの求めるものが何かがすべての者にとって明確である場合でさえ、裁判所の裁判の予測という形で法言明がなされることも少なくない。しかし、後者の場合は圧倒的に、また前者の場合は程度の差はあれ、そうした予測の根拠は、裁判所が法的ルールを予測としてではなく、裁判において遵守すべき規準とみなしており、綻びの存在にもかかわらず、裁判所の裁量を——排除はしないものの——限定するほどには確定的であると考えているという知識である。かくして、多くの場合、裁判所の行動の予測は、チェスのプレイヤーがビショップを斜めに動かすだろうという予測に似ている。究極的にはそれは、予測にかかわらないルールの側面の理解に、そして予測の対象となる者が受容する規準の内的観点の理解に、依存している。これは第V章ですでに強調した事実、つまり、どんな社会集団においてもルールの存在は予測を可能とし、しばしば信頼できるものとするが、ルールと予測は同一物ではないという事実のさらなる一側面に過ぎない。

第4節　認定のルールの不確定性

形式主義とルール懐疑主義は、法理論におけるスキュラとカリュブディスである。すなわち、大いなる誇張であり、お互いの過ちを正し合うなら有益であるが、真理はこれらの中間にある。この中間地域を学識豊かに性格づけ、裁判所が制定法や判例法の綻びの許す創造的機能を遂行するに際して特徴的に用いるさまざまな類型の理由づけを説明するには、この場では不可能なほど多くがなされなければならない。しかし、第Ⅵ章末尾で予告した重要なトピックについての有益な議論を再開するために十分なことは、本章で述べてきた。それは、個々の法的ルールではなく、認定のルール、つまり妥当な法的ルールを同定するために裁判所が用いる究極の標識に関する不確定性とかかわる。個別のルールの不確定性と、それを当該法秩序のルールの一つとして同定する際に使われる標識の不確定性との区別は、それ自体、いつも明確というわけではない。しかし、問題となるルールが権威ある条文を伴う制定法規の場合は、この区別がきわめて明確である。制定法規の文言とそれが個別の事例で何を要求するかは、完璧に明らかかも知れない。しかし、立法府がそうした立法を行う権限を持つかについては、疑問が提起され得る。ときには、こうした疑問の解決に必要なのは立法権限を付与する別のルールの解釈だけで、授権をするルールの妥当性には疑いの余地はないこともある。たとえば、下位の機関によって制定された規定の妥当性が、当該機関に授権する国会制定法の意味に疑念があるために、問題となる事例がそれに当たる。これは、個別の制定法の不確定性ないし綻びが問題となる事例に過ぎず、根本的な問題を提起するものではない。

こうしたおなじみの問題と区別されるべきなのが、最高の立法府自体の法的権限にかかわる問題である。それは、法的妥当性の究極の標識にかかわるもので、最高の立法府の権限を特定する成文憲法のないわれわれ英国のような法秩序でも発生し得る。圧倒的大多数の事例では、「英国国会が制定したものは何であれ法である」という定式が国会の法的権限に関するルールの十分な表明となっており、法の同定のための究極の標識として受容されている――たとえそうした同定されたルールが周縁において綻びを伴うとしても。しかし、この定式の意味や射程については疑問が生じ得る。「国会が制定した」とは何を意味するのかについて疑念は生じ得るし、そうした疑念は裁判所によって解決されることになるだろう。ある法秩序の究極のルールがこのように疑問にさらされ、それを裁判所が解決し得ることは、法秩序における裁判所の地位についてどのような結論を導くだろうか。法秩序の基礎は法的妥当性の標識を特定する、受容された認定のルールだというテーゼに、それは何らかの修正を迫るだろうか。

こうした問いに答えるには、議会主権に関するイングランドの法理のいくつかの側面を検討する必要がある――もちろん、類似の疑問はいかなる法秩序の究極の法的妥当性の標識についても生じ得るのではあるが。法とは本質的には、法的な歯止めなき意思の産物であるというオースティンの影響を受けた旧来の憲法学者たちは、継時的に存在するあらゆる時点で自由であり、外側から課される法的制限からも、また自身の以前の立法からも自由だという意味で主権的な立法府が存在することは、論理の必然だと主張してきた。英国議会がこうした意味で主権的であることは、今や確定したことのようで、いかなる以前の議会もその「後継者たち」によって、その立法を廃止されることを防ぐことはできないという原則は、妥当な法的ルールを裁判所が同定するにあたって用いられる究極の認定のルールの構成要素となっている。しかし、そうした議会が存在しなければならないことは、論理の必然でもなければ、自然の必然でもないことに注意する必要がある。それは、われわれによって法的妥当性の標識として受容されるようになった、同等の資格で想定され得る多くの仕組みの中の一つに過ぎない。想定され得る他の仕組みとしては、「主権」の名に同じ程度に、おそらくはより良く値する別の原理がある。それは、議会はその後継者たちの権限を不可逆的に制限することが不可能であるべきでなく、むしろ、そうした広範な自己制限的権限を持つべきだという原理である。[14] そうすれば、議会はその歴史において、一度は、現在受容されている法理が認めているものよりも広範な立法権限を行使し得ることとなるだろう。その存在のあらゆる時点において、議会が自己自身によって課されたものを含めて、あらゆる法的制限から自由でなければならないという要求は、結局のところ、法的全能性という曖昧な観念の一つの解釈にとどまる。そこにあるのは、実際のところ、あらゆる事項に関して、通時的に議会の立法権限が変更されることのない継続的な全能性か、あるいは一度だけ行使し得る、後の自己に対する関係でも制約されることのない全能性か、という選択である。これら二つの全能性の観念は、全能の神の二つの観念とパラレルである。[15] 一方には、あらゆる時点で同一の力を持ち、したがってそうした力を制限することのできない神がおり、他方には、将来に向けて自己の全能性を破壊し得る力をも含めて備える神がいる。継続的か、自己制限的か——いずれの全能性のあり方をわが議会が享受しているかは、法を同定するについての究極の標識としていずれのルールが受容されているかという経験的問題である。これは法秩序の基礎にあるルールに関する問題ではあるが、それはつねに事実の問題である、少なくともいくつかの点については、かなり確定的な答えが可能な問題である。かくして、現在受容されているルールは、継続的主権のルールであり、議会はその制定した法が廃止されることを阻止はできない。

しかし、他のあらゆるルールと同様、議会主権のルールが継続的主権を意味するという点で確定的である事実は、それがあらゆる点で確定的であることを意味しない。現時点では、どんな答えも明らかに正しいとも誤っているとも言えない問題を、それについて提起することもできる。そうした問題は何者かによる選択——当該事項に関する権威が結局は付与されることになる選択――によって解決されるしかない。議会主権のルールに関するそうした不確定性は、次のような形で立ち現れる。現在のルールによると、議会が制定法によって将来の議会制定法の対象範囲から、特定の主題を不可逆的に排除することはできないことが認められている。しかし、単純にそうしたことを制定しようとする立法と、議会に特定主題について立法することはなお認めるものの、そうした立法の「方法と形式」を変えるものとを区別することは可能である。後者は、たとえば、特定の論点に関しては、法案は両議院の合同会議での多数決で可決されなければ、または、さらに国民投票で承認されなければ、成立しないとするものであり得る。それは、さらに、こうした規定は、同じ特別な手続を踏まなければ廃止できないとして、「硬性化」を図るかも知れない。こうした立法手続の部分的変更は、議会はその後継者を不可逆的に制約することはできないとする現在の原則と両立可能である。それがしているのは、後継者を拘束しているというよりは、特定の論点に関する限りで(quoad)、その立法権限を新たな立法機関に移転するものだからである。つまり、こうした特定の論点については、議会は議会を「拘束」したり「足枷」をかけて、その継続的全能性を縮減しているわけではなく、議会および立法の方式を「再定義」していると言い得るだろう[16]。

明らかに、こうした手法が妥当であれば、議会はそれを利用することで、議会はその後継者を拘束し得ないという受容された法理によって、その権限外とされるかに見えることを達成し得るだろう。なぜなら、議会が立法し得る対象範囲を限定することと、単に立法の方法と形式を変更することとの違いは、十分に明確なこともあるが、実際には、二つの範疇は相互に重なり合うからである。技術者の最低賃金を定める制定法が、技術者の給与に関するいかなる法案も、技術者労働組合の決議によって承認されなければ法として成立しないと定めて、法の内容を硬性化したならば、実際上は、制定法によって賃金を「永久に」固定化し、端的にその廃止を全面禁止する制定法と同じことをしたことになるだろう。法律家が少なからず説得力があると考える議論からすると、後の制定法は継続する議会主権のルールによって無効だが、前者はそうではないことになる。こうした議論のとる各段階は、議会が何をなし得るかについての複数の主張を並べていくもので、その一つ一つを取り上げると、それぞれに先行する主張よりは賛成者が少なくなるかも知れないが、それでも先行する主張との類比は成り立っている。そのうちのいずれも、明らかに誤っているとして排除されるとか、正しいと確信をもって受け入れられることはあり得ない。われわれは、法秩序の最も根本的なルールの綻びに足を踏み入れているのだから。どの段階でも、唯一の回答があるわけではない——複数の回答があるだけの——問題が提起され得る。

かくして、特定事項に関する立法が貴族院の同意なしで成立するとした一九一一年および一九四九年国会法——識者はこれを議会の権限の一部を国王および庶民院に暫時授権した（廃止可能な）法律として理解しがちであるが——を超えて、貴族院を完全に廃止することで、現在の議会の構成を不可逆的に変更することも可能と言い得る。[17] また、ダイシーが主張したように、[18] 議会は自身の権限を消滅させ、将来の議会選挙を行わないことを宣言する法律を制定することで、自身を破壊することも可能だとも言い得るだろう。だとすると、議会はこの立法による自殺を遂げるとともに、その全権限を他の機関、たとえばマンチェスター地方議会に、委譲することも有効だろう。これが可能であれば、そこまでラディカルでないことを有効に行うこともできるのではないだろうか。特定の事項に関する自身の立法権限を消滅させ、それを自身と他の機関との合成機関に委譲することはできないだろうか。こうした観点からすると、ウェストミンスター条令第四条が、自治領に関する英国議会による立法について、当該自治領の同意を条件としていることは、特定事項について議会の立法権限を他の機関との合成機関に委譲していることになるのではないか。この条項を自治領の同意なしに英国議会が廃止できるとの主張は、サンキー卿[19]が指摘するように「理論」にとどまるだけでなく、「現実とは全く無関係」でもあるだろう。それは悪しき理論だろう——少なくともそれを否定する理論よりましな理論ではない。最後に、議会が自身の行為によってこのように再構成され得るのであれば、特定事項に関する立法について技術者組合の同意が必要だと定めることにより、議会自身を再構成することがなぜできないのだろうか(できるように思われる)。

こうした議論の各段階にあたる、疑念の対象ではあるが明白に誤りとは言えない命題のいくつかは、いつの日か、問題を解決するよう求められた裁判所によって、是認されたり、拒絶されたりするだろう。そのときは、提起された疑問への回答が得られ、その回答は、当該秩序が存続する限りは、想定され得る回答群の中で唯一の権威ある身分を持つこととなる。裁判所は、その時点で、妥当な法を同定するための究極のルールを確定する。ここで「憲法とは、裁判官がこれがそうだと言うものだ」という言明は、最上級裁判所の個別の裁判はそれ以上の異議申立ての対象とならないことのみを意味するわけではない。一見したところ、状況は逆説的に見える。ここで裁判所はその法創造権限を通じて、法の妥当性を判定する究極の標識を確定しているが、そうして妥当性を判定される法の中には、裁判官たちに権限を付与する法も含まれている。憲法は何が憲法かを確定する権限を付与し得るのだろうか。しかし、あらゆるルールは何らかの点では疑念を孕《はら》むが、あらゆるルールがあらゆる点で疑念を孕むわけではないことを想起するなら、逆説は解消する。裁判所がいつでも、究極の妥当性の標識に関する限定された問題を解決する権限を持ち得るとすれば、それは、こうした標識を当該権限を付与するルールを含む広範な領域の法に適用する際に疑問が提起されないという事実があるからに過ぎない——こうした標識の正確な射程や境界線については疑念が生じ得るにしても。

この答えは、しかし、問題に対する応答としては簡潔に過ぎると考える者もいるだろう。法的妥当性の標識を特定する根本的ルールの周縁部分における裁判所の活動を不十分にしか描いていないのではないか。この活動を、不確定性を伴う個別のルールを解釈する際に、裁判所が創造的な選択を行う通常の事例とあまりにも近づけ過ぎてはいないだろうか。こうした通常の事例がどんな法秩序でも起こることは明白である。したがって、裁判所が取り扱う個別のルールの綻びが選択の余地を許すとき、裁判所が複数の選択肢の間で選択を行い解決する権限を持つことは、そうしたルールの一要素——黙示の要素かも知れないが——であることは明白である。たとえ裁判所は、そうした選択を認識だとして言い繕うことを好むとしても。しかし、少なくとも成文憲法が存在しない場合、妥当性の根本的標識にかかわる問題は、しばしばこうした事前に想定可能な性質を欠いており、そのため、通常の事例のように、裁判所は既存のルールの下で、こうした問題を解決する明確な権限をすでに有していると当然のように言うことはできないように思われる。

裁判所のとるすべての行動は、事前にそうする権限を授与する一般的ルールによって包摂されており、そのため、裁判所の法創造権限はすべて、一種の授権された立法権だと考えることは、「形式主義者」の犯す過ちの一つであろう。実際は、最も根本的な憲法的ルールにかかわる、事前に想定されなかった問題を裁判所が解決するとき、裁判所はそうする権限を、問題が発生し、決定がなされた後に獲得するのかも知れない。成功するときは成功するというだけである。当の憲法上の問題が社会を根本的に分断するため、裁判による処理に適さないことも考えられる。一九〇九年南アフリカ法の硬性化された条項にかかわる事例は、南アフリカ社会をあまりに激しく分断したため、法的解決ができないこともあった。しかし、さほどの大事とならない論点であれば、法の根源そのものにかかわる驚くべき司法的法創造がすんなり「受け入れられる swallowed」かも知れない。その場合、裁判所にはそれを行う「本来的」権限がつねにあったと、事後的には言われるし、真実そう見えるかも知れない。とはいえそれは、うまく行ったということだけによって支えられている、偽善的なフィクションと言うべきであろう。

イングランドの裁判所による、先例の拘束力に関するルールの操作は、率直に見れば、当該権限を奪取し、それを行使した、成功した試みとして描かれるだろう。そこでは、成功したことで、権限が事後的に権威を獲得している。刑事控訴裁判所の *Rex v. Taylor* 判決[20]以前は、当該裁判所が臣民の自由にかかわる事項について自身の先例に拘束されないとする権限を持つか否かは、まったく不確定であるかに見えた。しかし、判断はなされ、今は法となっている。裁判所はつねにこうした判断を行う本来的権限を有するという言明は、明らかに、現実の状況をより整った形に見せようとする試みに過ぎない。こうした根本的な事柄の周縁部分については、ルール懐疑論者の言う通りである――周縁部分においてだけではあるが。また、裁判所による最も基本的なルールのこうした驚くべき発展を可能としているのは、相当程度において、法の広範な核心領域において疑念の余地なくルールに統御された活動を行うことから裁判所が得た信望だという事実を無視してはならない。

第Ⅷ章　正義と道徳

社会を統御する手法としての法の特徴を解明するためには、命令、威嚇、服従、習慣、一般性という諸観念からでは構成し得ない要素を導入する必要があることが分かった。こうした単純な諸観念で法を説明する試みは、法の特徴を大きくねじ曲げることになる。こうして、一般的習慣という観念から社会的ルールという観念を区別する必要のあること、人の行動を方向づけ批判する規準として使用される際にあらわれるルールの内的側面を強調する必要があることが判明した。次に責務に関する一次ルールと、認定、変更および裁判に関する二次ルールが区別された。本書の主題は、法の特徴的な運用の多くや、法的思考の枠組みを構成する要素の多くの解明に、これら二種類のルールのいずれか（あるいは両方）の勘案が必要となるということ、したがって、これらの組み合わせが正しく、法の「本質 essence」であるとみなし得るということである――「法」ということばが適切に使われる場面で必ずこれらが共に見出されるわけではないが。一次ルールと二次ルールの組み合わせにこうした核心的地位を付与する根拠は、これらが辞書的意味を示すものとして役立つからではなく、大きな説明力を持つからである。

この段階で、長年にわたる法の「本質」「本性」または「定義」に関する議論において、不適切だと分かった単純な命令理論と最も頻繁に対比されてきた主張に注意を向ける必要がある。それは、法と道徳の間には、ある意味で「必然的」な関係があり、この関係こそが、法の観念を分析し、解明するあらゆる試みにおいて、核心的地位を占めるに値するという一般的主張である。この見解の提唱者は、単純な命令理論に対するわれわれの批判に反対するつもりはないだろう。むしろ有益な前進だと認めるかも知れない。さらに、一次ルールと二次ルールの組み合わせは、法の理解の出発点として、威嚇に裏付けられた命令より重要だと認めるかも知れない。彼らはしかし、これでは十分ではないと主張する。これらの諸要素でさえ、従属的な意義しか持ち得ず、道徳との「必然的」関係が明らかにされ、その核心的重要性が理解されない限り、法の理解を長く混乱させてきた霧が晴れることはないと主張する。この見地からすると、法であるかに疑いがあり、論争の余地があるのは、立法府や強制力ある管轄権限を持つ裁判所、あるいは集権的な制裁制度が欠けている未開社会の法や国際法だけではない。この見地にとってははるかに疑わしいのは、裁判官、憲兵、立法者を完全に備えているにもかかわらず、正義ないし道徳の根本的要求に合致しない国内法秩序を法として取り扱うべきかである。聖アウグスティヌスのことばを借りるなら、(1)「正義を欠いた国家は、大規模な盗賊団ではないか」というわけである。

法と道徳の間に必然的関係があるという主張には、さまざまなヴァリエーションがあり、そのすべてが主張の明瞭さにおいて際立っているというわけではない。「必然的 necessary」と「道徳 morality」という鍵概念には多くの解釈が可能であり、それらは提唱者によっても批判者によっても、つねに相互に区別され、別箇に検討されてきたわけではない。おそらくは、この見解の最も極端な表現形態であるがゆえに最も明確なのは、自然法のトマス主義の伝統と結び付けられてきた理解である。それは二つの主張を含む。第一に、いくつかの道徳または正義に関する真の諸原理が存在しており、それらは神に起源を持つが、啓示の力を借りることなく、人間理性によって発見可能である。第二に、これらの原理と衝突する人定法は、妥当な法ではない。つまり、「正義に反する法は法ではない Lex iniusta non est lex」。この一般的な見解の別の変種は、道徳原理の地位についても、また、法と道徳の衝突の帰結についても、異なる見方をする。道徳を行動の普遍の原理だと考えない見方、理性によって発見可能なものとは考えず、社会によって、また人によって異なり得る、人の行動に対する態度のあらわれだと考える見方もある。この類型の理論は、法と最も根本的な道徳的要請との衝突でさえ、そのルールから法としての身分を奪うには不十分であると主張する。こうした理論は、法と道徳との「必然的」関係に異なる解釈を与える。法秩序が存在するためには、広く行き渡った——普遍的では必ずしもない——法に服従すべきだという道徳的責務の是認が必要である。もっとも、この責務は、道徳的に邪悪な個別の法に従うべきでないという、より強い道徳的責務によって、個別の場面で覆されることはあるが。

法と道徳との必然的関係を主張する多様なヴァリエーションを十分に評定するには、道徳哲学に深く入り込む必要がある。しかし、思慮深い読者が、こうした主張の真実性と重要性に関する理性的見解を形成するには、そこまでする必要はないであろう。この目的のために最も重要なのは、本章および次章で検討する、長年にわたって絡み合ってきた論点を区別し、見定めることである。第一は、道徳の領域一般の中から、正義という特定の観念を区別し、それと法との特別に密接な関連性を説明することにかかわる。第二は、道徳的なルールや原理を、法的ルールからだけでなく、他のすべての社会的ルールや行動規準から区別する特質にかかわる。これら二つの論点が本章の主題である。第三の論点は、次章の主題であるが、法的ルールと道徳とが関連すると言われるときの、その多様な意義とそのあり方にかかわる。

第1節　正義の諸原理

法やその執行を法律家が称賛したり非難したりするとき、最も頻繁に使われることばは、

「正しいjust」「不正だunjust」であり、法律家たちは、しばしば、あたかも正義の観念と道徳の観念とは一致するかのように語る。正義が法制度の評価に関して最も顕著な地位を占めるべきことには、十分な理由がある。しかし、正義は道徳の中の特定の部分であり、(2)法および法の執行は、異なる種類の美徳を備えたり、欠いたりしているかも知れないことに注意が必要である。ありふれた類型の道徳判断について少し考えるだけで、正義の特殊な性格を理解することができる。自分の子どもにひどく残酷に振る舞う男は、しばしば、道徳的に間違った(wrong)、悪い(bad)こと、あるいはさらに邪悪な(wicked)ことをしたとか、自分の子どもに対する道徳的責務や義務を無視したと判断されるだろう。しかし、彼の行為を不正(unjust)であると批判するのはおかしい。それは、「不正」ということばに弱い非難の力しかないからではなく、「正義」や「不正」ということばによる道徳的非難は、この事例のように「間違った」「悪い」「邪悪な」といったことばで表明されるのにふさわしい一般的な道徳的批判とは異なる、より特定化された観点からなされるからである。「不正な」ということばが適切なのは、ある者が同じ罪を犯した自分たちの子どものうち、一人だけを恣意的に選んでより厳しい罰を与えたり、本当に悪いことをしたかどうかを確かめる手順を踏まずに、子どもを罰したりした場合である。同様に、個々の行為の評価ではなく、法を評価する場合も、親に子どもを学校に通わせるよう要求する法を是認する際、それは良い法だと言うし、政府の批判を禁止する法を非難するときは、それを悪い法だと言うだろう。こうした評価は、通常「正義」や「不正」ということばで表現されることはない。他方、「正義に適っている」ということばは、租税負担を富に応じて配分する法を是認するときには、適切な表現である。また、「不正」は、有色人種に公共交通機関や公園を使わせない法を非難する際には適切な表現であろう。正と不正が、良い悪いよりも特定された道徳的評価の形態であることは、ある法について、それが正しい（just）から良い（good）とか、不正（unjust）だから悪い（bad）と言うことはできるが、良いから正しいとか、悪いから不正だとは言えないことからも明らかである。

正義の諸特質と法との特殊な関係は、正・不正ということばを使ってなされる評価の多くが、「公平 fair」「不公平 unfair」ということばによってもほとんど同様に可能であることを見れば分かる。公平性は明らかに、道徳一般と重なり合ってはいない。公平性が言及されるのは、主として、社会生活の二つの状況においてである。第一は、一個人の行動ではなく、一群の人々の間で利益や負担が配分される仕方がかかわっている場合である。つまり、典型的に公平であったり不公平であったりするのは、「割当て share」である。第二の状況は、何か損害が加えられ、その賠償や是正が求められる場合である。正義や公平性を通じて評価がなされる文脈は、これだけではない。われわれは、配分や賠償が正しいとか公平だと言うだけでなく、裁判官も正・不正で判断する。事実審が公平・不公平だと言う。ある者が正義に即し、または不正に罪に処せられたと言う。これらは、配分や賠償に関する正義の第一次的適用が理解された後に説明可能な、正義の観念の派生的な適用例である。

これら正義の観念の多様な適用例に隠された一般原則は、個々人はお互い同士の関係で、何らかの等しい、または等しくない地位を与えられるべきだというものである。それは、負担や便益が配分される社会生活の変転の中で、尊重されるべき何かである。それはまた、損なわれたときに、回復されるべきものでもある。かくして正義は、伝統的に、釣り合い（balance）や比例性（proportion）を保ち、または回復するものと考えられてきたし、その指導理念はしばしば、「等しきものは等しく扱え」と定式化されてきた――ただし、「異なるものは別異に扱え」と付け加える必要があるが。有色人種に公園の使用を禁ずる法に対して、正義の名において抗議するときも、こうした批判のポイントは、この法は、公共施設の便益を人々の間に配分するにあたって、この問題について関連性のある（relevant）あらゆる点で等しい人々を別異に取り扱っているがゆえに、悪法であるという点にある。逆に、特定の人々から、たとえば税制上の特権や免除を取り上げる法が称賛される際には、特別に優遇されていた人々とそれ以外の人々とで、取り扱いの区別に相応する関連性ある相違点はないという理念によって導かれている。これらの単純な例は、しかし、「等しきものを等しく、異なるものは別異に扱え」が正義の理念の核心的要素であることを示しはするものの、それだけでは不完全であり、補足がなされないと、行動を確定する指針を与えることができない。いかなる人々も、お互いに、いくつかの点では似ているが、他の点では異なっており、いかなる類似点や相違点が当面の問題について関連性のある点かが決まらない限り、「等しきものを等しく扱え」は、空虚な定式にとどまらざるを得ないからである。この点が補足されない限り、法やその他の社会制度を正義に反すると批判することはできない。法が赤毛の殺人者を他の殺人者と同様に扱ったからと言って、正義に反するとは言えない。実際、もし赤毛の殺人者を別異に取り扱ったとすれば、精神異常者を正常人と同様に扱うのと同様、正義に反することになるであろう。

したがって、正義の観念の構造は、一定の複雑さを含んでいる。それは二つの部分から成ると言ってよいだろう。「等しきものを等しく扱え」という標語に示される、統一的または不変の特質、そして、所与の目的に照らしたとき、目前の諸事例が同じか違うかを判断する際の可変的な標識である。この点で正義は、何が本物か、背が高いか、温かいかといった、適用される事柄の範疇しだいで変化する規準への黙示的な言及を伴う諸観念と似ている。背の高い子どもは、背の低い大人と同じ身長かも知れない。温かい冬は、寒い夏と同じ気温かも知れない。人造ダイヤは、本物のアンティークかも知れない。しかし、正義はこれらの観念よりはるかに込み入っている。異なる事例の間の関連する類似性の判断規準が、適用される主題ごとに変化するばかりか、単一の主題との関係でも異議にさらされる可能性があるからである。

法制度の正・不正を評価するために関連性のある、人々の間の類似点と相違点とは、きわめて明白なこともある。法自体の正・不正ではなく、個別事例への法の適用の正・不正が問題となるときは、特にそうである。そこでは、法を執行する者が留意すべき、人々の間の類似点・相違点は、法自体によって決定されている。殺人を禁ずる法が正義に即して適用されたということは、当該法が禁ずる行為の実行者に対し、かつそうした実行者に対してのみ、公正に適用されたことを意味する。いかなる偏見も利害も、彼らを「平等に」取り扱うことを妨げなかったというわけである。手続上の規準である「相手方当事者をも聴取すべし」や「誰も自身の事件で裁判官となってはならない」が、正義の要請と考えられてきたし、イングランドやアメリカでしばしば、自然的正義の原則として言及されることも、このことと整合する。これらは、法が関連性のある点で法自体により同様とされる者のすべてに、そしてそうした者だけに適用されることを確保する、公平性あるいは客観性を保障する原理だからである。

　正義のこの側面と、ルールに則ってことを処理するという観念とは、明らかにきわめて緊密である。実際、法を正義に即してさまざまな事例に適用するとは、単に、さまざまな事例で適用されるべきなのは、偏見・利害・恣意を離れた、同じ一般的ルールであることだと言うこともできるだろう。こうした法の執行における正義と、ルールという観念自体との密接な関連のため、理論家の中には、正義と法の遵守とを同一だと考える者もいた。[3]

しかし明らかにこれは、「法」に何か特別な広い意味を与えない限りは、誤りである。こうした正義の説明では、正義の名における批判が、個別事例への法の適用には限られず、法そのものもしばしば、正しいとか不正だと評価されることを説明することができない。実際、有色人種による公園の使用を禁止する不正な法が、当該法に現実に違背した者のみが、しかも公正な裁判を通じて罰せられたという意味で、正しく適用されたと言うことも不条理とは言えない。

法の適用の正・不正を離れて、法自体の批判に話を転ずると、法は、その定めるルールが等しきものを等しく扱うことで正義に適うために、人々の間のいかなる類似点や相違点に着目すべきかを、自身で決めるわけにはいかないことは明白である。そのため、疑念や論争の余地が、ここではより広がる。一般的な道徳的・政治的見解の間の根本的相違は、人間のいかなる特質が、法を不正として非難するにあたって関連性があるかについて、和解の不可能な対立を導きかねない。先に挙げた例で、有色人種による公園の使用を禁ずる法を正義に反するとしたが、それはこの種の施設の配分に関しては、肌の色は関連性がないとの論拠に基づくものである。確かに現代の世界では、肌の色にかかわらず、人間が思考、感情、そして自制の能力を持つことは一般に——普遍的では必ずしもないが——法が留意すべき人々の間の肝要な類似点として認められている。かくして、文明化した国々では、（自由を制約するものだけでなく、多様な害悪からの保護を供与するものとしての）

刑事法および、損害への補償を提供するものとしての民事法のいずれについても、これらの負担や便益の配分において、法が肌の色や宗教的信条といった特性に即して人を差別したならば、正義に反するとされるだろう。もし、この種のよく知られた偏見の焦点ではなく、身長とか体重とか美醜といった明白に関連性のない特質に基づいて法が差別をしたならば、それは正義に反するとともに、滑稽でもあろう。英国国教会に属する殺人者のみが死刑を免除されたら、貴族身分の者のみが文書による名誉毀損（libel）で相手を提訴できるとしたら、有色人種に対する暴行が白人に対する暴行より軽く処罰されるとしたら、そうした法は、およそ人間である以上は平等に扱われるべきであり、これらの特権や免責は何ら関連性ある根拠に基づいてはいないという理由で、現代社会の大部分において不正であるとして非難を受けるだろう。

　実際、現代ではおよそ人間である以上は平等に取り扱われるべきだという原則が深く染み込んでいるため、肌の色や人種による差別が法定されているところでさえ、ほとんど常に、少なくともこの原則へのリップサービスは払われる[4]。こうした差別が非難されるとき、それへの反論としてはしばしば、差別されている人々は、人間としての不可欠の資質が欠けているか十分発達していないとか、残念ではあるが、この差別がされない限り危機にさらされるより重要なものを維持するため、平等取り扱いを求める正義の原則は犠牲とせざるを得ないとの主張が提示される。しかし、リップサービスが広く見られるとはいえ、こうしたよくある巧妙な理屈に訴えて差別や不平等を正当化せず、およそ人間である以上は平等に取り扱われるべきだという原則をあからさまに拒絶する道徳を想定することも可能ではある。むしろ、人類はいくつかの階級に、生来かつ不変な形で分類可能であり、一部の人間は生まれつき自由に適しているが、他の人間はその奴隷に、あるいはアリストテレスの言い方を借りると、他者にとっての生きる道具に相応しいと想定されるかも知れない。[5]ここには、人間の（反証がない限りの）一応の平等という感覚が欠けている。この種の見解はアリストテレスやプラトンに見られる。しかしそこでさえ、奴隷制を十分に擁護するには、奴隷は独立した生存の能力がないとか、善き生の理念を実現する能力において、自由人とは異なることの論証が必要だとされている。

したがって、関連性のある類似点や相違点の標識が、しばしば、所与の人や社会の根本的な道徳観によって変化しうることは明らかである。そうだとすると、法が正義か不正義かの評価は、異なる道徳に支えられた反論に出会う可能性がある。しかし、問題の法が実現しようとしているはずの目的を勘案すれば、正しい法が注意を向けるべき類似点と相違点を解明することができ、ほとんど論争の余地がないこともあり得る。もし窮乏者の生活保護を目的とする法であれば、「等しきものを等しく扱え」という原則の要請は、確実に、保護を求めるさまざまな者のニーズに着目すべきだろう。同様のニーズの標識は、租税負担が累進課税方式の所得税により、納税者の富に応じて調整されるときも、暗黙のうちに取り入れられている。問題となる法の執行がかかわる、特定の役割を遂行する能力が関連性を持つこともある。子どもや精神障害者の選挙権、遺言作成や契約締結の権限を否定する法は、こうした人々は正常な成人が持つはずの、これらの権限を理性的に行使する能力を欠くがゆえに、正義に適っていると考えられている。こうした差別は、明白に関連性のある根拠に基づいているが、性別や肌の色によるこれらの点での差別は、そうではない——もちろん、女性や有色人種の差別は、これらの人は、白人男性並みの思考および判断能力に欠けるとして擁護されてきたのだが。このように論ずることは、もちろん、ある役割を果たす能力が等しいことが、こうした法における正義の標識であることを承認することである——女性や有色人種にそうした能力が欠けている証拠がない以上、この原則に払われているのは、やはりリップサービスに過ぎないが。

ここまで、人々に負担や便益を配分するものと考えられる法の正義および不正義を検討してきた。便益の中には生活保護給付や食物給付のように有形で具体的なものもあり、刑事法の供与する身体への害悪からの保護や、遺言や契約の能力、選挙権にかかわる法が提供する便益のように、無形のものもある。この広い意味での配分の中から、ある者が他者に加えた損害の賠償を区別する必要がある。[6] ここでは、何が正義かと、正義の核心的指針である「等しきものは等しく、異なるものは別異に扱え」との関係は、たしかに直接性の程度が薄まる。しかし、見分けがつかないほど薄まるわけではなく、次の点には見出すことができる。ある者が他者に加えた不法行為や権利侵害について賠償を定める法は、二つの異なる理由で正義に反すると判断される可能性がある。まず、そうした法は、不公正な特権あるいは免除を定めていると判断されるかも知れない。貴族身分の者のみが文書による名誉毀損で提訴が可能だとしたり、白人が有色人種から物の侵害（trespass）や身体への暴行（assault）について責任を問われることはないとすれば、そうであろう。こうした法は、直接的な形で、賠償の権利・義務を公平に配分すべきだという原理に違反している。しかし、この種の法は、全く別の点で正義に反するかも知れない。つまり、不公平な差別はしていないものの、ある者が他者に加えた損害について、道徳的には賠償すべきだと考えられるにもかかわらず、一定の損害について救済が全く定められていないかも知れない。この点で、その法はすべての者を等しく扱っているにもかかわらず、正義に反している。

　後者のような法の欠点は、悪しき配分をなす点にはなく、道徳的に見て他者に対して加えてはならない損害についての賠償をすべての者に等しく拒絶する点にある。こうした救済の不正な拒絶のきわめて露骨な例は、いわれのない身体的損害を被っても、誰も賠償を得られないとする法秩序である。この不正義は、たとえ刑事法がこうした暴行を刑罰で禁止したとしても、解消されないことは注意に値する。ここまで露骨な例は見つからないが、イングランド法がプライバシー侵害への賠償を認めていないことは——新聞社にとってはしばしば利益になるものの——この点でしばしば非難されてきた。[7] 他方、不法行為法および契約法の細かな法技術が、道徳的に悪行とされる行為により、他者の負担における「不当利得」を認めることになっている点も、道徳的に要請される賠償の否定であり、正義に反するとして非難の的とされている。

損害賠償にかかわる正・不正と、「等しきものは等しく、異なるものは別異に扱え」という原理との関係は、法とかかわるような人々は、他人を害する一定の行為を差し控えるよう求める権利を相互に有するという、法以前の道徳的確信が存在する事実にある。少なくとも手ひどい害悪を禁止する相互的権利・義務のこうした構造は、あらゆる社会集団の道徳の——そのすべてではないにしろ——基礎にはなっている。その結果、人々の間に、生来の不平等を相殺する道徳的で、ある意味、人工的な平等性が作り出される。道徳律がある者に対して——彼の腕力や狡知のゆえに咎められることなくそうできる場合でも——他者から強奪したり暴行を加えたりすることを禁ずるならば、強者や知恵者も弱者や愚者と同等の立場に置かれるからである。彼らは道徳により他者と等しくされる。かくして、道徳を無視して腕力を頼みに他者を害する強者は、道徳によって確定されたこの均衡、ないし平等な秩序を破壊するものとみなされる。そこで正義は、加害者がこの道徳的な原状(status quo)を可能な限り回復すべきことを要求する。窃盗のような単純な事例では、盗品を持ち主に返すだけで足りるだろう。他の損害に対する賠償は、こうした原初的観念の延長線上にある。他者の身体を故意または過失で傷害した者は、被害者から何かを奪ったものとみなされる。文字通りにそうしたわけではないが、この比喩は行き過ぎたものではない。彼は被害者の負担において利益を得たからである――それが、被害者を傷つけようという願望を果たしたこと、あるいは十分な注意を払う義務を怠り気楽に過ごしたことからだとしても。かくして、正義が要請する場面で、法が賠償を命ずるなら、法は間接的ながら「等しきものを等しく扱え」という原理を是認している――被害者と加害者が同等の地位に立ち、等しくなる道徳的原状を、それが傷つけられた後に回復するよう定めているからである。ここでも、人々をこうした問題について相互的平等性の下に置かない道徳観は想定し得る。そうした道徳律は、夷狄（Barbarian）がギリシャ人を襲うことは禁じるが、ギリシャ人が夷狄を襲うことは許すかも知れない。そうなると、夷狄はギリシャ人への加害について道徳的に賠償すべきだが、彼自身は賠償を受ける資格はないこととなり得る。ここでの道徳秩序は、被害者と加害者が別異に取り扱われる不平等なものである。こうした道徳観は、われわれにとっておぞましく見えはするが、そこでの法は、こうした相違を反映し、異なるものを別異に取り扱うときにのみ、正義に合致することになるだろう。

以上の簡単な正義の概観においては、正義に適うと称賛される法に認められるべき美徳の特殊なあり方を示すため、その単純な適用のいくつかのみを検討してきた。正義は、法が持ち得る他の価値と異なるだけでなく、ときに、正義の要求は他の価値と衝突し得る。裁判所が、ある犯罪者に対して、頻繁に発生する犯罪につき、同様の他の事案よりも厳しい処罰を下し、「警告として」そうすると公然と述べたとする。そこでは「等しきものを等しく扱え」という原理が、社会一般の安全と福祉のため、犠牲とされている。民事事件で、何らかの道徳的な害悪が加えられているにもかかわらず、賠償を執行するには証明がきわめて困難であったり、裁判所の負担過重を招いたり、不当に企業活動を阻害したりするために法がその救済を定めていない場合も、同様に、正義と一般利益との衝突が後者にとって有利に解決されている。いかなる社会でも、道徳的な害悪が加えられている場合でも、可能な法の執行の量にはおのずと限りがある。逆に、法は社会の一般利益の名の下に、加害者に対して、道徳的には相応とは考えられないにもかかわらず、賠償を命ずることがあり得る。不法行為において厳格責任——加害の故意や注意義務違背の有無にかかわらない責任——が問われる場合が往々にしてそうだと言われる。(8) こうした責任の形態は、ときに、偶然に被害を受けた者が賠償されることが「社会」の利益となる——その最も簡便な方法は、たとえいかに注意深く統御されていたとしても、事故を招いた事業の主体に責任を負わせることだ——として根拠づけられる。彼らは通常、資力があり、保険に入る機会もある。こうした擁護がなされるとき、暗黙のうちに訴えかけられているのは——たとえ道徳的に受容可能であり、「社会正義」と呼ばれることさえあるとしても——二人の個人の間の原状を、可能な限り回復するにとどまる正義の原初的形態とは異なった社会一般の福利である。

正義の理念と社会的利益ないし福利の観念を結ぶ重要な結節点に留意する必要がある[9]。すべての人の福利を同様に促進したり、すべての人にとって同様に好ましい社会改革や法はごくわずかである。警察の保護や、道路の提供といった最も基本的ニーズを定める法のみが、それに近い。大部分の場合、法は社会の一部の人々に便益を提供する代わりに、他の人々から便益を奪い負担を課す。貧困層へのサービスは、他者の財産を使ってしかなし得ない。すべての児童への公教育を強制することは、自分の子どもを私的に教育したい人々の自由を奪うだけでなく、産業投資、老齢者年金、無料医療サービスの縮減や犠牲においてのみ財政的にまかない得るかも知れない。こうした競合する選択肢の間での選択がなされる際は、「公共の利益」または「共通の利益」になるとの論拠で、適切だと擁護されるだろう。こうした言い回しが何を意味するかは明確とは言えない。さまざまな選択肢による共通の利益への貢献度を測り、より多いものを確定する物指しがあるとは思えないからである。しかし、社会のすべての構成部分の利益を予め検討することなくなされた選択は、単に党派的だとか不正だとして非難されることは明らかである。もしすべての構成部分の利益要求が立法前に公平に検討されれば、この非難からは免れることができる。たとえ結果として、ある部分の要求が他の部分の要求に従属することになったとしても。

多様な集団や利益の競合する要求の間での選択が「共通の利益」のためになされたという主張が意味し得るのは、すべての要求が決定前に公平に検討されたことにとどまると考える者もいるだろう。この主張が真実であると否とにかかわらず、この意味での正義が、少なくとも共通の利益への貢献を標榜する立法的選択が満たすべき必要条件であることは明らかだと思われる。ここには、われわれが検討してきた単純な形態とは異なる、配分的正義のさらなる側面が示されている。ここでは、正しく「配分」されたのは、請求者の間での特定の便益そのものではなく、多様な便益への競合する諸要求への公平な注意と、その公平な検討だからである。

第2節　道徳的責務と法的責務

道徳の一部を構成する正義は、第一次的には、個別の行為ではなく、人々の集合（classes）が取り扱われる仕方にかかわる。法その他の公的・社会的制度を評価する際に正義が有する特別な意義は、この点にある。それは徳性の中でも、最も公的で、最も法的なものである。しかし、正義の諸原則は、道徳の理念を描き尽くすものではないし、法に対する道徳的批判のすべてが正義の名においてなされるわけでもない[10]。法が道徳的に邪悪だと非難されるのは、単に、道徳が人に禁ずる行為をするようその法が要求しているからかも知れないし、道徳的にすべき責務のある行為をしないよう要求しているからかも知れない。したがって、個人の行動に関係する原理、ルール、規準のうち、道徳に属するもの、行動を道徳的に義務づけるものを、一般的な形で特徴づける必要がある。ここでは、二つの関連する困難が立ちふさがる。第一の困難は、「道徳」ということばや「倫理」といった他の関連することばやほとんど同義のことばが、それ自体かなりの曖昧さ、つまり「綻び」を持つことである。いくつかの原理やルールについては、それを道徳だと考える者も、そうではないと考える者もいる。第二に、この点について合意が達成でき、一定のルールや原理が疑いなく道徳に属することが受け入れられたとしても、それらの身分（status）や他の人的知識・経験との関係について、なお大きな哲学的な見解の対立が残り得る。それらは、人為によることなく人の知性による発見を待つ、この宇宙の構成要素たる不変の原理なのか。それとも、変転する人間の態度、選択、要求、情緒の表れなのか。これは、道徳哲学における二つの極端な立場の素朴な定式化である。それらの間には、多くの錯綜した微妙な変種があり、それらを哲学者たちは、道徳の本性を解明する努力の中で展開してきた。

以下の説明では、こうした哲学的困難は回避するつもりである。後に、[11]「重要性」「意図的変更の不可能性」「道徳的罪過の意図的性格」「道徳的圧力の形態」という項目の下で、「道徳的」と通常言われる行動の原理、ルール、規準に常に見られる主要な四つの特質を指摘する。これら四つの特質は、こうした規準が社会生活や個人の生活で果たす特徴的で重要な働きの多様な側面を反映している。それだけでも、これら四つの特質の内容を別途、検討し、中でも、法と対照させ、対比すべき十分な理由となるだろう。さらに、道徳がこれら四つの特質を有するとの主張は、道徳の身分とその「根本的」性格に関する競合する諸哲学理論に対して中立的である。確かに、すべてとは言わないまでも多くの哲学者は、いかなる道徳的ルールないし原理も、これら四つの特質を必然的に伴うことに同意するだろう――もっとも、彼らは道徳がこれらの特質を伴うことについて、多様な解釈や説明をするだろうが。これらの特質は、道徳を見分けるために必要ではあるが、必要であるに過ぎず、さらに厳格な判断規準からすれば道徳から除外される行動に関するルールや原理から、道徳を区別するには十分ではないと反論されるかも知れない。こうした反論が依拠する事実には後で触れるつもりだが、ここでは広い意味での「道徳」にこだわることとしよう。それが道徳ということばの通常の使用法と合致しており、かつ、この広い意味での道徳こそが、社会生活でも個人の生活でも、重要で特筆すべき役割を果たすからである。

第一に、現実の社会集団の「受容された」あるいは「慣例的」道徳、または、所与の社会の「道徳とされるもの the morality」として、しばしば言及される社会現象を検討しよう[12]。これらの言い回しは、特定の社会で広く共有された行動規準を指すもので、個人の生活を統御するものの他者とは広く共有されていない道徳原理や道徳理念と対比される。社会集団の共有された、または受容された道徳の基本的要素は、すでに第V章で責務の観念を一般的に解明した際に描かれたもので、そこで責務の一次ルールと呼ばれたものである。

こうしたルールは、それを支える真剣な社会的圧力と、その遵守が個人の利益や性向のかなりの犠牲を求める点に特徴がある。第V章では、こうしたルールだけが社会統御の手段であるような段階の社会の姿も描いた。そうした社会では、より発展した社会における法的ルールと道徳的ルールとの明確な区別は存在しない可能性があることが指摘された。主として不服従に対する制裁の威嚇によって維持されるルールと、それ以外の、ルールに対する想定される尊重の念や罪や悔悟の意識に訴えかけることで維持されるルールがあるとすれば、この区別の原初的な形態があると言えるかも知れない。この初期段階が過ぎて、法前の社会が法的社会へ移行し、社会統御の手段が、認定、裁判および変更のルールを含むルールの秩序となると、法的ルールとそれ以外のルールとの対比はより堅固となり、確かなものとなる。公的秩序を通じて同定される責務の一次ルールは、そうして認定されるルールと共存する他のルールからは、今や区別されることになる。実際、この段階に達した英国を含むすべての社会では、法秩序の外側に多くの種類の社会的ルールや規準がある。これらのうちの一部だけが、通常、道徳的と呼ばれる――「道徳的」ということばで、法的でないルールのすべてを指す法理論家もいるが。

こうした非法的ルールは、さまざまな仕方で区別され、分類され得る。特定の行動領域（服装等）のみにかかわるルールや、たまに、意図的に催される機会（儀式やゲーム）のみにかかわるルールのように、射程のきわめて限定されたルールもある。社会集団の全体に適用されるルールもあれば、特殊な階級といった特性や、特定目的のための自発的な結集により区別される、集団内の特定部分のみに適用されるルールもある。同意によって拘束力を持つとされるルールもあるし、同意その他の意図的選択に拘束力が起因しないルールもある。違背したとき、「正しい」振舞いの指摘や注意がなされるだけのものもあれば（礼儀作法や正しいスピーチのルール等）、真剣な非難や侮辱、集団からの一定期間の排除がなされるルールもある。正確な物指しをこしらえることはできないが、これら多様なルールにそれぞれ与えられる相対的な重要性の観念は、それらが要求する個人的利益の犠牲の程度や、社会的同調圧力の強さに反映される。

発達した法秩序を持つすべての社会では、法的でないルールの中に、高度に重要であると考えられ——肝心な点での違いはあるものの——法と多くの類似点を持つものがある。法的ルールの要求を示すために使われる「権利」「責務」「義務」といった用語が、「道徳的」という修飾語とともに、こうしたルールによって要請される作為・不作為を示すために使われる。どこの社会でも、法的責務と道徳的責務は、部分的には重なり合うものである——道徳的責務に比較すると、法的責務の要求はより具体的であり、より詳細な例外規定で限定されているものだが。特徴的なことだが、道徳的な責務・義務は、多くの法的ルールと同様、当該集団の生活に日常的に反復して起こる諸状況で、何をなし、何をなさざるべきかにかかわるもので、意図的に催された機会での稀な、あるいはたまたまの行動にかかわるものではない。こうしたルールが要求するのは、不作為であるか、または遂行に特殊な技術や知識を必要としないという意味で、単純な作為である。道徳的責務は、多くの法的責務と同様、普通の大人の能力の範囲内のものである。こうした道徳的ルールの遵守は、法的ルールの遵守と同様、当然のこととされ、違背すれば大変な非難を受けるが、遵守することは、法の遵守と同様、称賛の対象とはならない——例外的な道義心や忍耐が要求されたり、あるいは特別な誘惑に抵抗するといった場面での遵守でない限りは。道徳的責務・義務は、さまざまな分類が可能である。比較的特殊な、社会のメンバーのすべてが占めるわけではない継続的職務や役目にかかわるものもある。家族を扶養する父親や夫の義務がそうである。他方、すべての普通の大人が生涯にわたって遵守すべき一般的義務（暴力を差し控える等）もあれば、他者と特別な関係に入ることで負う一部のメンバーだけの特殊な責務（約束を守る責務、面倒になったことのお返しをする責務等）もある。

こうした最も基本的な種類の道徳的ルールで認められた責務や義務は、社会によっても変わり得るし、同一の社会でも時代によって変化しうる。中には、集団の健康や安全のために求められることについての、ひどく誤った信念や、ときには迷信を反映しているものもあるだろう。夫の火葬の火中に身を投げることが未亡人の義務とされる社会もあれば、自殺は共有された道徳への違背だとされる社会もあるだろう。多様な道徳律の中には、ある社会の風変わりではあるが現実の必要に答えるものも、また迷信や無知に基づくものもあるだろう。しかし、社会道徳が法から区別され得る段階に達した場合も、社会道徳の中には――人間とその生きる世界が、最もなじみ深い、明白な諸特質を持ち続ける限りは――いかなる社会の存続にとっても不可欠な責務・義務、つまり個人的性向や利益の抑圧を求める一定の責務・義務が常に含まれる。社会生活にとって必要性の明らかなこうしたルールの中には、暴力を気儘《きまま》に振るうことを禁止し、または少なくともその抑制を求めるルール、他者との付き合いにおいて一定の正直さと誠実さを求めるルール、物の破壊や他者からの奪取を禁ずるルールが含まれる。もし、こうした最も基本的なルールの遵守が、互いに近接して生活する集団のメンバーの間で当然のこととされていなければ、その集団を社会と呼びうるかは疑わしいし、遠からずその集団が崩壊することが確信できる。

責務・義務にかかわる道徳的および法的ルールの間には、したがって、一定の刮目すべき類似性があり、そのため、共通の用語が使われることは偶然とは言えないことが分かる。その類似性は、以下のように要約できるだろう。両者はともに、拘束される個人の同意の有無とは無関係に拘束力を持ち、同調へ向けた真剣な社会的圧力によって支えられる。両者とも、遵守することは称賛の対象とはならず、当然なすべき社会生活への最低限の貢献と考えられる。さらに両者とも、特別な活動や場面ではなく、生きる上で、日常的に繰り返される状況での人々の行動を統御するものであり、また、ある社会に固有の現実的あるいは空想上の必要性に対応するものも含み得るが、両者とも、人間の集団が共に生きる以上は明らかに遵守の必要な要求もする。人の身体や財産に対する暴力の禁止、正直さや誠実さの要請は、法と道徳のいずれにも見られる。[13]しかし、こうした類似性にもかかわらず、法と道徳との間に共有し得ない点があることも明らかである——法理学の歴史を通じて、こうした点を定式化することはきわめて困難であることが判明してはいるが。

この本質的相違を要約した形で示そうとする最も著名な例は、法的ルールは「外的な」行動のみを要求し、動機その他の、行動の「内的な」付随物には無関心であるが、他方、道徳は特定の外的行動ではなく、善き意思、適切な意図ないし動機を要求するという理論である。[14]この理論は、法的ルールと道徳的ルールとは、適切に理解するならば、同一の内容ではあり得ないという驚愕すべき主張に帰着する。そこには真実への手掛かりが潜んではいるが、このままではきわめてミスリーディングである。それは、道徳の一定の重要な特徴、とくに道徳的非難と法的制裁との相違から、誤って引き出された主張である。誰かが道徳的ルールで禁止されたことを行い、あるいは要求されたことをしなかったとき、彼が意図することなく行ったとか、十分な注意をしたのに行わなかったという事実は、道徳的非難に対する弁解となる。他方、法秩序、法慣習は、意図することなくルールに違背したり、無「過失」の場合でも制裁を受ける「厳格責任」のルールを含むことがある。道徳における「厳格責任」の観念がほとんど概念矛盾であることは確かにその通りであるが、法秩序においては、「厳格責任」は批判の対象となり得るにとどまる。しかし、このことは、道徳が善き意図、意思または動機のみを要求することを意味しはしない。実際、この主張は、後に見るように、弁解（excuse）という観念と行動の正当化（justification）という観念の混同につながる。

それでも、この混乱した議論には、戯画化されてはいるが重要な何かが潜んでいる。法と道徳との違いは、道徳の「内的性格」と法の「外的性格」の対比とつながっているとの曖昧な感覚は、法と道徳に関する考察での主題として繰り返されてきたもので、全く根拠がないとは言い切れない。それを捨て去るのではなく、法的ルールばかりでなく他の類型の社会的ルールからも区別される、道徳の主要な、相互に関連し合う四つの特質を概略的に述べた言明として扱うことにしよう。

(i) 重要性　いかなる道徳的なルールや規準であれ、その不可欠の特質は、大変に重要で維持されるべきものと考えられていることだと言うのは、分かりきったことでもあるし、曖昧にも見えるだろう。しかし、この特質はいかなる社会集団や個人の道徳であっても、その実態に即した解明のためには、見逃すことができない点であると同時に、それ以上には明確化し得ないものでもある。それはいろいろな形であらわれる。第一に、道徳的規準は、それが抑制する強い感情の抗いにもかかわらず、しかも、個人的利益の相当の犠牲において、維持されるという単純な事実において。第二に、個別事例での同調を得るためだけでなく、社会全体において、道徳的規準を当然のこととして教育・伝達するために行使される社会的圧力の強さにおいて。第三に、道徳的規準が一般に受容されないとしたら、人々の生活において広範囲に渡って嫌悪すべき変化が生ずるだろうという一般的認識において。道徳と比べると、行儀作法や服装のルール、そして、すべてではないにしろ、若干の法的ルールは、重要性の程度において、比較的低く位置づけられる。それらは、従うことが面倒なことはあるが、さほどの犠牲を要求するものではなく、同調を得るために行使される圧力が大きいわけでもなく、たとえ遵守されず、変容を被ったとしても、社会生活の他の領域で大きな変化が起こるわけでもない。道徳的ルールの維持に与えられる重要性の多くは、それなりに合理的な筋道で簡単に説明できるかも知れない。拘束される者に対して個人的利益を犠牲とすることを要求するものの、その遵守はすべての人が同様に享受する不可欠な利益を確保する――人々を明白な害悪から直接に守ったり、許容し得る秩序立った社会の骨格を維持したりすることで。しかし、多くの社会的道徳は、明白な害悪からの保護がそうであるように、こうした仕方で合理性を擁護できるかも知れないが、この単純な功利主義的説明は、常に可能なわけではない。また、可能な場合でも、それが道徳を守って生きる人々の見方を示しているとは限らない。結局のところ、どんな社会でも、最も顕著な道徳は性行動にかかわるものだが、それに付与される重要性が、それが禁止する行動が他者にとって害悪となるとの信念に結び付いていることは、明らかとは言えないし、こうしたルールが実際のところ、常にこうした形で正当化され得ることを証明することはできない。道徳が神からの命令とはみなされない現代社会においても、他者への害悪の計算は、同性愛の禁止のような性行動への道徳的規制に与えられる重要性を説明しない。性的役割や意識は、すべての者にとって重要であり、情緒的関心事なので、受容された通常の形態からの逸脱は、容易に本性的な「恥辱 pudor」と、つまり重要性と結び付く。それらは、その社会的害悪に関する信念からではなく、単に「自然に反し」それ自体不快なものとして、嫌悪される。しかし、この種の断固たる社会的禁圧に道徳の資格を否定することは不条理であろう。実際、性道徳はおそらく、一般人が、これが道徳だと考えるものの最も顕著な局面である。もちろん、社会が道徳をこうした「非功利主義的」な仕方で見ることは、そのルールが——その維持が無意味だとか多大な犠牲を伴う場合——批判や非難から免れていることを意味しない。

法的ルールは、すでに見たように、同一の行動を要求したり禁止したりする点で、道徳的ルールと対応することがある。そうした法的ルールは、対応する道徳的ルールと同様に、重要だと考えられるだろう。しかし重要性は、道徳的ルールほどには、法的ルールであるために不可欠ではない。法的ルールは、その維持がさほど重要でないと一般に考えられることもあり得る。たいていの人が、それが廃止されるべきことに同意するかも知れない。しかし、廃止されるまでは、それは法的ルールであり続ける。他方、誰も重要だともはや思わなくなり、維持するに値しないと考えるルールを、社会の道徳の一部だと考えることは馬鹿げている。古い慣習や伝統で、昔からそうだったからという理由だけで維持されているものは、かつては道徳的ルールであったかも知れないが、その身分は、その遵守や違背に結び付けられた重要性とともに霧散したと言うべきだろう。

(ii) 意図的変更の不可能性　意図的な制定行為によって、新たな法的ルールが導入され、古い法的ルールが変更・廃止されることは、法秩序の特徴である——最高の立法府の権限を成文憲法で制限することで、一定の法が変更から保護されることはあるが。これに対して、道徳的なルールや原理をこうした方法で導入したり、変更・廃止したりすることはで**きない**。この「できない」は、しかし、人間が天候を変えることは「できない」という言明のように、何らかの想定可能な事態が現実には成り立たないことを意味する「できない」ではない。それが主張しているのは、次のような事実である。「一九六〇年一月一日からは、○○を行うことは刑事犯罪となる」とか「一九六〇年一月一日からは、○○を行うことは、もはや違法ではない」と言うことは完全に意味をなす。こうした言明は、制定されたり廃止されたりした法に言及することで基礎づけられる。これに対して、「明日からは、○○を行うことはもはや反道徳的ではない」とか「一月一日から○○を行うことは反道徳的となった」と言ったり、こうした言明を意図的な制定行為に言及することで基礎づけようとすることは、意味不明とは言わないまでも、驚愕すべき逆説となろう。と言うのも、道徳的なルール、原理、規準を、法がそうであるように、意図的行為によって創設・変更されるものとみなすことは、道徳が人々の生活において果たす役割と整合しないからである。行動規準は、人間の決定（fiat）によって道徳としての地位を与えられたり、奪われたりすることはあり得ない。これに対して、制定・廃止といった概念の日常的な使い方を見れば、法についてはそうではないことが分かる。

道徳哲学の多くは、道徳のこうした特質の説明に、つまり、道徳は認識されるべきものとして「そこにある」ものであって、人間の意図的選択によって創設されるものではないことの解明に、あてられている。しかし、説明されている事実は、道徳的ルールに固有とは言えない。そのため、道徳のこの特質は、きわめて重要ではあるが、それだけでは道徳を他の社会的規範から区別する役に立たない。この点では——他の点では違うが——社会の伝統は道徳に似ているからである。伝統も人間の決定によって制定したり廃止したりすることはできない。イングランドの新設のパブリック・スクールの校長が、次学期からは、年長組の生徒は特別の制服を着るのがわが校の伝統だと宣言したという、出処の定かでない物語の滑稽さは、全くのところ、伝統の観念と意図的な制定・選択とが論理的に両立しないことから来るものである。ルールが伝統の身分を得たり失ったりするのは、成長して慣行となり、実践されなくなり、廃れていくことによってである。こうした緩慢な、意図によらないプロセスによって生まれたり、失われたりする以外に、ルールが伝統としての地位を得たり失ったりすることはあり得ない。

道徳や伝統が、法のようには、立法によって直接に変更されることがないという事実は、他の形態の変更を被ることがないことを意味しない。実際、道徳的ルールや伝統は意図的な選択や制定行為によって廃止・変更されることはあり得ないが、法の制定や廃止が、道徳的規準や伝統の変更や衰退の原因となることはあり得る。ガイ・フォークス（Guy Fawkes）の夜祭のような伝統的な慣行が法で禁止され処罰されたなら、慣行は廃れ、伝統は消え去るだろう。逆に、法が特定の階級に軍役を要求することで、そこから遂には伝統が生まれ、法の廃止後も、伝統は生き残るかも知れない。また、制定法により正直さや情愛の規準を定めることで、ついには現在の道徳を変更したり高揚させたりすることも可能かも知れない。逆に、道徳的責務だと思われている慣行を法的に抑圧することで、その重要性の意識、そして道徳としての身分を失わせることもあり得る。しかし、しばしば法は、深く染みついた道徳との闘いに敗れ、道徳的ルールは、それを禁圧する法と相並んで、人々の行動を統御し続ける。

法が一つの原因となる伝統や道徳のこうした変化のあり方は、制定法の変更や廃止と区別されねばならない。制定行為による法的地位の獲得や喪失は、制定された規定の「法的効果」と呼ばれることがあるが、それは道徳や伝統に対する制定法の影響のような、因果的変化ではないからである。明確で妥当な法の制定が道徳の変化をもたらすか否かは、常に疑い得るが、明確で妥当な法の制定が法の変更をもたらすか否かについて、そうした疑いの余地のないことを見れば、この相違がすぐに分かる。

道徳や伝統が意図的制定行為による変化と両立し得ないことは、また、多くの法秩序における、憲法の制限条項により一定の法に付与される変更からの免除とも、区別されねばならない。こうした免除は、法が法であるための必然的要素ではない。この免除は憲法の改正により除去され得るからである。こうした立法的変更からの法的免除と異なり、道徳や伝統が意図的に変更されることがないという事態は、社会により、時代により、変化することはない。それは、これらのことばの意味に内在している。法制定行為が法を創設・変更するように、道徳を創設・変更する権限を持つ道徳議会という想定は、道徳という観念そのものと相容れない。後で国際法を検討する際に、(当該秩序の欠陥とみなされ得る)議会の単なる事実上の不在と、ここで強調された、道徳的ルールや規準が立法で創設・廃止され得るという観念に潜む根本的矛盾との区別の重要性を理解することになる。

(iii) **道徳的罪過の意図的性格**　道徳は「内的」なものとのみかかわり、法は「外的」行動のみとかかわるという古い観念は、部分的には、ここまで述べた二つの特質を誤って記述した結果である。しかし、それはしばしば、道徳的責任と道徳的非難の主要な特質を描くものとして扱われる。もし、外形的に見て、その行動が道徳的ルールか原理に反すると判断された者が、その行動を意図することなく、そして、可能な最大限の注意を払ったにもかかわらず、そう行動したことを立証したなら、彼は道徳的責任を免れ、彼を非難することは、それ自体、道徳的に好ましくないとされるだろう。彼はなし得ることはすべてしたのだから、道徳的非難は斥けられる。発達した法秩序ではどこでも、同様のことがある程度までは当てはまる。刑事責任の一要素としての一般的な故意過失（mens rea）の要求は、過失がなく、意識がなく、または法を遵守する身体的・精神的能力を欠いた状態で犯罪行為に及んだ者を免責するためのものである。もしそうなっていないとすると、その法秩序は深刻な道徳的非難にさらされるだろう――少なくとも、重罰を科される重大犯罪に関しては。

それでも、すべての法秩序において、こうした免責はいろいろな形で限定されている。心理状態の証明が現実に困難である――またはそう主張される――ことから、法秩序は、個々人の実際の心理状態や能力の調査を拒絶し、その代わり、「客観的テスト」――刑事罰に問われている者が、通常の「合理的」人間が有する制御能力や注意を払う能力を有しているとの前提に立つテスト――を用いることがある。[15] 法秩序の中には、「認識上の cognitive」無能力と別の「意思上の volitional」無能力を考慮することを拒絶して、免責事由の範囲を意図および認識の欠如に限定するものもある。また、一定の犯罪について「厳格責任」を課し、通常の筋肉制御能力という最低限の要求以外、故意過失とは無関係に責任を問う法秩序もある。

したがって、法的責任は、責任を問われている者が、違背した法を遵守する能力に欠けていたことを証明したことでは必ずしも免除されないことは明らかである。これに対して、道徳では「避けられなかった」はいつも弁解となる。もし道徳的な「べきだ ought」がこの意味で「できる can」を含意していなかったとしたら、道徳的責務は、現在のそれとは全く異なるものとなっていただろう。しかし、「避けられなかった」は弁解に過ぎないことを理解すること（有効な弁解だが）、そして弁解と正当化とを区別すべきことは重要である。前述したように、道徳が外的行動までは要求しないとの主張は、この二つの混同に起因しているからである。善き意図が道徳的ルールの禁止する行為を行う正当化理由となるのであれば、偶然に、そしてあらゆる注意を払ったにもかかわらず、人を死に至らしめた者の行為に、何ら遺憾とすべきことはないはずである。それは、人が自衛の必要から他者を殺した状況と同様のはずである。後者は正当化される（justified）――そうした状況での殺人は、法秩序が抑圧しようとせず、一般的な殺人禁止に対する例外であることは当然だが、むしろ奨励しさえする行動である。他方、意図なく罪を犯したので免責される（excused）場合、背景にある道徳的観念は、問題の行為は法の方針として許容され、歓迎されさえするというものではない[16]。罪を犯した特定の者の精神状態を調べたところ、法の要求を遵守する通常の能力を欠いていたことが分かったというだけである。かくして、道徳のこの「内的性格」という側面は、道徳が外形的行動を制御しようとしていないことを意味しない。道徳的責任を問うには、当該個人が自身の行動を一定程度、統御し得ることが必要条件であることを意味するにとどまる。道徳においても、「彼は悪いことをしてはいない」と「彼はそれを避けることができなかった」の間には違いがある。

(iv) 道徳的圧力の形態　道徳のさらなる特質は、それを支えるために行使される道徳的圧力の特徴ある形態にある。この特質は、第三の特質と密接に関連しており、それと同様、道徳は「内的」なものにかかわるという曖昧な感覚をもたらすのに大きく寄与している。こうした道徳の理解をもたらした事実は次のようなものである。行動のルールに違背しようとする誰かを思い止まらせるよう説得するにあたって、物理的制裁か不快な帰結の威嚇のみが用いられたとすると、そのルールが当該社会の道徳に属すると考えることは不可能である。他方、このことをもって、そのルールが法に属するとみなすことは妨げられないであろう。実際、法的圧力の典型的形態は、こうした威嚇だと言ってよいであろう。他方、道徳については、典型的な圧力の形態は、それ自体重要なものとしての、ルールの尊重――それは聞き手も共有するものと想定されているのだが――に訴えかけることである。道徳的圧力は、典型的には――いつもそうとは限らないが――恐怖や利害に関する威嚇や訴えかけによらず、問題の行動の道徳的性格や道徳の要求に注意を促すことでなされる。「それは嘘だ」「それは約束違反だ」というわけである。背景には、確かに、制裁への恐れの「内的な」道徳上の類似物が垣間見える。というのも、そうした抗議は、聞き手に恥や罪の意識をかき立てると想定されているからである。彼らはその良心によって「罰せられる」だろうというわけである。もちろん、こうした道徳に特徴的な呼びかけが、物理的制裁の威嚇や、通常の個人的利害への訴えかけと並んで行われることもある。道徳律からの逸脱は、どちらかと言えば非公式な嘲りの表明から交流の断絶、追放にいたるまで、社会からさまざまな敵対的反応を呼び起こすことになる。しかし、ルールの要求に強く注意を促すこと、良心に訴えかけ、罪と悔恨の意識に頼ることが、社会の道徳を支えるために用いられる特徴的で最も顕著な圧力の形態である。こうした方法に頼らざるを得ないことは、道徳的ルールや原理が、その維持がきわめて高度に、かつ明白に重要なものとして、受容されていることの帰結に過ぎない。こうした仕方で支えられることのない規準は、社会生活・個人的生活において、道徳的責務としての特別の身分を得ることはできないであろう。

第3節　道徳的理念と社会的批判

道徳的責務および義務は、社会道徳の基盤であるが、そのすべてではない。しかし、社会道徳の他の類型を調べる前に、今までの道徳的責務の特徴づけの仕方に対する反論を検討することにしよう。前節で、四つの標識を使って道徳的責務を他の社会的規準やルールから区別したが、これらはある意味で、形式的な（formal）標識である。これらはルールや規準が道徳的なものであるために必要な内容について直接言及していないし、社会生活において仕えるべき目的にさえ言及していない。われわれは確かに、あらゆる道徳律には、何らかの形での人または物に対する暴力の行使の禁止や、正直さ、誠実な取引の要請、約束の尊重が含まれることを強調してきた。これらの要請は、人間の本性および自然界の性質に関するきわめて明白な、自明の理のいくつかを前提とするだけで、人々が継続的に、近接して共同生活するためには不可欠であることが分かる。したがって、こうした要請を定めるルールがいたるところで、先に描かれたような道徳的重要性と身分を付与されていないとすれば、驚くべきことと言えよう。これらのルールが要求する個人的利益の犠牲は、われわれのような世界で他者と共に暮らすために払うべき当然の代価であり、それらで得られる保護は、われわれのような存在が他者と意義ある生を送るための最低限度のものである。こうした単純な事実は、次章で述べるように、自然法の学説における抗いがたい真理の核心を構成する。

　多くの道徳理論家は、道徳の定義の中に、今まで提示された四つの標識に加えて、道徳と人間のニーズや利害との、明白であるかに見える関連性を導入しようとする。彼らは、人間の利益に照らした合理的な批判に耐えるものであり、そのため、社会における人間の利益を（おそらくは、公平かつ平等に）促進するものでなければ、道徳と認めることはできないと主張する。[17] 中には、要求される作為・不作為の便益が、当該社会の境界を超えてそうしたルールを尊重する意思や能力を持つあらゆる者に広がるのでない限り、いかなる行動のルールも原理も、道徳的なものとは認められないとさえ主張する者もいる。しかし、われわれは、あえて道徳の意味を広くとり、現実の社会慣行の中で、前述した四つの特質を示すあらゆる社会的ルールおよび規準をすべて含めることとした。そのうちには、今示唆されたような、さらなるテストに照らした批判に耐えるものもあるだろう。中には、そうした批判に耐えられず、非合理的、反啓蒙的、あるいはさらに野蛮だとして非難されるものもあるだろう。われわれがそうしたのは、「道徳的」ということばの通常の用法が、この広い意味を推奨するだけでなく、狭い限定的な意味をとると、ルールに即して生きる人々の生活において同一の機能を果たす社会構造の諸要素を、非現実的な形で分断することになるからである。他者を現に害しない行動を禁ずる道徳は、他害行動を禁ずる道徳と同様に直感的に尊重されるだけではなく、より合理的に擁護可能な他のルールの要請とともに、人の性格を社会が評価する際に勘案され、さらに、人々に期待され、また想定される生き方として一般に受容されるものの構成要素となる。

しかし、道徳が、社会集団の現実の慣行において承認される責務と義務より多くのものを含むことは、真実であるとともに重要でもある。責務と義務とは、道徳の――社会的道徳においてさえも――基盤に過ぎないし、個別の社会で受容され共有される道徳の範囲を超える類型の道徳も存在する。道徳の他の二つの側面がここで留意に値する。第一に、個別の社会の道徳の中にも、道徳的責務・義務を課す体系、および、それらを比較的明瞭に定めるルールと並んで、一定の道徳的理念（ideals）が存在する。それらの実現は、義務がそうであるようには、当然のことではなく、称賛に値する功績とみなされる。英雄や聖者は、義務を超えることを成し遂げた者の極端な例である。彼らが遂行したのは、要求され、し損じることが悪行とされ、非難の対象となるような責務や義務ではない。聖者や英雄より身近な例であるが、社会には、日常生活で発揮される勇敢さ、慈善、博愛、忍耐、貞節等の徳性のため、称賛に値するとされる者がいるものである。こうした社会的に承認される理念や徳性と、社会的責務・義務の一次的な命令との関係は、かなり明確である。他の徳性の多くは、義務が要求する限定された範囲を超えて先に進む能力や性向に存する。他者の利益への配慮やそのために自分の利益を犠牲にすることで、博愛や慈善がその例に当たる。節制、忍耐、勇敢さ、誠実さ等の他の徳性は、ある意味、補助的である。これらは、特別な誘惑や危険に直面した際に、義務の遂行や実質的な道徳的理念の実現に献身する例外的な性格を示している。

道徳のさらなる広がりは、さまざまな仕方で、個別の社会集団で承認された責務や義務の範囲を超えて、社会そのものを道徳的に評価する際に用いられる原理や理念へと向かう。しかし、ここでも原初的な社会道徳の形態との重要な関連性は残っている。われわれの社会であれ他の社会であれ、そこで受容された道徳を評価すると、批判されるべき点が多く見出されるものである。現時点の知識に照らせば、必要以上に抑圧的で、残忍で、迷信じみて、啓蒙されていないかも知れない。それは人の自由を、とくに表現の自由、信教の自由、多様な人生を試す自由を束縛しているかも知れない——束縛によって他者にもたらされる利益は無視するに足るものなのに。中でも、所与の社会の道徳は、害悪からの保護をその社会のメンバーだけに、あるいは一定の階級のみに供与し、奴隷や農奴はその主人の恣意に委ねているかも知れない。この種の批判——それは（結論としては斥けられるとしても）たしかに「道徳的」批判として認められ得るものだが——が暗黙のうちに想定しているのは、（受容された道徳を含む）社会の仕組みは、合理性と一般性という、二つの形式的条件を満たさなければならないというものである。したがって、社会の仕組みは、第一に、誤った信念に基づいていてはならない。第二に、（道徳が作為・不作為を要求することで典型的に供与する）害悪からの保護は、そうした制約を遵守する能力と意思のあるすべての者に供与されねばならないということを、こうした批判は前提としている。自由、博愛、平等、そして幸福の追求等の標語に込められた、社会に対するこうした道徳的批判は、それが、何らかの価値、もしくは、すでにすべての現実の社会的道徳において（不十分かも知れないが）承認されている諸価値の組み合わせの名において、または、合理性と一般性という二つの要請に適合すべく洗練され拡張された諸価値の名において、社会の改革を求めているという事実によって、道徳的性格を認められている。

もちろん、自由や平等の名における、受容された道徳その他の社会的仕組みの批判が、それ自体道徳的批判として認められるという事実は、それを他の諸価値に基づいて否定する議論が道徳的ではあり得ないことを意味しない。自由の制約に対する非難は、自由を犠牲にして社会的・経済的平等や生活の安全を守ることは正当化されると反論されるかも知れない。異なる道徳的価値に置かれる重みや強調の仕方の違いは、調停が不可能かも知れない。それらは、理想の社会に関する根本的に異なる観念に行き着き、敵対する諸政党の道徳的基盤を形成することもあり得る。民主政治が正当化される主な理由の一つは、こうした選択肢の間での実験と修正し得る選択を可能とする点にある。

最後に、所与の社会で一般的に受容された責務を超える道徳の拡張と理念とは、社会の批判という形態を必然的にとるわけではない。道徳には私的な側面があることを忘れてはならない——人が他者と必ずしも共有せず、他者を批判する根拠や社会を批判する根拠になるとも必ずしも考えないが、個々人では承認する理念にこの私的な側面があらわれる。人の生は、英雄的、空想的、美的、または学問的理想への献身で、あるいは、それほど快適ではないが、苦行への献身で統御されるかも知れない。ここでも、われわれが道徳について語るのは、個人の追求する諸価値が、少なくとも社会の道徳において認められた諸価値と類比し得るものだから、との議論はあり得る。しかし、その類比は、内容にかかわるものではなく、形式や役割にかかわるものだろう。こうした諸理念は個人の生活で、道徳が社会において果たすのと同じ役割を果たすからである。それらは、高度に重要なものと位置づけられ、他の利益や願望を犠牲としてもそれを追求することが義務と感じられる。宗旨変えはあり得るものの、こうした理念が意図的な選択によって採択され、変更され、廃止されるという考え方は、非現実的である。最後になるが、こうした理念からの逸脱は、社会的道徳が主として訴えかけるように、同じく、良心、罪の意識、悔恨によって「罰せられる」。

第IX章　法と道徳

第1節　自然法と法実証主義

法と道徳との間にはさまざまな関連性があり、研究を進める上で、これこそが両者の関連性だとして取り上げることが有益なものはない。むしろ、法と道徳との関連性を肯定したり否定したりすることで意味されている多様な事柄を区別することが重要である。ときには、主張されているのが、ほとんど誰も否定しないような関連性であることもある。しかし、論議の余地のないその関連性が、誤って、より疑わしい関係の存在の証拠とされたり、そうした関係それ自体として誤って受け取られることもある。法の発展が、常にまたどこでも、社会集団の慣例的道徳や理念により深く影響されること、さらに、現に受容されている道徳を超える地平からなされる合理的な道徳的批判によって、深く影響されることは疑いの余地がない。しかし、この真実を別の命題の基礎づけと取り違えることもある。

つまり、法秩序は、道徳ないし正義と一定の仕方で適合していなければならないとか、法秩序に服従するべき道徳的責務があるとの広く行き渡った信念に支えられていなければならないといった命題である。また、ある意味では真実かも知れないこうした命題から、ある法秩序で用いられる法的妥当性の標識が、明示的でないとしても黙示的には、道徳ないし正義への言及を含んでいなければならないという結論も導かれはしない。

　これ以外の多くの問題が、法と道徳との関係にかかわると言われるだろう。本章では、そのうち二つの問題のみを扱う――いずれも、他の多くの問題の検討と関係するが。第一は、自然法[1]と法実証主義[2]（Natural Law and Legal Positivism）の論点として記述することがなお啓発的な問題である（とはいえ、両者の呼び名は、法と道徳にかかわる多様な主題をめぐって広く使われるようになってきているが）。ここでは、法実証主義とは、法が道徳の要請を再述したり満たしたりすることは――しばしば実際に見られはするが――いかなる意味でも必然的真理ではない、という単純な主張を意味することとする。ただし、この見解をとる人々は、道徳の性格について黙して語らないか、きわめて多様な立場をとることもあって、法実証主義を否定する二つのきわめて異なる類型の議論を検討する必要がある。第一は、古典的な自然法理論によって最も明確に主張されるものである。それは、人間の行動に関する一定の諸原理があって、人間理性による発見を待っており、人の定めた法が妥当するためには、それらと合致しなければならないというものである。今一つは、道徳について異なる、それほどは理性主義的でない立場をとり、法的妥当性と道徳的価値の関係についても、異なる説明をする。本節と次節では、第一の議論を検討する。

プラトンから今日にいたるまで、人がいかに行動すべきかは人間理性によって発見できるという命題を肯定する（または否定する）厖大な書物を通じて、一方の論者は他方に向かって、こう言っているように見える。「それが目に見えないなら、君は盲目だ」。それに対する答えは、「君は夢でも見ているんだ」である。というのも、理性によって発見可能な真に正しい行動原理があるという主張は、独立の主張というより、生物・無生物を問わず、自然に関する一般的観念の一部として元来主張され、長年にわたって擁護されてきたものだからである。こうした見方は、多くの点で、現代の世俗的な思考様式を構成する一般的な自然観とは正反対のものである。こうしたわけで、批判者から見れば、自然法理論は奥底深く長い年月を経た混乱から産み出されたもので現代の思考はその混乱から解放されているが、自然法理論家からすれば、批判者は深層の真理を理解せず、表層の瑣末事にこだわっているだけのように見える。

かくして多くの現代の批判者は、適切な行動に関する法が人間理性によって発見可能だとの主張は「法」ということばの単なる曖昧さに依拠しており、この曖昧さがあばかれれば、自然法は息の根を止められると考えてきた。『法の精神』の第一章での、無生物である星も動物も「その本性の法」に従うのであれば、人がそうしないとすれば罪を犯すことになるだろうというモンテスキューの主張を、ジョン・スチュアート・ミルが批判したときも、(3)この道筋をとっている。ミルによれば、この主張は、自然界の変化や規則性に関する法則と、人々に特定の仕方で行動するよう要求する法との古来からの混同のあらわれである。観察や理論によって発見することができる自然界の法は「記述的 descriptive」と言うことができ、科学者はそうして発見する。後者は事実の言明や記述ではなく、「指令 prescription」であって、人が特定の仕方で行動すべきことを命じているため、観察や理論によって確定することはできない。モンテスキューの問いに対する答えは、単純である。「指令的な法は違背されても法である。人がそうするよう言われたことをしなかったというだけであるから。しかし、科学的に発見された自然界の法について、違背され得るとか、され得ないとか言うこと自体、意味をなさない」。星の規則的運動を記述するはずの科学的な法に反して星が動いたとすれば、法は違背されたのではなく、「法」としての地位を失ったのであって、別の定式化が必要となる。「法」の意味に関するこうした相違は、関連語である「なければならない must」「拘束される bound to」「すべきだ ought, should」等のことばの系統的な意味の相違と対応する。この見方からすれば、自然法への信念はきわめて単純な虚偽論に帰着する。法と関連する用語群の持つきわめて異なる意味を見損なっているわけである。「君は軍務に就くべく、出頭しなければならない（bound to）」と「風向きが北に変われば寒くなるはずだ（bound to）」とのきわめて異なる意味を理解し損なっているのと同様である。

ベンサムやミルのような、最も苛烈な自然法の批判者はしばしば、こうした法の異なる意味の混同が、自然界の観察可能な規則性は宇宙の神なる支配者の命令によるものだとの信念の残滓に由来するとしてきた。この神権政治的世界観からすると、重力の法則と十戒――人類に対する神の法――の違いは、ブラックストンが主張したように、相対的に瑣末なもので、被造物のうち人間のみが理性と自由意思を備えているという点にのみある。(4) 自然法はしかし、つねに神なる支配者や宇宙の立法者への信仰と結び付いてきたわけではなく、また、そうした場合でも、その特徴的教義は、そうした信仰に論理的に依存しているわけではなかった。自然法における「自然」ということばの関連性のある意味合いも、現代人にとってはきわめて明白で重要な指令的法と記述的法の相違を極小化する一般的な見方も、その根源は、この点に関する限りきわめて世俗的なギリシャ思想にある。実際、自然法論が姿形を変えつつ、持続的に繰り返し主張されてきた理由の一端は、その内容が神的・人的権威とは独立していること、また、ことば遣いや今ではほとんど受け入れられない形而上学にもかかわらず、道徳および法を理解する上で重要な基本的真理を含んでいる点にある。ここでは、これらを形而上学的背景から切り離し、より単純なことば遣いで再述することにしよう。

現代人の世俗的思考にとって、無生物と生物の世界、動物そして人類の世界は、一定の規則的関連性を示す、反復する事象および変化の舞台である。こうした関連性の少なくとも一部を、人類は発見し、自然法則として定式化してきた。自然を理解することは、現代人の見方では、自然の一定部分にこうした規則性に関する知識を押しつけることである。現代の偉大な科学理論の構造はもちろん、観察可能な事実、事象、変化を単純に反映してはいない。しばしば、こうした理論の大部分は、観察可能な事実と直接には対応しない抽象的な数学的定式から構成されている。観察可能な事象や変化と科学理論との関係は、こうした抽象的定式から、観察可能な事象によって確証または反証され得る一般的言明が導出されるという事実にある。自然の理解を進めるという科学理論の主張は、したがって最終的には、規則的に生起する事象に関する一般化に依拠して、生起する事象を予測する理論の力に依存する。重力の法則や熱力学の第二法則は、現代的な思考様式にとっては自然法則であり、観察可能な現象の規則性に関してもたらされる情報の単なる数学的構成以上のものではない。

自然法論は、観察可能な世界がこうした規則性の舞台にとどまらないという、より古い自然観に属する。自然の知識は、単に規則性に関する知識ではない。むしろ、このより古い見方からすると、人間、動物、無生物等、名前を持つすべての存在は、それ自身の存在を維持しようとするだけでなく、固有の善である定められた最適の状態、言い換えれば、それに適する究極の目的(end, τέλος, finis)を目指すものと考えられる。

これは、事物が到達する卓越性の段階の観念を内に含む目的論的自然観である。所与の種類の事物がそれ自身の固有の、または適合的な目的へと進む階梯は規則的であり、その事物特有の変化や行動、発展の様式を描く一般的言明として定式化できるかも知れない。その限りで、目的論的自然観は、現代的思考と重なり合う。違いは、目的論的自然観からすると、規則的に生起する事物は、単に規則的に生起するのではないと考えられること、そして、それが規則的に起こるか否か、それが規則的に起こるべきか否か、さらにそれが規則的に起こることが善いか否かは、別々の問題ではないことである。逆に(「偶然」に帰せられる稀にして奇怪な例外でない限り)、一般的に生起することは、当該事物の固有の目的ないし到達点への一段階を示す、善きこと、または起こるべきこととして説明され、評価される。事物の発展の法は、したがって、なぜそうあるべきかと、いかにしてそれが規則的に動き、変化するかをともに説明すべきである。

自然に関するこうした思考様式は、抽象的に述べると奇妙に思える。しかし、現在でもわれわれが少なくとも生物に言及するときの仕方を想起すれば、それほど奇妙ではなくなる。目的論的な見方は、生物の発達を描く際によく使われる仕方に反映しているからである。ドングリの場合、オークの木への成長はよく起こることであるばかりでなく、その腐敗(それもよく起こる)と違って、成長の最適の段階と認められるし、それに照らして、中間の諸段階も説明されたり、善い悪いと判断されたりするし、さまざまな木の部分や構造的変化の「諸機能」もそれに照らして見定められる。木が「十分に」また「適切に」成長するよう必要な水分をとるためには、木の葉が正常に生い茂ることが必要となるし、水分の供給は葉の「機能」である。かくしてわれわれは、その成長を「自然に生起すべきこと」と考え、そう語る。無生物の動きや運動の場合、こうした描き方は、人間が一定の目的のために設計した人工物でない限り、さほど説得力がない。石が地面に落下するのは、馬が厩に帰るように、適切な「目的地」またはそれに「適した場所」に帰るためだという考え方は、今では喜劇的である。

実際、目的論的自然観を理解する上での困難の一つは、この見方が規則的に起こることに関する言明と、起こるべきことに関する言明の相違を極小化するために、現代的思考にとって重要な相違、つまり自身で目的を意識し実現しようとしながら行動する人間と、他の生物・無生物との相違をも極小化してしまう点にある。目的論的自然観からすると、他の事物と同様、人間も定められた固有の最適な状態または目的に向かうものとされ、他の事物と違い、彼がそれを意識しながらすることは、彼と彼以外の自然との根本的な相違とはみなされないからである。この人間にとっての目的ないし善は、部分的には、他の生物と同様、生物的な成熟と身体能力の発達の条件である。しかし、人間特有の要素として、思考と行動にあらわれる精神と性格の発達と卓越性とが含まれる。他の事物と違い、人は理由づけと省察を通じて、精神と性格の卓越性を獲得することが何を意味するかを発見し、それを願望する。しかし、目的論的世界観からすれば、この最適の状態は、彼が望むからこそ人の善ないし目的となるのではなく、すでに自然な目的であるからこそ、彼はそれを望むのである。

また、この目的論的な見方は、われわれが人について考え、語る仕方にも残っている。それは、われわれが何かを、満たされるべき人のニーズ（needs）として同定するとき、また、人にしたこと、人にされたことを害悪（harm）または損害（injury）として同定するときに潜んでいる見地である。誰かが、死ぬことを望んで寝食を拒否することもあるが、食事や睡眠は人が規則的にしたり、たまたま欲求したりする以上のものだと考えられる。食物と睡眠は――必要とする人が拒絶することもあるが――人のニーズである。かくして、人はすべて食べたり寝たりするのが自然だと言うだけでなく、人はすべて、ときおり食べたり寝たりすべきだし、そうすることは本来（naturally）善いことだとも言う。こうした人の行動の評価における「本来、自然に naturally」ということばの力は、そうした評価を、思考や省察によってはその内容を見出すことができない単なる慣例や指令（「帽子を脱ぎなさい」といった）を反映する評価と区別する点、さらに、所与の時点でたまたまある者が抱く特定の目的の達成に必要なものを述べるに過ぎない評価と区別する点にある。同様の見方は、人体臓器の機能に関するわれわれの観念や、機能と単なる因果的効果との区別にもあらわれている。血液を循環させるのは心臓の機能だが、死をもたらすのがガンの進行の機能だとは言わない。

人間行動に関する日常的な思考になお生き続ける目的論的要素を示すこれらの素朴な例は、人と他の動物とに共通する平凡な生物学的事実の領域から採られている。こうした思考や表現の様式を意味あるものとするのが何かは、全く自明であることが分かるだろう。それは、人間活動の固有の目的は生存であるという暗黙の前提であり、それは大部分の人がたいていは生き続けようとするという単純な事実に依存している。われわれが、本来善いこととして語る行動は、生存のために必要な行動である。人のニーズ、害悪、人体の臓器や変化の機能といった諸観念も、同じ単純な事実に基づいている。ここで踏み止まってしまうと、きわめて希薄な自然法のままであることは確かである。古典的な自然法論は生存（perseverare in esse suo）を、人の目的ないし善というはるかに複雑で議論の余地のある観念の最基層をなすに過ぎないと考えたからである。アリストテレスは、利害から離れた人の知性の涵養をそこに含めたし、アクィナスは神の知を含めたが、いずれも批判の対象となり得るし、実際なった価値である。他方、ホッブズやヒュームを含む他の思想家は、その視線を下ろし、足許を見つめようとした。彼らは生存という穏当な目的が、自然法ということばに、経験に照らして適切な意味を与える、核心的な議論の余地のない要素だと考えた。「人の本性は人々の結合なくしては保ち得ない。そして人の結合は、衡平と正義の法の尊重なしには、あり得ない(5)」。

この単純な観念は、実際、法と道徳双方の特質と深く関連しており、根底的に対立し得る生き方の問題として人の目的や善が立ち現れる、一般的な目的論的見地のより論議を呼ぶ部分から、この観念を切り離すことができる。さらに、生存に言及することで、人類にとっての固有の目標ないし目的であるために人々が必然的に望むものとして事前に確定した何かという観念を、現代の思考にとってはあまりに形而上学的なものとして切り捨てることができる。むしろ生存は、一般に人は生きることを望むという単なる経験的事実と考えることができ、生存を人の目標ないし目的と呼ぶことで意味されるのは、人は普通それを望むということに過ぎないこととなる。もっとも、こうした常識的な形で考えたとしても、生存はなお人間の行動やそれに関するわれわれの思考の上で特殊な地位を占めるし、それは自然法の正統な定式化において生存に付与された顕著な地位や必然性と相応している。圧倒的に大部分の人が、どんな悲惨な状況でも生きることを望むというだけでなく、生存の特殊な意義は、世界および人間同士を描く思考や言語の構造に反映しているからである。生存への願望一般を取り下げておいて、危険、安全、害悪、便益、必要、機能、疾病、回復といった概念を意味合いの変わらぬままにしておくことはできない。これらは同時に、目的たる生存への貢献や影響に照らして物事を記述し、評価することばだからである。

しかし、生存が必然的目的として受容されていることを示すこうした議論より、哲学臭の薄いより単純な――ある意味でより直接に法や道徳と関連する――議論もある。要するに、生きることは、議論の大前提である。われわれの関心は、生き続けるための社会的仕組みであって、自殺クラブの仕組みではない。われわれが知りたいのは、こうした社会的仕組みの中に理性により発見し得る自然法として位置づけることが啓発的と言えるものがあるか、そしてそれと法と道徳との関係は何かである。人々が共にいかに生きるべきかに関するこれらの問題を提起する際、人々の目的となっているのは、一般的に言えば、生きることであろう。この観点からすれば、議論は単純である。人の本性と人々が住むこの世界に関するきわめて明白な一般的特徴――いわば自明の理――に関する省察から、これらが自明の理である以上は、いかなる社会集団であれ、それが生き残るために必要な一定の行動のルールが導かれる。こうしたルールは実際、すべての社会の法および慣例的道徳に共通する要素へと発展し、他と区別される特定の社会統御の形態をとるにいたる。法と道徳双方において、これらのルールとともに、当該社会に特有のもの、恣意的であったり単なる選択の結果であったりするものもある。人間に関する基本的な事実に基礎を置く普遍的に承認された行動原則、その自然な前提と目的は、自然法の最小限の内容（minimum content）[6] と考えることができる――自然法という名でこれまでしばしば提供されてきたのは、もっと大げさで、もっと議論の余地のある拵えものであるが。次節では、五つの自明の理という形で、この穏当ではあるが重要な最小限の内容を基礎づける人の本性の顕著な特質を検討する。

第2節　自然法の最小限の内容

ここで述べる単純な自明の理と、それが法および道徳と持つ関係とを検討するにあたって、それぞれに関して言及される事実は、生存を目的とするとき、なぜ法と道徳とが特定の内容とならねばならないか、その理由（reason）を示すことに留意する必要がある。議論の一般的形式は単純で、こうした内容の法および道徳がない限り、人々が共に生き続けるという最小限の目的を促進し得ないというものである。こうした内容でない限り、人々は自らいかなるルールにも従おうとはしないだろう。ルールに従い、維持することが自分たちの利益になると考える人々の最小限の協力がない限り、自主的にルールを遵守しようとしない人々に強制を加えることも不可能である。このアプローチにおいて、自然の事実と法的・道徳的ルールの内容との、すぐれて理由に基づく関連性を強調する必要がある。探究し得る、そしてすべき自然の事実と法的・道徳的ルールとの関連の仕方には、他にもいろいろな形態のものがあるからである。たとえば、なお未発達な心理学や社会学は、一定の身体的、心理的あるいは経済的条件が満たされない限り――たとえば、幼児が家庭で一定の仕方で食物を与えられ、養われなければ――法や道徳律が確立することはあり得ないとか、一定の類型に適合する法のみが良好に機能することを、発見するかも知れないし、すでに発見したかも知れない。この種の自然的条件とルールの秩序との関連性は、理由によって媒介されてはいない。それらは、ルールの存在を、適用対象たる人々の自覚的目的や目標と関連させるものではない。幼児が一定の仕方で養われることは、人々が道徳的・法的ルールを発展させ、維持する必要条件であったり、原因（cause）でさえあるかも知れない。しかし、それはそうする理由ではない。因果的関連性はもちろん、目的や自覚的目標に基づく関連性と矛盾はしない。前者は後者より重要でより根本的だと考えることもできる。因果的関連性は、自然法が出発点とする自覚的な目的や目標をなぜ人々が抱くかを実際、説明するかも知れないからである。この種の因果的説明は、自明の理に依拠するものでも、自覚的な目的や目標で媒介されるものでもない。それらは他の科学と同様、社会学や心理学において、観察に基づき、可能であれば実験に基づいて、一般化と理論化の方法によって確立される。これは、一定の法的・道徳的ルールの内容を以下の自明の理で述べる事実と関連させるものとは、異なる種類の関連性である。

(i) 人間の傷つきやすさ　法と道徳に共通する要請の大部分は、積極的に行うべき貢献ではなく自制すべき事柄からなり、それらは通常、禁止という消極的な形で定式化される。そのうち、社会生活にとって最も重要なのは、殺人や傷害等の暴力の行使を制約するものである。これらのルールの基本的性格は、次の問いかけで示すことができる。もしこうしたルールがなかったとしたら、われわれがおよそ他の種類のルールを持つことにどんな意味があるだろうか。この仮想の問いかけの力は、人々はときに他人の身体を攻撃しようとするし、通常はそれで傷つくものだという事実に依っている。もっとも、これは自明の理ではあるものの、必然的真理ではない。別の事態のありようも可能だし、いつの日か、そうなるかも知れない。外骨格や甲羅等の身体的構造によって実際上、同種の動物からの攻撃で害を受けない動物もいるし、攻撃に使える器官のない動物もいる。かりに人類が相互の傷つきやすさを失ったとすれば、「汝殺すなかれ」という法および道徳の最も特徴的な規定の明白な根拠が失われることだろう。

(ii) **大まかな平等性**　人々は身体の強さにおいて異なるし、知的能力においてはさらに異なる。それでも、多様な法および道徳を理解する上できわめて重要なのは、いかなる個人も、自分一人では、ほんの短時間を超えて他者をすべて支配し服従させるほどの力は持たないことである。最強者でさえ夜は寝る必要があり、寝ている間は、その優越性を一時的に失う。この大まかな平等性は、他の何にもまして、法的・道徳的責務双方の基礎となる相互の自制と妥協の秩序が必要であることを明白にする。こうした自制を求めるルールを伴う社会生活は、ときに退屈である。しかし、いずれにせよ、だいたいにおいて平等な人々が制約なしに攻撃し合う世界よりは、険悪さ、野蛮さの程度が低く、人がより長生きする社会だろう。もちろん、こうした自制の秩序が確立すると、その保護の下で暮らしつつ、その制約に違背して、人を食い物にする輩があらわれることも、自明の理である。それこそ、後に見るように、道徳のみの段階から、組織化された法的統御の形態へと進むことを必然とする自然的事実の一つである。ここでも、事態は別のありようでもあり得る。だいたいにおいて平等である代わりに、他者よりはるかに強力な人々が出現し、他者を片付けてしまうかも知れない――今の標準よりはるかに強力な人々であるか、または、他者が今の標準よりはるかに弱いことから。こうした例外的な人々は、攻撃によって得るものが大きく、相互の自制や他者との妥協で得るものは少ない。しかし、ピグミーと巨人のおとぎ話を持ち出さなくとも、だいたいの平等性という事実の枢要性を理解することはできる。国際社会の事実がよりよい説明になるだろう。国家間には、力の強弱において、大きな格差がある。後に見るように、国際法の単位間のこの不平等性こそが、国際法に国内法と異なる性格を与え、組織化された強制秩序として機能し得る余地を限定している。

(iii) 限られた利他性　人類は、相互に殺し合う願望に支配された悪魔ではない。生存するという限定的な目的のみで、基本的な法的・道徳的ルールの必然性が論証できることを、人は圧倒的に利己的で、他者の生存や福祉に、自身の利害とはかかわらない関心を全く持たないという誤った見解と同視してはならない。ただ、人類は悪魔ではないが、天使でもない。その中間的存在であることが、相互の自制の秩序を必要とし可能ともする。他者を傷つけようとしない天使であれば、自制を求めるルールは不要であろう。自身の被害も顧慮することなく破壊し合う悪魔であれば、そうしたルールは不可能である。現実の世界では、人の利他心の及ぶ範囲には限りがあり、いつも思い浮かぶわけではなく、攻撃し合う性向は、統御されなければ社会生活を破壊しかねないほど、頻繁である。

(iv) 限られた資源　人間が食物、衣服、住処を必要とすること、これらが無限に利用可能なほど有り余ってはいないことは、たまたまの経験的事実である。これらの資源は稀少であり、栽培したり、自然から獲得したり、苦労して建設したりする必要がある。こうした事実だけで、最小限の形態の私有財産制度（個人財産とは限らないが）と、その尊重を求めるルールが不可欠となる。私有財産の最も単純な形態は、「持ち主 owner」以外の者に、土地への侵入や使用を禁止し、物の取得や使用を禁ずるルールに見られる。穀物を栽培するには、土地への無差別の侵入を抑止する必要があるし、栽培、収穫、消費の間は、他者による収奪から守られねばならない。いかなる時、所でも、生存そのものがこうした最小限の自制に依存している。ここでも、事態は別のありようでもあり得る。人体の組織が植物のように構成され、空気中から食べ物を獲得できたり、人にとって必要なものが、栽培しなくとも、ふんだんに生育して入手可能である事態も想定はできる。

われわれがここまで議論してきたのは、それが課す責務や責務の効果を個々人が変化させることができないという意味で、静態的（static）ルールである。しかし、最小の社会集団でない限り、十分な供給を得るために発展せざるを得ない分業の結果、人々が自身で責務を創設し、その効果を変更できる動態的（dynamic）ルールが必要となる。自身の生産物を譲渡し、交換し、販売することを可能とするルールもその一種である。こうした取引は、最も単純な形態の所有を規定していた当初の権利や責務の効果を変更する権限を伴う。避けがたい分業と恒常的な協力の必要とは、社会生活に要する他の形態の動態的ないし責務創設的ルールを作り出す要因となる。それは、約束を責務の源として承認する。この仕掛けを用いることで、人々は、口頭または書面上のことばで、一定の定められた仕方で行動しないと、非難や制裁を受ける立場に自身を置くことができる。利他心が限られている以上、他者の将来の行動を最低限度、信頼できるものとし、相互の協力を予測可能とするために必要な自己拘束的働きをもたらす恒常的な仕掛けが必要となる。それが最も必要となるのは明らかに、交換されたり共同で計画されるのが、相互でなされるサービスであったり、交換・売買される財貨が同時には、あるいは即時には、入手可能でない場合である。

(v) **限られた理解と意志の強さ**　社会生活で、身体、財産、約束を尊重するルールを必要とする諸事実は単純であり、これらのルールの便益は明白である。大部分の人はそれを理解し、こうしたルールを遵守してその場の短期的利益を犠牲に供することができる。もちろん、遵守する動機はさまざまだろう。自身の利益の犠牲が得られるものに値するという利害計算からかも知れない。自己利益を離れた他者の福利への配慮からかも知れない。

中には、ルールそれ自体が尊重に値するもので、それへの献身を理想とする者もいるかも知れない。他方、ルールを遵守する動機の背後にある、長期的な利益の理解や、意志の強さや善さは、すべての人が同様に抱いているわけでは決してない。人はときに、自身のその場の短期的利益を優先しようとするものだし、探知と制裁を行う特別な組織がなければ、多くの人はそうした誘惑に負けるだろう。相互の自制がもたらす利益は明々白々なので、強制秩序に自主的に協力しようとする者の数とその力強さは、悪人たちを合わせたより、普通は大きいだろう。しかし、きわめて小規模で、緊密な社会でない限り、自身は責務に従うことなく秩序の便益にのみ与ろうとする者を強制する仕組みがない限り、自制の秩序を遵守することは狂気の沙汰である。「制裁」は、したがって、服従の通常の動機としてではなく、自主的に従う者がそうしない者の犠牲にならないための保障（guarantee）として必要となる。これなくして服従することは、窮地に追い詰められるリスクを負うことにつながる。この恒常的危険がある以上、理性が求めるのは、強制的秩序における自主的協力である。

人々の間の大まかな平等性というあの自然の事実が、組織化された制裁の実効性に関しても決定的重要性を持つことに注意すべきである。もし他者よりはるかに強力で他者の自制を必要としない人々がいるとすると、悪人たちの力は、法と秩序の支持者の強さを上回るかも知れない。こうした不平等の下では、制裁を使用しても首尾よく機能しないであろうし、制裁が抑止しようとするものと少なくとも同等の危険を孕むこととなるだろう。こうした状況では、社会生活は、少数の悪人に対して時折制裁が用いられる相互の自制の秩序に依存することはなく、合意可能な最善の条件の下で弱者が強者に服従し、強者の「保護」を受けて生きる秩序のみがあり得るだろう。この状況は、資源の稀少性のゆえに、それぞれの「強者」の周りに形成される多くの相対立する実力集団へと収斂するだろう。これらは時折、互いに戦争するだろう——敗戦の無視しがたいリスクという自然の制裁が不安定な平和を確保するではあろうが。「実力集団」が互いに争おうとしない事柄を規制するため、ある種のルールが受け入れられるかも知れない。ここでも、大まかな平等性の論理とその法にとっての重要性を理解するために、ピグミーと巨人のおとぎ話を持ち出す必要はない。関係する諸単位が力の強さの点で大きく異なる国際的な舞台が、十分な説明を与える。何世紀にもわたって、国家間の格差は、組織化された制裁が不可能な秩序をもたらしてきたし、法は死活の要点にかかわらない問題に限定されてきた。すべての国が核兵器を保有することで戦力の不平等が修正されたとき、国内刑事法によく似たコントロールの仕組みが生まれるか、それは今後判明するかも知れない問題である。

ここまで議論してきた単純な自明の理は、自然法論における意味深い核心を明らかにするだけではない。それは法と道徳の理解にとってきわめて重要であり、法や道徳の基本的形態を、内容や社会的必要性に一切触れることなく、純粋に形式のみに基づいて定義することがなぜ不適切かも説明する。こうした見方の法理学にとっての大きな便益はおそらく、法の特質に関する議論をしばしば不明瞭にしてきたミスリーディングな二分法から逃れる術を与える点にある。たとえば、あらゆる法秩序は制裁を備えなければならないかという伝統的な問いかけは、こうした単純な自然法の示す見方を理解すれば、より新鮮で明晰な光の下で問い直すことができる。もはや、二つのしばしば排他的とされてきた不適切な二分法の間での選択をする必要はない。一方で、「法」や「法秩序」ということばの本来の意味からして、制裁の具備が要求されるという選択肢、他方で、大部分の法秩序が制裁を備えるのは「ただの事実」に過ぎないという選択肢、である。いずれの選択肢も満足のいくものではない。集権的な制裁の組織を備えない秩序に「法」ということばを用いてはならないと考えるべき確かな理由はなく、そうした備えのない秩序を「国際法」と呼ぶべき十分な（必然的とは言えないが）理由がある。他方、人間が人間として生きる最小限の目的に国内法秩序が仕える上で、制裁が国内法秩序で占めるべき位置を見分ける必要がある。国内法秩序において、制裁を可能とし必要とする自然の事実と目的を所与としたとき、制裁の具備は自然の必然（natural necessity）と言うことができる。同じ言い回しは、同様に国内法の不可欠の特徴である、身体、財産そして約束を保護する最小限の仕組みの意義を伝えるためにも用いる必要がある。実証主義者の「法はいかなる内容でもあり得る」という主張には、以上のような形で応答することができる。法に限らず、他の社会制度をも適切に描くには、定義と通常の事実を描く言明に加えて、第三の類型の言明が必要となる。その真実性が、今まで描いてきた、人間と人間が生きる世界の顕著な特徴を含む、経験的事実に依存する言明である。

第3節　法的妥当性と道徳的価値

法と道徳双方の根底にある、相互の自制の秩序が供与する保護と便益は、社会が異なれば対象となる人々の範囲も大きく異なることがある。こうした基本的な保護を、対応する制約を引き受ける用意のある人々のうち特定の集団についてのみ否定することは、すべての現代国家が、少なくともリップサービスを払う道徳と正義の諸原則に反すると言える。現代の諸国家の建前上の道徳観念には、一般的に言って、こうした基本的保護と便益に関する限り、人々は平等に取り扱われるべきであり、差別的取扱いをするなら、単に他者の利益になるという以上の正当化が必要だという考え方が浸透している。

しかし、社会の法も受容された道徳も、最小限の保護と便益を、領域内のすべての人に及ぼすことが必然でないことは明らかであり、しばしば、そうしてはこなかった。奴隷制社会では、奴隷が単に使用される物ではなく人間だという感覚は、支配者集団からは失われており、支配者たちはそれでも、お互い同士の主張や利益にはきわめて鋭敏でもあり得た。ハックルベリー・フィン[7]が、汽船のボイラーが爆発して誰かが怪我をしたかと訊かれて、「いんや、黒ん坊が一人死んだだけさ」と答えた時の、サリー叔母さんの「それは良かったわね。人が怪我をしたりするものなのに」というコメントが、人々の間に往々にして行き渡る道徳観を要約している。そうした道徳が行き渡っている状況では、ハックが不運にも知ることになったように、支配者集団の中では当然の配慮を奴隷に及ぼすことは、重大な道徳違背であり、道徳的罪過のすべての帰結を伴うことになる。ナチス・ドイツとアパルトヘイト下の南アフリカは、不愉快なほど最近の類例である。

法がときに受容された道徳より先進的である社会もあるが、普通、法は道徳の後を追うものであり、奴隷を殺すことが、公的資産の浪費か、彼の主人の財産への侵害としてしか受け取られないこともあり得る[8]。奴隷制が公式には認められていないところでも、人種、肌の色、信条による差別のために、すべての人が他者からの最小限の保護を受ける権利のあることを認めない法秩序や社会道徳がもたらされることもある。

こうした人類の歴史の痛々しい事実は、社会が持続するにはそのメンバーの一部に相互の自制の秩序を供与しなければならないものの、残念ながら、すべてのメンバーに供与する必要はないことを十分に示している。制裁の必要性と可能性に関する議論の際に強調したように、ルールの秩序を力ずくで誰かに押しつけるには、十分な数のメンバーが自主的にその秩序を受容している必要がある。彼らの自主的協力によって形成される権威（authority）なしには、法と政府の強制力は確立し得ない。権威に基づいて確立された強制力は、二通りの仕方で行使され得る。まず、ルールの保護を供与されながら、自身は利己的にそれに違背する悪人に対してのみ行使される場合がある。他方で、従属者集団——支配者集団と比べたその規模は、支配者集団の強制手段、連帯と規律によっても、また従属者集団の弱さや組織力のなさに応じても変化するが——を服属させ、永続的劣位に押しとどめるために、強制力が行使されることもある。こうして抑圧された人々にとって、ルールの秩序に忠誠を尽くすべき理由はなく、それは単なる恐怖の対象である。彼らはその犠牲者であり、受益者ではない。

本書の以前の諸章では、法秩序の存在は、つねに二つの側面を持つ社会現象であり、現実的に認識するには、両方の側面に注意すべきことを強調した。法秩序の存在には、ルールの自主的受容に伴う態度や行動がつきものであるし、また、単なる服従や黙従と関連するより単純な態度や行動も伴う。

法のある社会には、そのルールを、受容された行動の規準として内的観点から見る人々、つまり、服従しないでいると、公務員の手によりいかなる事柄が降りかかるかについての信頼し得る予測にとどまらないものとして見る人々がある。しかし、社会には、法的規準を強制力かその威嚇によって押しつけなければならない人々もいる——彼らが悪人であるか、または当該秩序の無力な被抑圧者であるために。彼らは、可能な刑罰の根拠としてのみ、ルールに関心を持つ。これら二種類の構成要素のバランスは、多様な要因によって定まる。その秩序が公正で、服従を要求するすべての者の重大な利益を真摯に配慮するのであれば、大部分の者の忠誠をたいていの場合に確保することができ、その結果、秩序は安定するだろう。他方、支配者集団の利益のために運営される偏狭で排他的な秩序であれば、反乱の潜在的危険のため、より抑圧的で不安定であり続けるだろう。両極端の間に、法に対するこれらの態度の多様な組み合わせが、しばしば同一人についても、見られるはずである。

こうした側面に関する考察は、冷水を浴びせるような真実を明らかにする。責務の一次ルールが社会統御の唯一の手段であるような単純な形態の社会から、集権的に組織された議会、裁判所、公務員、制裁を備えた社会への移行は、確かな便益をもたらすものの、代価も伴う。便益は、変化への対応能力、確実性そして効率性であり、それは莫大な便益である。代価は、集権的に組織された権力が、支持を必要としない人々を抑圧するために行使され得るリスクで、こんなことは一次ルールのみからなる単純な社会では不可能である。こうしたリスクは現実化してきたし、今後もそうであろうことから、われわれが自然法の最小限の内容として示したところを超えて、さらに別の仕方においても法が道徳に適合しなければならないという主張については、きわめて慎重な検討が必要である。こうした主張の多くは、必然的であると主張される法と道徳との関連性の意義を明らかにしていないか、あるいは、検討を加えてみると、それらの主張は真実であり重要でもあるが、法と道徳との必然的関連性を示すとするのは混乱を招くか、のいずれかである。この種の六つの主張を検討することで、本章を終えることとする。

(i) **力と権威**　しばしば、法秩序は道徳的責務の感覚か、あるいは当該秩序の道徳的価値への確信によって支えられなければならないと言われる。法秩序は、人に対する人の力だけには依拠していないし、依拠し得ないというのがその理由である。本書のこれまでの諸章でも、法秩序の基礎および法的妥当性の観念を理解する上で、威嚇に支えられた命令や服従の習慣では不十分であることを指摘してきた。これらを解明するためには、第Ⅵ章で詳細に論じたように、受容された認定のルールという観念が必要となるだけでなく、本章で見たように、強制的権力の存在するための必要条件は、少なくとも社会の一部が、法秩序に自主的に協力し、そのルールを受容することである。その意味では、法の強制力はその権威が受容されていることを前提とする。しかし、「力のみに基礎を置く法」と「道徳的に拘束力があるものとして受容された法」との二分法は、排他的ではない。道徳的に拘束力があると自分たちが考えない法によって抑圧されている人々が多くいるだけでなく、法秩序を自主的に受容する人々でさえ、そうするよう道徳的に拘束されているとは考えないかも知れない——もちろん、そう考えるならば、法秩序はきわめて安定するであろうが。実際のところは、法秩序への忠誠は、きわめて多様な考慮によって支えられ得る

——長期的な利害計算、利害を離れた他者に対する配慮、無反省な代々の伝統的な態度、単に他者と同じように振る舞いたいという願望等である。法秩序の権威を受容した人々が、良心に照らして、道徳的に見れば受容すべきでないと判断しつつ、いろいろな理由でやはり受容し続けることも、十分あり得る。

こうしたありふれた事実は、人々が法的責務と道徳的責務を示すために同じことばを一般的に用いることで、不明瞭となっている。法秩序の権威を受け入れる人々は、それを内的観点から理解し、法秩序の要求に関する彼らの感覚を、法と道徳の双方に共通する規範的言語で構成される内的言明によって表明する。「私（あなた）はそうすべきだ ought」「私（彼）はそうしなければならない must」「私（彼ら）には責務がある」等である。しかし、彼らはそうした発言によって、法の要求を遂行することは道徳的に正しいという道徳的判断に肩入れしているわけではない。確かに、他に何も言われていないのであれば、こうした仕方で彼自身や他者の法的責務について語る者は、その遂行を妨げるような道徳的（その他の）理由はないと考えているとの推定は働く。しかし、そのことは、同時に道徳的責務として受容されるのでない限り、何も法的責務として認められないことを意味しない。今述べた推定は、発話者に法的責務の遂行を妨げる道徳的な（その他の）決定的理由（conclusive reason）があるならば、その法的責務を認めたり、指摘したりすることには多くの場合、意味がないであろうという事実に依存している。

(ii) 法への道徳の影響

あらゆる現代国家の法は、無数の点において、受容された社会道徳やより広い道徳的理念の影響を示している。[9] こうした影響は、突然かつ公然と立法を通じて、または静かにかつ徐々に司法過程を通じて、法に入り込む。アメリカ合衆国のような法秩序では、法的妥当性の究極の標識が、正義や実体的な道徳的価値の諸原則を明示的に取り込んでいる。イングランドのような他の法秩序では、最高の立法権者の権限には何ら公式の制約はないものの、その立法はそれでも劣らず実直に正義と道徳に適合していることもある。そのほかにも、法が道徳を反映する仕方は多様であり、なお不十分にしか研究されていない。制定法が単なる法の外殻に過ぎず、その明文で、道徳原則の助けを借りて内容を充足するよう求めていることもある。履行可能な契約の範囲が道徳や公平の観念を考慮して限定されることもある。民事・刑事の責任が道徳的責任に関する通念により調整されることもある。いかなる「実証主義者」であれ、こうした事実を否定すること、法秩序の安定性が部分的には、こうした態様での道徳との適合性に依存していることを否定できないはずである。もし、法と道徳の必然的関連性の意味するところがこれだとすれば、その存在は認めざるを得ない。

(iii) 解釈[10]

法が具体的事例に適用されるには、解釈される必要がある。司法過程の性格に関する神話が現実の認識によって霧消すれば、第Ⅶ章で示したように、法の綻びが、人によっては立法に等しいと言うような、広範な創造的活動の余地を残すことは明白である。制定法、判例のいずれの解釈においても、裁判官は、盲目的で恣意的な選択を迫られているわけではないし、予め決定された意味を持つルールからの「機械的」推論を行っているわけでもない。しばしば裁判官たちの選択は、解釈の対象となるルールの目的は合理的なものであり、したがって、ルールは不正義をもたらしたり、確立した道徳原則に違背したりするものではないとの前提によって導かれる。裁判、とくに高度に憲法的意義を持つ裁判は、しばしば、顕著な一つの道徳原理の適用にとどまらず、複数の道徳的価値の間の選択を伴う。法の意味が疑わしいとき、道徳がつねに明確な答えを与えると考えるのは狂気の沙汰だからである。そうした場面でもまた裁判官たちは、恣意的でもなく、また機械的でもない選択を行うものである。そこではしばしば、特徴的な司法の徳性、つまり法的判断に特有の適切さがそうした司法活動を「立法的」と呼ぶことを躊躇させる、そうした徳性が発揮される。そうした徳性は、選択肢を考慮する際の公平性と中立性、関係するすべての当事者の利益の考慮、結論を理由づける根拠となる受容可能な一般的原理に訴えかけようとすること等である。そうした原理はつねに複数あり得るであろうから、結論が唯一の正解であることを証明はできない。しかし、十分な知識に裏付けられた公平な選択の結果としての理由ある判断として、受容可能なものとすることはできよう。そこには、競合する利益の間で正義を実現しようとする努力に特徴的な「均衡」や「釣り合い」を見出すことができる。

裁判を受容可能なものとする、「道徳的」と十分に呼び得るこうした諸要素の重要性を否定する者は少ないであろう。多くの法秩序で解釈を統御する、大まかで変化しがちな解釈の指針や伝統は、しばしばこうした諸要素を曖昧ながらも含んでいるものである。しかし、こうした事実が法と道徳との必然的関連性を示すと言われたなら、同じ諸原理が、法を遵守する結論も、また違背する結論も正当化してきたことに留意する必要がある。オースティン以降、今日にいたるまで、こうした諸要素が裁判の指針となるべきだとの主張は、司法による法創造がしばしば、社会的価値を適切に勘案せず「機械的」であり、理由づけが不十分だとする批判者から主として提示されてきた。

(iv) 法の批判　ときに、法と道徳との間に必然的関連性があるとの主張は、単に、善き法秩序は、(iii)で触れた一定の論点に関して、正義と道徳の要請に適合する必要があるとの主張に帰着することがある。これを自明の理と考える者もいるだろう。しかし、これは同語反復ではないし、実際、法の批判においては、適切な道徳的規準が何かについても、適合の要求される点についても、意見の対立が生じ得る。善き法であるために法が遵守すべき道徳とは、当該集団において受容された道徳を意味するのだろうか——その道徳は、迷信に依拠していたり、奴隷や従属集団には便益や保護を与えないとするものかも知れないのに。それとも道徳とは、事物に関する合理的信念に支えられており、かつ、すべての人が同等の配慮と尊重に値することを受け入れているという意味で[11]、啓蒙された判断規準なのか。

法秩序が、その管轄内のすべての人を一定の基本的保護と自由に値する存在として取り扱うべきだとの主張は、確かに今や、法の批判において明らかに重要な理念を示すものとして一般に受け入れられるだろう。実務がそれから逸脱しているとしても、この理念へのリップサービスは、たいていは払われるものである。すべての人の平等な配慮への権利という見解を受け入れない道徳は、哲学的分析によって、内部矛盾や独断論、非合理性を内に含むことが論証されるかも知れない。そうだとすれば、こうした権利を認める啓蒙された道徳は、真の道徳として特別な地位を持つこととなり、多くの道徳のうちの一つにはとどまらないこととなる。こうした主張を今ここで検討する余裕はないが、そうした主張が成り立つとしても、一次ルールと二次ルールの組み合わせを備えた国内法秩序が、長年にわたってこうした道徳を無視しつつも存在し続けてきたという事実を変えることもできないし、また、曖昧にすることもできない。不当なルールが法であることを否定することから、何が得られるか（何かが得られるとして）については、後で検討する。

(v) 法の支配と正義の諸原理[12]

一定の点で、道徳および正義に適合する善き法秩序とそうでない法秩序の区分は、そもそも成り立ち得ない――人間の行動が公示され、司法的に適用される一般的ルールによって人間の行動が統御されるためには、必然的に最小限の正義が実現されねばならないからだ――と主張されることがある。実際、正義の観念を分析する際にすでに指摘したように、[13]法適用における正義という最も単純な形態の正義は、多くの異なった人々に適用されるべきなのは、偏見、利害、恣意によって歪曲されない同じ一般的ルールだという観念を真摯に受け止めることに尽きる。この公正さは、英米の法律家には「自然的正義 Natural Justice」の諸原理として知られる手続上の規準が保障しようとするものである。きわめて邪悪な法も正義に即して適用され得るものの、一般的な法のルールを適用するという観念において、少なくとも、正義の兆しを見ることができる。

「自然の」と呼び得る最小限の形態の正義のさらなる側面を見出すことができるのは、法のみならずゲームのルールを含めて、主として一般的な行動の規準を人々の集団に伝達することによる——その人たちはさらなる公的指示なしでルールを理解し遵守することが期待される——社会統御の手段が、つねに備えねばならない事柄を検討することによってである。この種の社会統御が機能するためには、そこでのルールは一定の条件を満たす必要がある。それらは理解可能であり、大部分の人々にとって服従可能でなければならず、原則として遡及的であってはならない——例外的には遡及的であり得るが。これが意味するのは、大部分の場合、ルール違背で処罰される人々は、そのルールに服従することが可能であり、その機会があるということである。こうしたルールによる統御の特質は、明らかに法律家たちが法の支配の諸原理[14]と呼ぶ正義の要請と密接に関連している。実際、実証主義への批判者の一人は、こうしたルールによる統御の側面に、法と道徳との必然的関連性を見出し、それを「法の内在的道徳」と呼ぶことを示唆している。ここでも、これが法と道徳の必然的関連性によって意味されるものであれば、それを認めることもできるだろう。残念ながら、それはきわめて邪悪な法内容とも両立し得るが。

(vi) 法的妥当性と法への抵抗

いかにぞんざいに自らの見解を定式化するにしても、実証主義者と呼ばれる法理論家の中で、以上の五つの標題の下での法と道徳との関連性を否定する者はほとんどいないであろう。だとすると、「法の存在の問題と、それが善いか悪いかの問題は別だ[15]」、「国家の法は理想ではなく、現に存在するものであり、どうすべきかではなく、どうあるかに関するものだ[16]」、「法規範の内容はいかなるものでもあり得る[17]」、といった法実証主義のけたたましい鬨《とき》の声は、何を意味するのだろうか。

これらの理論家が主として押し進めようとしているのは、道徳的には邪悪だが適式に制定され、意味は明確で、法秩序の妥当性のすべての標識を満足するような法の存在が提起する理論的道徳的論点を、明確かつ率直に定式化することである。彼らの見解は、こうした法を考察するにあたって、理論家も、また不幸にもこうした法の適用や服従を要求された公務員や私人も、それらに「法」とか「妥当性」とかの資格を否認したのでは、単に混乱するだけだということである。彼らは、そうした問題に対処するには、より単純でより率直なやり方、関連する知的・道徳的事項により良く焦点を当てることのできるやり方があると考える。つまり、「これは法だ、しかし適用したり服従したりするには、余りにも邪悪だ」と考えることである。

これと反対の見解は、革命その他の大変動の後、前体制の下での市民や公務員が法的形式をとって犯した道徳的に邪悪な行為について、裁判所がどのような態度をとるべきかを判断する際には、魅力的に見える。彼らを処罰することは社会的に望ましいように思えるが、前体制の下では法によって許され、要求されさえしていた行為をあからさまな遡及立法により犯罪として処罰することは困難であるし、それ自体、道徳的に忌まわしく、おそらくは不可能であろう。こうした状況で法ということば、とくに自然法論の負荷を伴うius, recht, diritto, drotということばに潜む「正しい」という道徳的含意を利用するのは自然のように思われる。すると、邪悪なことを命じ、あるいは許していた制定法は、妥当性のある、法としての資格を持つものとして認められるべきではない――制定された当時の体制では、立法府の立法権限に何の制限もなかったとしても――と主張したくなりそうである。第二次大戦後のドイツで、ナチス支配の邪悪さとその敗北の残した深刻な社会問題への回答として自然法論が復活したのは、こうした形においてである。ナチス体制の下で、おぞましい法令に違背した咎で利己的な目的から他人を獄中に送った密告者は、処罰されるべきか。こうした法令は自然法に反し、したがって無効であるから、被害者の当該法令違背の咎による投獄は実は違法であり、それを招くこと自体が犯罪であるという理由で、戦後ドイツの裁判所が彼らを刑に処すことは可能だろうか[18]。道徳的に邪悪なルールは法ではあり得ないという見解の賛成者と反対者の間では、問題は簡単そうに見えるが、論争参加者はしばしば、問題の一般的性格について、きわめて不明瞭な観念しか持っていないように見える。[19] ここでの問題が、道徳的に邪悪な法の、適用、服従をせず、あるいは弁護のために援用することを許さないという道徳的判断の定式化の仕方にかかわっていることは確かである。しかし、ことば遣いの問題として問題をあらわすことは不適切である。論争のいずれの側も、「その通り。論点を表現する正しい英語（ドイツ語）は君が言った通りだ」と言われたとしても、納得はしないだろう。実証主義者は、法的ルールが服従するにはあまりに邪悪だと主張することに何の矛盾もなく、ルールが服従するには邪悪に過ぎるという命題から、それが妥当な法的ルールではないという命題は帰結しないことを論証するために、英語の使用法を援用するかも知れないが、論争相手は、それが問題に決着をつける論点だとはみなさないだろう。

この問題をことばの適切な使い方に関するものと考えたのでは、十分にそれに取り組むことができないのは明らかである。本当に問題となっているのは、社会生活において一般に実効的と言える秩序に属するルールを分類する際に、より広い、あるいはより狭い概念を用いることの善し悪しの比較だからである。こうした概念の間で理由のある選択を行うには、その概念を使うことが理論的探究を行う助けになるから、あるいは道徳的考察を進め、明確化することになるから（あるいはその両方）という理由に依る必要がある。

二つの競合する法の概念のうち、広義の概念は狭義の概念を含む。もし広義の概念を採るならば、理論的探究においては、一次および二次ルールからなる秩序の形式的標識に基づいて妥当するすべてのルールを「法」として包括し、「法」として理解することになる――そうしたルールが社会自体の道徳や、啓蒙されたあるいは真の道徳に反するものを含んでいたとしても。狭義の概念を選ぶとすると、「法」から道徳的に忌まわしいルールを除外することになる。狭義の概念を選ぶことで、社会現象としての法を理論的・学術的に探究する上で得られるものは何もないことは明らかだと思われる。除外されるルールを他の研究領域に委ねることで混乱が生じるだけなのは確実である。歴史学や他の法学研究も、そうすることが有益と考えないことは確実である。広義の概念を選べば、この概念の下で、道徳的に邪悪な法の特性やそれへの社会の反応を研究することができる。狭義の概念を用いることは、一次ルールと二次ルールからなる秩序の発展と潜在的可能性の双方を理解する努力を、混乱を招く仕方で分断せざるを得ない。法の研究は、法の濫用の研究をも含むはずである。

狭義の法概念を道徳的考察において用いる実際上の利点は何であろうか。道徳的に邪悪な要求に直面したとき、「これは法だが、服従したり適用したりするには、あまりにも邪悪だ」と考える代わりに「これはいかなる意味でも法ではない」と考えることは、どのような点でましなのだろうか。道徳が不服従を要求するとき、後者のように考えることは、明晰な思考を導いたり、不服従の意志を強くしたりするだろうか。ナチス体制が後に残した問題により良く対処する方途を指し示すであろうか。観念は人の思考や行動に影響を及ぼす。しかし、法的妥当性について狭義の概念を採るよう教育・訓練を施し、妥当だが道徳的に邪悪な法の存在の余地をなくすことが、組織化された権力の威嚇に直面したとき、悪に抵抗する意志を堅固にするとか、服従を要求された折りに何が道徳的な要点かをより明瞭に認識することにつながるとは、到底考えられない。人間は、他者を支配するのに十分な程度の協力を得られたなら、彼らは法を支配の手段として用いる。邪悪な人々は邪悪なルールを制定し、それを他者に執行させる。権力の公的な濫用を明晰に直視し対決するために必要なのは、何かが法的に妥当するという認定は服従の可否を結論づけるものではないし、公的秩序がどんな偉大さや権威の光で包まれていようとも、公的秩序の要求は、結局は道徳的な精査に服すべきだという感覚を持ち続けることである。公的秩序の外側に大事な何かがあり、最終的にはそれに訴えかけることで、服従の問題に決着を付けるべきだというこの感覚こそ、法的ルールは邪悪であり得ると考える人々が持ち続ける感覚である――邪悪なものは法としての資格を持つはずがないと考える人々はそうではないだろう。

しかし、「これは法だが邪悪だ」と考え、語ることを可能とする広義の概念を採るべきより強い理由は、邪悪なルールから法としての認定を取り下げると、邪悪なルールが提起する多様な道徳的論点を過度に単純化してしまうということである。ベンサムやオースティンのような昔の理論家たちは、何が法かと、何が法であるべきかとの峻別を強調したが、それは、こうした区別をしないと、人々が社会にとっての損害を度外視して、いろいろな法が無効であって服従する必要はないと速断する危険があると考えたからであった。しかし、彼らが過度に強調しがちだったこの無政府状態の危険の他に、過度な単純化の別の形態がある。視野を狭めて邪悪なルールに従うよう要求された人のことだけを考えるなら、彼がその道徳的邪悪さを理解し、道徳の要求を遂行する限り、彼が妥当な「法」的ルールに直面していると考えるか否かはさして重要ではない。しかし、法への服従に関する道徳的問題（私はこの悪事を働くべきか）の他に、ソクラテス流の受刑の問題がある。私は不服従の結果として刑罰に服すべきか、それとも逃亡すべきか。また、戦後ドイツの裁判所が直面した問題もある――「当時は有効であった邪悪なルールにより許された悪事を働いた者を処罰すべきか」。これらの問いかけは、道徳と正義について、別々に考察すべききわめて異なる問題を提起する。それらは邪悪な法はいかなる観点からしても法的妥当性を持たないという包括的・全面的な拒絶によっては、解決不能である。微妙で複雑な道徳上の諸論点を扱うにはあまりにも粗雑なやり方である。

法の妥当性をその道徳的適合性と区別する法の概念は、こうした異なる諸論点の複雑さと多様さを理解することを可能とする。他方、狭義の法の概念は、邪悪なルールの法的妥当性を否定することで、その理解を困難にする。利己的な目的からおぞましい法の下で他人を監獄に送ったドイツの密告者が、道徳の禁ずることをしたことは確かであろう。しかし、道徳はまた、道徳的悪事をなした者のうち、行為時点で国家が禁じた行為をした者のみを処罰すべきことを命ずるかも知れない。これが法なくして刑罰なし（nulla poena sine lege）の原則である。この原則を守ることがより大きな害悪をもたらすため、この原則に後退を迫る必要があるのであれば、論点が何かを明確に同定することが何より肝要である。遡及処罰の事例を、行為当時において違法な行為に対する通常の処罰の事例であるかのように見せかけてはならない。道徳的に邪悪なルールも法であり得るという単純な実証主義の学説は、極端な状況では、悪の間での選択をせざるを得ないことを隠蔽しない――少なくともそのことだけは指摘できる。

第X章　国際法

第1節　疑念の源

本書で重要な地位を与えられてきた一次および二次ルールの組み合わせという観念は、法学上の二つの極論の中間点と見ることもできる。法理論は、法の理解の鍵をときには威嚇に裏付けられた命令という単純な観念に、ときには道徳という複雑な観念に求めてきた。法は確かに、これらの双方と多くの近接性と関連性を持つ。しかし、すでに見たように、これらを強調し過ぎるあまり、法を他の社会統御の手段と区別する特性を曖昧にする危険も常にある。われわれが核心とした観念の長所は、法、強制、道徳の間の多面的な関連性を直視し、いかなる意味でそうした関連性が必然か――かりに必然と言えるとして――を新たな視点から検討することを可能とすることにある。

一次および二次ルールの組み合わせという観念にはそうした長所があり、また、こうした特徴的なルールの組み合わせが存在することを「法秩序 legal system」という表現を適用すべき十分条件とする慣行とも適合しているであろうが、しかし「法 law」ということばがこうした観念によって定義されるべきだとは、われわれは主張してこなかった。「法」とか「法的」ということばの使用法を同定し規制することを本書は目指していない。本書は、こうしたことばの使用に関するルールを提供するはずの「法」の定義ではなく、むしろ、法の概念（concept）の解明を目指している。この目的と適合するよう、前章では、ドイツの裁判例で提起された主張、つまり妥当な法という資格が、道徳的邪悪さのゆえに一定のルールから剝奪されるべきだ――そのルールが一次および二次ルールからなる現存する秩序に属している場合であっても――という主張を検討した。結論として、この主張は拒絶された。しかしその理由は、そうした秩序に属するルールは「法」と呼ばれるべきだというものではないし、「法」ということばの慣例的用法に反するからというものでもない。むしろわれわれは、道徳的に邪悪なルールを駆逐して妥当な法の集合を縮減する試みを、そうすることは理論的探究や道徳的考察を促進したり明晰化したりすることはないという根拠で批判した。こうした目的のためには、ことばの用法とも適合するし、道徳的に邪悪なルールをも法とみなすことを認める広義の概念の方が、検討の結果、適切であることが論証された。

国際法は、逆の事例を提供する。ここで「法」ということばを用いることは、ここ一五〇年ほどの用法に適合してはいるが、国際的な立法府、強制的管轄権を持つ裁判所、集権的な制裁組織の欠如は、法理論家たちの胸中に懸念をもたらしてきた。そうした諸制度の欠如は、諸国家のルールが、責務の一次ルールのみからなる単純な社会構造の形態に似ていることを意味する——個人からなる社会にそうした単純な形態を発見したとすると、発達した法秩序と対比するのが常である。これから示すように、国際法は、立法府と裁判所を備えるための変更と裁判の二次ルールだけでなく、法の「源」を特定し、ルールを同定するための一般的標識を提供する統一的な認定のルールを欠いていると言うこともできる。こうした違いは確かに人目をひくもので、「国際法は本当に法か」という疑問を無視することはできない。しかしここでも、多くの人の感じる疑念を、ことばの用法の援用により否定することはしない。また、一次および二次ルールの組み合わせの存在が「法秩序」ということばを適切に使うための必要十分条件であるとの論拠から、この疑念を単純に肯定することもしない。むしろ、抱かれてきた疑念の詳細な特徴を検討し、ドイツの事例のように、「国際法」について語るような広義の用法が何らかの実践的・理論的目的を阻害するか否かを問うこととする。

本書はこの問題に一章をあてるだけだが、中には国際法の特質に関する問題について、もっと簡略な取り扱いをする者もいる。彼らにとって「国際法は法か」という問題は、ことばの意味に関する瑣末な問いかけが、事物の本性に関する真摯な問いかけと取り違えられたために発生し、生き残ってきたものに過ぎない(1)。国際法と国内法とを区別する事実は明確でよく知られているのであるから、決めるべき問題は現在のことばの用例を遵守するか否かだけであり、それは各自が自分で決めればよいというわけである。しかし、この簡略な扱い方は、確かに簡略に過ぎる。「法」ということばを国際法にまで拡張することに躊躇を覚えさせてきた理由の一つが、同一のことばを多くの異なる事物に適用することを正当化するのは何かに関する、あまりに単純な、実際、馬鹿げた見解であったことは確かである。一般的な分類用語の拡張的使用に関しての共通指針とされる多様な原則は、余りにもしばしば、法理学で無視されてきた。それでも、国際法に関する疑念の根源は、こうしたことばの用法に関する誤った見方よりも、より深遠で興味深いものである(2)。さらに、「現在の慣例的用法を遵守すべきか、それを離れるべきか」というこの種の議論が提示する二分法は、排他的ではない。これら以外に、現在の用法を実際に方向づけてきた原則を明確化し、それを検討するという選択肢もある。

示唆された簡略な解決法は、われわれが固有名を取り扱っているのであれば、適切であったろう。「ロンドン」と呼ばれている場所が本当にロンドンか、と誰かに訊かれたなら、そのことばの用例を想起させ、それを遵守するか、あるいは彼自身の目的に即した別の名前を選ぶかを彼に任せるだろう。こうした場合に、いかなる根拠でロンドンはそう呼ばれているのかを問い、その根拠が受容可能かを検討することは馬鹿げている。馬鹿げているのは、固有名の割当ては各対象についてのたまたまの慣例の問題に過ぎないのに対し、真摯な学問ではどれであれ、一般用語の拡張は、原理や論拠なしにはなし得ないからである——その原理や論拠が何かが明確ではないかも知れないが。この事例のように、拡張を問題にする者が「それが法と呼ばれていることは分かっているが、それは本当に法なのか」を問うている場合、要求されるのは、この原理を明確にし、それが信用に値するか否かを調べることである。

これから、国際法の法的性格に関する疑念の主な二つの源とともに、理論家たちがそうした疑念に応答しようとした手立てを検討する。いずれの疑念も、法が何かに関する明確で標準的な例である国内法と国際法との不都合な対比から生じている。第一の疑念は、法を基本的には威嚇に支えられた命令の問題として捉えて、国際法のルールと国内法のルールとを対比する考え方から生まれている。第二は、国家は根本的に法的責務の主体とはなり得ないという不明瞭な信念から生まれており、国際法の主体（subjects）の性格と国内法のそれとを対比する。

第2節　責務と制裁

これから検討する疑念は、しばしば国際法に関する書物の冒頭の諸章で、「いかにして国際法は拘束力を持ちうるか」という形の問いかけで表現されている。[3] しかし、この好まれる問いかけの仕方には、きわめて混乱を招く点がある。それを処理する前に、それに先行する問題――それへの回答は全く明らかではないが――を取り扱う必要がある。その先行する問題とは、「法秩序の全体について、それが『拘束力を持つ binding』とは何を意味するか」である。ある特定の法秩序がある特定の個人に対して拘束力を持つという言明は、法律家にとってなじみ深いもので、意味もそこそこ明瞭である。この言明は、当該ルールは妥当なルールであり、問題の人物はそのルールによりある責務または義務を負っていると言いなおすこともできるだろう。それ以外に、同種のより一般的な言明がなされるような状況もある。一定の状況で、ある法秩序がある特定個人に適用されるか否かに疑問が生ずることもあるだろう。こうした疑義は国際的な法の抵触の場面や国際公法の場面で生ずることがある。前者の事例では、フランス法またはイングランド法が特定の取引に関してある特定人を拘束するかが問われるし、後者の事例では、たとえば敵軍に占領されたベルギーの住民は、亡命政府がベルギー法だと主張するものに拘束されるのか、あるいは占領軍の指令に拘束されるのかが問われる。しかし、いずれの事例においても、問われているのは、何らかの法秩序（国内または国際の）の中での法律問題であって、当該秩序に含まれるルールないし原理を勘案することで解決される。これらは、ルールの一般的な性格を問題にするものではなく、所与の状況における特定の人物ないし取引に関する、当該ルールの射程ないし適用可能性のみを問うている。「国際法は拘束力を持つか」という問いや、それと同種の「いかにして国際法が拘束力を持ち得るのか」という問いは、明らかに異なるレベルのものである。これらは、適用可能性についてではなく、国際法の一般的な法的性格について問いかけている。この疑念はより率直に表現するなら、「こうしたルールが責務を生じさせると言うことにはたして意味があるのか、本心でそう言えるのか」ということになるだろう。文献上の議論が示すように、この点に関する疑念の一つの源は、国際法に集権的な制裁組織がないことである。これは、疑いなくそのルールに「拘束力がある」法的責務の範例とされる国内法との不都合な相違点である。この段階から先の議論は単純である。この論拠で国際法のルールに「拘束力」がないとされるのであれば、それを法として分類することが擁護できないことは確実だ。日常的なことば遣いがいかに寛容であれ、これは見過ごすには余りにも大きな相違である。法の性格に関するあらゆる考察は、法が存在する以上は何らかの行動を責務とするとの想定から出発する。

この議論を検討するにあたって、国際秩序の事実に関して疑念を差し挟み得る点についてはすべて、この議論に有利な方向で推定を置くことにしよう。国際連盟規約第一六条も、国際連合憲章第七章も、国内法の制裁に類比し得るようなものは何も国際法に導入してはいないと考えよう[4]。朝鮮戦争にもかかわらず、また、スエズ動乱からいかなる教訓が得られるにしろ、国連憲章の強制履行にかかわる規定は、緊要な場合には、拒否権によって麻痺し、画に描いた餅となる蓋然性が高いと想定することにしよう。

国際法は組織化された制裁を欠いているがゆえに拘束力を持たないと論ずることは、暗黙のうちに、法とは本質的には威嚇に裏付けられた命令であるという理論に含まれる責務の分析を受容することである。この理論は、すでに見たように、「責務を持つこと」や「拘束されること」を「不服従の場合、警告されている制裁や刑罰を受ける蓋然性のあること」と同一視する。しかし、すでに論証したように、この同一視は、責務および義務の観念があらゆる法的思考や論議において果たす役割を歪曲するものである。実効的な組織化された制裁が存在する国内法においてさえ、第Ⅳ章で示されたさまざまな理由により、「私（あなた）は不服従の際に害を被るだろう」という外的な予測の言明と、行動を方向づける規準として受容されるルールの観点から特定個人の状況を評価する「私（あなた）は、そう行動する責務を負う」という内的な規範的言明とは、区別する必要がある。すべてのルールが責務や義務を生み出すわけでないことは、その通りである。また、責務や義務を生み出すルールが一般に個人的利益の犠牲を求めること、一般に、同調への真摯な要求と逸脱への執拗な批判によって支えられることも確かである。しかし、予測的分析と、本質的に威嚇に支えられた命令として法を捉える予測理論の母体となる観念から解放されるならば、責務の規範的観念を組織的制裁に支えられたルールに限定する十分な理由はなさそうである。

しかし、別の類型の議論――警告された制裁の蓋然性に基づく責務の定義にコミットしてはいないために、より説得力のある議論――を検討する必要がある。懐疑論者は、国内法秩序には、われわれが強調したように、必然的、と呼ぶことの正当な一定の規定があることを指摘するだろう。その中には、暴力の気ままな行使を禁止する責務に関する一次ルール、そしてこのルールその他のルールのための制裁として公的な実力の行使を定めるルールが含まれる。こうしたルールやそれを支える組織化された制裁が、こうした意味で国内法にとって必然的であれば、それらは国際法にとっても必然的ではないか。そのことは、「拘束力」や「責務」といったことばの意味自体から帰結すると主張することなく、申し立てることができる。

こうした類型の懐疑論への回答は、人類および――国内法の持続する心理的・物理的背景をなす――人類の置かれた状況に関する基本的な真実の中に見出すことができる。身体の強さや傷つきやすさにおいてだいたい平等な人々の社会では、物理的制裁は必要であるとともに可能でもある。法の制約に自主的に従う人々が、制裁がなければ他者による法の尊重の果実を得ながらも、自分自身は法を尊重しようとしない悪人の食い物とならないために、制裁は必要である。相互に近接して生きる人々の間では、公然たる攻撃ではなくとも、狡猾に他者に損害を与える機会は多く、逃げ果たせる機会も相当あるので、最も単純素朴な社会でない限り、余りに邪悪な、愚かなあるいは意志が弱いために法に従わない人間を抑制するには、自然の抑制力だけでは不十分である。しかし、大まかな平等性という同じ事実と抑制の秩序の遵守がもたらす明白な便益のゆえに、その秩序に自主的に協力する人々の力を、悪人たちの結社の力が上回ることはありそうもない。国内法の背景をなすこうした状況の下では、制裁は悪人たちに対して首尾よく、比較的小さなリスクで、執行できるであろうし、制裁の威嚇は自然の抑制に多くの抑制力を加えることになるだろう。しかし、個人間で当てはまるこの単純な自明の理が国家間には当てはまらないため、そして、国際法の事実上の背景が国内法のそれとあまりにも異なるため、国内法同様の制裁の必然性も（国際法がそれで支えられることは望ましいことではあるが）、その安全で実効的な履行の見込みも存在しない。

というのも国家間の攻撃は個人間の攻撃とは全く異なるからである。国家間の武力の行使は公然たるものでしかあり得ず、国際的警察力は存在しないにもかかわらず、警察が存在しない状況での殺人や窃盗と同様に加害者と被害者の間のみの問題に限定される可能性は小さい。戦争を開始することは、最も強力な国家にとってさえ、合理的確信をもって予測し得ることの稀な、結末に関する大きなリスクを伴う。他方で、国家間の力の格差のため、国際秩序の側に立つ国家群の力が攻撃の誘惑にかられる国々の力をつねに上回る保証もない。かくして、制裁の組織化と行使は恐るべきリスクを伴い、それによる威嚇も自然の抑制に多くを付け加えることはない。こうしたきわめて異なる事実上の背景のゆえに、国際法は国内法とは異なる形態で発展してきた。現代国家の住民の間では、組織化された抑制や犯罪の処罰がなければ、暴力や窃盗が絶えず予想されるだろう。しかし国家間では、悲惨な戦争の間には長期間の平和がある。こうした平和な年月は、戦争がもたらすリスクと利害、国家相互のニーズを考えるなら、当然、合理的に期待される。その平和は、集権的組織による履行を定めることのない（点を含め）国内法とは異なるルールによって規律されるべきものである。しかし、こうしたルールが要求しているものは、責務として考えられ、そう語られる。こうしたルールへの同調の圧力は一般に存在する。それに基づいて要求や応諾が行われるし、その違背は、賠償の請求だけでなく、報復や対抗措置も正当化する。ルールが無視されるのは、それに拘束力がないという論拠によってではない。むしろ、その事実を隠蔽する努力がなされる。もちろん、こうしたルールは、諸国家が戦争をしようとしない論点にかかわる限りにおいて実効的だと言うこともできよう。その通りかも知れないし、そのことは国際法秩序の重要性や、その人類にとっての価値には不都合な形で影響を及ぼし得る。しかし、それだけのことだけでも確保し得ていることは、国内法の、固有の物理的・心理的事実からなる背景の下で組織的制裁が必然であるという前提からは、きわめて異なる背景を持つ国際法に組織的制裁が存在しないがゆえに、国際法は責務を課さないとか、「拘束力」がないとか、「法」の名に値しないという単純な演繹はなし得ないことを示している。

第3節　責務と国家の主権性

英国、ベルギー、ギリシャ、ソ連は、国際法の下で権利および責務を持ち、したがってその法主体である。これは、独立していると素人が考え、法律家が「主権的」であると認める国家の任意の例である。責務を課す国際法の特質がもたらす、容易には消え去らない困惑の種の一つは、主権的である国家が同時に、国際法の下で「拘束され」、責務を負うことを承認し、説明する際に感じられる困難である。[5] この懐疑論は、ある意味では、国際法は制裁が欠如しているがゆえに拘束力がないという反論よりもさらに頑強である。後者の反論は、いつの日か国際法が制裁の秩序を備えれば対応可能なのに対し、今問題としている反論は、国家が主権的であると同時に法に従うという観念に存する（と言われたり、感じられたりする）根底的な不整合だからである。

この反論を検討するには、立法府その他の国内の制度や人にではなく、国家そのものに適用される主権の観念を精査する必要がある。[6]「主権的」という語が法理学にあらわれるとき、法の上に位置し、そのことばが彼の服属者や臣民にとって法となる人物とその語が結びつけられる傾向がある。本書のはじめの諸章で、この魅惑的な観念が国内法秩序の構造を理解する上で、いかに悪質な道案内となるかを述べた。しかし、国際法においては、さらなる混乱の元となりかねない。国家をそうしたスーパーマンであるかのように捉えることは、もちろん可能ではある――本質的に法に服さず、しかし臣民にとっては法の源である存在として。一六世紀以降、国家と君主との象徴的同一視（「国家、それは私だ」）は、多くの政治・法理論にうさん臭い霊感を与えることに役立ってきた。しかし、国際法を理解するためには、こうした連想を捨て去る必要がある。「国家」ということばは、本質的に、あるいは「本性に基づきby nature」法の外にある人や物を指すわけではない。それは二つの事実に言及する手段である。第一に、ある領域に住む人々が、立法府、裁判所および一次ルールという特徴的な構造を備えた法秩序の供与する統治形態の下で生活していること、第二に、そこでの政府が曖昧ながら一定の独立性を享受していること、である。「国家state」ということばは、確かに固有の広範な曖昧さを帯びる領域を含むが、今述べたことで、核心的な意味をあらわすには十分であろう。これまた任意の例であるが、英国やブラジル、合衆国やイタリアのような国々は、その領域外のいかなる権威や人々による法的または事実上の統制からも、かなり大きな程度において独立しており、国際法において「主権国家」として位置づけられている。他方、合衆国のような連邦体の構成国は、いろいろな形で連邦政府および憲法の権威と統制の下に置かれている。それでも、これら連邦構成国の持つ独立性でさえ、イングランドの県（county）のように「国state」ということばが全く使われないものの地位に比べれば、なお大きい。県には、その領域で立法府としての機能を果たす地方議会があるものだが、その貧相な権限はウェストミンスター議会の権限に従属しており、特定の瑣末な点を除けば、県の領域は国の他の領域と同じ法と政府に従っている。

これら両極端の中間には多くの異なる類型・程度の従属性（そして独立性）が、秩序立った政府を持つ領域単位間に見られる。植民地、保護領、宗主領、信託統治領、国家連合は、こうした観点からは、魅惑的な分類問題を提起する。多くの場合、ある単位の他の単位への従属は、少なくとも一定の事項に関しては、従属単位における法は他の単位による立法活動に究極的に依存するという法的形式で示される。(7)しかし、従属領域の法秩序がこうした従属性を示さない事例もある。それが形式的には独立しており、当該領域が操り人形を通じて領域外から事実上統治されている場合もある。あるいは、従属領域は対内的には実際に自律性を確保しているが、対外的事項に関しては自律しておらず、かつ、対外的事項に関する従属性を国内法的に表示することが要求されない場合もある。しかし、こうした多様な形での、ある領域単位の他の単位に対する従属性は、その独立性が制約される唯一の形態ではない。制約要因は、他の領域単位の権力や権威ではなく、相互に独立した諸単位に影響を及ぼす国際的権威かも知れない。きわめて多様な国際的権威の形態を想定することが可能であり、それに対応して、諸国家の独立性についても、きわめて多様な制約を想定することができる。すべての国家の対内的・対外的事項を統御する無制約の法的権限を有する、英国議会に範をとった世界議会。特定事項についてのみ法的権限を持つ、または、構成単位の特定の権利保障によって権限が制約された、合衆国議会をモデルとする連邦議会。すべての国家に適用可能なものとして一般的に受容されたルールのみが法的統御手段とされる体制。そして最後に、承認された責務の態様が、契約的ないし自己制約的なものに限定され、国家の独立性はそれ自身の行為によってのみ法的に制約され得る体制、を想定することができる。

こうした想定可能な諸事例を検討することは有益である。そうすることで、従属と独立には多様な態様と程度があり得ることに気付くことは、国家は主権的である以上、国際法に従属し、拘束されることは「あり得ない」とか、特定の形態の国際法によってのみ拘束され「得る」という主張に回答する第一歩となるからである。というのも「主権的」ということばは、ここでは「独立性」を意味するに過ぎず、「独立性」と同様——主権的国家は一定の類型の統制に服さない国家だという——否定的な意味合いを持ち、主権性とは国家が自律的に行動し得る範囲を示すからである。すでに見たように、国家ということばの意味自体に一定程度の自律性が含まれているが、国家は無制約でなければ「ならない」とか、一定類型の責務によってのみ制約され「得る」という主張は、せいぜい、国家はその他の制約から自由であるべきだという主張にとどまるか、あるいは、悪くすれば根拠のない独断論である。事実、国家間には国際的権威が存在しており、国家の主権性はその限りで制約されており、そのルールが許す範囲でのみ、国家が主権的であることは周知のことである。どの国家が主権的なのか、その主権性の程度はどこまでなのかについては、そうしたルールを知ることによってのみ答えることができる。それは、アメリカ人は自由なのか、どの程度そうなのかについて、アメリカ法を知ることによってのみ答えることができることと同様である。国際法のルールは確かに曖昧で、多くの点で相互に衝突し、国家に残された独立性の範囲に関する疑念は、国内法の下での市民の自由の範囲についてよりはるかに大きい。それでもこうした困難は、国際法を勘案することなく国家に帰属すると想定された絶対的主権性から、国際法の一般的特質を演繹しようとするアプリオリな議論を正当化するものではない。

　主権性の観念の無批判な使用が、国内法と国際法の双方において同様の混乱を招いたこと、そして双方において同様の補正が要求されることに注意する必要がある。この影響の下、あらゆる国内法秩序には、いかなる法的制限にも服さない主権的立法者が存在しなければならないと信ずるように仕向けられる。全く同様に、国家が主権的であり、国家自身による他は法的制約を受け得ないことから、国際法が一定の特質を持つはずだと信ずるように仕向けられる。いずれの場合も、法的に無制約な主権者の必然的存在への信念が、現実のルールを検討しなければ答えられないはずの問題への回答を予め決めてしまう。国内法にとっての問題は、当該秩序において認められた最高の立法権限の範囲はどの程度かであり、国際法にとっての問題は、国際法のルールが国家に認める最大限の自律性の範囲は何かである。

かくして、現下の反論に対する最も単純な回答は、それは検討されるべき諸問題の順序を逆転させているというものである。国際法の諸形式を知り、それらの形式が空虚な形式に過ぎないか否かが分かってはじめて、国家の持つ主権性が何かを知ることができる。この原則が無視されてきたがために、多くの法的議論は混乱してきた。国際法において「意思主義的 voluntarist」あるいは「自己制限 auto-limitation」理論として知られてきた諸理論をこの観点から検討することは有益である[8]。これらの理論は、国家の（絶対的）主権性と拘束力ある国際法のルールの存在とを両立させようとして、すべての国際法上の責務を、約束から生ずる責務と同様の、国家がみずから課した責務として説明しようとした[9]。こうした理論は、実際、政治学における社会契約論の、国際法における対応物である。社会契約論は、「本来は」自由で独立した人々がそれでも国内法に拘束されることを説明するため、法に服従する責務を、責務を負う者同士で――ときにはその支配者との間で――締結した契約から生ずるものとして取り扱った。この理論を額面通りに受け取ったときになされる周知の反論や、単に啓発的な類比として受け取ったときの価値について、ここでは検討しないこととしよう。むしろ、その歴史から、国際法の意思主義的理論への反論となる三つの議論を引き出すことにする。

第一に、これらの理論は、いかにして国家が、みずから課した責務にのみ拘束され「得る」のか、また、なぜ国際法の現実の特性を検討する前にこうした主権理論を受け入れるべきかを、全く説明していない。この主張がしばしば繰り返されてきたという事実以外に、それを支える何かがあるのだろうか。第二に、国家はその主権性のゆえに、自身に課したルールにのみ服し、拘束され得るという議論には、何か筋の通らないところがある。「自己制限」理論の極端な形態では、国家の合意や条約の締結は、その将来の行動に関する宣言に過ぎないものとして取り扱われ、履行懈怠《けたい》は、いかなる責務の違背とも考えられない。これは、事実とは全く齟齬を来すものの、少なくとも整合性という点では優れている。これは、国家の絶対的主権性はいかなる責務とも両立しないとする単純な理論で、したがって、ウェストミンスター議会と同様、国家は自身を拘束することができないというものである。国家は約束、合意、条約によって自身に責務を課すことができるという、それほど極端でない議論は、しかし、国家が自身に課したルールにのみ服するという理論と整合しない。口頭または文書によることばが、一定の状況で約束、合意、条約として機能し、責務を生じさせるとともに、相手方の請求し得る権利を生みだすためには、国家が適切なことばによって引き受けたことについては、それを遂行するよう拘束されると定めるルールが前もって存在していなければならない。みずから課した責務という観念そのものが前提とするこうしたルールは、明らかに、それ自体の責務として地位の根拠を、それに従うよう自身に義務づけた責務に求めることはできない。

所与の国家が遂行するよう拘束される個別の行動が、その責務としての性格を約束から獲得すると考えることは、理論的に可能ではある。しかし、そうなり得るのは、約束等が責務を生み出すというそのルールが、いかなる約束とも独立に、国家に適用されるからこそである。人々の社会か諸国家が構成する社会かを問わず、いかなる社会においても、約束、合意、条約のことばが責務を生み出すために必要で十分なのは、そのことを定め、こうした自己拘束のための手続を特定するルールが一般的に——普遍的ではないとしても——承認されていることである。それが承認されているところでは、こうした手続を意識して用いた個人や国家は、それによって拘束される——彼や国家が当該ルールに拘束されることを選択したか否かを問わず。この最も意思主義的な形態の社会的責務であっても、拘束される当事者の選択とは独立に拘束力を持つルールがかかわるし、国家の場合、そのことは、国家の主権性があらゆるルールからの自由を要求するという想定とは整合しない。

第三に、事実の問題がある。国家はみずからが課した責務によってのみ拘束され得るというアプリオリな主張と、国家は異なる秩序の下では別の形で拘束され得るが、事実として、現在の国際法のルールの下では、他の形態での責務は存在しないという主張とは区別する必要がある。もちろん国際法秩序が完全に合意に基づくこうした形態のものであることは可能であるし、こうした見解の主張とその批判の双方を、法学者の書物、(国際的な裁判所のものも含めた）裁判官の意見、国家の宣言の中に見出すことができる。現実の国家の実例に関する情緒を離れた調査だけが、こうした見解の正否を示すことができる。現代の国際法の大部分は条約法であること、国家をその事前の同意なく拘束するかに見えるルールが実は――「黙示的」に、あるいは「推論される」ものであるにしろ――同意に基づいていることを論証しようとする入念な努力がなされることは、確かである。すべてがフィクションだとは言わないまでも、国際法上の責務を単一類型に還元しようとするこうした努力の中には、国内法に関する同様の――より明白にうさん臭い――単純化である「黙示の命令」と同様の疑念を生じさせるものがある。

すべての国際的責務は、拘束される当事国の同意から生まれるという主張の詳細な検討をここで行うことはできないが、この理論に対する二つの明確で重要な例外は留意されるべきである。第一は、新しく生まれた国家の事例である。たとえば一九三二年のイラクや一九四八年のイスラエルのように、新たに独立国家が生まれたとき、それが条約を遵守する責務を含む国際法上の一般的責務に拘束されることは、決して疑われたことはなかった。新たな国家の国際法上の責務を、「黙示の」または「推論される」同意に基づかせようとする努力は全く論拠薄弱に見える。第二は、領土の獲得等の変動により、以前は遵守や違背の機会がなく、同意を与えたり拒絶したりする機会もなかった責務の下に、新たに置かれるにいたった国家の事例である。以前は海に面していなかった国家が海沿いの領土を得たとき、その国が領海および公海に関する国際法のすべてのルールに服することとなるのは明白である。[10] さらに、一般的条約あるいは多国間条約が当事国でない国に及ぼす効果に主にかかわる、より論議の余地のある事例もある。[11] しかし、ここで述べた二つの重要な例外は、すべての国際的責務は自己拘束的なものであるとの一般理論が、過度に抽象的な独断論であり、事実を十分に尊重しないことから生み出されたのではないかとの疑惑を正当化するには十分である。

第4節　国際法と道徳

第V章で、責務に関する一次ルールのみからなる単純な形態の社会構造を検討し、きわめて小規模で緊密に構成され、他から隔離された社会でない限りは、この社会構造が大きな欠陥を伴うことを指摘した。こうした社会体制は静態的で、そのルールは緩慢な成長と衰退のプロセスを通じてのみ変化する。ルールの同定は不確実で、個別事例でのルール違背の事実の確認、違背者に対する社会的圧力の適用は、統制がとれず、時間がかかり、弱体であらざるを得ない。国内法を特徴づける認定、変更および裁判に関する二次ルールは、互いに異なるものの関連する、こうした欠陥への対策と考えることが適切であることも指摘した。

形式においては、国際法はこうした一次ルールのみからなる体制に類似している——しばしば入念に練り上げられたそのルールは未開社会のそれとはきわめて異なるし、その概念、方法、技術の多くは、現代の国内法のそれらと同じではあるが。しばしば法律家たちは、こうした国際法と国内法との形式的違いのゆえに、前者は「道徳」として分類することができると考えてきた。しかし、両者の相違をこうした形であらわすことは、混乱をもたらすであろう。

国家間の関係を統御するルールは道徳的ルールに過ぎないという時折なされる主張は、威嚇に裏付けられた命令に還元し得ない社会組織の形態は「道徳」でしかあり得ないという古来の独断論に鼓吹されたものである。もちろん、「道徳」ということばをこうした包括的な意味で用いることは可能である。[12] そうすれば、ゲームのルール、クラブのルール、エチケットのルール、憲法の根本的諸規定、国際法のルールを、残虐さ、不正直、虚言を日常的に禁ずる、われわれが通常、道徳的ルールや原則だと考えるものと一緒に、一つの紙くずかごに放り込むことができる。こうした手順をとることへの反論は、「道徳」とされたさまざまな事物の間には、形式の点でも社会的機能の点でも、重要な違いがあり、こうした粗雑な分類には何の実践的・理論的意義も考えつかないというものである。このように人為的に拡張された道徳概念の内部で、曖昧にされたかつての区分を新たに引き直す必要が生ずるであろう。

国際法という特殊事例に関しては、そのルールを「道徳」として分類することに抵抗すべき多くの理由がある。第一に、諸国家はしばしば、お互いを反道徳的行動のゆえに非難し、自国や他国を国際的道徳の水準を守ったがゆえに称賛する。疑いなく、国家が示したり、し損じたりする徳行の一つは、国際法の遵守であるが、それは法が道徳であることを意味しない。事実、道徳のゆえになされる国家の行為の評価は、国際法のルールの下での権利・責務に基づく請求、要求、認諾《にんだく》とは見た目にも異なる。第Ⅸ章で、社会道徳を定義づける特徴と思われる何点かの特性を掲げた。その中には、道徳的ルールを主として支える道徳的圧力の特徴的な形態があった。その圧力は、報復の恐怖や威嚇、賠償の請求に訴えかけるものではなく良心に――問題となっている道徳原則を名宛人が思い起こしたなら、彼は罪と恥の意識にかられ、その原則を尊重し改心するだろうとの期待の下で――訴えかける。

国際法の下での要求はこうしたことば遣いでは表現されない――もちろん、国内法と同様、道徳的な訴えと同時になされはするが。国際法上の紛争事項について諸国家が相互に行う、しばしば技術的な議論で主になされるのは、先例、条約、法律文書への言及である。道徳的な善悪、当否には全く言及されないこともしばしばある。北京政府が国際法の下で国民党勢力を台湾から駆逐する権利を持つか否かは、それが公正か、正義に適うか、道徳的に善い（悪い）行為かとはきわめて異なるし、全く異なる特有の議論によって支えられている。確かに、国家間の関係には、私生活での上品さや礼儀正しさに類比し得る、明確な法律問題と明確な道徳問題との中間物が存在する。たとえば、関税なしで個人的使用のために外交関係者が品物を受け取る特権に示される国際的な「礼譲 comity」のように。

区別のより重要な根拠は、次のようなものである。国際法のルールは、国内法のルールと同様、しばしば道徳にはきわめて無関心である。ルールは、それが関係する事項について明確なルールのあることが便利で必要だからという理由で——当該ルールに何らかの道徳的意味があるからではなく——存在することがある。それは、そのうちどれであっても同じように首尾よくいく多くの可能なルールの一つかも知れない。国内・国際を問わず、法的ルールは、しばしば詳細にわたって規定するし、道徳的なルールまたは原理としては理解し得ない恣意的な区別をする。もちろん、社会道徳の内容も多様ではあり得るだろう。第Ⅸ章では、社会集団の道徳が、現代の知識に照らしたとき、馬鹿げていたり迷信じみているかに見える内容のルールであり得ることを指摘した。われわれときわめて異なる一般的信念を持つ人々が、道路の右側ではなく、左側を通行することに道徳的意義を見出すことや、二人の証人が立ち会った約束を破ったなら道徳的罪過を意識するが、一人の証人しか立ち会っていなければ罪過を感じないことは、想像することは難しいものの、可能ではある。こうした奇妙な道徳は可能ではあるが、道徳を一般に尊重する人々が、いかなる意味でも他の選択肢より望ましいと思わず、いかなる内在的意義もないと感じるルールを道徳が含むことは（論理的に）あり得ないことは確かである。しかし、法は道徳的意義のあるルールをも含みはするが、それ以外のルールを含みうるし、現に含む。道徳の一部としては理解しがたいような恣意的な区別、形式的手続、詳細にわたる規定は、したがって、自然であり、理解の容易な法の特性である。道徳と異なる法の典型的機能の一つは、こうした要素の導入によって確実性と予測可能性を極大化し、請求の証明や評価をしやすくする点にある。形式や詳細への配慮が行き過ぎることで、法はしばしば「形式主義」「実定法至上主義 legalism」の非難を受ける。しかし、これらの悪徳は、法のいくつかの特質の行き過ぎであることを覚えておく必要がある。

われわれに、有効に執行される遺言のために何人の証人が必要かを教えてくれるのが、道徳ではなく、国内法秩序であるのは、こうした理由による。同様に、交戦国の船舶が給油や補修のために中立国の港湾に停泊し得るのは何日間か。領海の広さは、そしてその計測方法は。これらについて教えてくれるのは、国際法であって道徳ではない。こうした事柄のすべては法的ルールで定めることが必要にして適切であるが、こうしたルールには多様な形態があり得るし、特定目的のための多くの可能な手段の一つとしての意義を持つにとどまり、私的または社会生活において道徳特有の身分を持つルールとは異なっているとの感覚は持ち続ける必要がある。もちろん、国際法のルールのすべてがこうした形式的・恣意的で道徳的に見て中立的な種類のものだというわけではない。法的ルールは、こうした種類のものであることが可能だが、道徳的ルールは不可能だという点にポイントがある。国際法とわれわれが道徳と自然に考えるものとの性格の違いには、別の側面もある。一定の活動を要求したり禁止したりする法の効果は、究極的には集団の道徳の変化をもたらすことがあるが、道徳的ルールを創設したり変更したりする立法府を想定することは、第Ⅶ章で見たように、馬鹿げている。立法府が新たなルールを設定し、それに決定（fiat）によって道徳的ルールの身分を与えることは不可能である。それは、同じ手段でルールに対して伝統の身分を与えることが不可能なのと同様である。もっとも、なぜ不可能かの理由は二つの場合で同じではないが。つまり、道徳は単に、立法府を欠いているとか、たまたまそれが存在しないというわけではない。人間の立法的決定によって変更されるという観念自体が、道徳の観念と矛盾する。これは、われわれ人間が道徳を、人間の行動を（立法的なものも含めて）評価する究極の規準と考えていることによる。国際法との差異は明確である。国際法の特性や機能には、立法によって変更されるという観念と、同じように、矛盾するようなものは何もない。立法府が存在しないのは、たまたまの欠如であり、多くの者はいつの日にか補正されるべき欠陥とみなしている。

最後に、国際法の理論における、第Ⅸ章で批判された議論と並行する議論、つまり国内法における個別のルールが道徳と衝突する場合でも、法秩序全体は、そのルールに服従する道徳的責務があるという一般に行き渡った信念に支えられる必要がある——この信念は個別の例外的な事例では覆されることがあり得るとしても——という議論と並行する議論に留意する必要がある。国際法の「基礎」に関する議論において、しばしば、究極的には国際法は、それに服従する道徳的責務があるという諸国家の信念に依拠せざるを得ないと言われることがあった[13]。しかし、この主張が意味するのが、諸国家が承認する責務は公的に組織された制裁によって強行されはしないということ以上のことであれば、それを受け入れる理由はないと思われる。もちろん、ある国家が国際法によって要求される行動を道徳的責務だと考え、そのためにそう行動すると言ってよい状況があることは確かである。たとえば、ある国家が大変な負担となる条約上の責務を——条約一般に対する信頼が大きく揺るがされることで人類一般にもたらされるであろう明白な害悪を理由に、あるいは、過去において、当該国家が他の国家の負担において利益を得ていたのだから、今は相当な負担を履行することが公正だとの感覚に基づいて——履行し続けることはあり得るだろう。こうした道徳的信念に関して、正確に言って誰の動機、思考、感覚が当該国家のものとされるべきかは、ここでわれわれが立ち止まって考える必要のない問題である。

しかし、こうした道徳的責務の意識はあり得るとしても、なぜ、そしていかなる意味で、それが国際法の存在の条件でなければならないかに答えることは困難である。国家の慣例において、一定のルールが、一定の犠牲を伴うにもかかわらず、恒常的に尊重されることは明らかである。そうしたルールに依拠して要求は定式化される。そうしたルールの違背は、違背者を深刻な批判にさらすことになるし、賠償や報復の要求を正当化することにもなる。これらは確実に、国家間にはそれらに責務を課すルールが存在するという言明を支えるために必要な要因のすべてである。いかなる社会においても「拘束力ある」ルールが存在するために必要な証明は、そのルールがそうしたものとして考えられ、語られ、機能していることだけである。「基礎」としてさらに何が必要なのか、さらなるものが要求されるとして、なぜそれが道徳的責務という基礎でなければならないのか。国家間にルールが存在し、機能するためには、圧倒的多数の国家がそうしたルールを受容し、自主的にそれを維持すべく協力する必要があることは確かである。また、そうしたルールに違背したり、違背すると威嚇する国家に対して行使される圧力が、相対的に弱く、非集権的で組織立っていないことも確かである。しかし、はるかに強制力の強い国内法秩序を自主的に受け入れる個人の場合と同様、こうした秩序を自主的に支えようとする動機はきわめて多様であろう。いかなる法秩序であれ、それを遵守する道徳的責務があるという意識が広く行き渡っているときにこそ、それは最も健全かも知れない。それでも、法の遵守はそうした意識に動機づけられておらず、長期的利害計算や、伝統を継承しようとする願望、あるいは利害を離れた他者への配慮によって動機づけられているかも知れない。個人間にしろ国家間にしろ、これらのうちいずれかを、法の存在の必要条件とする理由はないように思われる。

第5節　形式と内容の類似性

先入観を持つことなく観察するなら、立法府も強制管轄権や公的な制裁組織を伴う裁判所も備えない国際法の形式的構造は、国内法の構造とはきわめて異なっているように見える。すでに述べたように、国際法は、内容においては全く違うものの形式に関しては、一次の慣習的ルールのみからなる単純な体制に似ている。しかし、懐疑論者に対抗して国際法が「法」と呼ばれるべきことを擁護するあまり、こうした形式的相違を極小化し、国際法と立法等他の望ましい国内法の形式的特徴との類似点を誇張する誘惑にかられる論者もいる。かくして、戦争――それは敗者が領土を割譲したり、責務を負ったり、独立性を弱める条約で終結するが――は本質的には立法行為であると主張されたこともある。[14] 立法と同様、それは法的変更を押しつけるからである。こうした類比に説得される者、それが、国際法が国内法と同様に「法」と呼ばれるべきことを示すと考える者は、さほどいないだろう。国内法と国際法との顕著な違いは、後者と異なり、前者は暴力によって強要された合意の妥当性を通常、否定する点にある。

他の多様な、より敬意に値する類似性が、「法」という資格がそれに依存すると考える人々によって強調されてきた。大部分の事件において、国際司法裁判所および、その前身である常設国際司法裁判所の判決が当事者によりしかるべく履行されてきた事実は、国内の裁判所と異なり、いかなる国家もこれらの国際法廷に事前の同意なしに出廷を命じられることはないという事実を相殺するかのように、しばしば強調されてきた。国内法における制裁として、法的に統御され公的に執行される実力の行使と、「分権化された制裁」、つまり国際法上の権利が他国に侵害されたと主張する諸国家による戦争や実力による報復の実施との類似性もまた、指摘されてきた。[15] そこにある種の類似性があることは確かである。しかし、その意義は同様に明白な事実、つまり、国内の裁判所は自救行為の当否を審査する強制的管轄権限を持ち、違法な自救行為を罰するのに対し、そうした権限を持つ国際裁判所は存在しないという事実に照らして、判断されねばならない。

こうした怪しげな類似性のいくつかは、国連憲章の下で諸国家が引き受ける責務によって大いに強化されたと考えられるかも知れない。しかし、こうした強化の意味合いの評価は、憲章上の強制履行措置に関する諸規定が――文面上は称賛に値するものの――大国の拒否権とイデオロギー的対立と同盟関係によって麻痺してきたことを無視してなされるなら、ほとんど意味がない。国内法における強制執行の規定も、ゼネストによって麻痺するかも知れないという、時折なされる反論には、ほとんど説得力がない。国内法と国際法の対比は、現存する諸事実に関するものであり、諸事実は否定するべくもなく異なっている。

しかし、考察に値する、国際法と国内法との形式的な類似性も示唆されている。ケルゼン等の多くの現代の理論家は、国内法と同様、国際法は「根本規範 basic norm」——われわれが認定のルールと呼んだもので、それを勘案して当該秩序の他のルールの妥当性が評価され、それを通じて諸ルールが単一の秩序を構成する——を持つこと、持たざるを得ないことを主張している。反対する見解は、この構造上の類比は成り立たないとする。国際法は、こうした形で統合されてはいない、責務に関する一次ルールの単なる集合体(set)である。それは国際法学者の通常のことば遣いで言うと、慣習的ルールの集合体であって、条約に拘束力を与えるルールもその一つである。国際法の「根本規範」を定式化しようとする努力がきわめて多大な困難に遭遇することはよく知られている。定式の候補とされるものには、契約は守られるべし(pacta sunt servanda)も含まれる。この候補はしかし、大部分の法理論家によってすでに捨て去られた。いかに「契約」の概念を広く解釈しようとも、国際法上の責務のすべてが「契約」から生ずるわけではないという事実と両立しないからである。そのため、それほどはなじみのない定式によって置き換えられている。「諸国家は慣習的に行動してきたように行動すべし」というルール(らしきもの)である。[16]

われわれは、国際法の根本規範についてのこうした定式や他の競合する定式の長短を検討するつもりはない。むしろ、国際法には根本規範がなければならないという想定を検討することとしよう。第一に、そしておそらくは最後に問わねばならないのは、なぜこれをアプリオリな前提とし（それは確かにアプリオリな前提である）、国際法のルールの実際の性格を事前に決めてしまわねばならないのか、である。というのも、ある社会において、「拘束力ある」責務をそのメンバーに課す諸ルールに即して社会生活が成り立っていて、しかも、そうしたルールは個別のルールの単なる集まりに過ぎず、さらに根本的なルールから妥当性を得ているわけではない、という事態は十分に想定可能（おそらくはよくあること）だからである。ルールが単に存在することだけからは、根本規範が存在するという結論は導かれない。多くの現代社会にはエチケットのルール群がある。われわれはそれらを、責務を課すルールとは考えないが、責務を課すエチケットのルールが存在することは想定可能ではある。そうした場合でも、われわれはエチケットのルールがその妥当性を得ているエチケットの根本規範を探そうとはしないだろうし、探しても見つからないだろう。こうしたルールは秩序を構成せず、単なる集合体を成している。もちろん、エチケットより重要な事柄がからんでいる場合は、こうした社会統御の形式の不便さは相当なものであろう。それについては、第V章ですでに描いた。それでも、ルールが実際に行動の規準として受容され、責務に関するルール特有の社会的圧力によって支えられるなら、それらが拘束力あるルールであることを示すために、さらに余計なものは不必要である――この単純な社会構造においては、国内法に備わっているもの、つまり、当該秩序の究極のルールに照らして個別のルールの妥当性を論証する仕組みが欠けているが。

秩序を構成せず、集合体を構成するに過ぎないルールについては、もちろん多くの疑問を提起することができる。たとえば、それらのルールの歴史的起源や、それらの発展を促した因果的影響について。また、そうしたルールに即して生きる人々にとってのそれらの価値を問うことも、彼らがそれに服従するよう道徳的に拘束されていると考えているか、それとも、何か他の動機で服従しているのかと問うこともできる。しかし、こうした単純な事例では、国内法のように根本規範や認定の二次ルールを備えたルールの秩序については訊くことのできる質問をすることができない。単純な事例では、「秩序のどの究極の定めから、個々のルールは妥当性、つまり『拘束力』を得ているのか」と問うことはできない。そんな定めは存在しないし、その必要もないからである。つまり、責務に関するルールや「拘束力ある」ルールが存在するためには、根本規範ないし認定のルールの存在が一般的な必要条件であるという想定は、誤りである。それは必需品ではなく、贅沢品である。人々が個々のルールを一つ一つ受け入れるのではなく、妥当性の一般的標識によって識別される一群のルールを予め受容することにコミットしている、発達した社会秩序においてのみ、この贅沢品に出会うことができる。より単純な形式の社会では、あるルールが受容されるか否かを見届ける必要がある。根本的な認定のルールを備えた社会では、あるルールが実際に創設される以前に、それが認定のルールの要求に適合するなら妥当であろうと言うことができる。

同じことを、別の言い方であらわすこともできる。認定のルールが、単純な個別のルールの集合体に付け加えられると、秩序の便益と同定の容易さをもたらすだけでなく、新たな形態の言明が、はじめて可能となる。それはルールの妥当性に関する内的言明である。今や、われわれは次のように問うことができる。「この秩序のどの定めが、このルールを拘束力あるものとするのか」、あるいはケルゼンの言い回しを使うならば、「当該秩序における、このルールの妥当性の根拠は何か」。これらの新たな問いかけに対する答えは、根本的な認定のルールによって与えられる。より単純な社会構造では、ルールの妥当性をこうした形で、いかなる根本的ルールによっても論証することはできなかったが、このことは、個別のルールやその拘束力や妥当性について説明されぬまま残された問題があることを意味しない。こうした単純な社会構造においては、なぜルールが拘束力を持つかについて未解決の謎があり、それは根本的ルールを発見することによってのみ解決できるというわけではない。単純な社会構造の諸ルールは、より発達した秩序における根本的ルールがそうであるように、それらが受容され、拘束力あるルールとして機能するならば、拘束力を持つ。しかし、こうした異なる社会構造の形態に関する単純な真実は、統一性と秩序とを、そうした望ましい要素が実際には発見し得ない場で頑固に探索しようとすることで、簡単に曖昧にされてしまう。

きわめて単純な社会構造において（実は存在しないにもかかわらず）根本的ルールを見

出そうとする努力には、喜劇的なものがある。それはあたかも、裸の未開人が、本当は何か目に見えない現代的な衣服をきているに違いないと主張するようなものである。不幸にも、そこにはまた、恒常的な混乱の可能性がある。（人々のまたは諸国家からなる）社会が一定の行動の規準を、責務を課すルールとして遵守しているという事実自体の空虚な繰り返しを、根本的ルールとして扱うよう説得されてしまう危険がある。「諸国家は慣習的に行動してきたように行動すべし」という、国際法のために提案されてきた奇妙な根本規範は、確かにそうしたものである。それが言っているのは、一定のルールを受容した者は、それらのルールを遵守しなければならないというルールをも遵守しなければならない、ということに過ぎない。それは、一定のルールの集合体が、諸国家により拘束力あるルールとして受容されているという事実の単なる無用な繰り返しである。

　国際法は根本的ルールを含んでいなければならないという想定から解放されれば、ここでも直面すべき問題は、事実の問題である。国家間の関係で機能しているルールの現実の特性は何か。観察される現象について異なる解釈がなされることは、当然可能ではある。しかし、本章では、国際法の諸ルールの妥当性に関する一般的標識を与える根本的ルールは存在しないこと。実際に機能しているルールは、秩序を構成せず、ルールの集合体に過ぎないこと。その中には、条約の拘束力について定めるルールも含まれることが、提案された。多くの重要な事柄に関して、国家間の関係が多国間の条約によって統御されることは確かであり、それらはときに当事国以外の国家をも拘束すると言われる。それが一般的に承認されるならば、こうした条約は事実、立法による制定法であり、国際法はそのルールについて特有の妥当性の標識を持つこととなろう。そうなれば、国際法秩序の実際の特徴をあらわす――一群のルールが実際に諸国家により遵守されているという事実の空虚な再述にとどまらない――根本的な認定のルールが定式化されることになるだろう。おそらく国際法は、現在、国内法秩序の構造により近づくべく、何らかの形式の受容へ向けた移行段階にあるのだろう。この移行が完成したならば、そしてそのときは、現在は空疎で欺瞞的でさえある形式上の類比が実質を伴うこととなり、国際法の法的「性質」に関する懐疑論者の最後の疑念も解消することとなるだろう。そのときが来るまでは、類似性が成り立つのは、機能と内容についてであって、形式についてではない。機能の類似性は、前節で検討したように、国際法が道徳といかに機能上異なるかに着目したとき、最も明確にあらわれる。内容上の類似性は、国内法と国際法に共通する原理、概念、手法の広がり――そのために、法律家の技術は自由に一方から他方へと移入することができる――にあらわれている。[17]「国際法 international law」ということばを創案したベンサムは、国際法は「十分に国内法に似ている」[18]からという理由で、この言い回しを弁護した。これに対して、二つのコメントを付け加えるべきだろう。第一に、類似性は内容上のそれであって、形式上のそれではない。第二に、内容上の類似性に関しては、他のいかなる社会的ルールも、国際法ほどには国内法に似ていない。

後記

序

本書は三二年前に初版が刊行された。以来、法理学と哲学とはより接近し、英国でもアメリカ合衆国でも、法理論は大きく発展した。本書はこの発展を押し進める一助となったと私は考える——法律学者や哲学者の間で、本書の主要な議論に対する批判者は、その支持者と少なくとも同じ程度にはいたが。ともあれ、本書は当初、イングランドの学部学生を主に念頭に置いて執筆されたのだが、より広く流通し、英語圏および翻訳が刊行された国々で膨大な二次文献が生まれた。これらの文献の多くは法学および哲学雑誌の論文であったが、多くの重要な書籍も出版された。それらの書籍においては、本書のさまざまな議論が批判の対象とされ、また、批判者自身の法理論を展開する出発点とされた。

私は批判者の何人か、とくに故ロン・フラー教授(1)とR・M・ドゥオーキン教授(2)に対して、反論の弓を引いたが、これまで私見の批判に対する総括的な応答は何らしてこなかった。批判者たちが私と異なると同時に、お互い同士でも異なる見解を展開する、きわめて興味深い進行中の議論を見守り、そこから学ぶことを優先してきた。しかし、この後記では、ドゥオーキンの『権利論 *Taking Rights Seriously*』（一九七七年）と『原理の問題 *A Matter of Principles*』（一九八五年）に収録された多くの独創的な論稿、そして『法の帝国 *Law's Empire*』（一九八六年）でなされた広範囲にわたる批判への応答を試みる。(3) この後記で主としてドゥオーキンの批判を取り上げるのは、彼が本書固有の議論のほとんどすべてが根本的に誤っていると主張するのみならず、本書が暗黙裡に前提とする法理論の観念および法理論が何をすべきかについての観念全体を疑問に付しているからである。本書の主要な議論に対するドゥオーキンの批判は、長年にわたって、だいたいは一貫しているものの、いくつかの議論の内容とそれを表現する用語に関して重要な変更が加えられている。彼の初期の論稿に見られた批判の中には、明示的に撤回されてはいないが、後期の業績にはあらわれないものがある。しかし、こうした初期の批判は広く流布し、大きな影響力を持っているので、後期の批判と同様、それらにも応答することが適切だと考えた。

この後記の最初の長めの第一部が、ドゥオーキンの議論とかかわっている。第二部では、他の多くの批判者による主張——私の議論の展開には不明瞭さと不正確さがあるだけでなく、いくつかの点では、実際、筋が通らず、矛盾があるとの主張——を検討する。(4) 私が想像していたより多くの点で、批判者の指摘は正しかったことを、私は認めざるを得ない。この後記の機会をとらえて、不明瞭であった点を明確化し、執筆当初には筋が通らず、矛盾していた点を修正することとする。

1 法理論の性質

本書における私の目的は、法とは何かに関する一般的かつ記述的な理論を提供することであった。その理論は、特定の法秩序や法文化にかかわらないという意味で一般的（general）であり、ルールによって統御される（その意味で「規範的な」）側面を持つ複雑な社会的・政治的制度としての法を解明し、明確化しようとした。この制度は、異なる文化、異なる時代により多様なヴァリエーションがあるものの、同一の一般的形式と構造を持つが、解明を要する多くの誤解と不明瞭な神話が周りを取り囲んでいる。この解明作業の出発点となるのは、現代の国内法秩序の顕著な特質に関する広く行き渡った知識である。本書の24頁で私が教育のある人なら誰でも備えている知識としたものである。私の説明は、道徳的に中立であり、正当化を目的としない点で、記述的（descriptive）である。それは、道徳的あるいはその他の根拠に基づいて、私の一般的な法の説明の中にあらわれる諸形式・構造を正当化したり推奨したりしようとしていない——これらを明瞭に理解することは、法に対するいかなる有益な道徳的批判にとっても、重要な前提となるとは思われるが。

この記述的な作業を遂行するための手段として、本書は多くの概念を繰り返し用いている。たとえば、義務賦課ルール、権限付与ルール、認定のルール、変更のルール、ルールの受容、内的および外的観点、内的および外的言明、法的妥当性がそうである。こうした諸概念が焦点を当てようとしているのは、多様な法制度や法実践を啓発的に分析し、これらの制度や実践の考察がもたらす、法の一般的性質に関する多くの疑問に回答する上で有用な諸要素である。そうした疑問としては、「ルールとは何か」「ルールは、単なる習慣や行動の規則性とどう違うのか」「根本的に異なる類型の法的ルールは存在するか」「ルール相互はいかに関連しているか」「ルールは何のために秩序を形成するか」「法的ルールやその権威は、威嚇や道徳的要請と、いかに関連しているか」が含まれる[5]。

このように記述的で一般的なものとして構想された法理論は、ドゥオーキンの法理論の観念(彼はしばしば「法理学 jurisprudence」と言うが)と根本的に異なる。後者は、部分的には評価と正当化を目的としており、「特定の法文化を対象とする」[6]。その法文化とは、たいていは法理論家自身の法文化であり、ドゥオーキンの場合は英米の法文化である。このように構想された法理論の核心的課題は、ドゥオーキンによれば「解釈的 interpretive」[7]であり、ある法秩序内の確定した法および法実践と最も善く適合(fit)し、かつ、それらに最善の道徳的正当化を供与して、その法を「最善の光の下に照らし出す」[8]諸原理を同定することにある、というのであるから、部分的には評価を目的とする。ドゥオーキンにとって、こうして同定された諸原理は、法理論の要素であるだけでなく、法そのものの暗黙の要素でもある。彼にとって「法理学とは裁判の総論的部分であり、あらゆる裁判の暗黙の序論である」[9]。初期の作品では、こうした諸原理は、単に「最も健全な法理論」[10]とされていたが、後期の作品である『法の帝国』では、これらの諸原理および、そこから帰結する個別の法命題は、「解釈的意味 interpretive sense」における法だと形容されている。こうした解釈理論が解釈の対象とする確定した法実践や法の範例は、ドゥオーキンによって「前解釈的 pre-interpretive」[11]とされ、これらは個別の法秩序の法律家たちの一般的な共通了解となっているため、法理論家は、こうした解釈前の素材を同定する上で何の困難もなく、何らの理論的作業の遂行も必要としないと想定されている[12]。

私とドゥオーキンの法理論の観念はあまりにも異なるので、両者の間に衝突がなぜ起きなければならないか、およそ衝突があり得るのか、明白とは言えない。かくして『法の帝国』を含むドゥオーキンの業績の多くは、法(「過去の政治的決定」[13])が強制を正当化する仕方の三つの異なる説明——それを彼は「慣例主義 conventionalism」[14]「法的プラグマティズム legal pragmatism」「純一性としての法 law as integrity」と呼ぶ——の長短を念入りに比較することに費やされている。彼がこれら三種の理論について書いたことはすべて、評価的・正当化的法理学への貢献として、きわめて興味深く重要であり、私としてはこうした解釈的観念の詳述に異論を唱えるつもりはない[15]——ただ一点、本書に示された実証主義的法理論を解釈理論の一つとして再述することが問題の解明に寄与するとの彼の主張を除いては。この主張は、私の見るところ誤っており、以下では私の理論をこのように解釈的に翻案することに私が反対する理由を述べる。

ドゥオーキンは著書の中で、一般的・記述的な法理論を見当違いの、せいぜいのところ無益な法理論として切り捨てているかに見える。彼は「有益な法理論は、歴史的に展開する実践の特定段階を解釈する理論である」と言い[16]、「記述と評価の平板な区分は、法理論を弱体化させてきた」と述べたこともある[17]。

私としてはドゥオーキンがなぜ、記述的法理論(あるいは彼のしばしば使う言い方では「法理学」)を拒絶するか、正確にその理由を理解することが困難である。彼の核心的論拠は、法理論はある法秩序の内部者ないし参加者の観点である内的観点を考慮に入れる必要があり、記述的法理論の視点は参加者のそれではなく、外部の観察者のそれであるがゆえに、内的観点を十分に考慮に入れることができない、というもののようである[18]。しかし、本書で例示された記述的法理学においても、非参加者たる外部の観察者が、参加者が内的観点から法をいかに理解するかを記述することを阻むものは実際、何もない。本書でもいくらか詳細に、行動の指針と批判の規準を提供するものとして法を受容する点で、法秩序の参加者がその内的観点を表明することを説明した。もちろん、記述的法理論家は、自身がそうである以上、参加者と同様に法を受容することはないが、彼はそうした受容を——私が実際、本書でそうしようとしたように——記述することができるし、そうすべきである。その目的を遂行するために、記述的法理論家は、内的観点を採るとはどのようなことかを理解する必要があり、そうした限られた意味では内部者の立場に身を置くことができなければならない。しかし、それは法を受容するとか、内部者の内的観点を採用したり、それを推奨したりするとか、彼自身の記述的立場を放棄するとかいったことを意味しない。ドゥオーキンは、記述的法理学を批判する際、外部の観察者がこうした仕方で参加者の内的観点を説明する明白な可能性を無視しているようである。なぜなら、私が述べたように、彼は法理学を「裁判の総論的部分」と同一視しており、それは、法理学ないし法理論を、司法過程への参加者の内的観点から見た法秩序の一部として扱うことだからである。しかし、記述的法理論家は、法についての内部者の内的な見方を、それを自ら採用することなく理解し記述することができる。たとえ(ニール・マコーミックや他の多くの批判者が主張するように[19])法を行動の指針および批判の規準として受容することに示される参加者の内的観点が、法の要請の遵守には道徳的理由があり、その強制力の行使には道徳的正当化根拠があるとの信念を必然的に含むとしても、そのことは、道徳に対して中立的な記述的法理学にとって記録の対象ではあっても、推奨したり自ら受容したりする対象ではない。

ところで、ドゥオーキンが「解釈的」と呼ぶ部分的に評価的な論点は法理学および法理論の固有の論点のすべてを尽くすものではなく、一般的・記述的法理学にも重要な地位があるとの私の主張に対して、今や彼は、「法理学は裁判の総論的部分である」という彼の見解には限定を加える必要がある――というのも、このことは「意味の問題に関する法理学に当てはまる[20]」だけだから、との譲歩を行っている。これは、過大で（ドゥオーキン自身の言い方によると）確かに「帝国主義的」に見える主張――つまり唯一の適切な法理論は解釈的・評価的なものだとの主張――に関する、重要で歓迎すべき修正である。

しかし私は、ドゥオーキンが彼の帝国主義的に見える主張の撤回に付け加えた、次のような留保の含意に、なお困惑を覚えている――「しかし、意味の問題が、ハートのそれのような一般的理論が主に論じてきた諸論点において、いかに広く行き渡っているかを強調する必要がある[21]」。この注意喚起がどのような意義を持つかは明確でない。私が論じてきた諸論点は（369頁のリスト参照）、一方で法が強制の威嚇に対して持つ関連性、他方で道徳的要請に対して持つ関連性を含むが、ドゥオーキンがその注意喚起を通じて言いたいことは、これらの論点を論ずるにあたっては、記述的法理論家でさえ、法命題の意味に関する問題に直面するのであり、その問題に十分に答えるためには、解釈的で部分的に評価的な法理論に頼る必要があるということのようである。もし本当にそうだとしたら、所与の法命題の意味を確定するためには、記述的法理論家であっても解釈的・評価的問いを提起し、それに答える必要がある――「確定した法に最も善く適合し、それを最善の形で正当化する諸原理から帰結するような意味であるためには、この法命題にどのような意味を与えるべきか」という問いである。しかし、私が言及した諸問題への答えを探索する一般的・記述的法理論家が、さまざまな法秩序において法命題の意味を確定する必要に迫られたとしても、彼がドゥオーキンの言う解釈的・評価的問いかけを通じて法命題の意味を確定しなければならない理由はないであろう。さらに、一般的・記述的法理論家が説明すべきすべての法秩序の裁判官や法律家が、たとえ実際に解釈的で部分的に評価的な形で意味の問題を確定するのだとしても、それは、一般的・記述的理論家にとっては、記録すべき事実の問題――そうした法命題の意味に関する彼の一般的・記述的結論の根拠となる事実問題――であろう。結論が解釈的・評価的に根拠づけられるのだから、その結論自体も解釈的・評価的だと想定すること、そうした結論を提供することで、その理論家は記述の作業から解釈と評価の作業へと移行したのだと想定することは、当然、重大な誤りであろう。記述は、記述対象が評価であるとしても、なお記述である。

2 法実証主義の性質

(i) 意味論としての実証主義

ドゥオーキンは本書を、現代の法実証主義の代表作——それは、ベンサムやオースティンの法実証主義と、主として、法の命令理論の拒絶、およびすべての法は無制約の主権的主体から発せられるという観念の拒絶によって区別される——として受け取っている。ドゥオーキンは、私の法実証主義の中に数多くの異なった、しかし相互に関連する誤りを見出している。これらの誤りの中でも最も根本的なものは、法的権利・義務を記述する法命題の真偽は、個人の信念や社会的態度等の事実を含む、単純な歴史的事実に依存するという見解である。[22] 法命題の真偽が依存する事実は、ドゥオーキンが言うところの「法の基礎 grounds of law」を構成し、彼によると、実証主義者は誤って、それが裁判官や法律家たちが共有する言語のルール——それは「法」ということばが、個別の法秩序の法を記述する言明にあらわれる際も、また、「法（法一般）」とは何かについての言明にあらわれる際も、このことばの使用および意味を統御する——によって確定されると考えている。[23] この実証主義的法観念からすると、法の問題に関して意見の対立が発生するとすれば、それはこうした歴史的事実の存在ないし不存在に関するものに限られる。法の「基礎」を構成するものに関する、いかなる理論的不一致も論争も起こり得ない。[24]

ドゥオーキンは、法実証主義を批判する啓発的な頁の多くをあてて、法の基礎に関する理論的対立が、実証主義者たちの見解とは異なり、英米圏の法実務における顕著な特徴であることを示そうとしている。法の基礎を構成するものは、法律家や裁判官の共有する言語のルールによって議論の余地なく確定されているとの見解に反して、ドゥオーキンによれば、それは本質的に論議を呼ぶものである。なぜなら、法の基礎を構成するものには、歴史的事実のみならず、きわめてしばしば、物議を醸す道徳的判断や価値判断も含まれるからである。

ドゥオーキンは、私自身を含む実証主義者たちが、なぜこうした根本的に誤った見解を採るにいたったかについて、二つの異なる説明を与えている。このうち第一の説明によると、実証主義者たちは、法の基礎が何かが異論の余地なく確定していない限り、「法」ということばは、さまざまな人にとってさまざまな意味を持つこととなり、それを使うときも人々は単にすれ違いを起こしているだけで、同一のものごとについて意思疎通していることにならないと信じている。実証主義者がそう考えているとされるこの信念は、ドゥオーキンによると完全に誤っており、彼は、物議を醸す法の基礎に対抗して実証主義者が依拠するこの議論を「意味のトゲ semantic sting」[25]と呼んでいる——それは「法」ということばの意味に関する理論に依拠するからである。『法の帝国』で、彼はこの「意味のトゲ」を引き抜こうとするわけである。

『法の帝国』の第一章で、私はオースティンとともに、意味理論家として分類され、「法」ということばの意味から単純事実法実証主義（plain-fact positivist）理論を引き出しており、意味のトゲに苦しんでいるとされるのだが、本書にも、また私の書いたいかなるものにも、私の理論に関するこうした理解を支えるものはない。発達した国内法秩序には、裁判所が適用すべき法を同定する標識となる認定のルールが存在するという私の議論は誤っているかも知れないが、私は、こうした認定のルールがすべての法秩序に存在するという議論が「法」ということばの意味から帰結するなどという誤った観念に私の議論を基づかせた覚えは決してないし、法の基礎を同定する標識が異論の余地のない形で確定されていなければ、「法」はさまざまな人にとってさまざまな異なることを意味することになるなどというさらに誤った観念に基づかせた覚えもない。

実際のところ、私のものとされるこの最後の議論は、概念の意味（meaning）と、概念を適用（application）するための標識とを混同するもので、私はこんな議論を受け入れるどころか、（本書の254頁で）正義の概念を説明する際、不変の意味を持つ概念の適用上の標識は変化し得るし、論議を呼ぶ余地のあることを明確に指摘した。このことをさらに明確にするため私は、ドゥオーキンの後期の作品に顕著にあらわれる、ある概念（concept）とそのさまざまな観念（conceptions）の区別[26]に注意を喚起した。

最後に、ドゥオーキンはまた、法実証主義者の主張――実証主義の法理論はことばの意味に関する理論ではなく、複雑な社会現象である法一般の特質に関する記述的解明であるという主張――は、空虚にしてミスリーディングな意味理論[27]（に過ぎない法実証主義の実像）とコントラストをなすと言い張る。彼の議論は、社会現象としての法の特徴の一つは、法律家が法命題の真偽について論争し、それを法命題の意味に照らして説明しようとすることにあるのだから、そうした記述的法理論は、結局のところ意味理論だというものである[28]。この議論は、「法」の意味と法命題の意味とを混同しているように思われる。意味理論とは、ドゥオーキンによれば、「法」ということばの意味自体からして、法が特定の標識に依存するという理論である。しかし、法命題は典型的には、「法」とは何かに関する言明ではなく、現にある法は何かに関する言明――つまり、ある秩序に属する法が人々に何を許可し、何を要求し、何を授権するかに関する言明――である。したがって、たとえそうした法命題の意味が定義や真理条件によって確定するとしても、そのことは、「法」ということばの意味自体が法を特定の標識に依存させることになるとの結論を導かない。そうなるのは、ある秩序の認定のルールが供与する標識とそうしたルールの必要性とが、「法」ということばの意味から帰結する場合だけである。しかし、私の業績の中に、そうした学説の痕跡を見出すことはできない[29]。

ドゥオーキンが私の法実証主義を歪曲している点は、さらにもう一つある。彼は、私の認定のルールの理論について、認定のルールが供与する法を識別するための標識が歴史的事実のみからなることを要求するとし、それゆえに、私の理論を「単純事実実証主義」[30]の例だとする。確かに、私が認定のルールの供与する標識の主な例として挙げたのは、ドゥオーキンが呼ぶところの「系統 pedigree」[31]にかかわり、法が法的諸制度によって採択され創設される方式に着目するもので、法の内容に着目していない。しかし私は、本書でも（128頁）また初期の論考「実証主義および法と道徳の区分[32]」でも、法秩序の中には、合衆国のように、究極の法的妥当性の標識が、系統に加えて、正義または実質的な道徳的価値の諸原理を明示的に取り込み、それらが法内容に関する憲法上の制約となるものもあることを明確に指摘している。『法の帝国』において、私の理論を「単純事実」実証主義だとするとき、ドゥオーキンは、私の理論のこの側面を無視している。つまり、彼が私のものだとする単純事実実証主義の「意味論的」ヴァージョンは、明らかに私の理論ではないし、私の理論はいかなる形態の単純事実実証主義でもない。

(ii) 解釈理論としての実証主義

ドゥオーキンによる単純事実実証主義の第二の説明は、それをことばの意味に関する理論としてではなく、ドゥオーキン流の解釈理論の一種——彼が「慣例主義 conventional-ism」と呼ぶもの——として取り扱う。この理論によると（ドゥオーキンは、結局はそれを欠陥品として否定するのだが）、法実証主義者は、法を最善の光の下に描こうとする解釈理論家として、法の標識を論争の余地なく確定される——意味論的ヴァージョンと違って法ということばによってではなく、裁判官および法律家に共有される信念によって確定されるのだが——単純な事実のみから構成されるものとして提示する。この理論は法を好ましく描いている。それは法の支配下にある人々に対して大きな価値のあるものを保障するからである。つまり、法的強制がどのような場合に行われるかが、誰にも分かる単純な事実に依存することとなり、したがって、強制がなされる以前に公正な予告がすべての人に与えられる。これをドゥオーキンは、「保護された期待という理念[33]」と呼ぶ。しかし結局のところ、彼にとってこの長所は、その多くの短所を補うに十分なものではない。

しかし、このように実証主義を慣例主義として理解する解釈論的説明は、私の法理論の理解ないし再構成として、説得力に欠ける。それには二つの理由がある。第一に、すでに述べたように、私の理論は法を識別する標識として「単純」事実だけではなく価値をも許容するもので、単純事実実証主義理論ではない。しかし、第二のより重要な理由は、ドゥオーキンの解釈理論はすべての法および法実践の意義・目的が強制を正当化することにあると前提しているが[34]、この前提は誤っているし、私は法の意義・目的がそこにあるとしたことはないことにある。他の実証主義理論と同様、私の理論は法や法実践の意義・目的を同定しようとしていない。したがって、法の目的は強制の使用を正当化することにあるというドゥオーキンの見解――私はこの見解を明確に否認する――を支持するものは、私の理論の中には何もない。実際、私は、人間の行動の指針、および人間の行動を批判する規準を供与するという役割を超えた、より具体的な目的を法に求めることは無駄だと考える。このことはもちろん、法を、同じ一般的目的を持つ他のルールや原理と区別する上では役立たない。他と区別される法の特徴は、二次ルールを通じてその規準の同定、変更、強行を可能とする点と、他の規準に優越すると一般的に標榜する点である。しかし、かりに私の理論が、法的強制の事前の予告を一般的に知らしめることで人々の期待を保護する慣例主義という形態の単純事実実証主義に完全にコミットしているとしても、そのことは、私がこれを法の持つ特殊な道徳的利点と考えていることを示すのみであり、法の全目的がそこにあることを示してはいない。法的強制が必要となるのは主として、法主体の行動を方向づける法の一次的機能が挫折したときであるから、法的強制は――もちろん重要な論点ではあるが――二次的機能である。その正当化を、法自体の意義ないし目的として受け取ることは、真面目にはできない。

ドゥオーキンが私の法理論を慣例主義的解釈理論――それは、法的強制は、「それが慣例上の理解に合致するとき」[35]にのみ正当化されると主張する理論であるが――として再構成する根拠は、本書第V章第3節の法の基本要素に関する私の説明に基づいている。そこで私は、認定・変更および裁判の二次ルールを、責務の一次ルールのみからなる単純な（想定上の）社会における欠陥への対処法として説明した。これらの欠陥は、ルールの識別にかかわる不確定性、ルールの静態的性質、そしてルールを強行する際に頼らざるを得ない分散した社会的圧力の、時間のかかる非効率性である。しかし、こうした二次ルールをこれらの欠陥への対処法として説明した際、私は、法的強制がこれらのルールに合致するときにのみ正当化されると言ったことはないし、こうした正当化を供与することが法一般の意義や目的だと言ったことも、さらさらない。実際、私が二次ルールを議論する際に強制に言及したのは、ルールの強行を裁判所によって執行される組織化された制裁の代わりに、分散した社会的圧力に委ねるときの、時間のかかる非効率性についてのみである。しかし、非効率性への対処は、明らかに正当化ではない。

責務の一次ルールの体制に認定の二次ルールを付加することは、人々が事前に強制の機会を予測することをより容易にし、強制の行使への道徳的批判を排除するという意味において、強制の行使の正当化に資することは確かである。しかし、認定のルールがもたらす法の要求の確定性と事前の知識とは、強制に関してのみ重要なのではない。それは、(遺言や契約の作成等の)法的権限の合理的な行使についても同様に重要であるし、公私の生活を合理的に計画する上で一般的に重要である。認定のルールが強制の正当化に対して行う貢献は、したがって、その一般的な意義や目的と考えることはできないし、法全体の一般的な意義・目的と考えることは、さらに難しい。私の理論の中に、それを可能とするものは何もない。

(iii) 柔らかい実証主義

私の理論を「単純事実実証主義」だとする際、ドゥオーキンは、私の理論が(これはその通りだが）認定のルールの存在と権威が裁判所による受容という事実に依存することを要請するのみならず、（これはそうではないが）認定のルールが供与する法的妥当性の標識が、彼が「系統」の問題と呼ぶ、法の創造と採用の方式および形式にかかる単純な事実のみによって構成されることも要請すると、誤解している。これは二重の意味で誤りである。第一に、認定のルールは、道徳原理や実質的価値との合致を法的妥当性の標識として含み得るという私の明確な承認を、この理解は無視している。つまり私の理論はいわゆる「柔らかい実証主義 soft positivism」であり、ドゥオーキンの言う「単純事実」実証主義ではない。第二に、認定のルールが供与する単純事実に関する標識が、系統に関する標識のみからなることは、本書のどこにも示唆されていない。標識は、国教樹立に関する合衆国憲法の第一修正や性別による選挙権制限を禁ずる第一九修正のように、立法の内容に関する実質的制約でもあり得る。

しかしこうした返答は、ドゥオーキンの最も根本的な批判に答えるものではない。なぜなら、やはり柔らかい実証主義の立場をとる他の理論家に対して、彼は重要な批判を行っており(36)、その批判が妥当だとすれば、それは私の理論にも当てはまり、回答を要求するはずだからである。

ドゥオーキンの最も根本的な批判とは、法の識別を道徳その他の価値判断という論議の余地のある事柄に依存させる柔らかい実証主義は、論議を呼ぶ道徳的議論に依拠することなく単純な事実の問題として確実に同定可能な、信頼し得る公的な行動の規準を提供することを本質とする、実証主義的な法の「イメージ picture」と根本的に整合しないというものである。(37) 柔らかい実証主義と私の理論のその他の部分との不整合を論証するために、ドゥオーキンは、慣習的な責務の一次ルールのみからなる、想像上の法以前の社会の不確定性に対処するものとして認定のルールを説明する私の議論を援用する。

柔らかい実証主義に対するこの批判は、首尾一貫した実証主義が法的規準の特性とする確定性と、法的妥当性の標識が特定の道徳的原理や価値を含むときにもたらされる不確定性とを、ともに誇張しているように思われる。認定のルールの重要な機能が、法の認定にかかわる確定性を高めることにあることは確かである。認定のルールの導入する標識が、若干の事例で論争を呼ぶにとどまらず、すべてのまたは大部分の事例で論争を呼ぶようであれば、確定性は損なわれる。しかし、あらゆる不確定性をいかなるコストを支払ってでも排除することは、私の見るところ、認定のルールの目標ではない。認定のルール自体も、また、このルールによって同定される個別のルールも、論議の余地のある不確定な「周縁」を持つという本書における明確な指摘は、(38) このことを明らかにしている（そうであることを私は望む）。また、法文の意味に関して生じうるあらゆる可能な問題を事前に確定してしまうことは、法が実現すべき他の諸目的と往々にして衝突することも、私が一般的に主張するところである。(39) わずかな不確定性は許容されるべきだし、多くの法的ルールについては、事前に予見不可能な事例の様相が判明し、問題となる論点が特定された時点で、十分な情報に基づく司法的決定がなされ、合理的に紛争が解決されるように、部分的な不確定性が残ることは、許容されるべきだし、むしろ歓迎されるべきである。認定のルールの機能のうち、確定性を供与する機能を卓絶した最優先の機能と考える場合にのみ、論争の余地のある道徳的原理や価値との合致を法の標識に含む柔らかい実証主義は、不整合な観念とみなされ得るであろう。背景にある問題は、一般的に信頼し得る確定的な行動の指針を事前に供与する点で、分散した慣習的ルールの体制よりも大きく進歩していると判定され得るために、法秩序が許容し得る不確定性の程度と範囲はどれほどかという問題である。

私の柔らかい実証主義の一貫性に対するドゥオーキンの第二の批判は、法の確定性と完全性に関する異なる、より複雑な論点を提起する。本書で提示された私の見解は、認定のルールの供与する標識によって一般的に識別されるルールと原理とは、私の言う「綻び」をしばしば有しており、そのため、所与のルールが個別の事例に適用されるか否かが問われるとき、法はどちらとも確かな答えを与えることができず、部分的には不確定だということである。こうした事例は、理性的で十分な情報を持ち合わせた法律家たちが、いずれの答えが法的に正しいかについて意見を異にするという意味で「困難な事案hard cases」であるだけでなく、こうした事例における法は根本的に不完全(incomplete)である——

つまり、法はこうした事例では問題にいかなる答えも与えていない。こうした事例は、法的に統御されておらず、結論に達するために裁判所は、私が「裁量discretion」と呼ぶ制約された法創造機能を遂行する必要がある。ドゥオーキンは、法がこうした仕方で不完全で、法創造的裁量の遂行を通じて補充されるべき欠歓《けんけつ》を持つという考え方を拒絶する。彼は、こうした見解は、次のような事実からの誤った推論であると考える——つまり、法的権利・義務の存否にかかわる法命題は論議を呼ぶ可能性があり、そのため理性的で十分な情報を心得た人々が意見を異にし得る事柄であって、意見の対立が生ずるとき、法命題の真偽を決定的に論証するすべはないという事実である。この推論が誤っているわけは、法命題が論議を呼ぶ場合でも、その真偽を判断する根拠となる「主要な事実facts of matter」は存在し、たとえ真偽を論証することはできないとしても、どちらがより善い議論に支えられるかを評価することは可能だからである。この論議を呼ぶ法と、不完全ないし不確定な法との区別は、ドゥオーキンの解釈理論にとってきわめて重要である。というのも、この理論によると、法命題は（他の前提と併せて考えたとき）当該法秩序の制度の歴史に最も善く適合し、かつ、その最善の道徳的正当化を与える諸原理から帰結するときにのみ、真だからである。このため、ドゥオーキンにとって、法命題の真偽は究極的には、何が最善の正当化かに関する道徳的判断の真偽に依存している。そして、彼にとって道徳的判断は本質的に論争的であるため、すべての法命題は論議を呼ぶこととなる。

ドゥオーキンにとっては、法的妥当性の標識が、その適用上、議論の余地のある道徳的判断を伴うことは、全く理論的困難をもたらすものではない。その標識は、彼にとってはなお、前もって存在する法を識別する規準である——それが論議を呼び得ることは、法の真偽を支える事実（多くの場合は道徳的事実）が存在することと完璧に両立する。

しかし、法的妥当性の標識の一部として道徳的規準を許容する柔らかい実証主義は、383〜385頁で議論された不整合に加えて、さらなる不整合に巻き込まれることになると、ドゥオーキンは主張する。柔らかい実証主義は、確定的に識別し得る実証主義的な法の「イメージ」と整合しないだけでなく、「法命題の客観的身分[40]」を、道徳的判断の身分にかかわる論争的な哲学理論へのいかなるコミットメントからも独立させるという実証主義の願望——だと彼が言うもの——とも整合しない。というのも、道徳的規準が、前もって存在する法を識別する標識となり得るのは、道徳的判断の真偽を根拠づける客観的な道徳的事実が存在する場合のみである。しかし、そうした客観的な道徳的事実が存在するという主張は、議論の余地のある哲学理論である。もしそうした事実が存在しないのなら、道徳的規準を適用するよう求められた裁判官としては、道徳およびその要請に関する彼の最善の理解に合致するように法創造的裁量を遂行するよう求められたと考えざるを得ない——当該法秩序が課す裁判官の裁量への制限には服するものの。

私は、法理論は道徳的判断の一般的身分に関する論争的哲学理論から独立しているべきだとなお考えるし、本書ですでに指摘した通り（266頁）、道徳的判断がドゥオーキンの言う「客観的身分」を持つか否かという一般的問題について特定の結論をとるべきだとは考えない。というのも、こうした哲学的問題への答えが何であれ、裁判官の義務は変わらないからである――つまり、判断すべき道徳的論点につき、彼のなし得る最善の道徳的判断を行うという義務である。事件の解決にあたって、裁判官が道徳に従って法を創設しているか（法の課す制約の範囲内においてではあるが）、あるいは、何が法かに関する道徳的標識に照らして、存在する法が何かについての裁判官の道徳的判断に導かれるかは、実際問題としては、区別する意味がない。もちろん、道徳的判断の客観的身分について――私がそうすべきだと主張しているように――法理論が特定の結論を採らないとすれば、柔らかい実証主義は、道徳的原理や価値が法的妥当性の標識に含まれ得るとする議論として単純に性格づけることはできない。道徳的原理や価値が客観的身分を持つか否かが不明であれば、「柔らかい実証主義」の諸規定が、道徳的原理や価値との合致を妥当な法を識別する標識に実際に含ませようとしているのか、あるいは、裁判所に対して道徳と合致する法を創造するよう命じているに過ぎないのかについて、確たる結論は得られないからである。

ラズを典型とする理論家たちが、道徳的判断の身分が何であれ、法が裁判所に対して、法の確定に際して道徳的規準を適用するよう要求するときはいつでも、法は裁判所に裁量を授権しているのであり、新たな法の創設に際して、裁判所の最善の道徳的判断に基づいて当該裁量を行使するよう命じているのだ――だからと言って、道徳が、前もって存在する法へと変容するわけではない――と主張していることは注目に値する。(41)

3 ルールの性質

(i) ルールの慣行理論

本書のさまざまな箇所で、内的な法言明と外的な法言明の区別、そして法の内的観点と外的観点の区別に注意を促した。

これらの区別とその重要性を説明する際、私はまずは（105〜107頁）、制定されたルールと慣習的ルールとからなる高度に複雑な法秩序の事例ではなく、慣習的ルールのみからなる大小の社会集団という単純な事例（そこでも内的・外的の区別は当てはまる）を検討対象とし、それらを「社会的ルール social rules」と呼んだ。私の説明は、ルールの「慣行理論 the practice theory」として知られるようになった。私の説明が、集団の社会的ルールは、当該集団の大部分のメンバーによって日常的に遵守される行動パターンとともに、私が「受容 acceptance」と呼ぶ、こうしたパターンへの特徴ある規範的な態度からなる社会慣行によって構成されるとしたからである。この規範的態度は、人々がこうした行動パターンを、彼ら自身の将来の行動の指針として、また、同調への要求や多様な圧力を正当化する評価の規準として受け入れることからなる。社会的ルールの外的観点は、こうした慣行の観察者の観点であり、内的観点は、ルールを行動の指針として、また評価の規準として受容する参加者の観点である。

私の社会的ルールの慣行理論は、ドゥオーキンにより、広範囲にわたって批判の対象とされた。彼は、すでに述べたように、共同体の社会的ルールを記述する社会学者の外的観点と、自分自身や他者の行動の評価や批判の目的でルールに訴えかける参加者の内的観点との間に、似通ってはいるものの、実際には多くの点で極めて異なった区別を行っている。[42]私の当初の社会的ルールの説明に対するドゥオーキンの批判は、いくつかの点では確かに正当であり、法の理解の上で重要である。これから私は、当初の説明について、今や必要と思われる大きな修正点を指摘する。

(1) ドゥオーキンによると、私の説明は、集団の慣例的なルールとしてあらわれる慣例(convention)に関するコンセンサスと、集団のメンバーが実践する同一の慣行にあらわれる個別の信念の一致とを区別しない点で欠陥がある。ルールは、集団によるそのルールの一般的な遵守という事実が、個々のメンバーがそれを受容する理由(の一部)となっているのであれば、慣例的な社会慣行である。これに対して、集団で共有された道徳が、慣例によってではなく、一定の仕方で行動することについてメンバーが同一の、しかし個々独立に信じられた理由に基づいて一般的に行動するという事実に依存しているなら、そのルールはたまたまの信念の一致に基づく慣行にとどまる。

（2）ドゥオーキンによると、これも正しい指摘だが、私の説明は、今述べた意味での慣例的なルールについてしか当てはまらない。これは、私の慣行理論の射程を著しく狭めるもので、私は今やこの理論を、個人的なものであれ社会的なものであれ、道徳に関する適切な説明とは考えない。しかし、この理論はなお、通常の社会慣習（それは法的効力を持たないこともあり得る）の他、認定のルールを含む重要な法的ルールの正確な説明である——認定のルールは、実際のところ、裁判所による法の同定と適用の場面で受容され、実践される限りにおいて存在しうる司法上の慣習的ルールである。これに対して、制定された法的ルールは——認定のルールの供与する標識によって妥当な法的ルールとして同定されはするが——実践されるいかなる機会にも先立って、制定時から法的ルールとして存在しており、慣行理論は制定法には当てはまらない。

ドゥオーキンによるルールの慣行理論に対する核心的批判は、この理論が社会的ルールが社会慣行によって構成されると誤って考えており、そのため、こうしたルールの存在に関する言明を、当該ルールが存在するための慣行としての条件が満たされている旨の外的社会学的事実に関する言明としてのみ理解しているという点にある[43]。ドゥオーキンは、こうした理解では、最も単純な慣例的ルールでさえ有する規範的な性格を説明することができないと言う。こうしたルールは通常は、行動の批判や作為の要求を基礎づけるためにルールが言及される際に訴えかけられる義務や行為の理由を確立する。この理由を供与し、義務を確立するルールの特質は、それを特徴づける規範的性格を構成するもので、社会的ルールの存在を構成すると慣行理論が主張する慣行や態度といった事実上の状況に還元され得るものではないことを示している。ドゥオーキンによると、こうした特徴を備える規範的ルールは、「一定の規範的状況」が存在するときにのみ存在し得る。[44] 私は、ここで引用された語句が、思わせぶりにも不明瞭であると考える。教会に通う人々の例（男性は教会では帽子をとるべきである）[45] の使用の仕方からして、ドゥオーキンは、規範的状況として、ルールの要求することを行うに十分な道徳的根拠ないし正当性がある事態を意味しているかに見える――彼は、教会に通う人々がいつも帽子をとるというだけではルールは形成されないが、こうした慣行は（帽子をとらないことで）人々を不快にさせる行動を作出し、教会で帽子をとることを要求するルールの十分な根拠となる人々の期待を形成して、ルールの正当化を助けると言う。もしこれが、規範的ルールの存在を支えるために要求される規範的事態としてドゥオーキンが意味することだとすると、社会的ルールの存在条件に関する彼の議論は、強すぎる主張をしているように思われる。というのも、この議論は、義務や行動の理由を確定するルールに訴えかける参加者が、ルールを遵守することに十分な道徳的根拠があると信ずることを求めるだけでなく、実際にそうした十分な根拠があることをも要求しているように見えるからである。明らかに、道徳的に邪悪なルールが、ある社会のメンバーによって受容されることは可能である――たとえば、特定の肌の色の人々に公園や海水浴場等の公共施設の利用を禁ずるルールのように。実際、社会的ルールが存在するには、参加者が、その遵守に十分な道徳的理由があると信じて、い、な、ければならないという弱い条件でさえ、社会的ルールの一般的な存在条件としては強すぎる要求である。ルールの中には、単に伝統への敬譲から、他者と同調したいとの欲求から、あるいは人々の利益が何かについては社会が最善の知識を有するとの信念から、受容されているに過ぎないものもある。こうした態度は、そのルールが道徳的には批判されるべきだとの強い自覚と共存することもあり得る。もちろん、慣例的なルールが、道徳的に真っ当で理由があると信じられることも可能である。しかし、慣例的ルールを行動の指針や評価の規準として受容している人々が、なぜそうしているかを問われたとき、与えられ得る多くの答えの中から(316、356頁参照)、ルールの道徳的正当性への信念を、唯一の可能で十分な答えとして選択する理由はないと私は考える。

最後にドゥオーキンは、ルールの慣行理論は、慣例的ルールに話を限ったとしても、慣例的ルールの射程には論議を呼ぶ余地があり、異論を生み出し得ることを説明し得ないがゆえに、やはり拒絶されるべきだと主張する。(46) 彼は、論議の余地のないルールが規則立った慣行と受容によって構成され得ることを否定しないが、そうしたルールはどちらかと言えば、ゲームのルールのような、重要性の薄いルールだと主張する。しかし本書では、法秩序の基礎にある認定のルールのような重要でかつ論争の余地の僅かなルールも、法の適用と強行の指針としてそれを受容する裁判所の統一的な慣行によって構成されるルールとして取り扱われている。これに対してドゥオーキンは、困難な事案では、裁判官の間に、ある論点に関する法が何かについての理論上の不一致がしばしば発生するため、認定のルールに論争の余地がなく、一般的な受容の一致があるかのような外観は幻想だと言う。もちろん、こうした不一致がしばしば発生し、それが重要性を持つことは否定しがたいが、そのことをもって認定のルールについて慣行理論が当てはまらないとする主張は、このルールの機能の誤解に基づいている。この主張は、認定のルールは、個別の諸事例での法的帰結を完全に確定しようとするものと想定しており、したがって、いかなる事例のいかなる法的論点であっても、当該ルールの供与する標識ないし規準に訴えることで単純に解決できると想定している。しかし、これは誤解である。認定のルールは、正しい法的決定が現代の法秩序において満たすべき一般的条件のみを定めている。この役割は、最も頻繁には、ドゥオーキンが系統にかかわる事項と呼ぶ、法の内容ではなく、法が創設され採用される方式および形式に言及する妥当性の標識を供与することで遂行される。しかし、すでに述べたように(383頁)、こうした系統にかかわる事項に加えて、認定のルールは、法の事実上の内容についてではなく、実質的な道徳的価値や原理との合致にかかわる規準を供与することもある。もちろん個別の事例において裁判官たちは、こうした規準が満足されているか否かについて意見を異にし得るし、認定のルールに含まれる道徳的規準はそうした対立を解決しないだろう。裁判官たちは、そうした規準の重要性については、確立した司法上の慣行によって確定したものとして扱いながら、そうした規準が個別の事例で何を要求するかについては意見を異にすることがある。こうした視点から理解される認定のルールには、ルールの慣行理論は完全に適用可能である。

(ii) ルールと原理

長年にわたって、本書に対するドゥオーキンの最もよく知られた批判は、法が「全か無かall-or-nothing」のルールのみからなると誤って主張し、異なる種類の法的規準、つまり法原理（legal principles）——それは法的理由づけや裁判において重要で特徴的な役割を演ずる——を無視しているというものであった。本書にそうした欠陥があると考える批判者の中には、これはどちらかと言えば、本書の他の理論から独立した欠陥であり、法原理をも法秩序の要素として取り入れることとすれば、本書の他の主張を廃棄したり大きく変更したりすることなく、簡単に補正し得ると考える者もいた。しかし、この欠陥を最初に指摘したドゥオーキンは、法原理を私の法理論に取り込むには、本書の核心的学説を放棄する必要があると主張した。もし法が部分的には原理によって構成されることを認めたならば、裁判所の慣行として受容された認定のルールの供与する標識によって、法秩序を構成する法を識別し得るとも、また、既存の明確な法が裁判の結論を確定し得ない事例において裁判所が法の間隙において法創造機能（裁量）を遂行するとも、さらに、法と道徳との間には何ら重要で必然的な、もしくは概念上の関連性はないとも、もはや主張し得なくなると、ドゥオーキンは指摘する。これらの学説は私の法理論の核心にあるだけでなく、しばしば現代の法実証主義の核心を構成すると考えられてきた。したがって、これらの放棄はかなりの意味を持つことになる。

本節では、私が法原理を無視したとの批判のさまざまな側面を検討し、この批判に妥当な点があるとしても、それは私の理論全体に大きな影響を与えることなく、補正することが可能であることを示したい。ただし、裁判と法的理由づけについて、とりわけ私の批判者が法原理と呼ぶものに基づく議論について、本書であまりにも僅かなことしか述べていないことを、今や告白したい。原理について、事のついでの言及しかなされていないことが、本書の欠陥であることは認めよう。

しかし、厳密に言って、私は何を無視したとして批判されているのだろうか。法原理とは何であり、それは法的ルールとはどのように異なるのか。法学者のことばの遣い方では、「原理」はしばしば、広範に及ぶ理論的・実践的考慮要素を含み、そのうちの一部のみがドゥオーキンの指摘する論点に関連する。「原理」ということばを、裁判所が裁判を行う際に用いる行動規準に限定して用いたとしても、ルールと原理との区別の仕方はさまざまである。しかし、私が原理を無視したとして批判する人々のすべては、原理にルールとは区別される少なくとも二つの特性があることに同意するだろう。第一の点は、程度の問題である。原理は、ルールに比べると、広範で一般的で特定性に欠ける――このため、しばしば多くの異なるルールが、単一の原理の具体化ないし例示とされる。第二の特性は、原理は、明確性の程度は異なるものの、何らかの目標、目的、権原、価値に言及するため、特定の視点からは、維持すべきもの支持すべきものとして、したがって、原理を具体化するルールの説明ないし根拠を供与するだけでなく、ルールの正当化に少なくとも貢献するものとみなされることである。

これら二つの広範性および特定の観点からの望ましさという比較的、論議の余地のない特性――これらは原理がルールを説明し正当化する役割を果たすことを明らかにするが――に加えて、第三の特性があり、私はそれを程度の問題だと考えるが、それを決定的だとみなすドゥオーキンは、程度問題だとは考えない。彼によると、ルールは、それを適用する者の理由づけにおいて、「全か無か」という形で機能する――もしルールが妥当であり、所与の事例に適用可能であれば、それは特定の法的帰結ないし回答を「必然としnecessitate」、結論として確定する。[47] 彼が法的ルールの例として挙げるものとしては、有料道路の最高制限速度を時速六〇マイルとするルールや、遺言は二人の証人によって署名されない限り無効だとするルールのような、遺言の作成、証明および効力を統御する法規がある。ドゥオーキンによれば、法原理はこうした「全か無か」のルールとは異なる。原理は、適用されても、結論を「必然とせず」、ある結論への方向性を指示し、あるいはそれを支持する説明を与えたり、他の原理によって打ち消されうるものの、裁判所が一定の方向へと歩みを進める根拠として勘案すべき理由を述べる。私はこの特性を、略して、原理の「結論を決めない non-conclusive」性格と呼ぼう。ドゥオーキンがこうした結論を決めない原理の例として挙げるものには、「裁判所が［自動車の］売買契約を審理する際は、消費者および公益が公正に取り扱われるよう綿密に審理すべきである」[48]等、どちらかと言えば特定的なものもあれば、「何人も自己の悪行から利得してはならない」[49]といった射程の広いものもある。そして、事実、合衆国連邦議会や州議会の権限に対する最も重要な憲法上の制約の多くは、アメリカ合衆国憲法第一、第五、第一四修正に見られるように、結論を決めない原理として機能する。[50]ドゥオーキンによると、法原理は妥当性ではなく、重み（weight）[51]という次元を備え、そのため、より重みのある他の原理と衝突すると原理は打ち消され、結論を決めることができない。それでもなお消滅するわけではなく、他の事例においては、他のより重みの少ない原理と競合して打ち克つこともあり得る。他方、ルールは妥当であるかないかのいずれかであり、この重みの次元を持たないため、定式化された二つのルールが衝突するならば——ドゥオーキンによれば——そのうち一つのみが妥当であり、競合して敗れたルールは競合相手と整合するよう、つまり当該事例には適用されないよう、再定式化される必要がある。(52)

私としては、法原理と法的ルールとの間にこうした明確な区別を置くことにも、妥当なルールが所与の事例に適用可能であれば、原理と異なり、つねに当該事例の結論を決定するとの見解をとることにも、理由はないと考える。法秩序によっては、妥当なルールが適用可能な事例の結果を原則として決めるが、より重要と考えられるルールが重畳的に当該事例に適用される場合は例外となると認めることも可能であろう。所与の事例でより重要なルールに打ち消されたルールは、原理と同様、他の事例においては、他の競合するルールより重要と判断され、結果を決定することもあり得よう。(53)

ドゥオーキンにとって、法は全か無かのルールと結論を決めない原理の両方からなり、これらの違いは程度問題ではない。しかし、ドゥオーキンの立場は筋の通ったものではあり得ない。彼が初期に挙げた事例は、原理がルールと競合してときには打ち克ち、ときには打ち消されることを含意する。彼が引用する事例にはリッグズ対パーマー判決(54)が含まれ、そこでは、人は自己の悪行から利得すべからずという原理が、遺言の効力に関する制定法規の明確な規定にもかかわらず、殺人者がその被害者の遺言に基づく遺産相続人から廃除された。これは、原理がルールと競合して打ち克った例であるが、こうした競合の存在は、ルールも原理と衝突し、後者に打ち消されることがあるため、全か無かの特質を持つわけではないことを確かに示している。かりにこうした事例を（ドゥオーキンがときにそうするように）ルールと原理の衝突ではなく、検討されているルールを説明し正当化する原理と他の原理との衝突として描くとしても、全か無かのルールと結論を決めない原理との明確な対比は消滅する――というのも、この見方からすると、ルールはそれ自体の定式からすれば適用可能な事例についても、正当化根拠となる原理が他の原理に打ち消されるときは、結論を決定することができないからである。（ドゥオーキンがときに示唆するように）明確に定式化された法的ルールの新たな解釈の理由を供与するものとして原理を理解するとしても、同じことになる。(55)

法秩序が全か無かのルールと結論を決めない原理とからなるという主張が含むこの不整合は、この区別が程度の問題であることを認めるならば、補正されるかも知れない。（ルールの規定とより重要と判断される他のルールとが衝突する）若干の例外的事例を除いて、適用されさえすれば法的帰結を決定するに十分な、ほとんど結論を決めるルールと、結論への方向性を指し示すだけでしばしば結論を確定しない、結論を決めない原理とを対比させることには、確かに理由がある。

こうした結論を決めない原理に基づく議論が裁判や法的理由づけの重要な特徴をなすこと、そして、それが適切な用語で指示されるべきことを、私は確かに認める。これらの重要性と法的理由づけにおけるその役割を描いたことについて、ドゥオーキンの貢献は大きく、その結論を決めない効果を強調しなかったことは、私の重大な誤りであった。しかし、「ルール」ということばを使ったとき、私は法秩序が「全か無か」の、あるいはほとんど結論を決め切るルールのみで構成されると主張するつもりは全くなかった。私は、勘案され相互に衡量される要素を特定する、私が(おそらくは不適切に)言うところの「多様な法的規準」について注意を促しただけでなく(211~215頁参照)、なぜある行動領域が「適切な注意」といった変容し得る規準による統御に適しておらず、むしろほぼすべての場合に同じ特定の行動を禁止したり要請したりする、ほとんど結論を決め切るルールによって統御されるべきかを説明しようとした(215~216頁参照)。われわれが、人の命や財産への適切な尊重を求める原理のみでなく、殺人や窃盗を禁ずるルールを持つのは、そのためである。

4 原理と認定のルール

系統と解釈

ドゥオーキンは、法原理は裁判所の慣行としてあらわれる認定のルールの供与する標識によっては同定し得ず、かつ、原理は法の本質的な要素であるため、認定のルールの理論は廃棄されるべきだと主張する。彼によると、法原理は法秩序内の確定した法に関する制度全体の歴史と最も善く適合し、最善の正当化を与える原理の集合の要素として、構成的解釈を通じてのみ同定される。もちろん、英国であれ米国であれ、いかなる裁判所も法の同定にあたって、こうした全法秩序を覆う全体論的標識を明示的に採用してはいない。ドゥオーキンは、彼の神話的な理想の裁判官「ヘラクレス」を除く現実のいかなる裁判官も、自身の国のすべての法を解釈を通じて即時に構成する芸当をなし遂げ得ないことを認めている。それでも彼によると、裁判所は限られた仕方ではあるが「ヘラクレスに近づこう」としているとの理解が最も啓発的であり、こうした視角から裁判を理解することは、「隠された構造[56]」を明るみに出すことに貢献する。

限られた形での構成的解釈による原理の同定についての、イングランドの法律家になじみ深い最も顕著な事例は、ドナヒュー対スティーヴンソン事件[57]でのアトキン卿の定式である——彼はさまざまな事例での注意義務を定める多様なルールの背景にあるものとして、それまで定式化されていなかった「隣人原則 neighbour principle」を定式化した。

私としては、こうした限られた構成的解釈を通じて、裁判官たちがヘラクレスの全体論的で全秩序を覆うアプローチの真似をしようとしているとの理解が、最善の理解であるという見方が説得的だとは考えない。しかし、私のここでの批判は、構成的解釈にこだわるあまりドゥオーキンが、多くの法原理はその地位を、確定した法の解釈に役立つその内容に負っているのではなく、彼が「系統 pedigree」と呼ぶものに負っていることを無視しあるいは採用される方式である。つまり、承認された権威ある淵源によって創設され、あるいは採用される方式である。私の見るところ、このこだわりは彼を二つの誤りへと導いている。第一に、法原理は系統によって同定されることはないとの信念に、第二に、認定のルールは系統に基づく標識のみを供与するとの信念に。いずれの信念も誤りである。第一の信念に関しては、結論を決めないという原理の特性も、またその他の特性も、原理が系統の標識によって識別されることを妨げるものは何もない。成文憲法典、憲法修正条項および制定法の条文の中にも、結論を決めない原理特有の形で機能し、裁判の結論の根拠を提供するものの、別の結論を支える他のより強いルールや原理と衝突する場合には、打ち消されるものもあることは明らかである。ドゥオーキン自身、連邦議会が表現の自由を縮減してはならないと規定する合衆国憲法第一修正を、こうした形で理解すべきことを認識している[58]。また、何人も自身の悪行から利得すべからずといったコモンローの基本的原理を含めて、法原理の中には、裁判の理由を提供するものとして——別の結論を支える理由により打ち消されることはあるが——多くの事件を通じて裁判所により一貫して援用されてきたという「系統」のテストにより、法として同定されるものがある。系統の標識によって識別されるこうした法原理の例を見るならば、原理を法に取り入れることが認定のルールの廃棄をもたらすとの一般的な議論が成り立つ余地はあり得ない。実際、私は以下で、原理を法に取り入れることは、認定のルールの理論と整合するだけでなく、この理論の受容を要請することを示したい。

法原理の中に、認定のルールの供与する系統の標識によって「把握され captured」識別されるものもあることを認めるならば――認めざるを得ないはずだが――ドゥオーキンの批判は、より穏和な主張、つまり系統の標識によっては識別し得ない多くの法原理が存在する――それらはあまりにも数が多く、儚く、変化しやすいもので、法秩序の制度的な歴史と実践に最も善く適合し、それを最善の形で正当化する整合的な原理の体系に含まれるというテスト以外では、それらを識別することは不可能だから――という主張に帰着するはずである。一見したところ、この解釈的標識は、認定のルールの供与する標識への代替案ではなく――批判者の中にもそう主張する者がいるが(59)――原理を系統ではなく内容によって識別する、複雑な「柔らかい実証主義」の一類型に過ぎないように見える。こうした解釈的標識を含む認定のルールが、383頁以下で議論した理由により、ドゥオーキンによれば実証主義者が望むような程度の、法の識別の確実さを確保し得ないことは確かである。それでも、解釈的な識別のテストが、法を認定する慣例的な類型の一部であることを示すことは、このテストの法的地位に関する十分な理論的説明となるだろう。したがって、原理を法の一部として取り入れることと、認定のルールの理論とは、ドゥオーキンが主張するように両立不能であるとは言えない。

直前の二つの段落での議論は、ドゥオーキンの主張にもかかわらず、たとえ彼の言う解釈的なテストが原理を識別する上での唯一の適切な標識だとしても、原理を法の一部として取り入れることが認定のルールの学説と両立可能であることを示すに十分である。しかし実は、より強い結論が基礎づけられる。つまり、法原理がそうした標識によって識別されるためには、認定のルールが必要だとの結論である。なぜなら、ドゥオーキンの解釈的テストによって導入されるいかなる法原理の識別にあたっても、出発点となるのは、当該原理が適合し正当化を助ける、特定範囲の確定した法だからである。この標識の使用は、確定した法の同定を前提としており、それを可能とするには、法源を特定し、法源間の上下関係を特定する認定のルールが必要となる。『法の帝国』の用語を使うならば、背景にある暗黙の法原理を識別する解釈的作業の出発点となる法的ルールや実践は「前解釈的法」を構成し、ドゥオーキンがそれについて語れば語るほど、それを識別するために、本書で描かれた法の権威ある淵源を同定する認定のルールに当たるものの必要性がいよいよ強まるように思われる。私見とドゥオーキンの見解との主な相違点は、私が、法源の同定の標識に関して裁判官の間に見られる一般的な合意の存在について、こうした標識を供与する認定のルールを彼らが一致して受容する点に由来すると考えるのに対し、ドゥオーキンはルールではなく、同一の解釈共同体のメンバーが共有する「コンセンサス」[60]「範例」[61]そして「想定」[62]について語ることを好む点にある。もちろん、ドゥオーキンが明確にするように、各人が独立に抱く信念の一致——そこでは、他者が同じ信念を共有していることは、各自がその信念に同調する理由にはならない——と、他者が信念を共有することが、各自が同調して同じ信念を持つ理由（の一部）となっている慣例的なコンセンサスとの違いは重要である。確かに認定のルールは、本書では、慣例的な類型の司法部のコンセンサスとして扱われている。少なくとも英米法においては、認定のルールがそうしたコンセンサスに基礎づけられていることは確かなように思われる。イングランドの裁判官が国会制定法を他の法源に優越する最高位の法源として扱う理由（あるいはアメリカの裁判官が憲法をそのように扱う理由）の一部は、彼の同僚たちが、先輩たちと同様、実際そうしているという点にあることは確実である。ドゥオーキン自身も、国会制定法の最高性の法理について、裁判官の信念が果たし得る役割を限定する、法の歴史に関する生の事実として語り(63)、「何が法実践として勘案されるか」に関して「少なくとも大体は、同一の想定が解釈共同体のメンバーの間で共有されていない限り、解釈的態度は存続し得ない(64)」と述べる。したがって私は、ルールとドゥオーキンの語る「想定」「コンセンサス」「範例」の違いが何であれ、裁判所による法源の同定に関する彼の説明は、実質的には、私の説明と同じだと結論する。

しかしながら、私見とドゥオーキンの見解との間には、大きな理論的対立が残る。ドゥオーキンは確実に、法原理に関する彼の解釈的理解を、単に裁判所による受容にその存在と権威が依存する慣例的な認定のルールの一類型とみなす私の理解を拒絶するだろうからである。彼からすれば、この議論は、法の同定に伴うと彼が主張する、法を最善の光の下に描こうとする「構成的」解釈の企図を全く不正確に描き、卑しめるものであろう。こうした解釈方式は、彼からすれば、特定の法秩序の裁判官や法律家たちの受容する、単なる慣例的なルールの要求する法識別の方法ではないからである。彼はそれを、法以外の多くの社会的思考および社会実践の核心にある特質として、文芸批評や自然科学において理解される解釈をも含む、「すべての解釈形式間の深い繋がり」を示すものとして、(65)描いている。しかしながら、たとえこうした解釈的標識が、慣例的ルールの要求する単なる法認定の一方式に過ぎないものではなく、他の学問分野で理解されている解釈との類似性や繋がりを持つとしても、ドゥオーキンの言う全体論的な解釈的標識が実際に法原理の識別に使われる法秩序において、その標識が慣例的な認定のルールによって供与されることは、完璧に可能であるという事実は残る。しかし、現実に全体論的標識が完全な形で用いられている法秩序は存在せず、英米法の秩序のように、潜在的な法原理を認定するために、ドナヒュー対スティーヴンソン事件で行われたような、より控え目な構成的解釈が遂行される法秩序しか存在しない以上、検討すべき問題は、こうした解釈は慣例的な認定のルールの供与する標識の適用として理解されるべきか、または別の仕方で理解されるべきか、そうだとすれば、その法的身分は何か、であろう。

5 法と道徳

(i) 権利と義務

本書で私は、法と道徳の間には多くの異なる、偶然的な関連性があるものの、法の内容と道徳の間には何らの必然的な概念的関連性も存在しない、したがって、道徳的に邪悪な規定も法的ルールないし原理としては妥当であり得る、と主張した。こうした法と道徳との分離がもたらす一つの側面は、法的権利・義務の中に、道徳的な正当化根拠や効力を全く持たないものがあることである。ドゥオーキンはこの考え方を退け、(究極的には彼の法の解釈理論から帰結する考え方だが) 法的権利・義務が存在するには、少なくとも表見上の (prima-facie) 道徳的根拠が存在する必要があると主張する。彼は、「法的権利は道徳的権利の一種として理解する必要がある」との考え方を、彼の法理論にとって「核心的 crucial」[66]な要素とみなし、これに反対する実証主義理論は、何らの道徳的根拠も効力も必要とせず、法的権利・義務が前分析的 (pre-analytically) に認識できるという「特殊な法本質主義の世界」[67]に属すると言う。私の見るところ、一般的な記述的法理学が法の解明にとってなしうる貢献を理解するためには、ドゥオーキンの一般的な解釈理論の長所が何であれ、法的権利・義務が道徳的な効力ないし正当化なしに存在し得るとの議論に対する彼の批判が誤りであることを理解することが重要である。それは次のような理由からである。法的権利・義務は、法がその強制力をもって個人の自由を保護しあるいは制約し、また、個人に対して法の強制的機構を利用する権限を付与したり否定したりする結節点だからである。法が道徳的に見て善か悪か、正義に適っているか否かにかかわらず、権利と義務とは、人類にとって枢要な意義を有する法の機能の焦点として、法の道徳的長短とは独立に、注目を集める。したがって、法的権利・義務に関する言明が、それらの存在に道徳的根拠がある場合にのみ、現実世界で意味をなすとの主張は誤りである。

(ii) 法の識別

法と道徳の関連性についての本書の法理論とドゥオーキンのそれとの最も根本的な対立は、法の識別に関するものである。私の理論によると、法の存在と内容とは、立法、裁判、社会慣習等の法の社会的淵源（social sources）に基づいて識別され、そうして識別された法自体が法の識別のために道徳的標識を取り込んでいない限り、道徳を勘案することなく識別される。他方、ドゥオーキンの解釈理論によると、ある問題について法が何かを述べるあらゆる命題は、必然的に道徳的判断とかかわる。彼の全体論的解釈理論によると、法命題は、他の前提とともに、それが法の社会的淵源に基づいて識別される確定したすべての法と最も善く適合し、その最善の道徳的正当化を供与する原理の集合から帰結するとき、そしてそのときにのみ、真だからである。この全体論的解釈理論は、したがって、二つの機能を果たす。それは法を識別し、かつ道徳的に正当化する。

これが、『法の帝国』での「解釈的」法と「前解釈的」法の区別の導入に先立つ、彼の議論の簡潔な要約である。法の存在と内容とは、道徳を勘案することなく識別し得るとの実証主義理論への代替案として、ドゥオーキンの理論は、この当初の姿のままでは、次の批判に応えることができなかった。社会的淵源に基づいて識別された法が道徳的に邪悪であるとき、その最善の正当化となる諸原理は、法と適合する原理のうち最も邪悪な程度の低いものにすぎない。しかし、こうした邪悪な程度の最も低い原理は何らの正当化の力も持ち得ないし、法として識別され得るものに関する道徳的な制限や制約にもなり得ない。また、こうした原理は、きわめて邪悪なものも含め、あらゆる法秩序と適合し得るため、それを勘案して法を識別することは、法は道徳を勘案することなく識別し得るとする実証主義理論と区別がつかない。ドゥオーキンが「背景的道徳 background morality」(68)と呼ぶ規準に照らして道徳的に健全な諸原理は——(現実の)法と適合するうちで最も健全な諸原理とは異なり——法として識別し得るものへの道徳的な制限と制約を、確かに提供するだろう。私として、こうした議論に異論を唱えるつもりはないが、それは、法は道徳を勘案することなく識別することもできるとする私の主張と完全に両立し得る。

後に、解釈的法と前解釈的法との区別を導入することで、ドゥオーキンは、きわめて邪悪な法秩序であるために、道徳的に受容可能ないかなる解釈もあり得ない法秩序が存在し得ることを認めた。彼の説明によると、そうした場合、彼の言う「内的懐疑」[69]に訴えかけ、そうした秩序が法であることを否定することもできる。しかし、そうした状況を記述するわれわれの表現手段はきわめて柔軟性に富むため、そうした結論を下すことなく、法はいかに邪悪であっても前解釈的意味では法であると言うこともできる[70]。つまり、ナチスの最悪の法でさえ、道徳的に受容可能な秩序の法と異なっているのは邪悪な道徳的内容についてのみであり、法の多くの特徴(法創設の形式、裁判や執行の方式等)は共有しているがゆえに、それが法ではないと言う必要は必ずしもない。数多くの文脈、多くの目的からして、実証主義者と共に、こうした邪悪な秩序も法であると言うことには理由がある。これについてドゥオーキンは、彼の解釈的立場への一般的な執着をあらわす補足であるかのように、邪悪な秩序は前解釈的意味においてのみ法である、と付け加えている。

私の見方では、こうした言語の柔軟性への訴えかけと、この段階での解釈的法と前解釈的法の区別の導入は、実証主義の立場を弱めると言うよりは、むしろそれへの譲歩である。というのも、ドゥオーキンは、記述的法理学においては法は道徳を勘案することなく識別可能だが、法の識別がつねに、確定した法の最善の正当化に関する道徳的判断を伴うとする、正当化を旨とする解釈的法理学にとっては話は別だと述べているに過ぎないからである。この言明はもちろん、実証主義者にとって、その記述的企図を放棄する理由にはならないし、それは意図されてもいないだろう。しかし、この言明でさえも修正を加える必要がある。というのは、法があまりにも邪悪であるために「内的懐疑」が要求され、法の解釈がいかなる道徳的判断も伴うことができず、ドゥオーキンの理解する意味での解釈を放棄せざるを得ない場合もあり得るからである。(71)

ドゥオーキンが彼の解釈理論について行ったもう一つの修正は、彼の法的権利の説明にとって重要な帰結をもたらす。彼が当初展開した全体論的な解釈理論では、法の識別とその正当化とは、いずれも、法秩序のすべての確定した法に最も善く適合し、最善の正当化を与える原理の集合から帰結するものとして説明されていた。こうした原理はしたがって、私が述べたように、二つの機能を果たす。しかし、確定した法があまりにも邪悪であるがゆえに、全体にわたってそれを正当化する解釈があり得ないこともあるため、ドゥオーキンは、これら二つの機能は分断されるべきであり、道徳を勘案することなく識別可能な法に対応する原理のみを維持すべきだと考えるにいたった。しかし、そうした法は、ドゥオーキンがすべての法的権利が備えると主張した、表見上の道徳的効力を持つ権利を確定し得ない。しかし、ドゥオーキンが後に認めたように、法秩序があまりに邪悪であって、法全体を正当化するいかなる道徳的解釈もあり得ない場合でも、人々が少なくとも表見上は道徳的効力を備えた権利を持つと適切に言い得る状況は、なお存在し得る。(72)それは、当該秩序が（契約の締結や履行に関する法のように）当該秩序の道徳的邪悪さに影響されない法を含み、人々がそうした法に依拠してその生活を計画し、財産を処分する状況である。こうした状況を説明するため、ドゥオーキンは、表見上の道徳的効力を備える法的権利・義務が、法の一般的な解釈理論から帰結するとの当初の考え方を修正し、こうした状況は、彼の一般的理論とは独立に、人々に道徳的効力を備えた法的権利を付与する「特殊な理由」を構成することを認めている。

6 司法的裁量(73)

本書の法理論とドゥオーキンの法理論との最も先鋭かつ直接の対立は、いかなる法秩序においても、完全には法的に統御しきれない事例が必ず存在し、そこでは法によって結論の指示されない論点が存在するため、法は部分的には不確定または不完全であるとの私の主張から生じている。こうした事例でも裁判官が結論に到達するべきであり、かつてベンサムが提唱したように、管轄権の不在を宣言したり、既存の法によって統御されない論点を決定するよう立法府に事案を送付したりすべきでないとすれば、裁判官は、既存の確定した法を単に適用するにとどまらず、裁量を行使し、当該事案に関する法を創設する必要がある。こうした法的に規制されず、統御されない事例において、裁判官は新たな法を創設するとともに、彼に法創造権限を付与し、かつ制約する確定した法を適用してもいる。

こうした部分的に不確定で不完全な法、そしてまた、限られた法創造的裁量を行使して法の欠缺を埋める裁判官という描写は、ドゥオーキンにより、法および法的理由づけに関するミスリーディングな説明として拒絶されている。彼は実際、不完全なのは法ではなく、実証主義者による法の描写であり、そのことは、社会的淵源に基づいて識別される明示の確定した法に加えて、明示の法に最も善く適合し整合するとともに、その最善の道徳的正当化を供与する諸原理である黙示の法原理によっても構成される、彼自身の「解釈的」な法の解明から帰結すると主張する。この解釈的視点からすると、法は決して不完全でも不確定でもなく、裁判官は決して法の外に踏み出すことはないし、結論に到達するために法創造権限を行使することもない。つまり裁判所は、法の社会的淵源が法的論点を決定し得ないこうした「困難な事案」では、道徳的な局面を備えた黙示の原理に訴えかけるべきである。

私が言うところの、法によって部分的には統御されていない事例を統御する裁判官の法創造権限は、立法府の権限とは異なることに留意すべきである。裁判官の権限は、彼の選択の幅を狭める多くの制約の下にあるが、立法府はそうした制約から自由であるというだけでなく、裁判官の権限は個別の事例を処理するためにだけ行使されるもので、大掛かりな改革や新たな法典を導入するためには使えない。裁判官の権限は、多くの実質的制約の下にあるのみならず、既存の法の間隙でのみ（interstitial）行使できる。それでも、既存の法が何が正しい結論かを指示しないため、事件を解決するために裁判官が法創造権限を行使しなければならないことはある。しかし、彼は恣意的に権限を行使してはならない。彼はその決定を正当化する一般的な理由づけを用意しなければならないし、良心的立法者であればそうするであろうように、自らの信念と価値に従って行動すべきである。しかし、こうした条件を守る限り、彼は、法によって予め指示されておらず同様の困難な事案で他の裁判官が採用するであろうものとは異なる決定の規準と理由づけを採用することができる。

法によって不完全にしか統御されない事案を処理するため、限定された裁量権限を裁判所が行使するという私の説明に対して、ドゥオーキンは三つの主要な批判を繰り広げている。第一に、この説明は、司法過程および「困難な事案」で裁判所が何をなすかについて誤った描写をしている。(74) それを示すため、ドゥオーキンは、裁判官の仕事を記述するために裁判官や法律家が用いることば遣いを持ち出すとともに、司法的決定の現象学（phenomenology）にも訴えかけている。彼によると、事件を裁く裁判官も、自分たちに有利に裁判するよう説得しようとする法律家も、新規な事例においてさえ、裁判官が法を「創造する」とは言わない。最も困難な事案においても、裁判官は、実証主義者が示唆するように司法的決定の過程に二つの全く異なる段階——一つは既存の法が結論を指示しないことを裁判官が発見する段階、今一つは彼が既存の法を離れ、当事者のために何が最善かに関する自身の考えに基づいて新たに（de novo）かつ事後的に（ex posto facto）法を創設する段階——があるとは感じないものである。むしろ、法律家たちは裁判官に対して、裁判官がつねに既存の法を発見し、それを適用することに専念しているかのように語りかけるし、裁判官は、法は欠缺のない権原の秩序であって、あらゆる事例に対する解決は彼の発明ではなく発見を待っているかのように語る。

確かに、司法過程でのなじみ深いレトリックは、発達した法秩序に法的に統御されない事例はないという観念を助長するものである。しかし、どこまでレトリックを真面目に受け止めるべきだろうか。もちろん、ヨーロッパの長い伝統と立法者と裁判官の区別を際立たせる権力分立の法理は、裁判官はつねに、既存の法が明確であるときにそうであるように、彼が作ったり変えたりしない法の「代弁者」であると言い張ってきた。しかし、裁判で事件を解決する際に裁判官や法律家が用いる儀礼的なことば遣いと、司法過程に関するより深い省察を経た一般的言明とは、区別する必要がある。合衆国のオリヴァー・ウェンデル・ホームズやカードーゾ、イングランドのマクミラン卿、ラドクリフ卿、レイド卿のような大物の裁判官たち、さらに多くの法学者や法律家は、法によって不完全にしか統御されない事例は存在し、そこでは、裁判官は必然的に「間隙」における法創造を遂行せざるを得ず、既存の法だけでは結論は決まらないことを指摘している。

裁判官がときに法を創設し適用するという主張への抵抗を説明し、かつ、司法的法創造と立法府による法創造とを区別する主な特徴を解明する、ある重要な考慮要素がある。裁判所が既存の法で統御されていない事例を決定するときは、裁判所の新たに創設する法が、それは新たな法なのだが、すでに既存の法の基層を支え、そこで承認されている原理や理由づけと合致するよう、類比（analogy）を重視することがそれである。確かに、個別の制定法規や先例が結論を確定しないとき、明示の法が何も規定しないとき、裁判官は単純に法令・判例集を脇にどけて、法からさらなる指図を全く受けることなく、立法を開始するわけではない。そうした事案を解決するときはしばしば、裁判官は、既存の法において深く関連する領域が、その具体化や促進手段として理解できるような、あるいは、面前の困難な事案の結論について方向性を指し示すような、一般的な原理や目的・目標に言及するものである。類比による理由づけは、ドゥオーキンの裁判理論の顕著な特徴をなす「構成的解釈」の核心そのものである。しかし、この手続は確かに司法による敬譲を示してはいるが、それは司法的法創造の契機を排除するものではない。いかなる困難な事案においても、競合する複数の類比を支える異なる諸原理が存在し、裁判官はしばしば、良心的立法者がそうであるように、既存の法によって確定し指示された優先順位によってではなく、何が最善かについての彼自身の感覚に基づいて、諸原理の間で選択しなければならないからである。この種の事例のすべてにおいて、既存の法の中につねに、競合する下位の諸原理の相対的な重みと優先順位を指定する上位の原理の集合を唯一発見し得る場合にのみ、司法的法創造の契機は遠慮されるだけでなく、排除されるであろう。

私の司法的裁量の説明に対するドゥオーキンの他の批判は、それが記述的に誤っているのみならず、非民主的で正義に反する法創造の形態を唱導しているとして非難する。(75) 裁判官は通常、選挙で選任されておらず、民主政では選挙された人民の代表のみが立法権を持つべきだとの主張である。この批判にはいろいろな反論が可能である。法が統御していない紛争を処理するための法創造権限を裁判官に付与することは、それを処理するための他の代替案——たとえば立法府に事案を送付する——の不都合さを避けるための代価とみなし得るかも知れない。そして、裁判官の権限行使が制約されていて、法典や大掛かりな改革を拵えることはできず、個別の事案が提起する特殊な論点を処理するルールのみを作るのであれば、代価は小さいように思われる。第二に、限定的な立法権を行政府に委任することは現代民主政のありふれた特徴であり、司法部への委任がそれに比べてより危険が大きいようには思えない。いずれの委任においても、選挙された立法府は通常、手許に立法権を留保しており、受け入れがたいと思われる下位の法を廃止・修正することができる。アメリカ合衆国においてそうであるように、立法府の権限が成文憲法によって制限され、裁判所が広範な司法審査権限を持つ場合は、民主的に選挙された立法府が、司法的立法を覆すことができないこともある。そこでは、究極の民主的コントロールは、憲法改正という手間の掛かる手続を通じてのみ遂行されうる。それは、政府に法的拘束を課すために支払うべき代価である。

ドゥオーキンはさらに、司法的法創造は事後的・遡及的法創造であって正義に反するとして非難する——事後的・遡及的立法はもちろん、広く正義に反するとされている。しかし、遡及立法が正義に反するのは、自分たちの行為の法的効果が、行為時点で確定した公知の法により決定されているとの想定に依拠して行為した人々の、正当な期待を裏切るからである。しかし、この反論は、明確に確定した法を裁判所が事後的に変更することへの批判とはなるが、困難な事案とは関連性がないように思われる。困難な事案では、法が不完全にしか統御しておらず、正当な期待を生み出す明確で確定した法が知られていないからである。

解説

レスリー・グリーン

1　ハートのメッセージ

法は社会的構成物である。それは特定の社会の、歴史的には偶然の特質であり、体系的な社会的統御システムが制度的に執行されるようになるとともに出現する。ある意味で法は慣習に取って替わり、別の意味では慣習に依存する。法は行動を方向づけ、評価する一次ルールと、一次ルールの同定、執行、変更の仕方に関する二次ルールからなる秩序だからである。こうした仕組みが有益なのは、特定の文脈においてのみであり、かつつねにコストを伴う。それは正義に反する結果をもたらすリスク、およびそれに服従する者を彼らの生活を支配する最も重要な規範から疎外するリスクを伴うからである。法に対する適切な態度は、祝福ではなく警戒である。さらに法は、客観性を標榜するにもかかわらず、実際にはそれを持ち合わせていない。裁判官たちが何を言おうと、彼らは事実、法を創設する本当の力を行使するからである。つまり法と裁判は政治的である。異なる意味合いではあるが、法理論もそうである。「純粋」法学は存在しない。法自体から抽出された概念のみを用いて組み立てられた法理学は、法の本性を理解するには不十分である。社会理論および哲学的探究の力を借りる必要がある。法理学はかくして、法律家や法学教授だけの領分でも、その自然な活動領域でもない。それはより一般的な政治理論の一部に過ぎない。その価値は、顧客への助言や事件の解決を補助することではなく、われわれの文化と制度を理解し、その道徳的評価を支えることにある。その評価にあたっては、法の本性に、そして多元的で相互に衝突する諸価値からなる道徳の本性に、注意しなければならない。

以上が、H・L・A・ハートの『法の概念』――現代法哲学の最も影響力ある作品の一つ――の含む最も重要な点である。他の重要な書物と同様、『法の概念』は、実際に読まれることによってのみならず、噂によっても知られている。それについての情報はありながら、本当には理解していない者にとっては、私が示した要約は、なじみのないものに聞こえるだろう。噂は彼らを惑わしてきた。ハートは、法は閉じられたルールの論理的秩序だと考えたのではないか。法は善きものであり、他の形態の社会秩序の欠陥を補正する社会的成果だと考えたのではないか。法はたいていは明確であり、道徳的価値を勘案することなく、裁判所によって適用されると考えたのではないか。法と道徳とは概念的に別々であり、区別されるべきだと考えたのではないか。法理学は価値から自由であり、その真理は「法」等のことばの真の意味を探究することで確定され得ると考えたのではないか。

簡潔な答えは「ノー」である。ハートがそうしたことを考えたことはなかった。こうしたハートのメッセージに関する錯乱した理解の源は三つある。第一は、哲学一般に通ずる困難である。彼が立ち向かった問題は複雑であり、真理と虚偽の距離はしばしば微妙で、その区別は見過ごされやすい。（たとえば、法と道徳とは区分可能であるとの主張は、それらが区分されているとの主張とは異なる。）第二は歴史的なものである。半世紀が経って、本書のことば遣いや例示は、社会的に、そしてときには哲学的に、見慣れぬものとなった。われわれの多くはもはや、慣習的な社会秩序を「未開の primitive」とは言わないし、何かの性質の説明を、概念の「解明 elucidation」とは言わない。本にはそれぞれ、「想定される読者」がいる。『法の概念』の場合は、われわれの主要な政治制度の一つである法の本性や、その道徳および強制力との関係について、哲学的な好奇心を持つ者である。現実の読者は必ずしもそうではない。法理学に実践的な助けを求める者もいるだろう。たとえば、憲法をどう解釈すべきか、裁判官にどのような人物を選ぶべきかを知るために。彼らにとっては、法理論の本と法との関係は、ケータリングの本とケータリングとの関係と同じである。多様な状況に適用可能な一般的「ハウツー」ものである。

『法の概念』は十分に明快で要約を必要としないが、そのテーマのいくつかを説明することで、こうした誤解を予防する助けとなるだろう。ここでは、法と社会的ルール、強制と道徳についての彼の見解を検討し、その後、いくつかの方法論上の論点を簡単に概観する。私は中立的であろうとはしない。ハートの法理論は部分的には正しく、部分的には間違っており、そこかしこで、若干曖昧である。以下で述べることは評価ではない。私は、読者が誤解に導かれがちな領域に焦点を当て、いくつかの論点では批判的な論評を行うが、評価は読者に任されている。

2 社会的構成物としての法

法と法秩序は、自然の事物ではなく、人工物である。社会的構成物と言うこともできるだろう。それは、何か言うに足りる対比であろうか。法が社会的構成物なのは、あらゆるものがそうだからだと考える者もいる。デリダが嘲弄するように「テクストの外には何もない」というわけである。そうした考え方がたとえ理解可能だとしても、ここでは関連性を欠く。誰かが「人種は社会的構成物だ」と言い、その意味を説明するために「警棒や刑務所と同じように」と付け加えたとしよう。これでは、神は存在しないと言われた後で、発話者が犬の存在も信じていないことが判明するようなものである。私が法は社会的構成物だと言うのは、そうでないものもある、という意味においてである。法は、命令やルール等の制度的事実で成り立っており、それらは、思考し行為する人々が拵えるものである。(1)

ただ、法は社会的に構成されてはいない物理的世界に存在し、社会的に構成されたわけではない人々により、人々のために創設される。おそらくこれは、陳腐なことだろう。今風には、「エチケットの社会的構成」について語ることもできるが、そうすることにさしたる意味はない。礼儀作法が慣例であることは、誰もが知っている。(2) 礼儀作法は共通の慣行に依存し、歴史があり、場所によって異なる。法もそうであることは、目も眩むばかりに明白なことではないか。では、次のようなストア派の「自然法」の見解の有名な要約を考えてみよう。

真の法は、自然と合致する正しい理性である。それは普遍的に適用され、変わることなく、永遠に続く……ローマとアテネで異なる法は存在しないし、現在と未来とで法は異ならない。一つの永遠不変の法がすべての国、すべての時において妥当する……(3)

この永遠にして普遍の法は、誰かが拵えたものではなく、誰も変えることができない、というわけである。自然法は意思ではなく、理性の問題である。これをいまだにすべて信ずる法理論家を探し出すことは困難だが、(4) 幾分かを信ずる者は今でも多い。たとえば、ロナルド・ドゥオーキンは、われわれの法は条約、慣習、憲法、制定法規、判例に含まれる規範のみでなく、そうして発見される規範の最善の正当化を供与する道徳原理をも含むと主張する。(5)彼の説明によると、道徳原理によって正当化される事物は、社会的に構成されているが、正当化根拠はそうではない。正当化とはできごとではなく、議論であることに注意を要する。正当化を信じたり、受容したり、主張したりするのは、できごとである。ドゥオーキンは、法は構成された事物に加えて、人々がそれらの正当化根拠だと信じたり、受容したり主張したりするものから成り立つと言っているわけではない。彼が言っているのは、法は構成された事物に加えて、その現実の正当化根拠である道徳原理から成るということである。何かが法であるためには、それが法とされるものの最善の道徳的正当化根拠であるか、そうした正当化根拠から帰結するということで十分だとあなたが信ずるなら、キケロがそうであったと同様、あなたは「正しい理性 right reason」の要請であるという事実に基づいて法としての身分を得るものがあると信じていることになる。健全な正当化理由を健全でないものに変えることはできないから、あなたは、不変の法の存在をも信じていることになる。道徳原理が何らかの仕組みを正当化するのは、誰かがそのことを知っているとか信じていることには依存しないから、誰も聞いたことのない法——多くの法——があり得ることにもなる。道徳的認識の見通し得る範囲によっては、認識し得ない法さえあり得ることになる。

ハートのアプローチは、これらすべてを否定する。法はすべて、誰か(または、いずれかの団体)が、それを意図的に、あるいは偶然に作ったからこそ存在する。それはすべて変化し得る。すべてが認識され、あるいは認識可能である。法の中には十分な正当性を備えたものもあれば、備えないものもある。正当化根拠だけでは、法を作るには不十分である。法を作るには、人間の現実の介入が必要である。命令が発せられ、ルールが適用され、裁判が下され、慣習が生成し、正当化理由が支持され、主張されねばならない。

法哲学者はしばしば、こうした人間の介入によって発生する事物を指すために古めかしいことばを用いる。それらは「定立される posited」と言われる。法はすべて定立されると考える者は、法実証主義者（legal positivist）である。社会的構成主義者はその一種である。しかし、すべての法実証主義者が社会的構成主義者であるわけではない。ハンス・ケルゼンはそうではなかった。彼は、すべての法は定立されると考えたが、同時に、あらゆる法秩序には定立されず「前提される presupposed」規範が少なくとも一つあると考えた。[6] 法規範が存在するのは、それが妥当する場合である――ここで「妥当する valid」とは、被治者がそれを遵守すべきことを意味する。彼は、ヒュームやカントに従い、「である is」のみから「であるべき ought」が帰結することはないと主張した。いかなる社会的構成物、またはその積み重ねも、規範となることはない。それらが規範を生み出すには、社会の根本的な立法過程が、妥当していることが前提されなければならない。始源的憲法が真の権威を備え、それ以下の何ものもそれを備えないことが必要であり、その根本的ルールの下で創設されたものを法とみなすためには、始源的憲法が拘束力を持つと前提する必要がある。ところで、前提は正当化根拠と同様、できごとではない。ケルゼンは、法が何を要求するかを知るためには、人々が現実に何を定立したかを知る必要があることを否定はしなかった。しかし彼は、人々の活動の結果を法として認識するには、社会的でも歴史的でもない何かを付け加える必要があると主張した。ケルゼンが法実証主義者ではあっても、社会的構成主義者でないのは、そのためである。社会的に構成された規範の研究方法——社会学的、心理学的、歴史学的探究を含めて——を、彼が法理学における「異分子」とみなしたのは、このためである[7]。

ハートはケルゼンの見解も退けた[8]。法の究極の基礎は正当化でも前提でもなく、何ごとかを思考し行為する人々が生み出す社会的構成物である。法理学はこの社会的構成物が何であるか、いかにしてそれが日常的な社会的事実から組み立てられるかを説明する。ハートは、そうした説明を「記述的社会学の試み」とさえ呼んだ（12頁）[9]。この言い方はおそらく行き過ぎであろう。本書は、分析的法哲学の試みではあるが、それは理論的に透徹した法社会学が有益に利用し得るであろう諸概念に基づくものである。それらのうち最も重要なのは、社会的ルールという概念である。

(i) 法、ルール、慣例

ハートは、ホッブズ、ベンサム、オースティンに見られる初期実証主義の説明を斥けた後、ルールが法の最も重要な構成要素であると考えるに至った。初期の実証主義者たちは、法は命令と威嚇と服従によって構成されると考えた。主権者は、他の大部分の人民が習慣的に服従する人または人々であり、かつ、他の誰にも習慣的に服従しない。法は力の威嚇によって支えられた主権者の一般的命令である。

一九七七年にミシェル・フーコーは、言った。「われわれが必要としているのは、主権の問題を巡っては打ち立てられていない政治哲学である……われわれは国王の首を刎《は》ねる必要がある。政治理論において、それはいまだなされていない」[10]。国王弑逆《しいぎゃく》の知らせはイギリス海峡を渡っていなかったに違いない。ハートは随分前に、それをやり遂げていたからである。第Ⅲ章と第Ⅳ章で、彼は、すべての法が命令であるわけではないことを示した。法秩序は、主権者の特性を備えた人も人々も必要としない。法はその創設者が死亡した後も継続する。威嚇は人々に何かをするよう強いるが、そうする責務を創設し得ない。根底において、主権の理論から欠けているのは、社会的ルールの概念である。ルールを理解すれば、それが主権、権力、管轄権、妥当性、権威、裁判所、法、法秩序を含めた——そして、ある種の正義をも含めた、とハートは主張するが——多くの法現象を説明する鍵となることが分かる。法自体は社会的ルールの組み合わせ——人々に義務を課し、権限を付与することで行動を方向づける一次ルールと、一次ルールを同定し、変更し、執行するための二次ルールの組み合わせ——である。二次ルールの中でも、究極の認定のルールは特殊な意義を有する。認定のルールは、一次ルールの適用を任務とする人々の慣行（customary practice）である。それは、法を創設する行為を確定することで法的妥当性の標識を供与する。法秩序の根本的構成は、道徳的正当化や論理的前提ではなく、「裁判所、公務員、私人の……複雑な慣行」（182頁）からなるこの慣習的な社会的ルールに依存する。ハートは、連合王国における認定のルールは、次のようなものであることを示唆する。「国会が制定したものは何であれ法である」。議会の制定したものが法であるのは、その道徳的な信認や論理的前提のためではなく、現実に実践される慣習的ルールが、それを法として認めるからである。

法は社会的ルールからなる。では、ルール自体はどうなのか。ルールもまた社会的構成物であり、ハートは、それは慣行（practice）から構成されると言う（この理論は、「ルールの慣行理論」としばしば呼ばれる）。慣習的ルールには、行動の規則性――人々が同じように行動する――という「外的側面」（ルールによって、共通の行動は、ルールの要求の遵守であったり、ルールを他者に適用することだったりする）がある。ルールには、ハートが「受容 acceptance」と呼ぶ複雑な態度を伴う「内的側面」もある。受容とは、行動の規則性を行動の指針あるいは評価の規準として、とりわけ同調を推奨し、違背を批判する際の規準として進んで利用し、さらにそうした推奨や批判を適切なものとして取り扱おうとすることを指す。受容は、是認を要求しない。それは、人々がルールについてどう感じるかではなく、それを進んで利用しようとする態度の問題である。人々が、ハートの言う意味でルールを受容するのは、彼らがそれを善いルールだと思うからかも知れないし、他者を喜ばせようとするからかも知れないし、恐怖や同調主義からそうしているだけかも知れない(106〜107、189〜190、393頁)。ミルトンの言う通りだとすれば、悪魔はルールが悪いものだとの根拠でそれを受容している。「悪とは私の善だ」というわけである。肝心なのは、人々がある規準にその行動を合わせ、それを行動の指針として用い、その意味で規範的なものとして取り扱っていることである。

ルールの慣行理論は論議を呼ぶものである。まず若干の問題点を指摘し、次にハートがそうした批判を回避しようとした努力を見てみよう。ハートは、ルールを遵守する行動と、偶然のあるいは習慣的な行動のパターンとを区別し得る、ルールの存在を見分けるテストが必要だと考え、そして、慣習的ルールが義務づける、または拘束力を持つために必要なものは何かを説明しようとした。しかし慣行理論は、それに失敗した(11)。社会慣行ではないルールも存在する(たとえば、個人的なルール)。受容された社会慣行ではあるが、ルールでないものもある(強盗に抵抗するよりは財布を渡すように、広く行き渡った、受容された慣行)。ルールに言及するのは、自分の行動の正当化としてであり、何か正当化理由があると想定していることの徴表にはとどまらない。いずれも慣行理論とは整合しない。

さらに、責務という観念を理解する上で、社会的ルールの概念が必要か否かは明らかでない。飛行機で旅をする際に炭素排出負担金を支払う責務があると信じることは、それが一般的な慣行となっていないとしても、可能である。

本書の後記で、ハートは彼の理論の射程を限定することで、こうした批判に答えようとした。彼は今や、すべてのルールが慣行的ルールなのではなく、慣例的（conventional）ルールがそうなのであり、それが法の基礎をなすのだとした。ルールが慣例的であるのは、「集団によるそのルールの一般的な遵守という事実が、個々のメンバーがそれを受容する理由（の一部）となっている」場合である（３９０頁）。道路の右側を運転すべきルールは、大部分の人々がそうしないのであれば、誰もそのルールを遵守しないであろうから、慣例的である。眠気の強いときに運転すべきでないというルールは、道路上に多くの強い眠気に襲われた運転手がいれば、あなたはむしろ意識を覚醒すべきであるから、慣例的ではない。ハートは、究極の認定のルールは慣例的であるとする。「イングランドの裁判官が国会制定法を他の法源に優越する最高位の法源として扱う理由（あるいはアメリカの裁判官が憲法をそのように扱う理由）の一部は、彼の同僚たちが、先輩たちと同様、実際そうしているという点にあることは確実である」（４０６頁）。法は、「裁判官や法律家たちの受容する、単なる慣例的な認定のルール」に依存している（４０７頁）。われわれは第二の定式化における「単なる mere」を削除すべきである。公務員が認定のルールを遵守する理由が、他者もそうしているという事実に尽きるという考え方は説得的でない。認定のルールが全く恣意的なものと信じられることは稀である（細部については恣意的だと信じられることがあるとしても）。たとえば連合王国では、国会制定法の法源としての最高性は、それを最高法規として扱う共通の慣行にのみ依存しているわけではなく、この慣行が民主的であるとか、われわれの文化の核心であるという信念にも依存している。合衆国では、連邦憲法の最高性は、共通の慣行だけではなく、この憲法が正しい統治形態を形作っているとか、信頼するに相応しい賢明な人々によって制定されたという信念にも依存している。こうした信念は正確である必要はないし、統一的に共有されている必要もないが、こうした信念は共通の慣行に基づく理由とともに、典型的には存在するものである。ハートの言う意味で認定のルールが慣例的であるために要求されるのは、公務員がこのルールを適用するために他にいかなる理由を持ち合わせているとしても、彼らが共通の慣行を有していない限り、それを適用することはないということである。

こうした修正を加えたとして、さらに別の問題にも直面することになる。[12] 認定のルールは、責務ないし義務を賦課するルールである。それは法源を同定するだけでなく、同定された法を適用するよう裁判官等に指令する。慣行理論によると、社会的ルールが義務を課すのは、(a)当該ルールが社会的に必要だと信じられており、(b)それが真剣な社会的圧力によって補強され、かつ、(c)それが被治者の直接の自己利益と衝突し得るときである（148～150頁）。こうした条件は満たされているだろうか。条件は事実に関するものであり、いかなる場合も事実を調査する必要がある。裁判所等が、法を同定する確定したテストを持つ必要があると考えていることはありそうなことであり、そこからの重大な逸脱は、同調へ向けた真剣な圧力を受けることになるだろう。（かりに合衆国の地方裁判所が最高裁判所の先例をすべて無視し、イスラムの戒律を拘束力ある法源として適用し始めたら、どのような反応が起こるか想像してもらいたい。）しかし、慣例的なルールについて(c)の条件がなぜ満たされるのか、理解することはより困難である。ある慣例的ルールが重要だと信じられていればいるほど、逸脱への誘惑は低下するはずである――それが慣例的であると知られているなら。われわれは道路の右側または左側を運転するが、それが共通の慣行であれば、それに違背して反対側を運転しようとする誘惑は大きくないはずである。違背への誘惑は、他の種類のルールの特質である。とくに、ただ乗りされやすい公共財を支えるルールがそうである。しかし、ルールが慣例的なものであれば、義務と欲求とは同じ方向を向いている。「責務または義務と本人の利益とがつねに衝突する可能性」（150頁）は存在しない。前述した通り、裁判官たちは複数の認定のルールの間で、正当性等に関する見解を反映して、異なる選好を持つかも知れない。しかし、各人の主要な性向は、全体と共に走ることなのだから、責務についてなじみ深い規範的圧力の感覚は感じられないだろう。この点で当初のハートは、真理により近いところにいた。逸脱は裁判官たちにとっても誘惑的であるが、そうすれば批判および同調への真剣な圧力にさらされる。しかし、それは(慣例的な)ルールが存在せず、一般的適用の理由のみが存在する場合でも当てはまることである。このように社会的ルールの厳密な性格づけに関する議論は継続しており、広い意味でのハート的な法理論に収まり得る別の選択肢も存在する[13]。しかし、単純な慣行理論も、ハートによる慣例主義的な修正も、それだけでは十分な説明にならない。

(ii) ルールの射程

ルールを基礎とする法理論に関する全く別の道筋からの疑問は、その射程に関するものである。社会的ルールが法現象の理解にとって必要であることが分かったとしよう。だが、ルールだけで十分なのか。いくつかの理由で、そうではない。

第一の理由は、ハート自身が強調している。一次ルールと二次ルールの組み合わせのすべてが法秩序なのではない。ナショナル・ホッケー・リーグにはルールの秩序がある。それは、選手、審判員、コミッショナーの行動を指示する一次ルールと、認定、変更および公的ルールに即した紛争解決に関する二次ルールとからなる。しかし、ホッケーのルールは法秩序ではない。(もちろん、それは法秩序にとてもよく似ている。誰もそれは否定しない。)何が欠けているのだろうか。ホッケーのルールは、特殊な目的を持つ。それは、ホッケーという単一のゲームを統御する。他方、法は生活の広い範囲を覆う。法秩序は、ホッケーのルールを含むホッケーを統御するが、ホッケーのルールは法を統御しない。ハートはさらに、法は包括的な統御が可能であるだけでなく、ルールの秩序が法秩序となるのは、それが財産、契約、実力の行使を含む広範囲な事物を実際に統御する場合だけだと主張する（302~311頁）。ハートはこれを、法秩序の「最小限の内容」と呼び、こうした内容を統御することは人類の生存を促進し、かつ、人類の生存は（彼はそう想定するのだが）道徳的に善いことなので、すべての法秩序は何らかの善を目的とすると考える。かくして、法秩序について「形式的」なテストを定めることは不可能である。私が冒頭で、ハートの理論が法秩序を論理学や数学のような形式的体系として表象したと考えるのは誤りだと指摘した理由の一つはそこにある。そして、この議論はより大きな破壊力を隠し持っている。何らかの法秩序に属さない限りは法であり得ない以上、法についても、純粋に形式的なテストはあり得ない。法は特別な種類の――その内容において他と区別される――規範秩序において役割を果たすルールである。

第二の論点によって事柄は明瞭になる。法秩序に含まれるものはルールだけではないという理由から、ハートの説明は不正確ないし不十分だと考える論者がいる。他の種類の規範、たとえば「規準 standards」や「原理 principles」[14]も法秩序には含まれると言われる。前述したように（426頁）、これらが法の正当化根拠に言及するものであれば、ハートの議論からすると、公式に採用されたり支持されたりしていない限り、これらは法ではない。しかし「規準」や「原理」はまた、柔軟で打ち消され得る一般的な法規範を指していることもよくある。このように理解された規準や原理は、ハートの理論と容易に整合する。ある論点に関する法の意味内容を知るには、交錯しときには衝突する多くのルールの帰結を見定める必要があり、そうした衝突を解決する途は一つとは限らない。打ち消し（阻却）の可能性（defeasibility）を生み出す一つの源はここにある。もう一つの源は、ハートが第Ⅶ章で説明しているように、あらゆるルールは何らかの点では曖昧であり、綻びを持つという事実に起因する。ルールが明確に適用される事案、明確に適用されない事案がある一方、適用されるべきか否か議論の余地のある事案もあり、とくに上位裁判所での仕事の多くは、複数の議論が可能であって法的に不確定な事案にかかわっている。法的不確定性は、ある意味ではルールの周縁で生ずるが、それは周縁的現象ではない。それはあらゆる法秩序、あらゆる法的ルールの特質であり、そのため、「広範で重要な領域が、裁判所その他の公務員の裁量に委ねられる」（219頁）ことになる。裁判所は法の有権的適用を行う特別な任務を持つが、同時に、立法府とともに、新たな法を創設する任務も負っている。この法創設権限をいつ、いかに用いるかを心得ることは、ほとんどの場合、何らかのルールを適用することではない。それは実践的判断を要求する。不確定性を解決する裁判所の役割が意味するのは、法の一般理論を作り上げるにあたって、上位裁判所の仕事、いやいかなる裁判所であっても、裁判所の仕事のみに注目したり、主としてそれに注目したりすることはミスリーディングだということである。「バイアスを含む選択効果

selection effect」のため、法的不確定性は誇張される傾向がある。法の流動的で論議の余地のある特質を把握するには、ルールという観念自体、硬直的・形式的に過ぎると考える者の多くは、この罠にはまる。相当程度確定したルールが裁判所自体を構成しているし、人々が裁判所に近づくこともなく通常の法的ルールを使って何をすべきかを決めていることに、彼らは気付かない。運転手は「止まれ stop」という道路標識が「自動車を停止させよ」という意味であり、「まばたきを止めろ」という意味でないことを知っている。誰もその点について裁判所の判断を必要としないし、これが現実に機能する法の典型的な事例である。

第三点は、法的ルールの秩序に含まれる要素のすべてが何らかのルールであるわけではないことへの留意を促す。イギリスの一九九八年人権法第六条は、「本条で言う『公的機関』は、(a)裁判所・審判所、(b)公的性格の任務をその任務の一部とする者……を含む」と定める。これはルールであろうか。これは定義である。しかし、定義はことばの使用に関するルールではないか。だとしても、これはルールではあるが、規範ではない。それは要求も授権も許可もしていない。定義の法的役割は、それが規範であるルール——同法第一条の規範を含む——とともに何をしているかを示すことで説明することができる。「人権規約上の権利と両立しない仕方で公的機関が行動することは違法」であり、違法行為への救済措置は、他の箇所で定められている。これは人々に何をすべきかを告げている。(黙示的にではあるが。こうした文脈で「違法」とは何を意味するかをまず知る必要がある。）これは、われわれが法において規範ではあるがルールではないものをいかに理解すべきかをも示す。たとえば、裁判はしばしば、特定の命令を結論とする——誰かに何かをするよう、何かを支払うよう、または、何かを受忍するよう告げる命令によって。一回切りの命令はルールではない。それは個別の規範である。個別の命令のみで統治することは不可能である。しかし、それなしで統治することも論理的に不可能である。裁判所が人々の法的地位を有権的に確定するには、個別の人々を拘束する判決を下す必要がある。

　こうしたわけで、法と法秩序を理解する上でルールは必要であるが、十分ではない。われわれはまた、ルールは何に関するものか、それは何をするよう期待されているかを知る必要がある。ルールとともに機能する他の要素について知る必要があるし、ルールによって統御されない法的決定について知る必要がある。ハートはこれらの論点のうち、いくつかを重点的に論じたが、すべては彼の理論に含まれている。よくある誤解にもかかわらず、ハートは決して、法はルールだけにかかわるとか、ルールはすべての法現象を説明するとは言わなかった。実際、彼はこうした誤りに警告を発している。「一次ルールと二次ルールの組み合わせは、法の多くの側面を説明し、それが核心に位置することを示す点に長所がある。しかし、これだけですべての問題を解明することはできない。一次ルールと二次ルールの組み合わせは法秩序の核心に位置する。しかし、それはすべてではな［い］

……」(166頁)。他にも多くの興味深い事柄があり、法理学はそれらも説明する必要がある。

3 法と権限

これまでの結論は次の通りである。法は社会的ルールから構成され、社会的ルールは慣行から構成されている。これでは、つまるところは社会統御の手段である制度に関する無頓着な見方のように聞こえる。紛争、強制、そして権限はどうなったのか。

(i) 法における分業

ハートは、オースティンの、威嚇に支えられた主権者の命令というピラミッド型の法理解に批判を加えた。オースティンの見解が素朴であることは広く認められているが、それは有益であり、ハートは法実証主義をより緻密なものにはしたが、その魅力を失わせたと考える者もいる。[15] 法はコンセンサスや合意にとどまるものではなく、紛争や対立に関するものでもある。これが、上位裁判所の活動の多くが高度に政治的色彩を帯び、確定した法の適用にとどまらず、論争の余地のある事案を裁定することにもあるというなじみ深い主張であれば、これに反対する理由はない。こうした主張がハートの理論と整合することを見たばかりである。ハートはしかし、そもそもことが始まるためには、他の諸論点に関する一定のコンセンサスが存在する必要があると考えた。少なくとも、認定のルールは、いかなる活動が法を創設するかに関する合意に立脚する必要がある。しかし、誰の合意か。ドゥオーキンは、ハートの理論を次のように表現する。

> 法の真の基礎は、社会全体が根本的なマスター・ルール（彼はそれを「認定のルール」と呼ぶ）を受容していることにある……オースティンにとって、カリフォルニア州の最高制限速度が五五マイルであるとの命題は、当該ルールを制定した立法者たちがたまたま状況をコントロールしているからこそ真である。ハートにとってこの命題は、カリフォルニア州の住民が、州および国全体の憲法の権威を受容し、受容し続けるからこそ真である。[16]

これが法の「基礎」の説明として誤っている理由は明らかである。カリフォルニア州の住民の多くは、「州および国全体の憲法の権威」なるものが何であるか、思いつく術もない。中には州憲法があることを知らない者さえいるだろう。また、これがハートの理論の解釈として提示されている点にも誤りがある。法前の社会では、規範は社会全体にわたる支持によってのみ存在し得る。「[法の出現前の]単純な社会では、公務員がいないため、ルールは、当該集団にとっての行動の評価規準として広く受容されなければならない。そうした社会で、内的観点が広く共有されていなければ、いかなるルールも論理的にあり得ない」（192頁）。慣習は社会全体での買い入れを要求する。しかし、

一次ルールと二次ルールの組み合わせ……が存在する状況では、集団の共通の規準としてのルールの受容は、一般市民がルールに個別に服従するというどちらかと言えば受動的な問題と切り離される。極端な場合「これは妥当なルールだ」といった法的言語の特徴ある規範的使用を伴う内的観点は、公務員の世界に限定されるかも知れない。このより複雑な秩序では、公務員のみが秩序の法的妥当性の標識を受容し、使用することがあり得る。そうした社会は、嘆かわしくも羊の群れに似ているだろう。羊は屠畜場にひかれる運命だ。しかし、そんな社会はあり得ないとか、それが法秩序の名に値しないと考えるべき理由はほとんどない。（192〜193頁）

私がこの段落を長く引用したのは、ここで指摘されている点が、法の本性を理解する上で、また法のそうした本性の政治的意義を理解する上で、決定的に重要だからである。ハートは、慣習と社会道徳とは、意図的な変化を被らないことを指摘する。それらは徐々に変容するだけである。小規模で安定した社会にとって、慣習や社会道徳は、物事を処理す

る上でかなりよい手段となる。われわれが私生活でことを処理するときも、そうしている。しかし、大規模で複雑な社会は、慣習その他の規範を公的に認定し、支配者の指令、多数決等、何であれ、即時に変更するための意図的な社会統御の仕組みも必要とする。それは、制度化によって可能となる。ルールを同定し、変更し、執行する権力を持つ専門機関の誕生である。そこから帰結する規範的任務の分業には、長所も短所もある。「便益は、変化への対応能力、確実性そして効率性であり……代価は、集権的に組織された権力が、支持を必要としない人々を抑圧するために行使され得るリスクで、こんなことは一次ルールのみからなる単純な社会では不可能である」（314頁）。つまり、法は普遍的な善ではないし、無条件の善でもない。法は、一定の代価を伴い、その代価は法のない社会にはありそうもないものである。ハートが指摘したような極限的事例まで行かなくとも、法の支配の下の社会は、広範な社会的支持よりは、より狭い範囲の公的コンセンサスに依存している[17]。法の存在が人民一般に要求するのは、法秩序の命令的規範に対する黙従に過ぎない。

　法が依拠するコンセンサスに、心休まるところや共同体的なところはない。それは、価値に関する合意を前提としない。それは法の運用に関する深刻な反対意見の余地を排除しない。このことは、あらゆる法秩序は必然的に、当該共同体の諸価値を表明するというロマンティックな信念が誤りであることを示している。正義に適った有益な法秩序であっても、秘儀的で技術的で、被治者の生活から遠く乖離したものとなる可能性はある。規範的仕事の分業のため、法は、一語で言えば、実定法万能主義（legalistic）になる危険がつねにある。あらゆる法理論家は、法が道徳的に誤ったものであり得ることを認める。ハートのこの点での特別の貢献は、法が挫折する態様のいくつかは、社会制度としての法の本性と緊密に繋がっていることを示したことにある。

(ii) 強制と権限

法が本質的に強制的機構であるとの観念は、一般人の見解とも合致し、法理学においても人気がある。ハートは、これは誤っていると考えた。あらゆる法秩序には、強制的に執行されない規範があるし、法秩序がそうした規範のみで構成されることも想定可能である（310頁）。制裁メカニズムを欠いた法の存在意義は何であろうか。制裁を備えた法の意義と同じく、人々にいかに行動すべきかを指示することである。制裁は本来の計画が挫折した際の、法の予備的計画である。本来の計画は、被治者がさらなる監督なしで法を遵守することである。指示への欲求があり、遵法の動機づけを強化する必要のない場面では、制裁のない法を見出すのは普通のことである。合衆国法典は、たとえば、人々に対して、いかに国旗に敬意を示すべきかを告げる規範を含んでいる。（「国旗は、何かを受け取ったり、保持したり、運んだりするために用いてはならない[18]」。）しかし、この規定は規範に違反した者に対する刑罰を定めていない。もし人間の本性が現実と違っていたら、すべての法規範はこうしたものだっただろう。

現在のままの人間の本性の下でさえ、多くの法規範は制裁によって補強されていない。重要な類型の一つは権限付与規範、つまり法的規範や身分を変更する権限を創設する法的ルールで、たとえば、立法したり、法人を設立したり、契約したり、婚姻したりする権限を人々に付与するルールがそれに当たる。問題となる権限が意思に基づくものであれば(今述べた例はだいたいそうだが)、人々はそれを行使するもしないも自由である。立法、法人化、契約、婚姻に関する法の処方箋に従わない者は、そうすることに失敗し、たとえばそうした「婚姻」は無効となる。しかし、誰もそのために罰せられるわけではない。あるいは、無効となること自体が制裁であって、結局のところ、これらも強制的な法だと言うべきだろうか。ハートは、なぜそう言ってはいけないかを説明する。ここには、何かをせよという命令と、不服従に対する制裁との二種類のものが存在しない。命令は全く存在しないし、そこで「制裁」と言われているのは、権限付与ルールそのものに他ならない。ケルゼンは、強制理論を救済するために回避策を採った。彼によると、権限付与ルールは、実は法の断片に過ぎず、だからそれ自体の中に制裁を発見できないとしても驚くには当たらない。制裁は法秩序の中の他の場所に隠されている。配偶者の扶養を要求する制裁を備えたルールがある。婚姻に関する権限付与ルールは、何者かに配偶者がいるか否か、いるとして誰がそれかをわれわれに告知する仕事をしている。いずれにせよ、結局のところ、それは強制と結び付いている。ハートのこの見解に関する応答は啓発的である。彼は、ケルゼンの再構成が不可能だとか非論理的だとは言わない。彼は、そうした再構成を行なうべき十分な根拠がなく、法理学の方法論的制約に反すると言う。

社会統御の手法としての法の主要な機能は、法秩序が一般市民の行動の方向づけに挫折したときのための不可欠ではあるが副次的な備えである民事訴訟や刑事訴訟で発揮されるわけではない。それは、法が法廷外での生活を統御し、方向づけ、計画するために利用されるさまざまな仕方において観察できるものである。(81〜82頁)

法的素材を個別の法へといかに単位化すべきかという問いに対する、本質的で「形而上学的」答えはない。最善のアプローチは、法を現実に用いる人々――その大部分は法廷外で暮らしている――にとって、あるがままの法を理解するのに役立つアプローチである。権限付与ルールは、義務を課すルールとは異なる仕方で社会生活において考えられ、語られ、用いられており、義務を課すルールとは異なる理由で重宝されている。「これ以上に、本性の違いを示すテストがあり得るだろうか」(83頁)。これがハートの方法を要約している。ホームズの「悪人」にとって、法はすべて回避すべきコストに他ならない。法律家にとっては、法はすべて現実および可能な(弁護士費用をかせぐ素材となる)裁判事件に関するものである。法の諸理論は、こうした穴居人的観点から編み出されてきた。法的に意義ある諸局面のすべては、彼らの平板で還元主義的な画像では捉えられない。

ここまでの議論は、それとして正しい。ただ、「社会統御の手法としての法の主要な機能」のすべてに注目したいのなら、われわれはハートを超えて先に進む必要がある。権限付与ルールを義務賦課ルールに還元したり、無効を制裁であるかのように描くのは確かに誤りである。しかし、権限付与ルールが社会的権力と結び付いていることを指摘することは誤りではない。そもそもなぜ強制に注目するのか。一つの答えは、責任と関係する。威嚇によって何かをするよう強制された人々は、通常、それをしたことについて責任を問われない。彼らの意思は押さえ込まれている。多くの法的刑罰は、しかし、さほど厳しくはない(一貫して不服従を続けない限り)。それでも、刑罰は人々の動機に影響を与える。それは権限付与ルールについても同様である。強制は法的権力の鋭いエッジである。法規範の動機づける特性、価値を表明するという特性は、その柔らかいエッジである。

婚姻する権限を付与するルールを考えてみよう。それは一定の条件の下にある。かつては(今でも特定の場所では)、そうした条件は人種や性別によって婚姻できる人を制限していた。異なる人種間の婚姻や、同性間の婚姻は法的に無効であった。ハートが与えた理由により、これを強制の一種、両性で、または同一人種で関係を取り結ぶよう強制していると考えるのは誤りである。婚姻する必要は誰にもない。その意味で、同性間の性行為に対する罰則や逃亡奴隷法とは異なる。しかし、これらの婚姻が無効とされるのは、関連する権限付与ルールの（あるいは権限付与ルールと解釈ルールとの組み合わせの）偶然的な意図せざる効果ではない。それこそがこれらのルールの目的である。命令や制裁という素朴な手段に訴えることなく、こうした法は人々の生活と共通の文化を形成しようとしている。こうした法は、それにかなり成功した。ハートが優しくも「便宜」を提供すると描写するこうしたルールの機能を考えるにあたっては、これらのことも考慮に入れる必要がある。すべての法が強制的であるわけではない。しかし、非強制的法はときに、強制的法がなし得ないことをする。それは社会的権力を表明し、整序する。そうするのは、その内容とより一般的な特性によってである。たとえば、意思に基づく権限は、意思を行使しうる人々に法的統御の力を与える。個人の権限は、個人に法的制御の力を与える。それは誰にも何かをするよう強制はしないが、予測可能であるだけでなく、しばしばこうした法を創設し適用する人々が意図するような仕方で、この社会を形成する。

4 法と道徳

本書の核心的問題の一つは、法と道徳――慣習的ないし「社会的」道徳と理念的ないし「批判的」道徳の両方について――の間の多面的な関係である。ハートは、法と道徳とのある種の切断を強調したことで知られる。彼の理論について何も知らない人でも、彼がホームズ講義で述べたように、「法と道徳との間に必然的な関係はない[19]」と主張したことは知っている。われわれはすでに3(i)で、法がなぜ、被治者の是認する道徳的価値を反映する必要がないかを見た。しかし、人々を支配すべき道徳的価値はどうなっているのだろうか。ハートは、そこにも必然的関係はないと考えていたのだろうか。『法の概念』において彼はときに、自身の考えを異なる形で定式化している。ある箇所で彼は、実証主義の核心的主張を、「法が道徳の要請を再述したり満たしたりすることは、いかなる意味でも、必然的真理ではない」（291頁）と描いている。これは、より射程の狭い主張のように見える。すべての法が健全な道徳的規準を「再述したり満たしたり」することを要請するわけではないような、法と道徳との必然的関係はあり得ることになる。

ハートによる当初の、より広範な定式化は、法が社会的構成物であるとの彼の見解に同意する者の間でも、評判はよくなかった[20]。法と道徳とがいずれも人間の行動を統御することとは、単なる偶然ではないはずである。われわれがいかに生きるべきかについて何も語らない規範秩序は、法秩序でもなければ道徳規範の秩序でもないだろう。そのことは、法と道徳との一つの必然的関係を示す。他にもある。実際、ハートの成熟した理論は、法と道徳との間のさらに二つの興味深い必然的関係を提唱する。第一は法の目的について、第二は法と正義との間にあるとされる関係について。ハートの理論はまた、他の実証主義者たちが認めようとしない法と道徳との間の偶然的な関係をも認める。これら三つの主張は、法と道徳との関係を切断しようとするいずれの議論にとっても、またハートの理論にとっても、重要である。しかし、第一の主張のみが正しい。

(i) 法の目的

法は単なるルールの秩序ではない。それは多様な目的に仕える秩序である。トマス・アクィナスは、法は「共通善のために形作られた理性の命令[21]」であるから、全体としての目的を持つと考えた。こうした方向に沿った現代の議論としては、法は、人の行動を方向づけるとか、共通善のために人の活動を調整（coordinating）するとか、正義を遂行するとか強制を許容するといったものがある[22]。これらの主張は、法の可能な理想に関する示唆としてではなく、法自体を構成する目的（constitutive aims）に関する指摘として理解されるべきである。根本にある考え方は、こうした目的を持たない社会統御の秩序は、法秩序ではないというものである——知識の探究を目的としない制度が大学ではないように。構成的目的を持つことは、道徳と関係があることを意味しない。それは目的が何であるかによる。皿を洗うための機械でなければ皿洗い機ではないし、皿を洗う能力は、皿洗い機の善し悪しを判断する主な標識の一つである。しかし、皿を洗うことは、通常は道徳的に意味のある活動ではない。だから、善い皿洗い機は、道徳的に善い皿洗い機ではない。前述した法の構成的目的に関する多様な示唆は、特定の道徳にコミットしたものから、道徳的に中立なものまで多様である。正義の遂行は道徳的に善い。行動の方向づけは道徳的に中立である。強制の許容は、道徳的に曖昧である。[23]

道徳との関連性はまた、構成的目的がどの程度まで実現されるかにも依存する。本書第Ⅸ章でのハートの議論は、人類の生存が道徳的に善いこと、そしてそれを目的としない規範秩序は法秩序ではないと想定している。この議論はまた、法秩序が存在するためには、人々の利益になることを、たとえすべての人に対してでなくとも、人々の一部には、供与する必要があると主張する。しかし、一般論としては、構成的目的を備えた事物について、それが資格を欠いていると言い切るまでには、かなりの猶予があるものである。欠陥があったり壊れたりした皿洗い機も――欠陥を補正し、修理すればなお皿を洗う能力を備えるのであれば――皿洗い機である。同じことは法秩序についても言える。法がなすべきことをきわめて不十分にしか遂行しない法の秩序も、法秩序ではある。何かを目的とすることは、その目的の実現に成功することまでは要請しないからである。

この問題を最後に考察した際、ハートはもはや法の目的が生存にあるとも考えていなかったように見える。彼はマックス・ウェーバーやハンス・ケルゼンとともに、法にはどんなものであれ、興味深い構成的目的はないと考えた。（ケルゼンは、「法は手段、特定の社会的手段であり、目的ではない」と述べた。[24]）ハートは「人間の行動の指針、および人間の行動を批判する規準を供与するという役割を超えた、より具体的な目的を法に求めることは無駄だと考える」（380頁）と記している。生存はもはや言及されない。しかし、ハートはおそらく、法の目的が生存を促進することだ、あるいは法は他の目的を持つという初期の主張を撤回したわけではない。おそらく彼が否定しているのは、法がこうした目的によって同定され得るということである。法秩序について普遍的で、かつ法秩序についてのみ妥当する目的はない。法の目的は人類の生存かも知れない。それは行動を方向づけ評価することを目的とするかも知れない。いずれの目的も、法を慣習、宗教、道徳から区別しない。むしろ、いずれも重なり合う点である。法と道徳とは同様の仕事をする。それは関連し合う理由によってであり、同様の手段を用いる。

(ii) 法と正義

第Ⅷ章でハートは、法と道徳には驚くべき関連性があるとの主張を擁護する。彼の議論は、ルールの遵守と正義とを、いずれにおいても、同様の事案は同様に取り扱われるべきだと考えられることを通じて関連づける。慣行理論によると、一般的ルールは、それが恒常的に遵守され、あるいは適用されるのでない限り、存在しない。しかし、恒常性は、それ自体で一種の正義であるとハートは言う。「きわめて邪悪な法も正義に即して適用され得るものの、一般的な法のルールを適用するという観念において、少なくとも、正義の兆しを見ることができる」（３２１頁、cf.２５５頁）。したがって、あらゆる現存する法秩序は何らかの正義を遂行している。確かにそれは、「実質的」正義ではない。邪悪な法を規則通りに適用することは、その邪悪さを決して埋め合わせることはない。しかしそれは、法適用における正義――「形式的」正義とも言われる(25)――を生み出す。この観念は、法がすべての者に、法自体が――適切か否かは別として――当該法の下での処理に関して、関連を有するとみなす点で同様である者についてのみ、適用されることを要求する。この要求はあらゆる法について妥当する――「おぞましく抑圧的な」法や、運用されているあらゆる法秩序の供与する最小限の便益を「権利なき奴隷」について否定する法においてさえ(26)。

私が、法がいかに邪悪であり得るかについてのハートの表現（「きわめて邪悪な」「おぞましく抑圧的な」）を引用したのは、彼の「正義の兆し」テーゼの大胆さを明瞭にするためである。適用の恒常性は、もし少々正義に反する法、たとえばその正当化の目的に照らして広範過ぎたり、狭すぎたりする法（一七歳未満の者の運転を禁止する規範は、運転に適した者を過剰に、あるいは過少に許容している）のことを考えたときにのみ、説得力があるように見える。理想は実現し得ないのだし、多少は理想から乖離した法であっても、厳格に適用すべき理由は多い。しかし、これではハートの議論を支えることはできない。彼は、その議論がきわめて邪悪な法にも妥当するとし、衡平や慈悲や穏健さといった実質的正義が優越することを認めたときでさえ、その際、何か価値あるものを失うことを認めつつそうするのだと言う。少なくとも、ある意味ではわれわれは正義に反しているというわけである。

この「形式的」正義の観念には、何か奇妙なところがある。結局のところ、正義の形formをしたもののすべてが、正義の一類型（form）なのではない。ラクダの形をしたもののすべてがラクダではないように。より悪いことに、正義にかなった規範とそうでない規範とは、その形式において異なっているとは限らない[27]。「男性と女性は、同等の仕事について同額の賃金を支払われるべきだ」は、正義に適った規範である。「男性と女性は、同等の仕事について異なる額の賃金を支払われるべきだ」は、正義に反する規範である。二つの形式は同一である。「あらゆるルールを、その対象となる者に対してのみ適用せよ」という規範はどうであろうか。これは、「あなたが友達付き合いをしようと決めた人のすべてと、そしてそうした人とだけ友達付き合いをしなさい」と同じ形式を持つ。第二の規範は正義に適っているだろうか。ある規範が正義に適っているか、正義に反しているか、どちらでもないかは、その形式だけからは判断できないことは明白と思われる。

姦通した女性を石打ちで死刑に処す法秩序で働く裁判官を想定してみよう。この規範の適用対象となるすべての者に、それを適用すべき理由は何かあるだろうか。特殊な状況ではあるかも知れない——もしそうしなければ、彼の命が危険に晒されるかも知れない。適用を拒めば暴動が起こり、さらに多くの女性が殺されるかも知れない。ある事件でそれを適用して自身の長期にわたる信任を確保すれば、他の事案で効果的にこの規範を批判できるかも知れない。しかし、こうした法をあらゆる事案で厳格に適用する理由はあるだろうか。われわれがここで必要とするのは、法なくして刑罰なし、以上のものである。この格言は、法に違背していない者を罰しないよう命じている。この条件は、想定された事例では満たされている。しかしこの格言は、法に違背した者すべてを罰するよう命じてはいない。罰しないことは正義に反するだろうか。だとすれば、誰に対してだろうか。石打ちで殺されるはずの他の有罪とされた女性たちや、すでに殺された女性の家族に、他のすべての有罪とされた女性も同様にきわめて邪悪に取り扱われるよう要求する権利があると考えるのは、度が外れている。

ハートは、「形式的」正義を他の二つの健全な、しかし関係のない観念と混同している可能性がある。一つは、正義と不正義とは、結果だけではなく、手続においても問題となることである。たとえば、法的紛争の両当事者が聴取されるべきことは、自然的正義の要請である。そうした措置をとらない手続は、正義に反する。ただし、正義に反するルールそれ自体が、自然的正義に反する定めを置くことがあり得る。法によって、富者が貧者の倍の時間を使って自らの主張を行うことが許容されているなら、その法の厳格な適用は自然的正義を促進せず、後退させる。もう一つの類似する観念は、ルールの適用にあたっては公平でなければならないことで、裁判を行う者は、「偏見・利害・恣意」(255頁)を離れて行動する必要がある。これもまた正しいが、正義に反する法の文字通りの適用を拒む者に、この種の動機がある必然性はない。実際、きわめて邪悪な法は、それ自体が偏見や恣意に満たされており、適用をときに拒むことが、最善の動機に基づくこととなるかも知れない。

ハートの「正義の兆し」テーゼから、何かを救出することはできるだろうか。おそらく、これである。ルール適用の作業に入ったら、われわれは否応なく、ルールが個別具体の事案においていかに適用されるべきかを考えることになる。われわれは、人々がルールの下でどのような目に遭うかを考える。このため、注意の焦点は、全体的な問題だけでなく、配分的な問題にも向けられる。このところ、処罰が十分に行われているかだけでなく、適切な人々が適切な犯罪につき、適切に処罰されているかを考えるよう迫られる。人々の間で便益と負担がいかに配分されるべきかを考えることは、正義について考えることである。AがAに相応しく取り扱われているかに注意すること、AとBとの取扱いの違いが正当化されるかを考えることは、正義に注意を向けることである。こうした問題を考慮し、結論を下す権限のある裁判所のような制度を持つとき、われわれは正義を遂行し得る制度を持つことになる（そしてもちろん、不正義も）。おそらく、大規模で複雑な社会では、正義はこの種の制度なしには、遂行し得ない。

(iii) 法的妥当性と道徳原理

法と道徳の第三の接触点は、異なっている。ハートは、道徳原理は必ずしも法源ではないが、法源であることが公的に認定されるなら、法源となり得ることを認める。そのことを描く一つの仕方は、ハートは、認定のルールが必然的に社会的構成物であると考えたが、それが用いる標識は必ずしもそうではないと考えたというものである。彼は、道徳原理が有益な原理だから、あるいは、現存する法を正当化するから、だから法だと考えたのではない。しかし、道徳原理は何らかの仕方で法として取り入れられるなら、法となり得る。ハートはここで、構成主義テーゼの二つの解釈のうちの一つ、つまり「取り込み型 inclusive」実証主義の立場をとっている。この立場によると、法源は、道徳原理を含み得る。これに対立する「排除型 exclusive」実証主義によると、法源は、道徳原理を含み得ない[28]。彼がこの結論に立ち至った経緯をたどることは困難である。彼が後記を執筆した時点では、この二つの立場がまだ区別されていなかったことも、その理由の一つである。ただ、彼の結論は、法的妥当性は、純粋に規範の「系統」の問題[29]——「法が法的諸制度によって採択され創設される方式に着目するもので、法の内容に着目しない」(378〜379頁)特徴にかかわる問題——である必要はないというものであった。法的妥当性は、道徳的な適切さにも依存し得る。

ここで、取り込み型実証主義の長短を評価することはできない[30]。ただ、ハートが議論に持ち込んだある混乱を取り除くべく努めることには意味がある。認定のルールが道徳原理を標識の中に取り込むことができるか否かは、こうした標識が系統の問題であるか否かと同じではない。「系統」については、二種の異なる対比がある。第一に、実質との対比があり、第二に道徳との対比がある。「実質的」ということばを「正当な」とか「道徳的な」と同じ意味で用いる習慣があるために（4(ii)で「実質的正義」の観念について見たように）、混乱が生ずる。本文においてハートは、あらゆる法秩序は法的に制約されない権限を含むというオースティンの見解を批判する際に、これらの論点を導入した。オースティン学派の者は、主権的立法者が、立法の「態様と形式」については制限され得ることを認めるかも知れない。たとえば、特別な告知と討議を経なければならないとか、特別多数決による議決が必要だとか。しかし、多くの成文憲法には、こうした形では性格づけることのできない制限もある。これらは「立法権限の範囲から一定の事項を端的に除外することで内容上の制限を立法権に課」（123頁）している。問題となっている権限の欠如は、「法的であり、単に道徳上または慣例上のものではない」[31]（125頁）。ハートは一例として、「事前の国勢調査または人口算定に依拠することなく、人頭税その他の直接税を賦課してはならない」とする合衆国憲法第一六修正を挙げる。[32]これは確かに、態様および形式の制限ではなく、ある意味で実質的な制限である。しかし、ハートはまた、「法秩序の中には、合衆国のように、究極の法的妥当性の標識が、系統に加えて、正義または実質的な道徳的価値の諸原理を明示的に取り込み、それらが法内容に関する憲法上の制約となるものもある」と述べている（379頁）。これは、「実質的」についての別の観念である。次のような可能な認定の諸ルールを比べてみよう。

(S1) 連邦議会は、国教を樹立する法律を制定してはならない。
(S2) 連邦議会は、不公正な法律を制定してはならない。
(P1) 連邦議会は、密かに法律を制定してはならない。
(P2) 連邦議会は、不公正に法律を制定してはならない。

(S1)と(S2)とは、実質的な妥当性の標識を定めている。(P1)と(P2)とは、手続的標識を定めている。しかし、別の分類もできる。(S2)と(P2)とは、道徳的な妥当性の標識を定めているが、(S1)と(P1)とは、事実上の標識を定めている。（私は、これらが完全に確定的な標識を定めていると言うつもりはない。ただ、法律が国教を樹立しているか、密かに制定されたかは、そうすることの適切さとは別に認定できる。）しかし、ここで(P2)は系統のテストを定めているのか、と訊ねることができる。ある意味ではそうである。このテストを適用するにあたっては、法律が採択された態様を調査すべきであって、採択された法律の内容を調べるべきではない。しかし別の意味ではそうではない。(P2)が満たされているか否かを知るには、法の制定過程の道徳的な適切さを判定する必要がある。系統の比喩はかくして誤解を招きがちであるため、社会的事実の問題と、道徳的判断を要求する問題との区別に置き換えるべきである。

　問題は他の三つの要因により、さらに複雑となる。第一の要因は同一のことばが異なる意味で使われる点である。憲法等で、道徳的な響きのあることばが用いられていること自体は、法の標識として道徳が用いられていることを意味しない。これらのことばは、法的文脈での特殊な意味、慣習的道徳や裁判や法解釈の伝統で統御された[33]意味を持っている。「あらゆる個人は法の前に平等である」という憲法の定めは、道徳的な平等の観念を視野に収めているかも知れないし、そうでないかも知れない。ある条項が憲法としての生命を、道徳的理想を述べることで開始したとしても、裁判所の先例がそれを不平等な事実の範例や不平等を判定する多肢的審査基準等で被い尽くすかも知れない。これらは、法的妥当性に関する通常の法源に基づくテストである。それはもともとの抽象的な道徳的理念とはあまりにも乖離したため、道徳がいまだにその役割を果たしているか否かは不明である。

　第二の複雑化要因は、付随的考慮事由である。たとえば、何かが「不公正」であるとすると、それを不公正としている事実があるはずであり、こうした事実が同一なのに、ある仕組みは不公正で他の仕組みは公正だということはありそうもない。憲法が差別的な立法を禁止しており、そこでの差別とは、道徳的な悪を意味すると理解されているとしよう。

もしある立法が日常的な社会的事実のために悪と判断されるのであれば――たとえば、とられた決定の意図に関する事実とか、当該決定がさまざまな人々に及ぼす影響に関する事実のために――そうした事実は、誰が考えても、法的妥当性を判定するテストの一部とされるだろう。排除的実証主義は、法に関する究極の認定のテストが、何かが公正か不公正かを判断する際に言及され得る事実を含んではならないことまで要求するわけではない。そんな要求はおよそ理解不能である。排除的実証主義が要求するのは、関連する事実を認定することは、そうした事実の道徳的特性への影響を判断することなく、可能だということにとどまる。

第三の複雑化要因は、不確定性である。ハートは、立法府がある業界に対して、サービスに「適正料金」のみを課すことを要求する事例を考察する（212~213頁）。立法府が明確に想定していたであろうような明らかに不公正な、極端な事例は存在するであろうが（たとえば「不可欠なサービスを人質に大衆から身代金をとるも同様の高い料金」〔213頁〕）、事前に特定することが不可能であるとともに、特定しようとすることが賢明でもない多くの事例も存在するであろう。

こうした場合、規則制定機関が裁量を行使せざるを得ないことは明らかで、多様な事例によって提起される問題を、発見されるべき唯一の正解――多くの衝突する諸利益の合

理的な妥協としての答えではない正解——がある問題であるかのように扱うことは不可能である。（213頁）

少なくとも、「適正さ」が不確定である限りにおいて、制定法規におけるこの概念への言及は、裁判所に裁量の行使を要求する。「適正料金」を指令した立法者はこのことを承知していたはずであるし、裁判所に裁量権限を授権したものと理解されるべきである——裁判所が好き勝手に行動できる権限ではなく、何が不適正かを決定し、その決定に拘束力を持たせる権限ではあるが。後記では、描き方が変わっている。そこでは、「適正手続」「平等」等に言及する憲法条項が、道徳原理が法に取り込まれた例として提示される。これらが裁量を授権しているか否かは、これらの概念の不確定性ではなく、これらにかかわる紛争の解決に必要とされる道徳的判断が「客観的身分」を持つか否かに依存するとされる（387頁）。道徳的判断が客観的であれば、不確定性を解決する決定は、道徳的規準に言及する既存の法を適用しているに過ぎない。もし道徳的判断が客観的でなければ、そうした法は「裁判所に対して道徳と合致する法を創造するよう命じているに過ぎない」（388頁）ことになる。ハートは、法理学は論争的なメタ倫理理論へのコミットを回避すべきだと考え、そのため問題を未解決のままにしている。

この記述が、憲法条項に含まれる道徳的概念は、制定法規における道徳的概念とは異なる機能を果たすことを示唆しているのだとすれば、それには根拠がないと思われる。成文憲法は、結局のところ、特殊な制定法規に過ぎない。制定法規における「適正さ」への言及が、少なくとも適正さが何を要求するかが不確定な場合に裁量権限を与えるのであれば、憲法がたとえば「基本的正義」に言及するとき、それが何を要求するかが不確定で、かつ、不確定さの道徳的解決が「客観的」でない場合にのみ、裁量権限が与えられるとなぜ考えるべきなのか。解決が要求されることで十分であり、その解決に到達するための諸原理の身分に気を使う必要はないのではないか。憲法の根本にかかわる裁量は、単なる制定法規にかかわる裁量よりも懸念を呼び起こすかも知れないが、だからと言って、裁量がなくなるわけではない。さらに、裁量はあるかないかの問題ではない。[34]事実に基づく規準は、裁量的決定を部分的に統御し得る。それはケルゼンの比喩を使うなら、裁量的決定が納まるべき「枠」を供与するだけでなく、結論づけはしないものの、いずれかの決定の理由をも与える。

ハートがこうした立場の根拠として示しているかに見えるのは次のようなものである。彼は、広範な意味での道徳的適切さを法的妥当性の標識とする仮想の憲法について考える。もし悪い、正義に反する、不公正だということがあれば、法としては認められない。彼は、そこに論理に反するものは何もないと言う。「この極端な仕組みへの反論は、それが『論理的』でないというのではなく、こうした法的妥当性の標識は極端に不確定だという点にある。こうした形態を採ることで面倒を引き起こす憲法は存在しない」[35]。しかし、もし「論理」ということばが概念的議論を含むのであれば、論理的反論はあり得るだろう。ジョゼフ・ラズは、こうした仕組みは面倒を引き起こすだけではなく、法が標榜する権威を備えることと両立しないと言う[36]。法はすべて、自らが正当な権威であると主張する。そして、筋の通る形でそう主張できるのは、法がそうした権威を備える可能性がある場合だけである。法の主張は空疎なものかも知れない——不誠実、不正または愚劣かも知れない——しかし、その主張は理解可能なものでなければならない。法秩序を含む実践的権威の役割は、人々が本来すべき理由のあることをするのを助けることにある[37]。権威がそうした役割を果たし得るのは、その指令がこうした人々が本来そうすべき理由に基づいている場合のみであり、かつ、権威の指令に従うことで、人々が自分自身に当てはまる本来の理由に合致して行動する蓋然性が高まる場合のみである。こうしたことが可能なのは、権威による指令を、自分たちに当てはまる本来の理由自体とは独立した形で同定し得る場合のみである。つまり、法が何を要求しているかを知るために、彼が何をすべきかをまず自分で見つけ出さなければならないのであれば、法は誰にとっても何をすべきかを知る助けにはなり得ない。制定法規が、人々に適正に取引をせよと命ずるだけでは、より適正な結果を保証することはできない。憲法が、人々は平等でなければならないと宣言するだけでは、平等な社会をもたらすことはできない。権威ある指令を供与するには、こうした概念が何を要求するかを人々に告げる必要がある。そうラズは論ずる。これは、分析的法理学において最も議論の的となった論点の一つである。そこでは複数の手順が踏まれており、そのうちのいくつかは論議の余地がある。しかし、それはハートが手に入らないと言っていた議論であり、ハートの見解に加担する前に、この議論を吟味する必要がある[38]。

取り込み型法実証主義は、道徳が法的議論で役割を果たすことができるのは、法によってそうするよう招き入れられたときだけだと示唆しているようである。ハートは、妥当性の究極の標識を通じて、招待状を発した[39]。しかし、招待は本当に必要だろうか[40]。裁判官が論理的推論の原理や単純な算術の原理に頼ることができるのは、法がとくにこうした原理を法的議論に招き入れたときだけだと考える者はいない。英文法がイングランド法の認定のルールに位置を占める必要があると考える者はいない。おそらく招待状は不要であり、道徳原理は、こうした他の規準と同様、すでに裁判所でつねに役割を果たしている。そうだとすれば、ハートは、存在しない問題の回答を与えていたことになる。

5 事実、価値、方法

ハートがはしがきで述べたところによると、本書の目的は、「法、強制、道徳という別個ではあるものの関連する社会現象の理解を促進することである」。彼は、法律家たちが本書を「分析的法理学」の試みと考えるであろうことを予測した——その理由は、それが「法や法政策の批判より、法的思考の一般的枠組みを明確化することに関心を寄せているからである」。彼はまた、本書を「記述的社会学の試み」として見ることも可能だと言う（11〜12頁）。こうした彼の言明をどう受け取るべきだろうか。

(i) 法理学と社会学

フィールドワークも、統計モデルも提示せず、裁判例すらほとんど提示しないとなると、かなり奇妙な社会学だということになる。後の回顧でハートは、本書が社会学の一種だと示唆すべきではなかったのであって、むしろ、それは社会学のための準備作業であると語っている。(41)「記述的社会学の試み」ということばは、必要以上の悲憤をもたらしている。この表現のポイントは、単に、ハートの方法が、記述的社会学と同様、事実に着目し、いかなる道徳的政治的立場も、事実に関してとらないことを強調することにある。繰り返し彼は、読者に対し、法哲学の主張の真偽を判定するために、法的世界をよく心得た人の知識を用いるよう促している。法的ルールなどというものが本当に存在するだろうか。見てみよう（219〜220頁）。あらゆる法秩序に無制約の主権者がいるだろうか。見てみよう。アプリオリな理論と法に関する日常的な知識とが衝突するなら、後者を採るべきである。それは修正を要するかも知れず、学術的に整える必要があるかも知れないが、とにかくそれが出発点である。本書の経験的基礎は、それ以上に洗練されたものではない。しかし、記述的社会学と同様、それには経験的基礎がある。それは、定義や公理から始めて、法に関する必然的真理を導出しようとするものではない。法がいかにあるべきかという道徳的主張から始めて、法が現実にいかにあるかについての結論を導出してもいない。

記述的社会学は、その観察の量と質において、日常的知識を上回っている。しばしばそれは、観察をまとめて一般化し、さらに大胆にも予測を立てることがある。ハートはいずれもしていない。ハートはわれわれがすでに知っている基本的な事柄で作業をする。彼は、他の影響力ある理論とは異なり、われわれがすでに知っている基本的な事柄と整合する——と彼が主張する——法の本性に関する理論を提示する。彼の理論は、法社会学的データの大海で底引き網を引いて捕獲した一般論の集合ではない。彼の理論は全く何も予測しようとしない。すると、われわれがすでに知っていることに、いかにして意味のあることを付け加えることができるのだろうか。われわれの理解を深めることによってである。彼の理論は、日常的な事実、こうした事実の気付かれない前提、そしてとくに一定の事実のより広範な意義の驚くべき関連性を示す。もちろん説明と理解の間に明確な境界線があるわけではない。法社会学および法哲学の豊穣な研究は、どちらも遂行する。法の理解は、法に関する説明や予測的探究と両立し得る。また、彼の理論は、他人の研究の仕方や何を研究すべきかを統制する枠組みを提示してもいない。彼の理論は彼自身の理論である。

示唆されているのは、分析的法理学と法社会学は、大体において並行関係にあることである。前者がときに後者の準備作業に当たるというハートの示唆を根拠づけるものはあるだろうか。ケルゼンは、「社会学的法理学は、法学的な法概念、規範的法理学によって定義された法の概念を前提とする」と述べる[42]。ケルゼンの基本的な考え方は、社会学が法制度や法慣行を研究し、一般化しようとするならば、規範的法理学から出発せざるを得ないということであった。権限授与ルールの社会的帰結に興味があるなら、何がそのルールに当たるかを知る必要があろう。そのためには「規範的法理学」の助けが必要である。別の例を挙げよう。社会学者たちは法の支配の経験的測定規準を開発しようとしている。調査対象の妥当な測定規準であるか否かを知るためには、法の支配とは何かを知る必要がある。私の知る限り、所与の領域における法が遡及的でないか、曖昧でないか、相互に衝突していないか等、法の支配の核心的な要請が満たされている程度を測定しようとするものは、主要な指標の中には存在しない[43]。いくつかの指標は、さまざまな領域における私有財産や契約の自由の保障を測定し、それがより確実に保障される地域に高い「法の支配」の点数を与えている。これは明白な政治的偏向を示している。それはまた、概念上の混乱をも示している。法の支配については論争があるが、それが「資本主義の前提条件」を意味すると考える者は、法の支配を十分に理解しているとは言えない。少なくともこうした経験的な測定は信頼でき、興味深い変数と相関しており、われわれの法と社会に関する他の知識と連続しているとの応答があるかも知れない。[44] たとえそうだとしても、法社会学が、適切な概念が取り上げる核心からここまで乖離するのであれば、主題は変わってしまっていると言うべきである。変化の必要な主題もある。自然科学における進歩は、存在論を破壊して新たに出発することから始まることがある。しかし、社会科学における進歩がルール、義務、権限、裁判所等のなじみ深い法の存在論の破壊や、法の支配といったなじみ深い法的価値の破壊を要求するのであれば、それは法ではないものの社会学になるだろう。その点、法理学には何らかの先行性がある。

「法学的な法の概念」や関連する概念にこだわり続けるとすると、ハートが約束したより深い理解はいかにして達成できるだろうか。どこから始めるべきか。ハートはしばしば、われわれがある事物をいかに判断し、分類するかを問いかけることで、われわれの日常的な知識を呼び起こそうとし、ときにはわれわれがそれについて何を言うかを訊くことで、それを行う。彼の法理学は意味論の一分肢ということなのだろうか。ハートは、哲学における「言語的転回」[45]によって影響を受け、彼をその唱導者の一人とみなす者もいる。彼自身の辿った途は、オクスフォードで彼の同僚だったJ・L・オースティンとギルバート・ライルが発展させた日常言語哲学に影響を受けている。[46] それにもかかわらず、その生育時期と生産地からして最も驚くべきことは、『法の概念』に、いかに言語分析が僅かしか存在しないかである。言語が多様な機能を果たすこと、文には文脈があること、そして概念の使用の標識を与えるものとして理解されるいくつかの理論が指摘されてはいる。言語的区別によって補強される論点もある。（ハートは、何かをするよう「強制される」ことと、そうする「責務を負う」こと、何かを「習慣として」行うことと「ルールを持つ」ことは違うと主張する。）それだけである。理論構築に対する言語哲学者の敵意は微塵もない。法秩序が「家族的類似」概念か何かであるという示唆はない。ハートは、法秩序であるための必要十分条件を編み出しさえする。彼はその問題に対して――法理学におけるいかなる核心的な問題にも――ことばの意味に訴えかけることで取り組もうとはしない。繰り返し、ハートは、言語的アプローチの不毛性に注意を促す。「法とは何か」という問いに、『法』や『法秩序』ということばの使用法に関する現在の慣例を思い起こさせる」ことで答えようとすることは「役に立たない」と彼は言う（28頁）。法の広義・狭義の概念を選択する際、われわれに必要なのは意味論以上のものである。「この問題をことばの適切な使い方に関するものと考えたのでは、十分にそれに取り組むことができない」（324頁）。法理学の本ではなく、法理学の方法論の本を書こうとするのであれば、こうした忠告と言語哲学の他の側面への友好的態度――それもまた本書で示されている――との折り合いを付ける必要がある。しかしハートは何であれ、方法論の本を書いているわけではない。

言語哲学が本書のレトリックを、その書名を含めて、彩っていることは否定しがたい。しかし、優れた観念の歴史家は、スタイルを超えて実質を見る必要がある。哲学者が、自身が何をしていると考えたかと、何をしていると彼が言ったかと、何を本当にしていたかとは、区別する必要がある。（デイヴィッド・ヒュームは、政治は科学に還元できると言った。『人性論』でも『人性探究』でも、それに関するいかなる実験も証明も報告されていない。）哲学における現下の修辞的スタイルは、ハートのそれとは異なる。ハートのスタイルがベンサムのそれと異なっていたように。こうした相違がどこまで本当の手法の違いを示しているかを判定することは困難である。

(ii) 明確化と批判

本書は、ハートが「一般的かつ記述的」（368頁）と呼ぶ種類の法理論を唱導する。彼が言っているのは、それが法一般の理論であり、イングランド法の理論、コモンローの理論、資本主義法の理論ではないこと、そしてそれが「道徳的に中立であり、正当化を目的としない。それは、道徳的あるいはその他の根拠に基づいて、私の一般的な法の説明の中にあらわれる諸形式・構造を正当化したり推奨したりしようとしていない」ことであるが、彼は楽観的にも、「これらを明瞭に理解することは、法に対するいかなる有益な道徳的批判にとっても、重要な前提となるとは思われるが」と付け加えている（368〜369頁）。

たとえ本書が正当化を目的としていないとしても、そこから本書が道徳的に中立であるという結論は出てこない。道徳的偏向は意図することなく、忍び込むものであろう。いかなる記述であれ、記述対象に関する事実の羅列にはとどまらないことを理由に、道徳的偏向が忍び込むと考える者もいる。観察には理論の負荷がつきものであり、観察から構築された記述には価値判断が潜む。記述的法哲学は不可能だ。しかし、これは結論を急ぎすぎである。事実言明は真または偽とされ得る。記述は通常、真か偽かではなく、理解の助けになるか否か、啓発的か否か等で判断される。ある対象、状況については、無数の記述が可能である。一つの物・状況について、無数の事実が存在するのだから。何物かの実際の記述は、それに関するすべての事実の羅列ではない。それは、何らかの理由で重要な、顕著な、関連する、興味深い等とされる事実の選択と組み合わせである。あらゆる記述は何らかの価値を前提とし、または何らかの価値づけの視点からなされる。だからと言って、記述を提供する人がそうした価値を是認しているとか、そうした価値が道徳的価値だという結論は出てこない。事件処理システムが「非効率」であるという記述は価値中立的ではない。それは当該システムの一定の特徴に注意を向けている。しかし、そうした特徴を選ぶ理由は、発話者自身が効率的であることに価値があると考えているという理由とは限らないし、いわんやそれが最も価値があるとか、道徳的価値だと考えていることにもならない。聴衆がそれを顕著だと思うと考えるから、またはその事件処理システムを使う多くの人々あるいは裁判官がそれを顕著だと思うと考えるから、だから彼はそこに焦点を当てるのかも知れない。多くの可能性がある。

批判者がハートの記述的企図への道徳の直接的浸透と考える点を検討することが理解の助けになるだろう。彼は、有名なことだが、彼の主要な議論を、仮想の社会の発展史を通じて導入する（155～166頁）。われわれは、何をなすべきかに関するコンセンサスを通じて社会秩序が成立する「未開 primitive」の社会から出発する。社会の変化につれて、こうした仕組みは、不確定で、静態的で、非効率となる。二次ルールを備えた法の発生は、こうした「欠陥」を修復する。「発展した」「複雑な」社会では、認定、変更および裁判のルールを使うことで、確定性、動態性および効率性を獲得することができるため、事態は改善される。ここに批判者は襲いかかる。[47] ハートは、法の長短には中立的だと主張しながら、いかにして法が「欠陥」を修復すると言うことができるのか。いかにして彼は、法前の社会を「未開」と呼んで、暗黙のうちに断罪できるのか。

この文脈で「未開」は、単純であることを意味する。愚かなとか野蛮なという意味ではない。単純な社会に法がないのは、そうした社会が法を発明するのに十分なだけ文明化していないからではなく、法が必要ないからである。人間の本性や社会そのものは、法を必要としない。法なしでやっている社会も少なくない（155頁）。国際社会を見ても分かる通り、高度に体系化されたルールの秩序は「必需品ではなく、贅沢品」（361頁）である。単純な社会秩序は実際にうまく機能する。たとえば、社会が小規模で安定しており、社会的・イデオロギー的に統一されている社会では（156頁）。しかし、「こうした条件が備わらないなら、こんな単純な社会統御の形態は必ず挫折するし、いろいろな態様での補足が必要とされるだろう」（156頁）。第一に、問題の欠陥は、道徳的悪ではないことに注意すべきである。それは社会統御の仕組みにおける機能的欠陥である。それが道徳的に遺憾なことか否かは、そうした仕組みが善悪のいずれに向けられているかによる。より効率的な社会統御は悪いことかも知れない。第二に、欠陥は単純な社会自体にあるというより、統治の態様と社会的複雑さとのミスマッチにある。欠陥は、見知らぬ人々からなる大規模な社会を、顔見知り同士の小規模な社会であるかのように統治しようとすることにある――現代の共同体主義の政治理論家と同じ誤りである。法のない単純な社会と法を備えた複雑な社会とで、後者を選ぶべきだという含意は、ここにはない。

　したがって、こうした議論は、ハートが追求していた中立性を放棄したとして非難されるいわれはない。明らかにハートは、二次ルールの発生に焦点を当てていた。それが法に関する顕著で重要な事実だと考えたからである。しかし、それが望ましいと考えたからではない。事実、前述したように、彼はそれが道徳的にはリスクを伴うと考えていた。皮肉なことに、彼の議論に何らかの現代優位主義を読み込もうとする人々にこそ、偏向は潜んでいる。彼らは、もし社会に法秩序がないなら、それは現代的成果を備えていないと想定している。「未開」の社会を文明化されていないと考えることは、偏狭で侮辱的であるから、後件否定論法（modus tollens）からして、その社会も法秩序を持っていなければならない。それを法秩序として認めない法理学は、したがって、現代的ないし西側の法に優位性を認める形で偏向している。すべての社会は法を備えているべきだという前提から出発して、すべての社会は実際にそれを備えているという結論に至っている。明らかにこの推論は妥当でない。またこの議論は、ハートが否定した前提に依拠している。法への熱情を持ち合わせなかった彼は、あらゆる場所に法を発見しようとする衝動を感じなかった。

同様の観察は、第X章での、国際法は法秩序ではなく、ルールの集合であり、その点で単純な社会秩序に似ているというハートの主張にも当てはまる。国際法学者たちは憤慨した。ハートは国際法に「低い点数」を与えている。彼は、それが特殊であるとはせず、「のけ者 outcast」として取り扱った(48)。国際法学者たちは彼らの研究対象の身分について心配するあまり、この章の主要な目的が、国際法には中心となる主権者や強制的管轄権が欠けているため、法ではあり得ないという誤った主張に対して、国際法を擁護することにあることに、ほとんど気付かない。ハートは、国際法が秩序化されている程度に疑念を抱いた。全体にわたる認定のルールらしきものは発見できない。しかしだからと言って、他の二次ルール——たとえば、ある主体がいつ国家になるか、条約を締結するには何が必要かに関するルール——が存在する可能性を排除するものではない。（国際法に関する法理学について執筆するときではなく）国際法秩序自体について執筆する際に、国際法学者たちが率直に、その核心的ルールが少なからず実効性を欠くこと、重要な規範の標識がきわめて不確定であること、紛争解決機関が特定目的の審判機関に細分化されていること、多くの国際法の分野が希求的なものにとどまることを認めることは、驚くほどである。しかし、法の秩序化はいずれにせよ、程度問題である。現在の国際法秩序は、一九六一年当時のそれに比べて、より秩序化されていると言うこともできるだろう。[49] それが国内法秩序と同程度に秩序化されているという主張は説得力に欠ける。それを指摘する際、ハートは国際法を断罪しているわけではないし、ウェストファリア型の主権国家中心主義を称揚しているわけでもない。彼は、国際法が国内法秩序と似ている点、異なる点を理解しようとしているだけである。

以上で述べたことは、『法の概念』が政治道徳に関する見解により枠付けられた本であることを否定するものではない。本書には、J・S・ミル流自由主義のハート版の見解や、彼の民主社会主義は、さほど見られない。しかし、彼の他の道徳的見解、つまり価値多元論の痕跡は明らかにある。彼の友人、アイザィア・バーリンと同様、[50] ハートは、善は究極的にも多元的であり、真の善がしばしば衝突するのがこの世界だと考えている。ある善の正当な向上でさえ、他の善の犠牲で達成されるものである。ハートはしたがって、功利主義や厚生経済学のような、本当に追求に値するのはただ一つで、適切に解釈すれば価値は決して衝突しないとする還元主義的一元論[51] に反対する。ハートはわれわれに、「法および法の執行は、異なる種類の美徳を備えたり、欠いたりしているかも知れないことに注意が必要である」(251頁)と述べ、正義でさえ多様な美徳の一つに過ぎないと言う。彼の価値多元論は、法的理由づけに関する彼の言明においても目立っている。「裁判、とくに高度に憲法的意義を持つ裁判は、しばしば、顕著な一つの道徳原理の適用にとどまらず、複数の道徳的価値の間の選択を伴う」(318頁)。このことは、裁判の理由づけにとって深遠な含意を伴う。「そうした原理はつねに複数あり得るであろうから、結論が唯一の正解であることを証明はできない」(318頁)。

6 意義

ハートの議論の道筋に沿って、一般的な法理学が首尾よく作り上げられるとしよう。それが何の足しになるのか。本書で示された諸観念と取り組むことは、現代の法哲学の膨大な文献を理解するために支払うべき代価となっている。本書に含まれた議論は、以前の哲学文献の理解を助ける。しかし、主として他の法理学の文献を理解するために法理学の本を読むべきだという見解に対して、ハート以上に鋭い批判者はいない。『法の概念』の解説注は多くないし、それらは巻末に置かれ、本文を読んだ後に読むべきことが(仮に読むとして)示唆されている。

こうした配置をすることで、法理論に関する著作は、主として他の本に書かれている内容について学ぶ手段だという通念に水を差すことを望んでいる。著者がそうした信念を抱いていれば、この主題についての進歩はほとんどないだろう。読者がそうした信念を抱いていれば、教育的価値はきわめて僅かなものにとどまらざるを得ない。(13頁)

ただし、進歩への障害を取り除くことに価値があるのは、当該分野での進歩に価値がある場合のみである。確かにハートの分析的法哲学には、特定分野に限られない価値がある。それは、綿密に読み、明瞭に思考し、注意深く議論することを称揚する。いずれも有益な技術であり、教育的価値もある。しかし、これらを学ぶ途は多い。法理学を学ぶことが最も早く簡便な途だと考える根拠はない。

一般的法理学のための十全な擁護は、法は重要な社会制度であり、そうした制度の深い理解は、それ自体として価値があるというものである。われわれは、市場や家族の本性を理解したいと思うのと同じ理由で、法の本性の理解を望む。だからと言って、われわれが市場や家族よりむしろ、法に注意を向けるべきことの証明にはならない。法に関連する行動の予測や法および法制度の改革より、法自体の理解を深めるべきことの証明にさえならない。しかし、他にも探究すべき選択肢があることは、法理学の特殊な価値を掘り崩すものではない。

人生や法に関する指針を求めて法理学の本を読む人もいる。そうしたものを提供しようとして法理学の本を書く人もいる――マキアヴェッリのように為政者の顧問になりたいという理由で本を執筆する人を含めて。これがあなたの野心だとすれば、一般的法理学はあなたを落胆させるだろう。裁判所に提出される高尚な意見書に類する影響力は、さしてない。確かに、裁判事件が法理学の議論を喚起し、あるいはそれに依拠する可能性はある。法の妥当性と実効性の関係について、刑罰と税金との相違について、あるいは法と慣習の違いについて、裁判官が見解を表明する判決もある。しかし、裁判官たちがこうした問題に取り組むとき、彼らは法哲学が尊重する必要のない当該地域の法理の枠内で答えようとする。慣習的社会秩序と法秩序を区別することには、十分な理論的根拠がある。しかし、ある法秩序は、先住民の慣習がそれとして独自の法秩序を構成すると判断するかも知れない。だからと言って、ハートの理論が反駁されたことになるだろうか。全くそうはならない。漁業法（Fisheries Act）が捕鯨を統御することは、鯨は魚ではないというわれわれの確信を揺るがせはしない。（また、漁業法に何か問題があることを示してもいない。）

歴史的には、『法の概念』は、英語圏で政治哲学が復興する転換点に出現した。本書の初版が出版されて間もなく、学界の関心は突如として価値の諸問題へと向かった。次世代の大著は、正義、自由、平等などの観念に焦点を当て、法制度や法構造への関心は低下した[52]。ハートの本は価値的論点に通りすがりの一瞥を投げかけてはいるが――既述の通り、正義について発言してはいる――圧倒的に制度と構造に関する本である。そのため、そして記述的であることを方針として堅持しているため、よくある非難を浴びることがある――「不毛」で「退屈な」理論だと。応答は難しい。こうした非難は知的偏狭と同時に、自己意識の欠如も示している。法が疑いなく興味深いもので、他の物事は、可能な裁判事件との関連性を示すことによって興味深くなるというのは、法律家の自己欺瞞である。(本当に興味深い問題とは、顧客がその回答に料金を支払うようなものだという考え方とさほど違いはない。)

ロナルド・ドゥオーキンは、法理学が重要なのは、「裁判官がいかに事件を解決するかが重要だから[53]」だと言う。はるか以前には、「裁判所の判決にとっての十分な理由とは、一般的に言って何か。これこそが法理学の問題である[54]」と書いていた。ハートは価値多元論者であるだけではない。彼は知的にも多元論者である。彼は先取りされた結論への競争には参加しない。本書の第I章は、複数形で「執拗な問いかけPersistent Questions」と題されている。実際、複数である。法は強制の威嚇といかに関連するか。法の義務づける力は何なのか。それは道徳的責務といかに関連するか。社会的ルールとは何か。法はどのような仕方でルールに関係しているか。しかし、このうちのいずれも、これこそが法理学の問題と言えるものではない。すべてが法理学の問題群である。

それらは興味深い問題群であろうか。もちろんそうである。しかし、端的に言って、人々の関心は多様である。自身の人生を省みて、デイヴィッド・ヒュームは次のように書いている。「私の篤学の性向、生真面目さ、努力のため、家族は、法律が私に向いた適切な職業だと考えた。しかし、私は哲学および一般的学識の追求以外のあらゆるものに、乗り越えがたい嫌悪を感じた」(55)。ヒュームにとって、法律学はあり得ないほど退屈であった。疑いなく、逆の方向に嫌悪を感じる者もいるだろう。しかし、人の知的気質が何であれ、ヒュームが気付いたように、「興味深いこと」とは、当の対象の特性ではなく、対象と人との関係の特性であることは、分かるはずである。ハートの法理学は、裁判にはさして関係がないかも知れない。しかし、ハートの法理学は、それが問題とするものの内在的な重要性を理解する者にとっては、そしてまた、より広範な政治的関心を抱く者にとっても、興味深いはずである。裁判所では、法とは何かを知ることより、そこでの法は何かを知ることの方が重要である。しかし、ハートが大部分の法が機能する場であると指摘する裁判所以外の場では、法の本性に関する問題群が重要性を増す。統治の手段として法に何を期待すべきか。その便益とリスクは何か。法の支配がなぜ大切か。法に従うべきか。だとして、どこまでそうか。そしてもちろん、なぜそもそも法を備えるのか。こうした問いかけに惹きつけられ、それをもはや避けることができないと知った者は、答えを知るために一般的法理学の助けを必要とする。ハートがそれを首尾よく開始したことは、われわれにとって、きわめて幸運なことである。

【注】

はしがき

(1) [訳注] 本訳書では、末尾の詳細な解説注も、脚注・訳注と併せて、巻末に置いている。
(2) [訳注] レスリー・グリーンの解説は、本訳書では巻末に置かれている。
(3) [訳注] グリーンの加えた文献注は、本訳書では訳出されていない。

第I章

(1) Llewellyn, *The Bramble Bush* (2nd edn., 1951), p. 9.
(2) O.W. Holmes, 'The Path of the Law' in *Collected Papers* (1920), p. 173.
(3) J.C. Gray, *The Nature and Sources of the Law* (1902), s. 276.
(4) Austin, *The Province of Jurisprudence Determined* (1832), Lecture VI (1954 edn., p. 259). [以下、*The Province* と略す]
(5) Kelsen, *General Theory of Law and State* (1949), p. 61. [以下 *General Theory* と略す]
(6) ルウェリン、ホームズ、グレイ、オースティン、ケルゼンからの引用は、法のいくつかの側面を強調するための逆説的あるいは誇張された言い方であり、筆者の見るところ、これらの側面は、通常の法的ことば遣いによって不明瞭にされているか、以前の法理論家によって不当にも軽視されてきている。重要な法理論家の場合、彼の法に関する言明が文字通りに真か偽かを問うのは後回しにして、彼がどのような理由でそう述べているか、また、彼の言明が追い払おうとしている法の観念や理論はどのようなものかを考察する方が有益である。無視されてきた真理を強調するために逆説的ないし誇張的な言い方を用いることは、哲学ではなじみ深い。J. Wisdom, 'Metaphysics and Verification', in *Philosophy and Psycho-Analysis* (1953); Frank, *Law and the Modern Mind* (London, 1949), Appendix VII ('Notes on Fictions') 参照。

五つの引用句のそれぞれで主張され、含意された学説は、第Ⅶ章第2、3節（ホームズ、グレイ、ルウェリン）、第Ⅳ章第3、4節（オースティン）、第Ⅲ章第1節75～84頁（ケルゼン）で検討されている。

(7)　ここで言及された言語の特質は、第Ⅶ章第1節で「法の綻び」という題目で一般的に検討されている。それは、「法」「国家」「犯罪」等の一般的用語の定義が明示的に探究される場合だけでなく、一般的に定式化されたルールの個別の事例への適用に伴う理由づけを検討する場合にも心に留めるべきことである。この言語の特質の重要性を強調した法学者としては、Austin, *The Province*, Lecture VI, pp. 202–7; *Lectures on the Philosophy of Positive Law* (5th edn., 1885), p. 997 ('Note on Interpretation')［以下 *The Lectures* と略す］; Glanville Williams, 'International Law and the Controversy Concerning the Word "Law"', 22 *British Year Book of International Law* (1945)［以下 *BYBIL* と略す］, 'Language in the Law' (five articles), 61 and 62 *Law Quarterly Review* (1945–46)［以下 *LQR* と略す］がある。ただし、後者については、J. Wisdom, 'Gods' and 'Philosophy, Metaphysics and Psycho-Analysis', both in *Philosophy and Psycho-Analysis*（1953）所収でのコメントを参照。

（8） Austin, *The Province*, Lecture I, p. 13. オースティンは、「道徳への」鍵でもあると付け加えている。

（9） 責務に関するオースティンの見解については、*The Province*, Lecture I, pp. 14–18; *The Lectures*, Lectures 22 and 23 参照。責務の観念と、「責務を持つ」ことと「強制されること」の違いについては、第Ⅴ章第2節で詳しく検討する。オースティンの分析については、第Ⅱ章の注4参照。

（10） 法は道徳との関連性を通して最も善く理解できるとの主張は、第Ⅷ章および第Ⅸ章で検討される。この主張はきわめて多様な形態をとる。ときには、自然法の古典的でスコラ学的理論でそうであるように、この主張は根本的な道徳上の区別は人間理性によって発見可能な「客観的真理」であるとの主張と結び付く。他方、同様に法と道徳との相互依存性を強調する多くの法律家は、こうした道徳の特性に関する見解に加担しない。本書第Ⅸ章の注1参照。

（11） 'Nam mihi lex esse non videtur quae justa non fuerit': St. Augustine, I *De Libero Arbitrio* 5; Aquinas, *Summa Theologica*, I–II, Qu. 95 Art. 2; Qu. 96 Art. 4.

（12） Holmes, loc. cit.

（13） イングランドの読者にとって、この学派の最も重要な文献は、Hägerström（1868–1939）, *Inquiries into the Nature of Law and Morals*（trans. Broad, 1953）, Olivecrona, *Law as Fact*（1939）である。法的ルールの性格に関する彼らの最も明確な言明は、オリヴェクローナの前掲書に見られる。法的ルールの予測論的分析に関する彼の批判は、多くのアメリカ法律家によって好意的に受け止められたが（see op. cit., 85–8, 213–15）、ケルゼンの同様の批判と比較されるべきである（Kelsen, *General Theory*, pp. 165 ff. 'The Prediction of the Legal Function'）。多くの点で意見の合致する二人の法理論家が、なぜ法的ルールの性格についてこれほど異なる結論に至ったかは探求する価値がある。スカンジナヴィア学派の批判については、筆者によるヘーゲルストレーム前掲書の書評（30 *Philosophy*（1955））; 'Scandinavian Realism,' *Cambridge Law Journal*（1959）; Marshall, 'Law in a Cold Climate,' *Judicial Review*（1956）参照。

（14）アメリカの法理論におけるルール懐疑主義については、本書第Ⅶ章第1、2節参照。そこでは、「リーガル・リアリズム」として知られるに至った主要な学説のいくつかが検討される。

（15）「署名」の意味に関する事件については、34 Halsbury, *Laws of England*（2nd edn.）, paras. 165–9, and *In the Estate of Cook*（1960）, 1 AER 689 およびそこで引用された先例参照。

（16）J.D. March, 'Sociological Jurisprudence Revisited,' 8 *Stanford Law Review*（1956）, p. 518.

（17）Gray, loc. cit.

（18）現代における定義の形式と機能に関する一般的見解については、Robinson, *Definition*（Oxford, 1952）参照。法学用語を解明する手段としての、類と種差による伝統的定義の不十分さは、Bentham, *A Fragment on Government*（notes to Chapter V, s.6）および Ogden, *Bentham's Theory of Fictions*（pp. 75–104）で検討されている。さらに、Hart, 'Definition and Theory in Jurisprudence,' 70 *LQR*（1954）, Cohen and Hart, 'Theory and Definition in Jurisprudence,' *Proceedings of the Aristotelian Society* Suppl. vol. xxix（1955）「以下 *PAS* と略す」参照。

法の定義については、Glanville Williams, op. cit.; R. Wollheim, 'The Nature of Law' in 2 *Political Studies* (1954); and Kantorowicz, *The Definition of Law* (1958), esp. Chapter I 参照。ことばの定義の一般的必要性と解明的機能について（日常的な個別の事例での使用でそれは疑いなく感じられているはずだが）、Ryle, *Philosophical Arguments* (1945); Austin, 'A Plea for Excuses,' 57 *PAS* (1956–57), pp. 15 ff. 参照。

(19) *Confessiones*, xi. 17.

(20) J.L. Austin, 'A Plea for Excuses,' *PAS*, vol. 57 (1956–57), p. 8.

(21) 「法」「国家」「国民」「犯罪」「善」「正義」といった一般的な用語が正しく使われるのは、それが当てはまる具体例のすべてが「共通の特徴」を備えるときだという無批判な信念は、多くの混乱の源となっている。法理学では、この信念に基づいて、同一のことばを多くの異なる事物に適用する際の唯一の尊重すべき根拠だと想定される共通の特徴を定義のために探求しようとして多くの時間と才能とが費やされた（Glanville Williams, op. cit. しかし、一般用語の性格に関するこの誤った見解は、ウィリアムズが示唆するような事実問題と「ことばの問題」との混乱を常に伴うわけではないことに留意が必要である）。

ある一般用語のいくつかの具体例が関連し合う異なる仕方を理解することは、法的、道徳的、政治的用語の場合、とくに重要である。類比についてはアリストテレス『ニコマコス倫理学』第一巻第六章（そこでは「善」の異なる事例が類比により関連し合っていることが示唆される）、Austin, *The Province*, Lecture V, pp. 119–24 参照。健康の核心的事例に対する異なる関連性については、アリストテレス『カテゴリー論』第一章および『トピカ』第一巻第一五章および第二巻第九章の『同根語』について。家族的類似性の観念については、ウィトゲンシュタイン『哲学探究』第一部第六六—七六節。「正義」の構造については、本書第Ⅷ章第1節。ウィトゲンシュタインの助言（前掲書第六六節）は、とりわけ法的・政治的用語の分析にとって重要である。「ゲーム」の定義に関して彼は、「それらの間には共通のものがあるはずで、さもなければそれらが『ゲーム』と呼ばれているはずはないなどと言うな。それらすべてに共通するものがあるか、見よ。それらを見るならば、すべてに共通するものはなく、類似性、関連性、それらのつながりがあるだけであることが分かる」。

第Ⅱ章

(1) 命令法で言語を用いる標準的な事例をこのように特徴づける際には、他者が特定の仕方で行動することへの単なる願望を、話し手が自分自身に関する情報として表明している場合と、話し手が望むように他者が実際に行動するべきだとの意図をもって彼が話している場合とを区別することが必要である。前者については通常は、命令法ではなく直説法を用いることが適切である（この区別については、Hägerström, *Inquiries into the Nature of Law and Morals*, chap. 3, s. 4, pp. 116–26)。しかし、話し手の意図が、他者が彼の望むよう行動すべき点にあることを命令法の標準的な使用状況として性格づけることは、必要ではあるが十分ではない。というのも、話し手としては、名宛人が彼の話す意図を認識し、それによって、話し手が望むように行動するよう影響されるよう意図していることも必要だからである。本文では無視されているこうした複雑性については、Grice, 'Meaning', 66 *Philosophical Review* (1957) and Hart,

'Sign and Words,' 11 *Philosophical Quarterly* (1952) 参照。

(2) 「命令」「嘆願」「批評」等の命令法の分類は、社会状況、当事者の関係と彼らの強制力の行使の意図等多くの事情に依存するが、なお実質上、手を付けられていない問題である。命令法に関する哲学的議論は、(1)命令的言語と記述的言語の関連性および前者の後者への還元可能性に関するものか（Bohnert, 'The Semiotic Status of Commands,' 12 *Philosophy of Science* (1945)）、(2)命令法相互の間に推論的関係はあるか、あるとすればどのようなものか（Hare, 'Imperative Sentences,' 58 *Mind* (1949), *The Language of Morals* (1952); Hofstadter and McKinsey, 'The Logic of Imperatives,' 6 *Philosophy of Science* (1939); Hall, *What is Value* (1952), chap. 6; and Ross, 'Imperatives and Logic,' 11 *Philosophy of Science* (1944)）に関するものである。こうした論理的問題の研究は重要である。しかし、社会的状況の文脈に着目した命令法の区別もきわめて重要である。どのような標準的状況において、「命令」「嘆願」「要請」「指令」「指示」等、文法上の命令法による文が使用されるかを尋ねることは、言語に関する事実を発見する手段であるばかりでなく、言語にあらわれる多様な社会状況、社会関係の類似性や異質性を発見する手段でもある。これらの理解は法、道徳、社会学の研究にとってきわめて重要である。

(3) 「命令法」の一般的観念の分析が直面する困難の一つは、「命令」「指令」「要請」等、他者が特定の行動をとるように（とらないように）との意思の表明に共通することばが存在しないことである。同様に、そうした行動の遂行あるいは差し控えを指す単一のことばも存在しない。「命令」「要求」「服従」「遵守」といったすべての自然な表現は、それらが通常使用される異なる状況の特質によって色付けされている。最も色彩の薄い言い方である「そう言う telling to」でさえ、話し手の名宛人に対する優位を示唆する。銃を持った強盗の状況を描くために、われわれは「命令」と「服従」ということばを用いた。強盗が窓口掛に金を渡すよう命令し、窓口掛がそれに従ったと言うことはきわめて自然であろうからである。この状況を描写する際に「命令」「服従」という名詞を使うことは自然ではない。前者には何らかの権威が伴うし、後者はしばしば美徳と考えられている。しかし、強制的命令として法を理解する理論を解説し批判するにあたって、われわれは「命令する」や「服従する」と同様、「命令」や「服従」という名詞を、これらの権威や適切さの含意抜きで用いた。これは便宜のためであって、これらの論点の結論を先取りするものではない。ベンサム（*A Fragment on Government*, chap. i, note to para. 12）もオースティン（*The Province*, p. 14）も、「服従」ということばを同様に便宜的に用いている。ベンサムは、ここで指摘された困難をすべて理解していた（*Of Laws in General*, 298 n. a.)。

(4) 本節で再構成された強制的命令としての法の単純なモデルは、以下の点で *The Province* におけるオースティンの理論と異なる。

(a) 用語法　「威嚇に支えられた命令」および「強制的命令」という言い回しが、本文で述べた理由により、「指令」の代わりに用いられている。

(b) 法の一般性　オースティンは（*The Province*, p. 19)、「法」と「個別指令」とを区別し、指令は「一定の類型の作為ないし不作為を一般的に命ずる」なら、法あるいはルールであると主張する。この見地からすると、一個人に対して主権者が行った指令でも、それが単一の作為・不作為や個別に指定された作為・不作為ではなく、一定類型の作為・不作為を命じていれば、それは法である。本文で再構成された法秩序のモデルでの命令は、一定類型の行為に関して一定類型の人々に命じられたという両方の意味で一般的である。

(c) 恐怖と責務　オースティンはときに、人が実際に制裁を恐れるときにのみ、責務を負うことを示唆する（*The Province*, pp. 15 and 24, and *The Lectures*, Lecture 22 (5th edn.), p. 444（「当事者が作為・不作為を義務づけられ、強制されるのは、彼がその害悪に不快を感じ、それを恐れるからである」））。しかし、彼の主要な議論は、本人がそれを恐れるか否かにかかわらず、「きわめて小さな害悪を被るきわめて僅かな可能性」があれば十分だというもののように思われる（*The Province*, p. 16）。強制的命令として法のモデルにおいて、われわれは、不服従が威嚇された害悪をもたらす蓋然性があるとの一般的な信念が存在することのみを想定した。

(d) 権力と法的責務　同様にオースティンは、彼の指令と責務の分析において、当初は指令の主体は実際に害悪を及ぼす権力（「能力と意思」）を有している必要があるとしていたが、後にはこの条件を弱め、きわめて僅かな害悪を及ぼすきわめて僅かな可能性で足りるとしている（op. cit., pp. 14, 16）。こうしたオースティンの指令および責務の定義における曖昧さについては、Hart, 'Legal and Moral Obligation,' in Melden, *Essays in Moral Philosophy* (1958) および本書第V章第2節参照。

(e) 例外　オースティンは、宣言的法、許容的法（前法を廃止する法等）、不完全な法は、指令に基づく彼の一般的な法の定義の例外をなすとする（op. cit., pp. 25–9）。この論点は、本文では扱われていない。

(f) 主権者としての立法府　オースティンは、民主政においては、立法府における選挙民の代表ではなく、選挙民自身が主権者（の一部）を構成するとしたが、他方、連合王国では選挙民によるその主権の行使は、代表を選任し、彼らに残る主権を委任することに尽きるとした。彼は「正確に言えば」これが真の姿だとしたが、（すべての憲法学者がそうであるように）国会が主権を持つと言うこともあった（op. cit., Lecture VI, pp. 228-35）。本文では、英国国会のような立法府は主権者と同視されている。ただし、オースティン理論のこの側面の詳細な検討については、第Ⅳ章第４節参照。

(g) オースティン理論の洗練と限定　本書の後の諸章では、オースティンの理論を批判から擁護するために用いられるいくつかの観念が詳細に検討される。それらは、本章で再構成されたモデルでは用いられていない。これらの観念は、オースティン自身によって、ときには概括的で筋の通らない形でのみ、導入され、ケルゼンのような後の理論を予期している。それらの中には、「黙示の」指令（第Ⅲ章第３節89～90頁および第Ⅳ章第２節116～117頁）、制裁としての無効（第Ⅲ章第１節）、「真の」法は制裁を科すよう公務員に要求するルールであるとの理論（第Ⅲ章第１節）、例外的な主権的立法者としての選挙民（第Ⅳ章第４節）、主権者の一体性と継続性（第Ⅳ章第４節133～134頁）が含まれる。オースティン理論の検討にあたっては、従前の論者がオースティンについて犯した誤解を解くW.L. Morison, 'Some Myth about Positivism,' 68 *Yale Law Journal* (1958) が参照されねばならない。また、A. Agnelli, *John Austin alle origini del positivismo giuridico* (1959), chap. 5 も参照。

（5）「社会一般を名宛人とする」Austin, *The Province*, p. 22.

第Ⅲ章

（1）法の一般的定義の探究は、異なる類型の法的ルールの間の形式や機能の違いを不明瞭にしてきた。本書の主張は、責務や義務を課すルールと権限を付与するルールの違いは、法理学において決定的な重要性を持つというものである。法はこれら二つの類型のルールの組み合わせとして最も善く理解される。したがって、これが本章で強調される法的ルールの主たる区別であるが、他の多くの区別も可能であり、特定の目的のためには区別がなされるべきである（多様な社会的機能——それはしばしば言語的形式にあらわれるが——を反映する法の啓発的な分類についてDaube, *Forms of Roman Legislation*（1956）参照）。

（2）英米法では、責務 obligation と義務 duty は、ほぼ同義で使われるが、法の要求に関する抽象的な議論では（道徳的責務に対比される法的責務の分析等で）、刑事法が責務を課すと言うことは普通ではない。「責務」ということばは、おそらく法律家によって最も普通には、契約やその他の事例（不法行為がなされた後に賠償を支払う責務等）で、特定個人が他の特定個人に権利（right *in personam*）を有する場面で使われる。他の場面では「義務」が使われることが普通である。これは、法の絆（vinculum juris）としての責務（obligatio）というローマ時代のもともとの意味が現代イングランドの法的用語に残存している数少ない例である（Salmond, *Jurisprudence*, 11th edn., chap. 10, p. 260 and chap. 21参照。本書第V章第2節をも参照）。

（3） 義務を課すルールと権限を付与するルールとの区別に焦点を当てるために、刑事法における義務と不法行為法および契約法における義務との多くの区別は扱われていない。こうした相違に注目した理論家の中には、契約および不法行為法では、（契約の定める行為を履行したり、名誉毀損をしない等の）何かをする、あるいはしない「一次的」または「先行する」義務は幻想的なもので、「本当の」義務は、いわゆる一次的義務を遂行しないこと等の結果として賠償を支払う救済上ないし制裁上の義務だと主張する者もいる（Holmes, *The Common Law*, chap. 8参照。この議論は、Buckland, *Some Reflections on Jurisprudence*, p. 96, and 'The Nature of Contractual Obligation,' 8 *Cambridge Law Journal* (1944) で批判された。さらにJenks, *The New Jurisprudence*, p. 179 参照)。

（4） 大陸の法理学では、法的権限を付与するルールはときに、「権限規範 norms of competence」と呼ばれる（Kelsen, *General Theory*, p. 90 and A. Ross, *On Law and Justice* (1958), pp. 34, 50–9, 203–25）。ロスは、私的権限と社会的権限とを（そして契約のような私的措置と公的法律行為を）区別する。彼はまた、権限規範は義務を課すわけではないことを指摘する。「権限規範自体は、直接には義務づけない。それはある行為を指示することはない。……権限規範自体は、権限ある者がその権限を行使する義務があるとは言わない」(op. cit., p. 207)。しかし、こうした区別をしながらも、ロスが本章（75〜84頁）で批判された見解——権限規範も「裁判所によって義務を賦課する指令として解釈されるべき」なので（op. cit., p. 33)、結局「行為規範 norms of conduct」に還元されるとの見解——を採っていることに留意すべきである。

これら二種類のルールの区別を排除したり、それが表面上のものに過ぎないことを示したりするさまざまな試みへの本文での批判を考察する際、法以外の社会生活においてこの区別が重要性を帯びることを想起する必要がある。道徳において、ある者が拘束力ある約束をしたか否かを決める曖昧なルールは、人々に限られた道徳的立法権限を付与し、したがって、本人の嫌がる（in invitum）義務を課すルールとは区別される必要がある（Melden, 'On Promising,' 65 *Mind*（1956）; J.L. Austin, 'Other Minds,' *PAS* Suppl. vol. xx（1946）, reprinted in *Logic and Language*, 2nd series; Hart, 'Legal and Moral Obligation,' in Melden, *Essays in Moral Philosophy*）。複雑なゲームのルールであればどれであれ、こうした観点から分析するのが有益である。刑事法に似た形で、罰則の下に特定類型の行為（反則や審判の侮辱等）を禁止するルールもあるし、主審や記録員のような審判員の権限を定めるルールもあり、得点のためにすべきこと（ゴールやベース一周）を定めるルールもある。得点するための条件を満足することは、勝利に向けての決定的な局面である。それに失敗すれば得点することができず、その観点からすれば「無効」だということになる。一見したところ、ここでは、ゲームにおいて多様な類型のルールが多様な機能を果たしている。しかし、これらのルールは単一の類型のルールに還元されるべきだ——得点できなかったことは「制裁」か禁止された行為への罰則とみなされるべきだとか、すべてのルールは特定の状況の下で審判員に特定の措置（得点の記録や選手の退場処分）をとるよう命ずる指令として解釈されるべきだから——と主張する理論家がいるかも知れない。しかし、二種類のルールをこうして単一の類型へと還元することは、それらの性格を不明瞭とし、ゲームにおいて核心的重要性を持つ事柄を単に付随的な事柄に従属させることになる。本章で批判された還元主義的法理論が同様に、多様な類型の法的ルールが、それらも含めて形成される社会活動の秩序において果たす多様な機能をいかに不明瞭にしているかは、検討する価値がある。

（5） 司法権限を付与するルールと裁判官に義務を賦課する付加的ルールの区別は、同一の行為が、裁判を破毀され得るものとする権限の踰越としても、また同時に、裁判官にその権限を逸脱しないよう要求する義務の違反としても扱われ得るとしても、やはり維持されるべきである。裁判官が彼の権限を超えて事件を審理すること（あるいは彼の裁判を無効とする形で行動すること）を差し止める命令を得た場合や、そうした行動に刑罰が科される場合でも、そうである。同様に、法的に無資格の者が公的手続に参与し、そのため彼が制裁を受けるとともに、手続が無効とされる場合もそうである（この種の制裁については、一九三三年地方政府法第七六条および *Rands v. Oldroyd* (1958), 3 AER 344参照。ただし、この法律は地方政府の手続は、その構成員の資格の瑕疵《かし》によっては無効とされないと定めている〔附則Ⅲ第五編（五）〕）。

（6） 第四八条第一項。

（7） オースティンは、こうした考え方を *The Lectures*, Lecture 23で採用したが、それを詳しく展開していない。ただし、Buckland, op. cit., chap. 10での批判を参照。

（8） *General Theory*, p. 63. 本書22頁参照。

（9） 権限付与ルールを義務賦課ルールの一部として理解する理論の過激なヴァージョンは、ケルゼンにより、法の一次ルールは裁判所や公務員に一定の条件の下で制裁を科すよう要求するものだとの理論とともに入念に展開された（*General Theory*, pp. 58–63, and pp. 143–4〔後の箇所では憲法への言及がある。「憲法規範はかくして、独立の完全な規範ではない。それは裁判所その他の機関が適用すべきすべての法規範の不可欠な部分である」])。この理論は法の「動態的」描写から区別される「静態的」描写に限定されている（ib. p. 144）。ケルゼンの説明はまた、契約締結権のような私的権限を付与するルールでは、契約によって創設される「二次規範」および義務は、「法理論による単なる付随的構成ではない」との主張によって複雑化されている（op. cit., pp. 90 and 137）。しかし本質的には、ケルゼンの理論は本章で批判されたようなものである。より単純なヴァージョンについては、「権限規範は間接的に定式化された行為規範である」（Ross, op. cit., p. 50）とのロスの理論を参照。すべてのルールを義務創設ルールへと還元する、より穏和な理論については、Bentham, *Of Laws in General*, chap. 16 and Appendices A–B参照。

（10） 予測としての法的義務および行為への制裁としての税金という観念については、Holmes, 'The Path of the Law' (1897), in *Collected Papers* 参照。ホームズは、義務の観念を「冷笑的な酸」で洗う必要があると考えた。それが道徳的義務と混同されていたからである。「この[義務という]ことばには、道徳から引き出された内容がみな詰め込まれている」（op. cit., 173）。しかし、行動の規準としての法的ルールの観念は、道徳的規準との同一視を必然としない（本書第Ⅴ章第2節参照）。ホームズによる義務と「彼[悪人]が何かをすると不快な結果に見舞われるという予測」（loc. cit.）との同一視に対する批判については、A.H. Campbell, review of Frank's 'Courts on Trial', 13 *Modern Law Review* (1950)［以下*MLR*と略す］および、本書第Ⅴ章第2節、第Ⅶ章第2、3節参照。

アメリカの裁判所は、連邦議会に課税権限を付与する合衆国憲法第一篇第八項との関係で、刑罰と税金とを区別することが困難であるとしている。*Charles C. Steward Machine Co. v. Davis*, 301 US 548（1937）参照。

（11）義務を負う個人と私的立法者としての個人については、ケルゼンの法的権限と私的自律性の説明を参照（*General Theory*, pp. 90 and 136）。

（12）命令や指令は他者に対してのみ適用されるとの理由での法の命令理論の批判については、Baier, *The Moral Point of View*（1958）, pp. 136–9 参照。ただし、哲学者の中には、自己に向けられた命令という観念を受容し、それを主体の道徳判断の分析に用いる者もいる（Hare, *The Language of Morals*, chap. 11 and 12 on 'Ought'）。本文でなされた立法と約束との類比については、Kelsen, *General Theory*, p. 36 参照。

（13）慣習と黙示の命令に関連して本文で批判された理論は、オースティンのものである（*The Province*, Lecture I, pp. 30–3 and *The Lectures*, Lecture 30）。黙示の命令という観念の、命令理論と整合的な形で、多様な法形式を承認することの説明への利用については、ベンサムによる「採用 adoption」と「受け入れ susception」に関する *Of Laws in General*, p. 21; Morison, 'Some Myth about Positivism,' 68 *Yale Law Journal*（1958）および本書第Ⅳ章第2節参照。黙示の命令という観念の批判については、Gray, *The Nature and Sources of the Law*, ss. 193–9 参照。

（14）法は本質的には命令であり、立法者の意思の表明であるとの理論は、本章で述べられたもの以外にも多くの批判にさらされている。批判者の中には、この理論が、制定法の解釈の任務は立法者の「意思」の探究だという——立法者は複雑な人為的構成物であってその意思の証拠を発見したり提出したりすることが困難であるのみならず、「立法者の意思」ということばに明確な意味を与えることさえ困難であることを度外視した——ミスリーディングな観念を生み出す原因となっているとする者もいる（see Hägerström, *Inquiries into the Nature of Law and Morals*, chap. iii, pp. 74-97. 立法者意思という観念の含む擬制については、Payne, 'The Intention of the Legislature in the Interpretation of Statute', *Current Legal Problems*（1956）参照。また、立法者の「意思」に関して Kelsen, *General Theory*, p. 33 参照）。

第Ⅳ章

（1） 本章で検討される主権理論は、オースティンにより、*The Province*, Lectures V and VI で説明されている。われわれは彼が、法秩序の論理的構成のための形式的定義や抽象的枠組みを提供しているにとどまらず、イングランドや合衆国のような法を備えたすべての社会で、オースティンが定義するような特徴を持つ主権者が存在する——このことは多様な憲法的・法的形式によって不明瞭にされているかも知れないが——という事実に関する主張をするものとして理解した。理論家の中には、オースティンがそうした事実上の主張をしていないものと理解する者もいる（Stone, *The Province and Function of Law*, chaps. 2 and 6 参照。とくに pp. 60, 61, 138, 155では、さまざまな社会で主権者を同定しようとするオースティンの努力を、彼の主たる目的からの無意味な逸脱として取り扱っている）。オースティン理論のこうした見方に対する批判として、Morison, 'Some Myth about Positivism', loc. cit., pp. 217-22参照。また

Sidgwick, *The Elements of Politics*, Appendix（A）'On Austin's Theory of Sovereignty' 参照。

（2） 本書50頁。

（3） *The Province*, Lecture V, pp. 152–4における「継承によって主権を獲得する」者への手短な言及は示唆的ではあるが不明瞭である。オースティンは主権を獲得する次々に交代する人々の継承を通じて主権が継続することを説明するには、「習慣的服従」と「命令」という彼の鍵概念に加えて何かが必要であることを認めていたように見えるが、彼はそのさらなる要素を決して明確に同定しなかった。彼はその関連で継承の「権原」「請求権」および「正統な」権原に言及するが、これらの表現は、通常使われるときは、継承を制御するルールの存在を含意しており、単に交代する主権者への服従の習慣を意味するわけではない。オースティンによるこれらの用語や、主権を獲得する「一般的権原 generic title」「一般的方式 generic mode」といった彼の使用する表現の説明は、主権の「確定的 determinate」性格に関する彼の理論（op. cit., Lecture V, pp. 145–55）から引き出してくる必要がある。彼はそこで、主権者が名前等で個別に同定される場面と、「一般的描写との対応」で同定される場面とを区別している。かくして、（最も単純な例である）世襲君主政では、一般的描写は所与の祖先の「生存中の最年長の男性子孫」であり、議会制民主政では、立法府のメンバーの資格を再述するきわめて複雑な描写となる。

オースティンの見解は、ある者がこうした「一般的」描写を満足するときは、彼は継承の「権原」ないし「権利」を持つというもののようである。主権者の一般的描写によるこの説明は――オースティンが「描写」によって継承を統御する受容されたルールを意味するのでない限り——このままでは、不十分である。ある社会のメンバーが個別に事実上、しばらくの間、特定の描写に対応する者に習慣的に服従することと、その描写に対応する者は服従されるべき権利ないし権原を持つとのルールが受容されていることとは、明らかに異なる。この区別は、あるチェスの駒を特定の仕方で動かす習慣のある者と、同じことをしはするが、それが正しい動かし方であるとのルールを受容している者との違いと対応する。継承の「権利」ないし「権原」があるのであれば、継承について定めるルールもなければならない。オースティンの一般的描写の理論は、こうしたルールの代わりにはならない——そうしたルールの必要性を明らかにはするが。立法者としての資格を定めるルールという観念を認めない点でオースティンを同様に批判するものとして、Gray, *The Nature and Sources of the Law*, chap. iii. esp. ss. 151–7参照。Lecture V における、主権的団体の単一性および法人・組織的（collegiate）能力に関するオースティンの説明も同様の欠陥を帯びる（本章第４節参照）。

（４） ここで強調されたルールの内的側面は、さらに第Ⅴ章第２節１５１頁および第３節１６５～１６６頁、第Ⅵ章第１節ならびに第Ⅶ章第３節で検討される。またHart, 'Theory and Definition in Jurisprudence', 29 *PAS* Suppl. vol. (1955), pp. 247–50 参照。同様の見解として、Winch, 'Rules and Habits', in *The Idea of a Social Science* (1958), chap. ii, pp. 57–65, chap. iii, pp. 84–94; Paddington, 'Malinowski's Theory of Needs', in *Man and Culture* (ed. Firth) 参照。

（５） 憲法の受容および法秩序の存在に関連する公務員と一般市民との、法的ルールに対する態度の相違の複雑性は、第Ⅴ章第２節１５２～１５５頁および第Ⅵ章第２節１８７～１９３頁でさらに検討される。またJennings, *The Law of the Constitution* (3rd edn.), Appendix 3: 'A

Note on the Theory of Law' 参照。

（6） *R. v. Duncan* [1944] 1 KB 713.［訳注］一七三五年魔女法は、一九五一年に廃止された。

（7） *Leviathan*, chap. xxvi.

（8） ホッブズと黙示の命令の理論については、本書第Ⅲ章第３節および当該箇所の注を参照。また Sidgwick, *The Elements of Politics*, Appendix A 参照。現代の議会立法でさえ、強行されるまでは法ではないとの、部分的に類似した「リアリスト」理論については、Gray, *The Nature and Sources of the Law*, chap. 4; J. Frank, *Law and the Modern Mind*, chap. 13 参照。

（9） ２１９～２３６頁参照。

（10） オースティンと異なり、ベンサムは、最高権力は「明示の規約 express convention」によって制約され、この規約に違背した法は無効であると主張した。*A Fragment on Government*, chap. 4, paras. 26 and 34-8 参照。主権者の権限の法的制約の可能性を否定するオースティンの議論は、こうした制約に服するためには義務（duty）に服していなければならないとの前提に依拠している。*The Province*, Lecture VI, pp. 254-68 参照。実際には、立法権への制限は無権限（disabilities）を意味し、義務を意味しない（Hohfeld, *Fundamental Legal Conceptions* (1923), chap. i）。

（11） 立法の方式および形式の定めを立法権に関する内容上の制限と区別することの困難さについては、第Ⅶ章第４節２３８～２４４頁でさらに検討される。主権者の権限の「定義」と「拘束」との違いについて Marshall, *Parliamentary Sovereignty and the Commonwealth* (1957), chaps. 1-6 参照。

(12) *Harris v. Dönges* [1952] 1 TLR 1245 参照。［訳注］第Ⅵ章第3節参照。

(13) スイス憲法一一三条参照。［訳注］スイス連邦憲法は一九九九年に全面改正された。現在でも、連邦裁判所に連邦法を違憲として適用を排除する権限はない（現一九〇条参照）。

(14) 司法審査が認められない憲法については Wheare, *Modern Constitutions*, chap. 7 参照。それらには、スイス憲法（カントンの立法を除く）、フランス第三共和政、オランダ、スウェーデンが含まれる。アメリカ連邦最高裁が「政治問題」を提起する違憲の主張を審査しないことについては、*Luther* v. *Borden*, 7 Howard 1, 12 L.Ed. 581 (1849); Frankfurter, 'The Supreme Court', in 14 *Encyclopaedia of the Social Sciences*, pp. 474–6 参照。

(15) Austin, *The Province*, Lecture VI, pp. 230–1.

(16) Ibid., p. 251.

(17) 多くの法秩序では通常の立法府が法的制限に服しているとの批判を逃れるために、オースティンが「非常時の立法権者としての選挙民」という観念に訴えていることについては、*The Province*, Lecture VI, pp. 222–33 and 245–51 参照。

(18) オースティンはしばしば、「個々別々に理解された」主権体のメンバーと、「組織的・主権的権限でのメンバーとして理解された」主権体のメンバーとを区別している（*The Province*, Lecture VI, pp. 261–6）。しかし、この区別は主権体としての立法活動を統御するルールという観念を伴っている。オースティンは、公的・組織的権限という観念の分析を、「一般的描写」という不十分な概念を通じてのみ、暗示している（本章注3参照）。

(19) 憲法修正権限の制限については、アメリカ合衆国憲法第五篇の但し書き参照。ドイツ連邦共和国憲法（一九四九）の第一条から二〇条までは、第七九条第三項によって付与された修正権限の射程から外されている。また、トルコ憲法（一九四五）の第一条および第一〇二条参照。

第V章

（1）責務の「予測的」分析については、Austin, *The Province*, Lecture I, pp. 15-24 and *The Lectures*, Lecture 22; Bentham, *A Fragment on Government*, chap. 5, esp. para. 6 and note thereto; Holmes, *The Path of the Law* 参照。オースティンの分析は、Hart, 'Legal and Moral Obligation,' in Melden, *Essays in Moral Philosophy* で批判されている。責務の観念一般については、Nowell-Smith, *Ethics* (1954), chap. 14 参照。

（2）責務と鎖（vinculum juris）の比喩については、A.H. Campbell, *The Structure of Stairs Institute* (Glasgow, 1954), p. 31参照。義務（duty）は、フランス語の義務（devoir）に由来し、後者はラテン語の借財（debitum）に由来する。つまり借財の観念が隠れている。

（3）ロスは、妥当性の概念を二つの要素――ルールの実効性と「動機づける仕方、つまり社会的拘束力」――によって分析する。これは経験される行動のパターンに伴う心理的経験を通じて責務を分析することである。Ross, *On Law and Justice*, chaps. i and ii, and *Kritik der sogenannten praktischen Erkenntniss* (1933), p. 280 参照。感覚との関連で義務の観念を入念に検討するものとして、Hägerström, *Inquiries into the Nature of Law and Morals*, pp. 127-200 参照。その論評として Broad, 'Hägerström's Account of Sense of Duty and Certain Allied Experiences,' 26 *Philosophy* (1951); Hart, 'Scandinavian Realism,' in *Cambridge Law Journal*

(1959), pp. 236-40 参照。

（4） 観察者による外的な予測的観点とルールを指針として受容し、使用する人々の内的観点との対比は、こうした用語を通じてではないが、Dickinson, 'Legal Rules. Their Function in the Process of Decision,' 79 *University of Pennsylvania Law Review*, p. 833（1931）でなされた。L.J. Cohen, *The Principles of World Citizenship*（1954), chap. 3も参照。観察対象となる社会のルールを受容しない観察者の外的観点からは、多様な言明がなされ得ることに注意が必要である――(i)彼は、ルールを遵守する人々の行動を、そうした行動パターンが社会のメンバーからすると正しい行動の規準であるという事実に言及することなく、単純に行動の規則性を記録するかも知れない、(ii)それに加えて彼は、通常の行動パターンからの逸脱に対する敵対的反応を、やはりそうした逸脱が社会のメンバーからそうした反応の理由ないし正当化とみなされているという事実に言及することなく、習慣的なものとして記録するかも知れない、(iii)彼は、そうして観察可能な行動および反応の規則性を記録するにとどまらず、社会のメンバーがあるルールを行動の規準として受容しており、観察可能な行動や反応は、彼らにとってそうしたルールによる要求され正当化されるという事実をも記録するかも知れない。社会のメンバーが所与のルールを受容していると主張する外的言明と、自身がそれを受容している者の行うルールに関する内的言明とを区別することは重要である。Wedberg, 'Some Problems on the Logical Analysis of Legal Science,' 17 *Theoria*（1951); Hart, 'Theory and Definition in Jurisprudence,' 29 *PAS* Suppl. vol.（1955), pp. 247-50 参照。なお、本書第Ⅵ章第１節１７０～１７５、１８１～１８２頁参照。

(5) 立法機関も司法機関もなく、集権的に組織された制裁も全く存在しない社会は僅かである。こうした状況に最も近い社会の研究として、Malinowski, *Crime and Custom in Savage Society*; A.S. Diamond, *Primitive Law* (1935), chap. 18; Llewellyn and Hoebel, *The Cheyenne Way* (1941) 参照。

(6) 原初的な裁定による紛争解決は定められているが、裁定を執行する集権的な制裁の組織が存在しない未開社会については、「秩序立った無政府状態」に関するEvans-Prichard, *The Nuer* (1940), pp. 117 ff., quoted in Glickman, *The Judicial Process among the Barotse* (1955), p. 262 参照。ローマ法では、民事事件の判決を執行する国家機構が定められるはるか以前に込み入った訴訟手続が存在した。帝政後期にいたるまで、勝訴した原告は、被告が支払いをしないときは、彼の身柄および財産を自ら確保しなければならなかった。Schulz, *Classical Roman Law*, p. 26 参照。

(7) 法前の社会から法的社会への一歩に関して、「法と慣習」に関するBaier, *The Moral Point of View*, pp. 127–33 参照。

(8) 法秩序における認定のルールの検討、および、ケルゼンの根本規範 (Grundnorm) との関係については、第Ⅵ章第1節および第Ⅹ章第5節および当該箇所の注参照。

(9) 伝説によると、ローマの一二表法は、平民階級が法の権威あるテクストの公示を要求したために、市場に銅板として設置された。入手可能な僅かな証拠からして一二表法は、伝統的な慣習的ルールから大きくかけ離れたものではなかったようである。

(10) 契約、遺言等が立法権限の行使として理解し得る点については、「立法行為」としての法的取引に関する Kelsen, *General Theory*, p. 136 参照。

第Ⅵ章

(1) 本書の核心的主張の一つは、法秩序の基礎は、法的に無制約な主権者への服従の一般的習慣にはなく、当該秩序の妥当なルールを同定するための権威ある標識を供与する究極の認定のルールにあるというものである。この主張は、いくつかの点で、ケルゼンの根本規範の観念と似ており、サモンドの十分には理論化されていない「究極の法原理」の観念とは、さらによく似ている(Kelsen, *General Theory*, pp. 110–24, 131–4, 369–73, 395–6, and Salmond, *Jurisprudence*, 11th edn., p. 137 and Appendix I)。ケルゼンと異なる用語を本書が用いるのは、本書の見解がケルゼンのそれと、次のいくつかの点で異なるからである。

1 認定のルールが存在するか、その内容は何か、つまり所与の法秩序における妥当性の標識が何かは、本書を通じて、複雑ではあるが、経験的な事実の問題として取り扱われている。このことは、当該秩序で活動する法律家が、ある個別のルールが妥当であると主張するとき、彼が、認定のルール(それを勘案して彼は、その個別のルールが妥当だと判断している)が当該秩序の受容された認定のルールとして存在するという事実を明示的に述べることはなく、黙示的に前提しているにとどまるとしても、やはり真実である。もしさらに問われたなら、何が言明されることなく前提されているかは、当該秩序の裁判官や公務員が適用する法を同定する際の、彼らの現実の慣行という事実に訴えかけることで、答えが決まる。根本規範を「法的仮説」(ib. xv)「仮定の」(ib. 396)「措定された究極のルール」(ib. 113)「法的意識に在るルール」(ib. 116)「想定」(ib. 396) として語るケルゼンのことば遣いは、本書で強調される論点――いかなる法秩序においても、法的妥当性の標識が何かは事実問題であること――と不整合とは言わないまでも、それを不明瞭にする。それは、ルールの存在および内容に関する問題ではあるが、それでも事実の問題である。Ago, 'Positive Law and International Law', in 51 *American Journal of International Law* (1957), pp. 703-7 参照。

2 ケルゼンは、根本規範の「妥当性の想定」について語る。本文(179～182頁)で述べた理由により、一般的に受容された認定のルールの事実上の存在の問題と別に、その妥当性や非妥当性に関する問題が発生する余地はない。

3 ケルゼンの根本規範は、ある意味で、常に同一内容である。それは、すべての法秩序において、憲法あるいは「最初の憲法を制定した者」が従われるべきだ (*General Theory*, pp. 115-16) というルールに他ならないからである。この単一性と単純性の見かけはミスリーディングかも知れない。もしさまざまな法源を特定する憲法が――当該秩序の裁判官や公務員が実際に、この憲法が供与する標識に従って法を同定するという意味で――現実の存在なら、その憲法は受容されており、現に存在する。憲法(やそれを「制定した」者)が従われるべきだというさらなるルールが存在すると示唆するのは、不必要な重複のように思われる。このことは、連合王国のように成文憲法が存在しない社会では、とりわけ明白である。そこでは、特定の妥当性の標識(国会による制定行為)が法の同定のために使用されるべきだというルールに加えて、「憲法が従われるべきだ」というルールが存在する余地はない。前者こそが受容されたルールであり、そのルールが従われるべきだというルールについて語るのは神秘化である。

4　ケルゼンの見解によると（*General Theory*, pp. 373–5, 408–10）、ある個別の法的ルールを妥当とみなすと同時に、そのルールによって要求される行動を禁ずる道徳的ルールが道徳的に拘束力を持つと考えることは、論理的に不可能である。本書で示された法的妥当性の説明からは、こうした帰結は出てこない。「根本規範」ではなく「認定のルール」という表現を用いる理由の一つは、法と道徳の衝突に関するケルゼンの見解へのコミットを避けることにある。

（2）　論者の中には、「形式的」あるいは「法的」法源と「歴史的」あるいは「実質的」法源とを区別する者もいる（Salmond, *Jurisprudence*, 11th edn., chap. v）。この区別は Allen, *Law in the Making*, 6th edn. P. 260で批判されているが、「淵源 source」ということばの二つの意味の区分として理解すると、この区別は重要である（Kelsen, *General Theory*, pp. 131–2, 152–3）。ある意味では（「歴史的」「実質的」には）淵源は単に、所与の時・所での所与の法的ルールの存在を説明する因果的・歴史的影響を指す。この意味では、現代イングランドの法的ルールの淵源は、ローマ法や教会法のルールかも知れず、人々の受容する道徳的ルールかも知れない。これに対して、「制定法規」が法源であると言われるときは、そこでの「源」とは、単に歴史的・因果的影響を指すのではなく、当の法秩序で受容されている法的妥当性の標識の一つを指す。権限ある立法府による制定法規としての定立行為は、なぜ所与の制定法規が妥当な法であるかの理由であり、その存在の単なる原因ではない。所与の法的ルールの歴史的原因と法的妥当性の理由とのこの区別は、当該秩序に、（立法府による制定、慣習的慣行、先例等の）特定の事柄を妥当な法の目印を識別するものとして受容する、認定のルールが存在するときにのみ、引くことができる。

しかし、歴史的・因果的淵源と法的・形式的淵源とのこの明確な区別は実際の場面では不明瞭となることがある。Allen, op. cit. がこの区別を批判するのも、そのためである。制定法規が形式的・法的淵源である法秩序においても、裁判所が事件を裁定する際、関連する制定法規を遵守すべきではあるが、当の法規の文言について相当の解釈の余地を与えられているものである（第Ⅶ章第1節参照）。しかし、ときには、解釈の余地以上のものが裁判官に委ねられる。いかなる制定法規も、他の形式的法源も、面前の事件の答えを決しないと裁判官が考えるとき、彼は『学説彙纂』やフランスの法律家の著作に基づいて事案を解決することもある（Allen, op. cit., 260 f. 参照）。法秩序は、こうした淵源を使用するよう彼に要求することはないが、彼がそうすることは完全に適切であると考えられている。これらの書物は、単なる歴史的・因果的影響ではない。裁判のための「十分な理由」として認められているからである。こうした淵源は、制定法規のような「義務づけられた mandatory」法的・形式的淵源とも、歴史的・実質的淵源とも区別するために、「許容された permissive」法源と呼ぶことができるだろう。

（3）ケルゼンは、法秩序全体の実効性と個別の規範の実効性とを区別する（*General Theory*, pp. 41–2, 118–22）。彼にとって、規範は、それが全体として実効的な秩序に属するとき、そしてそのときにのみ、妥当する。彼はこの見解を、おそらくはより曖昧に、秩序全体の実効性は、それに属するルールの妥当性の、必要条件（conditio sine qua non）ではあるが、十分条件（conditio per quam）ではないとも表現している。本書で用いられる用語での、この区別の要点は次の通りである。秩序全体の実効性は、法秩序の認定のルールによって供与される妥当性の標識自体ではなく、それはあるルールが妥当性の標識を勘案したとき、当該秩序の妥当なルールとして同定される際にはいつも、そう明言はされないものの、前提されている。当該秩序が全体として実効的でない限り、妥当性に関する有意味な言明はなし得ない。本文で示された見解は、ケルゼンのそれとは異なる。なぜなら、秩序の実効性は妥当性に関する言明がなされる際に通常想定されているが、それでも、特殊な状況では、当該秩序がもはや実効性を失った場合でも、有意味になされ得るからである（173頁参照）。

ケルゼンはまた、廃用（desuetude）というテーマの下で、法秩序が個別のルールの妥当性の条件として、当該ルールの継続的実効性を求めることがあるとしている。こうした場合、個別のルールの実効性は、当該秩序の妥当性の標識の一部となり、単なる「想定」ではない（op. cit., pp. 119–22）。

（4）ある法が妥当するとの言明は、裁判所の将来の行動の予測およびその特殊な動機づけの感覚であるとの見解については、Ross, *On Law and Justice*, chaps. 1 and 2 および、それを批判する Hart, 'Scandinavian Realism', in *Cambridge Law Journal* (1959) 参照。

（5）［訳注］ハートは、改正規定の定めのない憲法（フランスの一八三〇年シャルトがその例）はおよそ改正が不可能だと考えているようだが、この種の憲法に関しては、通常の立法府がいかようにも改正できる軟性憲法だとする理解も多いことに留意が必要である。

（6）西ドイツおよびトルコにおける憲法改正の限界づけの例については、第Ⅳ章注19参照。

（7）「法」と「習律」との排他的とされる区分については、Dicey, *Law of the Constitution*, 10th edn., pp. 23 ff. および Wheare, *Modern Constitutions*, chap. i 参照。

（8）認定のルールが法か事実かの論争については、Wade, 'The Basis of Legal Sovereignty',

Cambridge Law Journal (1955), esp. p. 189 および Marshall, *Parliamentary Sovereignty and the Commonwealth*, pp. 43-6 参照。

(9) 一般市民の法の遵守と公務員による憲法上のルールの受容にかかわる複雑な社会現象を過度に単純化する危険性については、第Ⅳ章第１節１１１～１１３頁および、この点に関しては Hart, 'Legal and Moral Obligation,' in *Essays in Moral Philosophy* (Melden edn., 1958) を適切に批判する Hughes, 'The Existence of a Legal System,' 35 *New York University LR* (1960), p. 1010 参照。

(10) 法秩序の完璧に正常な存在と不存在との間の、多くの可能な中間形態のうち、若干のもののみが本文では取り扱われている。革命を法的観点から扱う Kelsen, *General Theory*, pp. 117 ff., 219 ff. および詳細に取り扱う Cattaneo, *Il Concetto de Revoluzione nella Scienza del Diritto* (1960) 参照。敵国の占領による法秩序の中断には多様な形態があり得る。そのうちのいくつかは国際法で類型化されている。McNair, 'Municipal Effects of Belligerent Occupation,' 57 *LQR* (1941) および Goodhart, 'An Apology for Jurisprudence,' in *Interpretations of Modern Philosophies*, pp. 288 ff. での理論的検討を参照。

(11) 植民地から自治領への発展を辿る Wheare, *The Statute of Westminster and Dominion Status*, 5th edn. は法理論にとって実り豊かな研究領域を示す。また、イギリス連邦での憲法上の発展を「現地に根を張った」新たな根本規範の成長という観念を用いて解釈した最初の業績である Latham, *The Law and the Commonwealth* (1949) 参照。さらにカナダについて、Marshall, op. cit., esp. chap. vii を、また「現地発生」に関する Wheare, *The Constitutional*

Structure of the Commonwealth（1960）, chap. 4 参照。

（12） ウェストミンスター条令第四条の法的効果に関する議論については、Wheare, *The Statute of Westminster and Dominion Status*, 5th edn., pp. 297–8; *British Coal Corporation* v. *The King*（1935）, AC 500; Dixon, 'The Law and the Constitution,' 51 *LQR*（1935）; Marshall, op. cit., pp. 146 ff. および本書第Ⅶ章第４節参照。

（13） 母国に承認されない独立については、アイルランド自由国に関して、Wheare, op. cit.; *Moore* v. *AG for the Irish Free State*（1935）, AC 484; *Ryan* v. *Lennon*（1935）, IRP 170 参照。

（14） 国内法と国際法との可能な関係（国内法の優位か国際法の優位か）に関するケルゼンの説明は（op. cit., pp. 373–83）、法秩序が存在するとの言明は、ある法秩序の観点から他の法秩序についてなされた——他の法秩序を妥当な秩序であり、自身と共に単一の秩序を構成するものとして受容する——法言明でなければならないとの前提に立脚する。国内法と国際法とは別箇の法秩序であるとの常識的な見解は、法秩序（国内であれ国際であれ）が存在するとの言明を、事実言明として取り扱っている。ケルゼンにとって、これは受け入れがたい「多元論」である（Kelsen, loc. cit.; Jones, 'The "Pure" Theory of International Law,' 16 *BYBIL* 1935, see Hart 'Kelsen's Doctrine of the Unity of Law' in *Ethics and Social Justice*, vol. 4 of *Contemporary Philosophical Thought*（New York, 1970））。

（15） [1952] 1 TLR 1245.

（16） 南アフリカの憲法争議から学びうる重要な法的論点の十分な検討については、Marshall, op. cit., chap. 11参照。

第Ⅶ章

（1） 例示によるルールの伝達という点からの、先例の使用の特徴づけについては、Levi, 'An Introduction to Legal Reasoning', s. 1 in 15 *University of Chicago Law Review*（1948）参照。ウィトゲンシュタイン『哲学探究』（特に第一部二〇八―二三八節）は、ルールの教示と遵守について多くの重要な観察を行っている。Winch, *The Idea of a Social Science*, pp. 24–33, 91–3 におけるウィトゲンシュタインの検討を参照。

（2） 綻びの観念については、Waismann, 'Verifiability' in *Essays on Logic and Language*, i（Frew edn.）, pp. 117–30 参照。法的理由づけにおけるその関連性については、Dewey, 'Logical Method and Law', 10 *Cornell Law Quarterly*（1924）; Stone, *The Province and Function of Law*, chap. vi; Hart, 'Theory and Definition in Jurisprudence', 29 PAS Suppl. vol., 1955, pp. 258–64, and 'Positivism and the Separation of Law and Morals', 71 *Harvard Law Review*（1958）, pp. 606–12 参照。

（3） 法律文献における形式主義、概念主義のほぼ同義語は、「機械的」「自動的」法理学、「概念法理学」「論理の過剰な使用」である。Pound, 'Mechanical Jurisprudence', 8 *Columbia Law Review*（1908）and *Interpretations of Legal History*, chap. 6 参照。これらの用語を通じて、厳密に言っていかなる欠点が言及されているかは必ずしも明確ではない。Jensen, *The Nature of Legal Argument*, chap. i, and review by Honoré, 74 *LQR*（1958）, p. 296; Hart, op. cit., 71 *Harvard Law Review* pp. 608–12 参照。

（4） 法的規準と個別のルールの性格および両者の関係についての最も啓発的な概観は、Dickinson, *Administrative Justice and the Supremacy of Law*, pp. 128-40 に見られる。

（5） 合衆国では、州際通商委員会や公正取引委員会等の連邦レベルの規制委員会が「公正な競争」「適正で合理的な料金」等の幅の広い規準を執行する規則を制定する（see Schwarts, An *Introduction to American Administrative Law*, pp. 6-18, 33-7）。イングランドでは、同様の規則制定権限は行政機関によって行使されるが、合衆国によく見られる利害関係者への準司法的聴取の権限が行使されることはない。一九五七年工場法第四六条の下での福祉関係規則および同法第六〇条の下での建築関係規則参照。一九四七年運輸法の下で運輸審判所が有する、対立当事者の聴聞の後に「料金表」を確定する権限は、合衆国モデルにより近い。

（6） 相当な注意の構成要素に関する啓発的な分析として、Learned Hand J. in *US* v. *Carroll Towering Co.*（1947）, 159 F 2d 169, 173 参照。一般的規準を個別特定のルールによって置き換えることの望ましさについて Holmes, *The Common Law*, Lecture 3, pp. 111-19 および Dickinson, op. cit., pp. 146-50 でのその批判参照。

（7） 柔軟な規準ではなく、確定的なルールによる規制を適切とする条件については、Dickinson, op. cit., pp. 128-32, 145-50 参照。

（8） 現代イングランドにおける判例の一般的説明については、R. Cross, *Precedent in English Law*（1961）参照。ルールの射程を狭めた著名な例として、*L. & S.W. Railway Co.* v. *Gomm*（1880）, 20 Ch. D. 562 および *Tulk* v. *Moxhay*（1848）, 2 Ph. 774 参照。

（9） この主題に関するアメリカの著作は、討論として理解するのが有益である。*Law and the*

Modern Mind (esp. chap. i and Appendix 2, 'Notes on Rule Fetishism and Realism') におけるフランクの議論と、*The Bramble Bush* におけるルウェリンの議論は、Dickinson, 'Legal Rules: Their Function in the Process of Decision', 79 *University of Pennsylvania Law Review* (1931); 'The Law behind the Law', 29 *Columbia Law Review* (1929); 'The Problem of the Unprovided Case', in *Recueil d'Études sur les sources du droit en l'honneur de F. Geny*, tome II, titre VIII, chap. 5; and Kantorowicz, 'Some Rationalism about Realism' in 43 *Yale Law Journal* (1934) に照らして検討されるべきである。

(10) 落胆した絶対主義者としての懐疑論者については、Miller, 'Rules and Exceptions', 66 *International Journal of Ethics* (1956) 参照。

(11) Llewellyn, *The Bramble Bush* (2nd edn.), p. 9.

(12) ルールの直感的適用については、Hutcheson, 'The Judgement Intuitive'; 'The Function of the "Hunch" in Judicial Decision', 14 *Cornell Law Quarterly* (1928) 参照。

(13) Hendel, *Charles Evans Hughes and the Supreme Court* (1951), pp. 11-12 は、これが合衆国のヒューズ最高裁長官のことばだとする。もっとも、C.E. Hughes, *The Supreme Court of the United States* (1966 edn.), pp. 37-41は、個人的な政治的見解と独立に憲法を解釈すべき裁判官の義務について語る。

(14) 国会主権に関する代替的分析については、H.W.R. Wade, 'The Basis of Legal Sovereignty', *Cambridge Law Journal* (1955) と、それを批判する Marshall, *Parliamentary Sovereignty and the Commonwealth*, chaps. 4 and 5 参照。

(15) 国会主権と神の全能性については、Mackie, 'Evil and Omnipotence,' *Mind*, 1955, p. 211参照。

(16) 議会の拘束と再定義の区別については、Friedmann, 'Trethowan's Case, Parliamentary Sovereignty and the Limits of Legal Change,' 24 *Australian Law Journal* (1950); Cowen, 'Legislature and Judiciary,' 15 *MLR* (1952), and 16 *MLR* (1953); Dixon, 'The Law and the Constitution,' 51 *LQR* (1935); Marshall, op. cit., chap. 4 参照。

(17) 一九一一年および一九四九年国会法を授権立法の一種とする解釈については、H.W.R. Wade, op. cit., and Marshall, op. cit., pp. 44–6 参照。

(18) *The Law of the Constitution* (10th edn.), p. 68 n.

(19) ウェストミンスター条令第四条が、自治領についてその同意なしに立法する権限の撤回不能な廃止を意味し得ないとの見解を支える権威の重みについては、*British Coal Corporation* v. *The King* (1935), AC 500; Wheare, *The Statute of Westminster and Dominion Status*, 5th edn., pp. 297–8; Marshall, op. cit., pp. 146–7 参照。これと反対の、「一旦付与された自由は撤回し得ない」という見解は、*Ndlwana* v. *Hofmeyr* (1937), AD 229 at 237 で南アフリカの裁判所によって表明された。

(20) [1950] 2 KB 368.

第Ⅷ章

(1) *De Civitate Dei*, IV, 4.

（2）アリストテレスは、『ニコマコス倫理学』第五巻第一—三章で、人々の間の均衡ないし比例（analogia）の維持・回復に特にかかわるものとして正義を説明する。正義の観念の最上の現代的解明としては、Sidgwick, *The Method of Ethics*, chap. 6, and Perelman, *De la Justice* (1945) さらには、Ross, *On Law and Justice*, chap. 12 参照。歴史的問題に関して重要なのは、Del Vecchio, *Justice*, reviewed by Hart in 28 *Philosophy* (1953) である。

（3）「いかなる法も不正ではあり得ない」とのホッブズの言明（*Leviathan*, chap. 30）は、法適用における正義が正義の観念を尽くすとの立場の魅力に屈したことによるものであろう。オースティンは、*The Province*, Lecture VI, p. 260 n. で、「正しい（just）とは相対的な概念」であり「話者が比較の規準として想定する定まった法との関係で言われる」との見解を示している。彼にとって法が道徳的に不正であるのは、実定道徳か神の法によって「試された tried」場合のみである。オースティンは、ホッブズが言っているのは、法は法的に不正ではあり得ないことだと考えていた。

（4）見た目で人間であれば同等に扱われるべきだとの原則の身分と、その正義との関係についての啓発的な検討については、Benn and Peters, *Social Principles and the Democratic State*, chap. 5, 'Justice and Equality'; Rawls, 'Justice as Fairness,' *Philosophical Review* (1958); Raphael, 'Equality and Equity', 21 *Philosophy* (1946), and 'Justice and Liberty', 51 *PAS* (1951–52) 参照。

（5）奴隷制に関するアリストテレスの見解については、『政治学』第一巻第二章を参照。彼は、奴隷の中には「本性から」そうなのではない者もおり、それらの者にとって奴隷制は正義に反し、適切でもないと言っている（前掲第六章）。

（6）アリストテレスはこれを、矯正（distribution）における正義として明確に区分した。『ニコマコス倫理学』第五巻第四章参照。しかし、正義の観念のすべての適用について「正しい」あるいは適切な比例（analogia）の維持・回復がはかられるべきことが強調されている。H. Jackson, *Book 5 of the Nicomachean Ethics* (Commentary: 1879) 参照。

（7）プライバシーの権利が法的に認められるべきだとの議論およびコモンローの原則がその承認を要求するとの議論については、Warren and Brandeis, 'The Right to Privacy', 4 *Harvard Law Review* (1890) and the dissenting judgment of Gray, J., in *Robertson* v. *Rochester Folding Box Co.* (1902), 171 NY 538 参照。イングランドの不法行為はプライバシーそのものは保護していないが、合衆国では今や広く保護されている。イングランド法について *Tolley* v. *J.S. Fry and Sons Ltd.* (1931), AC 333 参照。［訳注］近年ではイングランドでも、ヨーロッパ人権規約第八条に即した法令の解釈適用等を通じて、プライバシー権の保護が実質的に拡大しつつある。*Campbell* v. *MGN Ltd.* (2004), 2 AC 457 参照。

（8）不法行為法における厳格責任と代行責任については、Prosser, *Torts*, chaps. 10 and 11, and Friedmann, *Law in a Changing Society*, chap. 5 参照。犯罪に関する厳格責任の正当化については、Glanville Williams, *The Criminal Law*, chap. 7; Friedmann, op. cit., chap. 6 参照。

（9）正義と「共通善」については、共通善の追求が正しく行動すること、あるいは公平性の精神に即して社会のすべてのメンバーの利益に配慮することと同視されるBenn and Peters, *Social Principles and the Democratic State*, chap. 13 参照。こうした「共通善」と正義との同一視は、普遍的に受け入れられているわけではない。Sidgwick, *The Method of Ethics*, chap. 3参照。

(10) 社会道徳上の責務や義務を道徳的理念や個人的道徳と区別する必要性については、Urmson, 'Saints and Heroes', in *Essays on Moral Philosophy* (Melden ed.); Whiteley, 'On Defining "Morality"', in 20 *Analysis* (1960); Strawson, 'Social Morality and Individual Ideal', in *Philosophy* (1961); Bradley, *Ethical Studies*, chaps. 5 and 6 参照。

(11) 後述273頁以下。

(12) オースティンは*The Province*において、ある社会内部で遵守されている現実の道徳を「実定道徳 positive morality」と呼び、それを実定道徳と実定法がそれに即して試されるべき究極の規準である「神の法」と区別した。これは、社会道徳とそれを超越し、その批判のために使われる道徳原理とを切り分ける重要な区別である。オースティンの「実定道徳」は、しかし、実定法以外のすべての社会的ルールを含む。エチケット、ゲーム、クラブのルール、国際法のルール、そして通常、道徳として考えられ話されるもののすべてが含まれる。こうした道徳ということばの広い意味での使用は、多くの重要な形態や社会的機能の区別を不明瞭にする。本書第X章第4節参照。

(13) 暴力の使用の制限、財産および約束の尊重に関するルールが、実定法および社会道徳を支える自然法の「最小限の内容」を構成することについては、第IX章第2節参照。

(14) 法は外的行動を要求するが道徳はそうではないという本文で批判された見解は、カントによる法的法と倫理的法との区別を法律家が継承したものである。General Introduction to the

Metaphysics of Morals in Hastie, *Kant's Philosophy of Law* (1887), pp. 14 and 20–4 参照。この学説の現代での再述であるKantorowicz, *The Definition of Law*, pp. 43–51は、Hughes, 'The Existence of a Legal System,' 35 *New York University LR* (1960) で批判されている。

(15) 故意過失と客観的規準については、Holmes, *The Common Law*, Lecture II; Hall, *Principles of Criminal Law*, chaps. 5 and 6; Hart, 'Legal Responsibility and Excuses', in *Determinism and Freedom* (ed. Hook) 参照。

(16) 殺人罪における正当化と免責の区別について、Kenny, *Outlines of Criminal Law* (24th edn.), pp. 109–16 参照。正当化と免責の区別の一般的な道徳的意義については、J.L. Austin, 'A Plea for Excuses,' 57 *PAS* (1956–57); Hart, 'Prolegomenon to the Principles of Punishment,' 60 *PAS* (1959–60), p. 12 参照。Bentham, *Of Laws in General*, pp. 120–1は、類似した exemption と exculpation の区別を行っている。

(17) あるルールを道徳的ルールと呼ぶための標識は、それが関係する人々の利益を合理的かつ公正に配慮した結果である場合であるとの見解については、Benn and Peters, *Social Principles of the Democratic State*, chap. 2 参照。Devlin, *The Enforcement of Morals* (1959) と対比せよ。

第IX章

(1) 自然法の古典的、スコラ的、現代的諸観念について論ずる膨大な文献の存在と、「実証主義」という表現の曖昧さ（後述参照）のため、自然法が法実証主義と対比されるとき、厳密に言って何が問題とされているかを見分けることは、しばしば困難である。本文では一つの論点を同定する努力がなされている。二次文献を読むだけでは、このテーマの論議から得るものはきわめて少ないだろう。一次文献のことば遣いや哲学的前提を直接知ることが不可欠である。容易に手にとることのできる最小限の文献として、次のものがある。Aristotle, *Physics*, ii, chap. 8 (trans. Ross, Oxford); Aquinas, *Summa Theologica*, Prima Secundae, Quaestiones 90–7 (available with translation in D'Entrèves, *Aquinas: Selected Political Writings*, Oxford, 1948); Grotius, *On the Law of War and Peace*, Prolegomena (trans. in The Classics of International Law, vol. 3, Oxford, 1925); Blackstone, *Commentaries*, Introduction, s. 2.

（2）　現代の英米圏の文献では、「実証主義」という表現は、次のような主張のうちのいずれかを指すために用いられる。(1)法は人の命令である、(2)法と道徳の間、ある法とあるべき法の間には、必然的関連性はない、(3)法概念の意味の分析や研究は、歴史的探究、社会学的探究および道徳、社会的目的、機能等に基づく批判的評価とは（敵対するものでは全くないが）区別して遂行されるべき重要な研究である、(4)法秩序とは、既定の法的ルールから論理的手段のみによって正しい結論が導かれる「閉じた論理的秩序」である、(5)道徳的判断は、事実言明と同じように、合理的議論、証拠または証明によって基礎づけることはできない（倫理学における「非認識主義」）。ベンサムとオースティンは(1)(2)(3)を支持したが、(4)(5)は支持していない。ケルゼンは(2)(3)(5)を支持したが、(1)(4)を支持していない。(4)はしばしば「分析的法理論家」のものとされるが、十分な理由に支えられているようには思えない。大陸の文献では、「実証主義」という表現はしばしば、人間の行動に関する何らかの原理あるいはルールが理性のみによって発見可能であるとの主張を一般的に拒絶するために用いられる。Ago, op. cit., in 51 *American Journal of International Law*（1957）は、「実証主義」の曖昧さについての有益な検討である。

（3） 自然法に関するミルの見解については、'Essay on Nature' in *Nature, the Utility of Religion and Theism* 参照。

（4） 自然法についてのブラックストンの見解は、Blackstone, loc. cit. を、ベンサムの見解については、Bentham, *A Comment on the Commentaries*, ss. 1–6 を参照。

（5） Hume, *Treatise of Human Nature*, Book III, part 2, 'Of Justice and Injustice.'

（6） この自然法の経験的なヴァージョンは、Hobbes, *Leviathan*, chaps. 14 and 15, and Hume, *Treatise of Human Nature*, Book III, part 2, esp. ss. 2 and 4–7 に依拠している。

（7） マーク・トゥウェインの小説は、個人的同情心と人道主義に反する社会道徳の存在が作り出す道徳的ディレンマの深遠な探究である。それは、すべての道徳を個人的同情心や人道主義と同一視することへの有益な矯正である。

（8） アリストテレスによると、奴隷とは「生ける道具」である（『政治学』第一巻第二—四章）。

（9） 法の発展が道徳によって影響を受ける仕方に関する有益な研究として、Ames, 'Law and Morals,' 22 *Harvard Law Review*（1908）; Pound, *Law and Morals*（1926）; Goodhart, *English Law and the Moral Law*（1953）がある。オースティンは、こうした事実上および因果的関連性を十分に認識していた。*The Province*, Lecture V, p. 162 参照。

（10） 法解釈における道徳的考慮の地位については、Lamont, *The Value Judgment*, pp. 296–

331; Wechsler, 'Towards Neutral Principles of Constitutional Law', 73 *Harvard Law Review*, pp. 1–35 ; Hart, op. cit., in 71 *Harvard Law Review*, pp. 606–15, and Fuller's criticism, ib. 661 *ad fin* 参照。「競合する類比」の間の司法的選択に開かれた領域をオースティンが認識していたこと、そして裁判官が功利規準に即して裁判しないことへの彼の批判については、*The Lectures*, Lecture 37 and 38 参照。

(11) 平等な配慮に対するすべての人の権利の承認が、多くの可能な道徳のひとつであるにとどまらず、真の道徳の確定的な特質であるとの見解については、Benn and Peters, *Social Principles and the Democratic State*, chaps. 2 and 5, and Baier, *The Moral Point of View*, chap. 8 参照。

(12) このテーマについては、Hall, *Principles of Criminal Law*, chap. i参照。「法の内在的道徳」については、Fuller, op. cit., 71 *Harvard Law Review* (1958), pp. 644–8 参照。

(13) 255頁参照。

(14) [訳注] 原語はprinciples of legality であって、法治主義の諸原理と訳すことも考えられるが、説明されている内容は、英米圏で「法の支配 rule of law」の諸原理と呼ばれるものに対応する。

(15) Austin, *The Province*, Lecture V, pp. 184–5.

(16) Gray, *The Nature and Sources of the Law*, s. 213.

(17) Kelsen, *General Theory*, p. 113.

(18) バムベルク上級地方裁判所の一九四九年七月二七日判決参照（5 *Süddeutschen Juristen-*

Zeitung, 207)。H.L.A. Hart, 'Positivism and the Separation of Law and Morals,' in 71 *Harvard L. Rev.* (1958), 593 および L. Fuller, 'Positivism and Fidelity to Law,' ibid., p. 630 で詳細に論じられている。ただし、次注19での判決に関する訂正を参照。

(19) ラートブルッフの後期の見解についての、ハートの検討とフラーの応答については、op. cit., 71 *Harvard Law Review* (1958) 参照。自分の夫をナチスの一九三四年法に違反したとして告発した妻が、違法に彼の自由を剝奪した罪で有罪とされたバムベルク上級地方裁判所による一九四九年七月の判決についての同所の議論は、64 *Harvard Law Review* (1951), p. 1005 での事件の描写が正確で、ドイツの裁判所は一九三四年法を無効と判断したとの前提で行われている。この描写の正確性は、Pappe, 'On the Validity of Judicial Decision in the Nazi Era,' 23 *MLR* (1960) によって疑問に付されている。パッペ博士の批判には十分な根拠があり、著者(Hart) による事件の検討は、厳密に仮定に基づくものとみなされるべきである。パッペ博士が示したように (op. cit., p. 263)、実際の事件では、地方控訴裁判所は、法令が自然法に反するなら無効であろうとの理論的可能性を受け入れた後、問題のナチスの法規は自然法に違反していないと判断した。被告人は違法な自由の剝奪で有罪とされたが、それは、彼女に密告する義務がなく、純粋に個人的理由で密告しており、当該状況の下では、それが「すべての品位ある人間の健全な良心および正義の感覚に反する」ことに気付くべきだったからである。パッペ博士による、同様の事件のドイツ最高裁判所判決の注意深い分析も参照されるべきである (ib. p. 268 *ad fin*)。

第X章

（1）「国際法は本当に法か」という問題は、ことばの問題を事実問題と取り違えるものだとの見解について、Glanville Williams, op. cit., in 22 *BYBIL*（1945）参照。

（2）疑念の根源に関する建設的で一般的な分析については、A.H. Campbell, 'International Law and the Student of Jurisprudence,' in 35 *Grotius Society Proceedings*（1950）; Gihl, 'The Legal Character and Sources of International Law,' in *Scandinavian Studies in Law*（1957）参照。

（3）この問いかけは（ときに「国際法の拘束力の問題」と言われるが）、Fisher Williams, *Chapters on Current International Law*, pp. 11–27; Brierly, *The Law of Nations*, 5th edn.（1955）, chap. 2; *The Basis of Obligation in International Law*（1958）, chap. 1で提起されている。また、Fitzmaurice, 'The Foundations of the Authority of International Law and the Problem of Enforcement' in 19 *MLR*（1956）も参照。これらの著者は、ルールの秩序が拘束力を持つ（持たない）という言明の意味について明示的に論じていない。

（4）国際連盟第一六条の身分については、Fisher Williams, 'Sanctions under the Covenant,' in 17 *BYBIL*（1936）参照。国連憲章第七章の下での制裁については、Kelsen, 'Sanctions in International Law under the Charter of U.N.,' 31 *Iowa LR*（1946）, and Tucker, 'The Interpretation of War under Present International Law,' 4 *The International Law Quarterly*（1951）参照。朝鮮戦争については、Stone, *Legal Controls of International Conflict*（1954）, chap. ix, Discourse 14 参照。平和のための結集決議が、国連が「麻痺して」いないことを示し

たと言うことももちろん、可能ではあろう。

（5） 拘束的であると考えられ、そう言われる国際法の観念については、Jessup, *A Modern Law of Nations*, chap. 1, and 'The Reality of International Law', 118 *Foreign Affairs*（1940）参照。

（6）「主権とは、法によって各国の個別の行動に委ねられている国際的領域に与えられている名前に過ぎない」との見解の明快な提示に関しては、Fisher Williams, op. cit., pp. 10–11, 285–99, and *Aspects of Modern International Law*, pp. 24–6, and Van Kleffens, 'Sovereignty and International Law', *Recueil des cours*（1953）, i, pp. 82–3 参照。

（7）「国家」の観念と、従属国家の類型については、Brierly, *The Law of Nations*, chap. 4 参照。

（8） 主要な著者としては、Jellinek, *Die Rechtliche Natur der Staatsverträge*; Triepel, 'Les Rapports entre le droit interne et le droit international', *Recueil des cours*（1923）がある。極端な見解として、Zorn, *Grundzüge des Völkerrechts* がある。この種の「実証主義」に対する批判的検討として、Gihl, op. cit., in *Scandinavian Studies in Law*（1957）; Starke, *An Introduction to International Law*, chap. 1; Fisher Williams, *Chapters on Current International Law*, pp. 11–16 参照。

（9） いかなる国際法のルールも、拘束される国家の事前の（明示または黙示の）同意なしには、拘束力を持たないとの見解は、イングランドの裁判所によっても（*R.* v. *Keyn* 1876, 2 Ex. Div. 63, 'The Franconia'）、また常設国際裁判所によっても（*The Lotus*, PCIJ Series A, No. 10）表明されたことがある。

（10）新国家および海沿いの領土を獲得した国家については、Kelsen, *Principles of International Law*, pp. 312–13 参照。

（11）一般的条約が当事国でない国家に及ぼす効果については、Kelsen, op. cit., 345 ff.; Starke, op. cit., chap. 1; Brierly, op. cit., chap. vii, pp. 251–2 参照。

（12）「道徳」ということばの包括的使用については「実定道徳」に関するオースティンの議論（*The Province*, Lecture V, pp. 125–9, 141–2）参照。

（13）道徳的責務が国際法の「基礎」であるとの見解については、Lauterpacht, Introduction to Brierly's *The Base of Obligation in International Law*, xviii, and Brierly, ib., chap. 1参照。

（14）強制された条約を立法とする見方については、Scott, 'The Legal Nature of International Law', in *American Journal of International Law*（1907）at pp. 837, 862–4 参照。一般的条約を「国際的立法」とするよく見られる描写への批判として、Jennings, 'The Progressive Development of International Law and its Codification', 24 *BYBIL*（1947）at p. 303 参照。

（15）分権化された制裁については、Kelsen, op. cit., p. 22, and Tucker in op. cit., 4 *International Law Quarterly*（1951）参照。

（16）国際法の根本規範を「契約は守られるべし」として定式化する Anzilotti, *Corso di diritto internazionale*（1923）, p. 40 参照。「国家は慣習的に行動してきたように行動すべし」という定式による置き換えについては、Kelsen, *General Theory*, p. 369, and *Principles of International Law*, p. 418 参照。重要な批判的検討として、Gihl, *International Legislation*（1937）and op. cit. in *Scandinavian Studies in Law*（1957）, pp. 62 ff. がある。国際法には根本規範は存在しな

いとする詳細な議論の展開として、Ago, 'Positive Law and International Law', in 51 *American Journal of International Law* (1957) and *Scienza giuridica e diritto internazionale* (1958) 参照。ギールは、国際司法裁判所規程第三八条にもかかわらず、国際法は形式的な意味での法源を持たないとする。国際法を「始源的仮説」として定式化しようとする、本文で展開された批判と同様の批判にさらされるであろう試みとして、Lauterpacht, *The Future of Law in the International Community*, pp. 420–3 参照。

(17) 国際法と国内法の内容上の類似性については、Campbell, op. cit., in 35 *Grotius Society Proceedings* (1950), p. 121 ad fin および、領土獲得、時効、租借、委任、地役権等に関する条約およびルールを検討する Lauterpacht, *Private Law Sources and Analogies of International Law* (1927) 参照。

(18) *Principles of Morals and Legislation*, XVII, 25, n. 1.

後記

(1) 私の *The Morality of Law* (1964) の書評、78 *Harvard Law Review* 1281 (1965), reprinted in my *Essays in Jurisprudence and Philosophy* (1983), p. 343 を参照。

(2) 私の 'Law in the Perspective of Philosophy: 1776–1976,' 51 *New York University Law Review* 538 (1976); 'American Jurisprudence through English Eyes: The Nightmare and the Noble Dream,' 11 *Georgia Law Review* 969 (1977) 参照。いずれも *Essays in Jurisprudence and Philosophy* に再録されている。'Legal Duty and Obligation,' chap. VI in my *Essays on*

Bentham (1982) および 'Comment', in R. Gavison (ed.), *Issues in Contemporary Legal Philosophy* (1987), p. 35 をも参照。

(3) 以下、それぞれ、*TRS, AMP, LE* と略称する。

(4) [第2版編者注] ハートは、ここで言及されている第二部を完成させていない。冒頭の第2版編者はしがき参照。

(5) H.L.A. Hart, 'Comment', Gavison, above, n. 2, p. 35 参照。

(6) *LE* 102.

(7) *LE* chap. 3.

(8) *LE* 90.

(9) *LE* 90.

(10) *TRS* 66.

(11) *LE* 65–66.

(12) ただし、ドゥオーキンは、こうした解釈前の法の同定も、それ自体、解釈を必要とする可能性のあることを警告している。*LE* 66 参照。

(13) *LE* 93.

(14) *LE* 94.

(15) もっとも批判者の中には、法実践はドゥオーキンの言う意味で解釈的であることに同意しつつも、法理論が解釈的であることを否定する者もいる。たとえば、Michael Moore, 'The Interpretive Turn in Modern Theory: A Turn for the Worse?', 41 *Stanford Law Review* 871

(1989), at 947–8 参照。

(16) *LE* 102. また、彼は「われわれにとっての一般的法理論は、われわれ自身の司法的実践の一般的解釈である」とも言う（*LE* 410)。

(17) *AMP* 148;「法理論を、社会実践の中立的な解明として理解することは、まともにはできない」A Reply by Ronald Dworkin, in Marshal Cohen (ed.), *Ronald Dworkin and Contemporary Jurisprudence* (1983)［以下、*RDCJ* と略記］, p. 247 at 254.

(18) ［第2版編者注］*LE* 13–14.

(19) ［第2版編者注］*Legal Reasoning and Legal Theory* (1978), 63–4, 139–40 参照。

(20) R.M. Dworkin, 'Legal Theory and the Problem of Sense', in R. Gavison (ed.), *Issues in Contemporary Legal Philosophy: The Influence of H.L.A. Hart* (1987), at 19.

(21) Ibid.

(22) *LE* 6ff.

(23) *LE* 4.

(24) *LE* 31 ff.

(25) *LE* 45.

(26) この区別については、John Rawls, *A Theory of Justice* (1971), pp. 5–6, 10 参照。［第2版編者注］正義の概念を正義の諸観念から区別するにあたって、ロールズは、「この点で私は、H.L.A. Hart, *The Concept of Law*, pp. 155–159 (First edition) に従う」と述べる。*A Theory of Justice*, p. 5 n. 1 参照。

(27) *LE* 418–19, n. 29.
(28) *LE* 31–3.
(29) 本書324頁参照。そこで私は、そうした学説を批判している。
(30) [第2版編者注] これはハートの表現であり、『法の帝国』にはあらわれない。
(31) *TRS* 17.
(32) 71 *Harvard Law Review* 593 (1958), reprinted in my *Essays in Jurisprudence and Philosophy* (see esp. 54–5).
(33) *LE* 117.
(34) [第2版編者注] *LE* 93.
(35) *LE* 429 n. 3.
(36) ソーパーおよびコールマンに対する *RDCJ* 247 ff. and 252 ff. における彼の応答を参照。
(37) *RDCJ* 248.
(38) [第2版編者注] 本書200〜201、202〜219、237〜246頁参照。
(39) [第2版編者注] 本書209〜210頁参照。
(40) *RDCJ* 250.
(41) J. Raz, 'Dworkin: A New Link in the Chain', 74 *California Law Review* 1103 (1986), at 1110, 1115–16 参照。
(42) [第2版編者注] *LE* 13–14.
(43) [第2版編者注] *TRS* 48–58.

(44) *TRS* 51.

(45) [第2版編者注] *TRS* 50–8. 本書２０３～２０４頁参照。

(46) [第2版編者注] *TRS* 58.

(47) [第2版編者注] *TRS* 24.

(48) *TRS* 24. *Henningsen* v. *Bloomfield Motors*, Inc., 32 NJ 358, 161 A. 2d 69 (1960) at 387, 161 A. 2d at 85 からの引用。

(49) *TRS* 25–6.

(50) [第2版編者注] ドゥオーキンは、第一修正がルールか原理かを *TRS* 27で検討している。

(51) [第2版編者注] *TRS* 26.

(52) *TRS* 24–7.

(53) ラズとワルチャウは、私が気付かなかったこの重要な点を強調している。J. Raz, 'Legal Principles and the Limits of the Law', 81 *Yale LJ* 823 (1972) at 832–4 and W.J. Waluchow, 'Herculean Positivism', 5 *Oxford Journal of Legal Studies* 187 (1985) at 189–92.

(54) 115 N.Y. 506, 22 N.E. 188 (1889); *TRS* 23; see also *LE* 15 ff.

(55) [第2版編者注] ドゥオーキンの議論については、*TRS* 22–8 および *LE* 15–20 参照。

(56) *LE* 265.

(57) [1932] A.C. 562.

(58) [第2版編者注] *TRS* 27.

(59) See, e.g., E.P. Soper, 'Legal Theory and the Obligation of a Judge', *RDCJ* p. 3 at 16; J.

Coleman, 'Negative and Positive Positivism,' *RDCJ* p. 28; D. Lyons, 'Principles, Positivism and Legal Theory,' 87 *Yale Law Journal* 415 (1977).

（60）［第2版編者注］ *LE* 65–6.

（61）［第2版編者注］ *LE* 72–3, 91–2.

（62）［第2版編者注］ *LE* 47, 67.

（63）［第2版編者注］ *LE* 401.

（64） *LE* 67.

（65） *LE* 53.

（66） *RDCJ* 260.

（67） *RDCJ* 259.

（68）［第2版編者注］ *TRS* 112, 128, and see *TRS* 93.

（69） *LE* 78–9.

（70）［第2版編者注］ *LE* 103.

（71）［第2版編者注］ *LE* 105.

（72）［第2版編者注］ *LE* 105–6.

（73）［第2版編者注］本節の最初の段落の別のヴァージョンは、次の通り。

裁判に関する一連の著作を通して、ドゥオーキンは、裁判所が既存の法によって不完全にしか統御されない事案を裁判するための法を創設する権限という意味での裁量を有することを、断固として否定し続けてきた。実際彼は、瑣末な例外を除けば、そうした事案は存在しないと主張してきた。周知のように彼は、いかなる事件のいかなる法的論点についても、何が法であるかに関する有意義な問題については、つねに単一の「正解」があるとしてきた［第2版編者注：彼の'No Right Answer?' in P.M.S. Hacker and J. Raz (eds.), *Law, Morality and Society* (1977), pp. 58–84; reprinted with revisions as 'Is There Really No Right Answer in Hard Cases?' *AMP*, chap. 5 参照］。

しかし、この不変の学説の見かけにもかかわらず、後期のドゥオーキンによる解釈的諸観念の法理論への導入と、すべての法命題は（彼がこの表現に与える特殊な意味において）「解釈的」であるとの彼の主張とは、（ラズがはじめて明確にしたように［第2版編者注：J. Raz, 'Dworkin: A New Link in the Chain,' 74 *California Law Review*, 1103 (1986) at 1110, 1115–16］）彼の立場を私の立場に実質的にきわめて近いものとし、裁判所は事実上、しばしば、法創造的裁量を行使してきたことを認めるものにしている。解釈的諸観念を彼の法理論に導入する以前は、裁判に関するわれわれの説明には大きな違いがあったと言い得る。初期のドゥオーキンによる強い意味での司法裁量の否定と常に正解があるとの彼の主張とは、裁判における裁判官の役割は、既存の法を発見し、それを執行することだとの観念と結び付いていたからである。しかし、裁判所は事件の解決にあたって、しばしば法創造的裁量を行使するとの私の主張ともちろん鋭く対立する初期のこの考え方は、全く登場しなくなっている［第2版編者注：別のヴァージョンはここで終わっている］。

(74)［第2版編者注］*TRS* 81; cf. *LE* 37–9.

(75)［第2版編者注］*TRS* 84–5.

（1） See eg. John Searle, *The Construction of Social Reality* (Allen Lane, 1995); and Neil MacCormick, *Institutions of Law: An Essay in Legal Theory* (Oxford University Press, 2007).

（2） Cf. Ian Hacking, *The Construction of What?* (Harvard University Press, 1999).

（3） Cicero, *De Re Publica* III. xii. 33, tr. C. W. Keyes (Harvard University Press, Loeb Classical Library, 1943) 211.

（4） *Natural Law and Natural Rights* (2nd edn., Oxford University Press, 2011) におけるジョン・フィニスは、おそらくこれに近い。

（5） Ronald Dworkin, *Taking Rights Seriously* (Harvard University Press, 1978), chap. 4; Ronald Dworkin, *Law's Empire* (Harvard University Press, 1986), chaps. 2-3.

（6） Hans Kelsen, *Pure Theory of Law* (Max Knight tr., 2nd edn., University of California Press, 1967) 193–205.

（7） Ibid. 1.

（8） 第Ⅵ章注1参照。また、ハートの論稿 'Kelsen Visited' and 'Kelsen's Doctrine of the Unity of Law', in H.L.A. Hart, *Essays in Jurisprudence and Philosophy* (Oxford University Press, 1983) 参照。

（9） 括弧内の頁数は、本書の頁数を示す。

（10） Michel Foucault, 'Truth and Power', in his *Power/ Knowledge: Selected Interviews and*

Other Writing, 1972–1977 (Colin Gordon ed., Vintage, 1980) 121.

(11) See Ronald Dworkin, *Taking Rights Seriously* (rev. edn., Harvard University Press, 1978) 48–58; Joseph Raz, *Practical Reason and Norms* (2nd edn., Oxford University Press, 1999) 49–58.

(12) ハートの議論のこの論点に関する他の疑問については、Leslie Green, 'Positivism and Conventionalism' (1999) 12 *Canadian Journal of Law and Jurisprudence* 35; and Julie Dickson, 'Is the Rule of Recognition Really a Conventional Rule?' (2007) 27 *Oxford Journal of Legal Studies* 373 参照。

(13) たとえば、Joseph Raz, *Practical Reason and Norm*; Frederick Shauer, *Playing by the Rule: A Philosophical Examination of Rule-based Decision-making in Law and in Life* (Oxford University Press, 1993); Andrei Marmor, *Social Conventions: From Language to Law* (Princeton University Press, 2009); Scott J. Shapiro, *Legality* (Harvard University Press, 2011).

(14) ルールと規準との区別は、Henry M. Hart and Albert Sacks, *The Legal Process: Basic Problems in the Making and Application of Law* (W.N. Eskridge, Jr. and P.P. Frickey eds., Foundation Press, 1994) 139–41でなされている。ルールと原理の区別は、Ronald Dworkin, *Taking Rights Seriously* 22–8でなされている。

(15) この論点の他の側面については、Jeremy Waldron, *Law and Disagreement* (Oxford University Press, 1999) 参照。

（16） Ronald Dworkin, *Law's Empire* 34.

（17） この言明は、厳密に言って、どの公務員が問題か、そして「公的な」役割がいかに性格づけられるべきかという問題を取り扱っていない。一般論としてハートは、少なくとも裁判官と議会の議員を公務員に含め、「公的な」とは、法的と言うより社会的・政治的意味合いで受け取られることを意図している。

（18） 4 U.S.C.§8 (h).

（19） H.L.A. Hart, 'Positivism and the Separation of Law and Morals' (1958) 71 *Harvard Law Review* 593, at 601 n. 25.

（20） See John Gardner, 'Legal Positivism: 5½ Myths', chap. 2 of his *Law as a Leap of Faith* (Oxford University Press, 2012); and Leslie Green, 'Positivism and the Inseparability of Law and Morals' (2008) 83 *New York University Law Review* 1035.

（21） *Summa Theologica* II–I, q. 90 a. 4.

（22） 行動の方向づけ：Lon Fuller, *The Morality of Law* (rev. edn., Yale University Press, 1969)；活動の調整：John Finnis, *Natural Law and Natural Rights* (Oxford University Press, 1980)；正義の遂行：Michael Moore, 'Law as a Functional Kind,' in R. P. George ed., *Natural Law Theory: Contemporary Essays* (Oxford University Press, 1992) 221; 強制の許容：Ronald Dworkin, *Law's Empire* 93.

（23） 道徳の許容とは、「現在遂行されている強制を正当化する」ことを意味するのか、それとも「正当化され得ない強制がなされないよう保障する」ことを意味するのか、それとも「そうすることが正当である場合にのみ人々を強制する」ことを意味するのか。

（24） Hans Kelsen, *General Theory of Law and State*（A. Wedberg tr., Harvard University Press, 1949）20.

（25） デイヴィッド・ライアンズは、この観念を「形式的正義」という表現の下、'On Formal Justice'（1973）58 *Cornell Law Review* 833 で批判した。マシュー・クレイマーは、この観念を「恒常性」というより善い表現の下で、'Justice as Constancy'（1997）16 *Law and Philosophy* 561 で擁護している。

（26） H.L.A. Hart, 'Positivism and the Separation of Law and Morals' 593, at 626.

（27） ここでは、John Gardner, 'The Virtue of Justice and the Character of Law', chap. 10 of his *Law as a Leap of Faith* に従っている。

（28） ハートは彼の立場を「柔らかい」実証主義と呼んでいるが、法が言及する対象を何であれ取り込むと主張するのであるから、「取り込み型」実証主義という呼び方の方が明快である。

（29） この比喩は、Ronald Dworkin, *Taking Rights Seriously* 17 で最初に用いられた。

（30） 取り込み型実証主義は、W.J. Waluchow, *Inclusive Legal Positivism*（Oxford University Press, 1994）および Jules Coleman, *The Practice of Principle: In Defence of a Pragmatist Approach to Legal Theory*（Oxford University Press, 2001）で擁護された。他方、Joseph Raz, *Ethics in the Public Domain: Essays in the Morality of Law and Politics*（Oxford University Press, 1994), chaps. 9, 10; and Scott Shapiro, 'On Hart's Way Out'（1998）4 *Legal Theory* 469 で批判された。

(31) ここでハートは、「道徳上または慣例上の」ということばで、オースティンの言う「実定道徳」による法外の制約のほか、ダイシーの言う憲法「習律」による制約をも指している。

(32) ［訳注］ハートは原著後記で第一六修正に言及しているが（p. 250：本訳書３８３頁）、政教分離に触れていることからすると、第一修正の誤記と思われる。また、グリーンがここで引用する条項は、第一六修正自体ではなく、同条項による修正対象である、連邦議会の権限に関する第一篇第九節第四項である。

(33) ここでも、「統御された」とは「完全に統御された」ことを意味しない。

(34) Hans Kelsen, *Pure Theory of Law* 350–1.

(35) H.L.A. Hart, *Essays in Jurisprudence and Philosophy* 361.

(36) Joseph Raz, *The Morality of Freedom* （Oxford University Press, 1986）, chap. 2; *Ethics in the Public Domain*, chap. 10; and *Between Authority and Interpretation: On the Theory of Law and Practical Reason* （Oxford University Press, 2009）, chap. 5.

(37) これは、そうすべき「客観的」理由があることを意味するのであって、単に人々の利己的な利益に適うことをするとか、彼らが主観的に理由があると思うことという意味ではない。

(38) しかも、晩年の論稿で、ハート自身がこの議論の中のいくつかの鍵となる観念を採用している。See H.L.A. Hart, 'Commands and Authoritative Legal Reasons', in his *Essays on Bentham* （Oxford University Press, 1982）.

(39) トニー・オノレは、招待は法が行う道徳的主張を通じてなされると考える。See his 'The Necessary Connection between Law and Morality', （2002） 22 *Oxford Journal of Legal Studies*

489.

（40） See Joseph Raz, *Between Authority and Interpretation*, chap. 7.

（41） David Sugarman, 'Hart Interviewed: H.L.A. Hart in Conversation with David Sugarman'（2005）32 *Journal of Law and Society* 267, 291.

（42） Hans Kelsen, *General Theory of Law and State* 178. ここで「規範的」というのは、「規範とかかわる」という意味であって、「道徳的に評価する」という意味ではない。

（43） 指標設定の試みの評価および設定における問題点については、Tom Ginsburg, 'Pitfalls of Measuring the Rule of Law'（2011）3 *Hague Journal on the Rule of Law* 269 参照。

（44） 法理学への社会科学的アプローチの威勢のよい擁護として、Brian Leiter, *Naturalizing Jurisprudence: Essays on American Legal Realism and Naturalism in Legal Philosophy*（Oxford University Press, 2007）参照。

（45） See Richard Rorty ed., *The Linguistic Turn: Recent Essays in Philosophical Method*（University of Chicago Press, 1967）.

（46） 後期ウィトゲンシュタインによって、とくに彼の弟子のフリードリヒ・ヴァイスマンによっても影響を受けている。ハートと当時のオクスフォード哲学者との人的・知的交流の啓発的な解説として、Nicola Lacey, *A Life of H.L.A. Hart: The Nightmare and the Noble Dream*（Oxford University Press, 2004）参照。

（47） 多くの襲撃者の中でも、Stephen Guest, 'Two Strands in Hart's Concept of Law', in Stephen Guest ed., *Positivism Today*（Dartmouth, 1996）29 参照。

(48) Ian Brownlie, 'The Reality and Efficacy of International Law' (1981) 52 *British Yearbook of International Law* 1, 7–8.

(49) いくつかの論点の展望として、Samantha Besson and John Tasioulas eds., *The Philosophy of International Law* (Oxford University Press, 2010) 1–13 の編者序説およびそこで引用された文献参照。

(50) Isaiah Berlin, *Four Essays on Liberty* (Oxford University Press, 1969), and also his 'On Value Pluralism' (1998) *New York Review of Books*, vol. XLV No. 8.

(51) こうした立場の最も一貫した主張として、Ronald Dworkin, *Justice for Hedgehogs* (Harvard University Press, 2011) 参照。

(52) 応用道徳哲学の方向へ行き過ぎているとの観察として、Jeremy Waldron, '*Political* Political Theory: An Oxford Inaugural Lecture', http://ssrn.com/abstract=2060344 参照。

(53) Ronald Dworkin, *Law's Empire* 1.

(54) Ronald Dworkin, 'Does Law Have a Function? A Comment on the Two-Level Theory of Decision' (1965) 74 *Yale Law Journal* 640.

(55) David Hume, 'My Own Life' in his *Essays, Moral, Political and Literary*, E.F. Miller, ed. (Liberty Press, 1987).

訳者あとがき

本書はHerbert Lionel Adolphus Hart, *The Concept of Law*, 3rd ed.(Oxford University Press, 2012)を訳したものである。ただし、第3版編者であるレスリー・グリーン教授が新たに付した文献注は訳していない。グリーン教授による「解説」は冒頭ではなく、巻末に置いている。原著では、本文中の脚注とは別に、ハートによる詳細な解説注が巻末に付されているが、本書では、脚注、巻末の解説注および訳注を通し番号とし、巻末に置いた。原文でのイタリックによる強調は、傍点によって示した。

原著者のH・L・A・ハートは一九〇七年、イングランド北部の町、ハロゲートでユダヤ系の比較的裕福な仕立屋の息子として生まれた。オクスフォード大学卒業後、租税法と信託を主として扱う法廷弁護士として活動し、第二次大戦中は諜報機関MI5で働いた。一九四五年、哲学のフェロウとしてオクスフォードに復帰して言語哲学研究にたずさわり、一九五二年には法理学の教授職（the Victorian Corpus Chair of General Jurisprudence）に就いた。ハートを同教授職に推薦する文書で、ギルバート・ライルは、これまで馬鹿や悪漢（fools and knaves）が占めてきたこの教授職も、今や高潔な人格と知性を備える者が務めるべきときが来たと記し、ハートを困惑させたそうである。長く衰退期にあり、瀕死の状態にあると言われた英国の法哲学は、ハートの手で急速に頑健さを取り戻し、一九九二年の彼の死後も続く現在の隆盛を迎えた。

ハートの法理学は、法実証主義の系譜に属する。もっとも、法実証主義というラベルは、きわめて多様な主張をカバーする。実定法である以上は内容の善悪にかかわらず、必ず従う必要があるという非常識な主張や、人の社会生活を支える以上は法として最低限求められる自然法なるものの存在を完全に否定する主張が法実証主義だと呼ばれることもあるが、ハートの立場はこれらとは異なる。より穏健で良識に適ったものである。

近代法の特質が、一次ルールと二次ルールとからなる法秩序の構成要素たる点にあると説く本書の内容は平明であり、とくに解説を加える必要はないであろう。その後の法理学の発展のため、現在の学問の到達点との間に乖離を生じた部分もあるが、これについては、レスリー・グリーン教授の解説を参照されたい。本書のかなりの部分は、ジョン・オースティンに代表される主権者命令説、および古典的な自然法論の批判的検討によって占められるが、ハートのこうした批判的検討が、ジェレミー・ベンサムに遡る主権者命令説およびトマス・アクィナスに代表される自然法論の、より説得力に富む再解釈を導いていることを指摘しておきたい。

本書の翻訳は、筑摩書房第三編集局の増田健史氏の勧めに応じて開始された。その後、増田氏は訳稿に綿密に目を通して驚くべき数量の誤訳を指摘したのみならず、表現の改善に向けた数々の提言を頂戴した。ここに記して、深謝申し上げる。なお残るであろう誤りの責任は、もちろん訳者にある。

二〇一四年一〇月

Y・H

【ワ　行】

【ヤ　行】

【ラ　行】

【マ　行】

【ナ　行】

【ハ　行】

【タ 行】

言語分析（ハートの法理論における）Linguistic analysis in Hart's theory　468–469
憲法 Constitutional Law
——の改正　128–130, 135–136, 502
実定道徳としての——　22
立法府を制限する——　123–125, 127–137, 502
憲法習律（イギリスの）Convention of British Constitution　183, 510
権利 Rights　31, 102–103, 107–110, 150, 408–409, 412–413
公務員 Officials　51–52, 79–80, 111–112, 154–165, 187–193
コールマン Coleman, J.　531, 533
国際法 International Law　25, 26, 123, 138, 195, 198, 248, 279, 305, 309, 329–365, 474–475, 525–528
国際連盟 League of Nations　335, 525
国連憲章 United Nations Charter　335, 358, 525
国家 State　97, 100, 165, 305, 340–349, 526, 527
国会法（1911年および1949年の）Parliament Acts 1911 and 1949　242–243
国家の主権 Sovereignty of States　340–349, 526
根本規範 Basic Norm　⇨　ケルゼンを見よ
——と認定のルール　179–181, 359–363, 506–508

【サ　行】

裁判 Adjudication
——の理論　395–396, 413–419
——のルール　163–166
裁判官 Judges
——による決定の現象論　415
——の義務　65
——の権限　65, 83, 163–164
裁判所 Courts　22, 27, 65–67, 81, 163, 220, 221
——と認定のルール　118–119, 187–193, 238–239, 243–246
——の最終性と不可謬性　227–236
——の法創造的機能　213–219, 227–236, 413–419
裁量 Discretion
規則制定機関の——　213
ゲームにおける記録員の——　228–234
裁判所の——　227–236, 386, 388, 396, 413–415, 418–419
ジェニングズ，アイボァ Jennings, W. Ivor　500
シジウィック Sidgwick, H.　499, 501, 517, 519
自然的正義 Natural Justice　255, 321
自然法 Natural Law　31, 249, 284, 290–311, 520, 522
——における自然の概念　294–299
——の経験的類型　299–301
——の最小限の内容　301–311, 449–451
戦後ドイツにおける——の復活　323–328, 524
実効性（法の）Efficacy of Law　172–173, 509–510

価値多元論 Pluralism, of values 475, 476
管轄権（裁判所の）Jurisdiction 65–67, 76, 163–165
慣習（の法的地位）Custom, legal status of, 88–94, 116–117, 123, 155, 497, 504, 505
カント Kant, I. 519
慣例 Conventions, rules as, 431–434
議会、国会 Parliament 58, 177–178
——とイギリス連邦 196–198, 511
——の主権 116, 130–137, 177–178, 183–184, 238–243, 491, 515, 516
キケロ Cicero 535
規範的用語 Normative Language 106–107, 148, 192
義務 Duties 31, 62–63, 82–84, 269–271, 408–409, 413
——と責務・義務 obligation 492
——と予測. 496
——を賦課するルールの性格 149–150, 392
権限の欠如と—— 124–126
グッドハート Goodhart, A.L. 511, 522
グライス Grice, P. 487
グレイ Gray, J.C. 227, 482, 483, 497, 500, 501, 523
クロス Cross, R. 514
グロティウス Grotius 521
形式主義 Formalism 202–246, 513
刑事法 Criminal Law 30, 33, 57, 62, 64, 69, 70, 71–73, 77, 80–82, 94, 138, 150
刑罰、処罰 Punishment 30, 35–37, 62, 72, 76–77, 80, 152, 272, 282–283
契約 Contracts 33, 63–64, 78, 83, 162–163
ゲーム Games
——での審判の判定に示される法の持続性 115
——での得点記録員の裁量と裁判所の行うことが法だとの理論 228–234
——でのルールへの服従とチェスの手 225–226
——における多様なルール 33, 67
——における得点のルール 73, 110, 170
——におけるルールの内的側面 106
——の定義 487
すべてのルールは——の審判を名宛人とするとの理論 82, 494
ケルゼン Kelsen, H. 48, 75, 358, 426, 427, 444, 450, 462, 467, 482, 483, 485, 491, 493, 495, 496, 497, 498, 505, 506–508, 509–510, 511, 512, 521, 523, 525, 527, 535, 538, 539, 540
権威・権限 Authority 50–51, 165
権限 power と区別された—— 116, 312–313, 315–316
立法—— 107–117, 126–127
厳格責任 Strict liability 263, 272, 279–282, 518
権限 Powers ⇨ ルール（権限付与——）を見よ

索　引

【ア　行】

アウグスティヌス Augustine, St.　41, 248, 484
アクィナス Aquinas　299, 484, 521
アメリカ合衆国 United States of America
——憲法　39, 76, 128, 129, 130, 136, 176–177, 233, 383, 398, 403, 497, 502
アリストテレス Aristotle　258, 299, 486, 517, 518, 521, 522
イェリネク Jellinek, G.　526
イギリス連邦 Commonwealth
——における独立の法秩序の生成　196–198, 511
遺言 Wills　33, 38–39, 60, 66, 74, 75–78, 83, 162
ウィトゲンシュタイン Wittgenstein, L.　487, 513
ウィリアムズ，グランヴィル Williams, Glanville L.　483, 486, 518, 525
ウィンチ，ピーター Winch, P.　500, 513
ウェイド Wade, H.W.R.　510, 515, 516
ヴェクスラー Wechsler, H.　523
ウェストミンスター条令 Statute of Westminster　243, 512, 516
ウォーレンとブランダイス Warren, S.D. and Brandeis, L.D.　518
エヴァンズ-プリチャード Evans-Prichard, E.E.　505
オースティン，J.L.　Austin, J.L.　486, 494, 520
オースティン，ジョン Austin, John　30, 31, 45, 47, 50, 51, 56, 59, 111, 116, 130, 141, 239, 326, 375, 376, 482–484, 486, 489, 490, 491, 492, 495, 497, 498, 499, 500, 501, 502, 503, 517, 519, 521, 522, 523, 527, 539
オノレ Honoré, A.M.　13, 513, 539
オリヴェクローナ Olivecrona, K.　484

【カ　行】

カードーゾ Cardozo, B.　416
解釈 Interpretation　317–319, 401–407
概念主義 Conceptualism　201, 210, 513
確定性（法の）Certainty of Law
⇨　不確定性（法の）を見よ
革命 Revolution　193–196, 511
過失 Negligence　214

本書は「ちくま学芸文庫」のために新たに訳出したものである。

コンヴィヴィアリティのための道具
イヴァン・イリイチ
渡辺京二／渡辺梨佐訳

破滅に向かう現代文明の大転換はまだ可能だ！　人間本来の自由と創造性が最大限活かされる社会をどう作るか。イリイチが遺した不朽のマニフェスト。

重力と恩寵
シモーヌ・ヴェイユ
田辺保訳

「重力」に似たものから、どのようにして免れればよいのか……ただ「恩寵」によって。苛烈な自己無化への意志に貫れた、独自の思索の断想集。ティボン編。

工場日記
シモーヌ・ヴェイユ
田辺保訳

人間のありのままの姿を知り、愛し、そこで生きたい——女工となった哲学者が、極限の状況で自己犠牲と献身について考え抜き、克明に綴った、魂の記録。

青色本
L・ウィトゲンシュタイン
大森荘蔵訳

「語の意味とは何か」。端的な問いかけで始まるこのコンパクトな書は、初めて読むウィトゲンシュタインとして最適な一冊。（野矢茂樹）

法の概念〔第3版〕
H・L・A・ハート
長谷部恭男訳

法とは何か。ルールの秩序という観念でこの難問に立ち向かい、法哲学の新たな地平を拓いた名著。批判に応える「後記」を含め、平明な新訳でおくる。

解釈としての社会批判
マイケル・ウォルツァー
大川正彦／川本隆史訳

社会の不正を糺すのに、普遍的な道徳を振りかざすだけでは有効でない。暮らしに根ざしながら同時にラディカルな批判が必要だ。その可能性を探究する。

ポパーとウィトゲンシュタインとのあいだで交わされた世上名高い10分間の大激論の謎
デヴィッド・エドモンズ／ジョン・エーディナウ
二木麻里訳

このすれ違いは避けられない運命だった？　二人の思想の歩み、そして大激論の真相に、ウィーン学団の人間模様やヨーロッパの歴史的背景から迫る。

大衆の反逆
オルテガ・イ・ガセット
神吉敬三訳

二〇世紀の初頭、《大衆》という現象の出現とその功罪を論じながら、自ら進んで困難に立ち向かう《真の貴族》という概念を対置した警世の書。

死にいたる病
S・キルケゴール
桝田啓三郎訳

死にいたる病とは絶望であり、絶望を深く自覚し神の前に自己をすてる。実存的な思索の深まりをデンマーク語原著から訳出し、詳細な注を付す。

ニーチェと悪循環
ピエール・クロソウスキー
兼子正勝訳
永劫回帰の啓示がニーチェに与えたものは、同一性の下に潜在する無数の強度の解放である。二十一世紀にあざやかに蘇る、逸脱のニーチェ論。

世界制作の方法
ネルソン・グッドマン
菅野盾樹訳
世界は「ある」のではなく、「制作」されるのだ。芸術・科学・日常経験・知覚など、幅広い分野で徹底した思索を行ったアメリカ現代哲学の重要著作。

新編 現代の君主
アントニオ・グラムシ
上村忠男編訳
労働運動を組織しイタリア共産党を指導したグラムシ。獄中で綴られたそのテキストから、いま読み直されるべき重要な29篇を選りすぐり注解する。

孤島
ジャン・グルニエ
井上究一郎訳
「島」とは孤独な人間の謂。透徹した精神のもと、話者の綴る思念と経験が啓示を放つ。カミュが本書との出会いを回想した序文を付す。（松浦寿輝）

ハイデッガー『存在と時間』註解
マイケル・ゲルヴェン
長谷川西涯訳
難解をもって知られる『存在と時間』全八三節の思考を、初学者にも一歩一歩追体験させ、高度な内容を読者に確信させ納得させる唯一の註解書。

色彩論
ゲーテ
木村直司訳
数学的・機械論的近代自然科学と一線を画し、自然の中に「精神」を読みとろうとする特異で巨大な自然観を示した思想家・ゲーテの不朽の業績。

倫理問題101問
マーティン・コーエン
榑沼範久訳
何が正しいことなのか。医療・法律・環境問題等、私たちの周りに溢れる倫理的なジレンマから101の題材を取り上げて、ユーモアも交えて考える。

哲学101問
マーティン・コーエン
矢橋明郎訳
全てのカラスが黒いことを証明するには？ コンピュータと人間の違いは？ 哲学者たちが頭を捻った101問を、譬話で考える楽しい哲学読み物。

マラルメ論
ジャン＝ポール・サルトル
渡辺守章／平井啓之訳
思考の極北で〈存在〉そのものを問い直す形而上学的〈劇〉を生きた詩人マラルメ――固有の方法的批判により文学の存立の根拠をも問う白熱の論考。

存在と無（全3巻）
ジャン＝ポール・サルトル
松浪信三郎訳

人間の意識の在り方（実存）をきわめて詳細に分析し、存在と無の弁証法を問い究め、実存主義を確立した不朽の名著。現代思想の原点。

存在と無 Ⅰ
ジャン＝ポール・サルトル
松浪信三郎訳

Ⅰ巻は、「即自」と「対自」が峻別される緒論「存在の探求」から、「対自」としての意識の基本的在り方が論じられる第二部「対自存在」まで収録。

存在と無 Ⅱ
ジャン＝ポール・サルトル
松浪信三郎訳

Ⅱ巻は、第三部「対他存在」を収録。私と他者との相剋関係を論じた「まなざし」論をはじめ、愛、憎悪、マゾヒズム、サディズムなど具体的な他者論を展開。

存在と無 Ⅲ
ジャン＝ポール・サルトル
松浪信三郎訳

Ⅲ巻は、第四部「持つ」「為す」「ある」を収録。この三つの基本的カテゴリーとの関連で人間の行動を分析し、絶対的自由を提唱。（北村晋）

公共哲学
マイケル・サンデル
鬼澤忍訳

経済格差、安楽死の幇助、市場の役割など、私達が現代の問題を考えるのに必要な思想とは？　ハーバード大講義で話題のサンデル教授の主著、初邦訳。

パルチザンの理論
カール・シュミット
新田邦夫訳

二〇世紀の戦争を特徴づける「絶対的な敵」殲滅思想の端緒を、レーニン・毛沢東らの《パルチザン》戦争という形態のなかに見出した画期的論考。

政治思想論集
カール・シュミット
服部平治／宮本盛太郎訳

現代新たな角度で脚光をあびる政治哲学の巨人が、その思想の核を明かしたテクストを精選して収録。権力の源泉や限界といった基礎もわかる名論文集。

神秘学概論
ルドルフ・シュタイナー
高橋巖訳

宇宙論、人間論、進化の法則と意識の発達史を綴り、シュタイナー思想の根幹を展開する――四大主著の一冊、渾身の訳し下し。（笠井叡）

神智学
ルドルフ・シュタイナー
高橋巖訳

神秘主義的思考を明晰な思考に立脚した精神科学へと再編し、知性と精神性の健全な融合をめざしたシュタイナーの根本思想。四大主著の一冊。

いかにして超感覚的世界の認識を獲得するか
ルドルフ・シュタイナー
高橋巖訳
すべての人間には、特定の修行を通して高次の認識を獲得できる能力が潜在している。その顕在化のための道すじを詳述する不朽の名著。

自由の哲学
ルドルフ・シュタイナー
高橋巖訳
社会の一員である個人の究極の自由はどこに見出されるのか。思考は人間に何をもたらすのか。シュタイナー全業績の礎をなしている認識論哲学。

治療教育講義
ルドルフ・シュタイナー
高橋巖訳
障害児が開示するのは、人間の異常性ではなく霊性である。人智学の理論と実践を集大成したシュタイナー晩年の最重要講義。改訂増補決定版。

人智学・心智学・霊智学
ルドルフ・シュタイナー
高橋巖訳
身体・魂・霊に対応する三つの学が、霊視霊聴を通じた存在の成就への道を語りかける。人智学協会の創設へ向け最も注目された時期の率直な声。

ジンメル・コレクション
ゲオルク・ジンメル
北川東子編訳
鈴木直訳
都会、女性、モード、貨幣をはじめ、取っ手や橋・扉にまで哲学的思索を向けた「エッセーの思想家」の姿を一望する新編・新訳のアンソロジー。

否定的なもののもとへの滞留
スラヴォイ・ジジェク
酒井隆史／田崎英明訳
ラカンの精神分析手法でポストモダン的状況を批評してきた著者が、この大部なる主著でドイツ観念論に対峙し、否定性を生き抜く道を提示する。

宴のあとの経済学
E・F・シューマッハー
長洲一二監訳
伊藤拓一訳
『スモール イズ ビューティフル』のシューマッハー最後の書。地産地消を軸とする新たな経済共同体の構築を実例をあげ提言する。（中村達也）

私たちはどう生きるべきか
ピーター・シンガー
山内友三郎監訳
社会の10％の人が倫理的に生きれば、政府が行う社会変革よりもずっと大きな力となる——環境・動物保護の第一人者が、現代に生きる意味を鋭く問う。

自然権と歴史
レオ・シュトラウス
塚崎智／石崎嘉彦訳
自然権の否定こそが現代の深刻なニヒリズムをもたらした。古代ギリシアから近代に至る思想史を大胆に読み直し、自然権論の復権をはかる20世紀の名著。

ちくま学芸文庫

法《ほう》の概念《がいねん》〔第3版〕

二〇一四年十二月　十　日　第一刷発行
二〇二五年　十　月二十五日　第八刷発行

著　者　H・L・A・ハート
訳　者　長谷部恭男（はせべ・やすお）
発行者　増田健史
発行所　株式会社　筑摩書房
東京都台東区蔵前二―五―三　〒一一一―八七五五
電話番号　〇三―五六八七―二六〇一（代表）

装幀者　安野光雅
印刷所　中央精版印刷株式会社
製本所　中央精版印刷株式会社

ISBN978-4-480-09648-7 C0132